中山大学"一带一路"研究院资助出版

中山大学国际问题研究文库

牛军凯 陈建洪 主编

冯雷 著

"美菲同盟"与美国对菲律宾政策研究

1965-1986

A Study on U.S.-Philippines Alliance and U.S. Policy towards the Philippines: 1965-1986

中国社会科学出版社

图书在版编目（CIP）数据

"美菲同盟"与美国对菲律宾政策研究：1965－1986 ∕ 冯雷著.
—北京：中国社会科学出版社，2024.6
（中山大学国际问题研究文库）
ISBN 978－7－5227－3191－9

Ⅰ.①美…　Ⅱ.①冯…　Ⅲ.①国际关系史—研究—美国、
菲律宾—1965－1986　Ⅳ.①D871.29②D834.19

中国国家版本馆 CIP 数据核字（2024）第 049134 号

出　版　人	赵剑英
责任编辑	宋燕鹏
责任校对	李　硕
责任印制	李寡寡

出　　　版	中国社会科学出版社
社　　　址	北京鼓楼西大街甲 158 号
邮　　　编	100720
网　　　址	http://www.csspw.cn
发　行　部	010－84083685
门　市　部	010－84029450
经　　　销	新华书店及其他书店

印　　　刷	北京明恒达印务有限公司
装　　　订	廊坊市广阳区广增装订厂
版　　　次	2024 年 6 月第 1 版
印　　　次	2024 年 6 月第 1 次印刷

开　　　本	710×1000　1/16
印　　　张	21.75
插　　　页	2
字　　　数	376 千字
定　　　价	128.00 元

目　　录

引　言

一　问题提出与选题意义

（一）问题的提出

菲律宾地处亚洲东南部，东临太平洋，西边扼守南中国海，北隔巴士海峡与台湾相望，西南与马来西亚、印度尼西亚共同扼守苏禄海峡，战略位置十分重要。美自 1898 年发动美西战争后，便将菲律宾攫为本国在亚洲地区唯一殖民地。经过对菲半个世纪的改造，美国于 1946 年给予菲律宾独立，但是旋即将后者纳入二战后全球美苏对抗冷战体系的"自由世界"一方，将其打造成遏制共产主义发展战略东线的重要环节。美进一步通过《美菲共同防御条约》《东南亚集体防务条约》等一系列双边、多边军事条约与菲缔结同盟关系，并迫使菲在朝鲜战争、印支半岛问题中履行同盟安全义务。

1965 年，菲律宾马科斯总统上台，开始为期 21 年的长期统治，其中美国先后经历了约翰逊、尼克松、福特、卡特及里根五任总统，经历民主党、共和党政府的两轮执政更替。这一阶段美菲同盟先后在如何因应越南战争、尼克松主义引发的亚洲政策调整、菲政府实施军管法统治、《军事基地协定》修订谈判、《劳雷尔—兰利协定》到期、《共同防御条约》存废及适用、美人权外交在菲应用等方面出现合作或分歧，关系呈"M"型发展，几度起伏，最终以里根政府"切割"与马科斯政府关系，马科斯流亡夏威夷而告终。

鉴于美菲两国之间不对称同盟关系性质，美几届政府对菲实施了较为有效的同盟管理，总体维持了菲律宾的政治、经济稳定，维护了美在菲军事基地的存在与有效运转，维护了美在菲经济利益。在此过程中，菲马科斯政府既有"被牵连"的安全担心，也有"被抛弃"的安全恐惧，同时也不甘处于完全被主导的同盟关系一端，通过《军事基地协定》谈判、突出国内安全风险威胁、实施独立自主外交等方式来予以反制。

在美菲同盟关系发展演变过程中，美在不同政府时期对菲同盟管理存在一定的一致性和延续性，但在各个时期又有具体关注，各有侧重。在美对菲外交决策及实施中，美白宫、国务院、国防部及国会等不同部门如何博弈和协调，以何种决策协调机制形成对菲同盟管理政策，这些政策如何波动，对美菲关系造成何种直接影响和持续影响？同时，菲律宾马科斯政府又是如何设法将美国牵涉到菲律宾的国防外交事务之中，以及借美方同盟安全义务拉美方介入南海冲突、菲律宾与马来西亚之间沙巴主权争议问题、国内安全问题？上述问题都有待于通过研究美国政府对菲律宾马科斯政府的政策来深入探讨。

笔者还拟通过对这一时期国际、地区形势的剖析，对美国外交决策的演变过程和发展特点进行研究，探讨影响美国对菲外交政策演变的内外因素，从而深入揭示美国对菲外交政策的本质。

（二）选题意义

1. 理论意义方面

美菲两国之间有多重关系，因此美菲关系研究有多种视角可供选择，包括非对称性同盟关系、前宗主国与前殖民地关系、超级大国与小国关系、发达国家与发展中国家关系等。同盟定义有广义与狭义之分，但即便是按照最严苛的衡量标准，美菲关系都无疑属于典型性同盟关系。在同盟理论框架内，笔者结合同盟建立、关系发展及是否解体的具体史实，可以验证同盟理论的诸多内容，包括：美菲同盟缔结成因；同盟建立后，两国如何进行同盟管理；是否出现"牵连"与"抛弃"或其他同盟困境；同盟关系是否及如何受到国际及地区环境发展变化的影响；是否以及如何受到第三国因素的扰动；强实力一方如何利用安全义务承诺与减少承诺、援助奖励与援助制裁、利益补偿等方式来主导同盟关系发展；弱实力一方究竟是被动接受同盟关系，还是采取议题联系、拓展与其他潜在同盟关系、减少对强实力一方的安全依赖等方式进行同盟反制；美菲同盟面临诸多考验与挑战，是否走向同盟解体。在此基础上，笔者对现有同盟理论进行一定补充，特别是对非对称同盟关系发展提出 5 种推论，并进行证实。此外，笔者还对非对称同盟在同盟反制中的主动性和有效性提出观点。

2. 学术意义方面

首先，前人研究囿于资料匮乏，特别是美国、菲律宾官方档案的解密限制，造成中外学者对该议题研究深度不够，且部分存在事实错漏。本书以解密档案为主要参考依据，使用"数字国家安全档案"（Digital National Security Archive，简称 DNSA）数据库、《美国对外关系文件集》（Foreign Relations of the United States，简称 FRUS）以及盖尔（GALE）公司出版的"解密档案参考系统"（Declassified Documents Reference System，简称 DDRS）数据库等涉及美国对外政策、涉菲事务相关解密文件，对这一阶段的美国对菲律宾的政策及美菲关系进行重新审视。

其次，前人研究存在一定的漏洞和盲点，有些重要议题被忽略或者因欠缺材料而无法开展研究，譬如对 1969 年美国参议院赛明顿听证会（Symington hearings）与"尼克松主义"的关系，以及两者对菲律宾从越南撤军及美菲关系的影响缺乏深度研究；对 1974 年《美菲贸易协定》（即《劳雷尔—兰利协定》）到期后美国对菲经贸政策欠缺研究；对美国政府对菲律宾温和反对派（包括反对派政党、基督教组织等）的评估，以及两者之间借力、互动缺乏关注；对卡特政府与里根政府在对菲人权外交实施中的异同缺乏研究；对美国国会借《对外援助法》增设人权问题相关条款从而实施援助制裁，在美国调整对菲政策中的作用也研究不足。本人拟弥补前人的不足，开展一些研究探索。

第三，美国的对菲政策是其亚太战略的重要环节，涉及美国同盟体系的构建与维护、美国对第三世界的政策调整变化、美国的海外军事基地存在、美国的南海政策、美国推进的全球民主化等诸多角度和议题。以此为个案，可以以小见大揭示出美国亚太政策的演变本质，从而对深刻认识美国外交决策变革有重要实践意义。

3. 现实意义方面

美国对马科斯时期菲律宾政府的政策对美菲关系有着长期、深远的影响，对于今天我们更好地解析和应对中菲、美菲、南海问题等都有现实意义。2019 年 3 月 1 日，时任美国国务卿蓬佩奥（Michael R. Pompeo）访菲时首次明确《共同防御条约》在南海的适用性①，如果不深入研究美政府在该问题方面的立场演变，就无法认识到该表述所透露出的美政策调整的重要意义，以及对我经略南海及处理与菲关系的威胁。另外，在国际形势、地区形势发展变化背景下，研究美国作为大国如何处理与菲律宾这样的小国之间的

---

① Michael R. Pompeo, "Remarks With Philippine Foreign Secretary Teodoro Locsin, Jr. ", https：//www. state. gov/secretary/remarks/2019/03/289799. htm.

关系，对于今日逐步崛起中的中国如何处理与周边国家关系亦可资借鉴。

二　文献综述

笔者将1965—1986年之间美国对菲外交政策演变方面的研究成果按照政治外交议题、军事安保议题、经济社会议题三类分类梳理，其中国外研究状况，主要是搜集整理英文研究成果，此外有部分翻译、摘译的俄语及日语研究成果。

（一）美菲政治外交关系研究文献综述

关于美菲关系中的政治外交议题，国内外学者就此开展了卓有成效的研究，特别是在20世纪80年代，这一研究形成了诸多成果。

1. 国外研究专著方面

（1）专题类论述美国对菲律宾政策、菲律宾内政外交研究方面

曾担任美国《纽约时报》（*New York Times*）驻外记者的雷蒙德·邦纳（Raymond Bonner），主要驻南美进行新闻报道。出于对美国为何会支持南越吴庭艳、尼加拉瓜索摩查政权、伊朗巴列维政权及菲律宾马科斯政权等独裁政权的思考，其选取菲律宾马科斯政权作为分析对象，查询资料、采访官员以深入研究。其自称，先后提交150多份信息自由法（FOIA）查询申请，查阅美国国务院、中央情报局、国家安全委员会等部门3200份约12000页的秘密档案材料，并先后采访了包括1964—1986年之间历任美驻菲大使在内的70多名美国政府官员，10多名菲律宾政府官员，获得了诸多一手资料。在此基础上，其撰写了《与独裁者起舞：马科斯家族与美国政策的制定》[①]，认为在美菲关系中，菲律宾并不是毫无作为的被动接受者。菲律宾政府，特别是马科斯执政时期的菲律宾政府，在不对等的双边关系中有所积极作为，美菲共同推动了双边关系的发展变化。邦纳还对马科斯个人进行评价，认为其政治的精明可媲美约翰逊，卓越的演说能力堪比肯尼迪，而且其对美国政治体制的熟稔堪称"绝对的大师"（absolute master），掌握这个体制的纷繁复杂与微小变化，因此在每一个转折点，无论是越南问题还是人权问题方面，其都能屹立不倒，应对得当。作者也坦承其在资料查询过程中遇到的困难，譬如在撰写第九部分"军事基地（the Bases）"时，其申请向国务院查

---

① Raymond Bonner, *Waltzing with a Dictator：The Marcoses and the Making of American Policy*, New York：Times Books，1987.

阅密档，国务院回复有 374 份相关文件，但是只提供 103 份低密级档案，21 份进行了删除处理，还有 226 份拒绝提供，并言称其他的档案或者在白宫，或者在国防部。因此作者难以获取到全面、系统的解密档案来论述观点，只能通过有限的档案，结合大量的采访和新闻报道、研究成果进行汇总，在一些重大问题方面不能给出确凿的结论性意见。该著述是在国内外学者运用批量解密的美国政府档案之前，最早、最系统查阅和运用美国政府档案研究该阶段美菲关系的第一本著作。

斯坦利·卡诺（Stanley Karnow，1925 – 2013）兼具记者与学者身份，先后在《时代周刊》、《华盛顿邮报》（1965—1971）、美国全国广播公司（NBC）等传媒供职，1959 年以后常驻于东亚，关注领域主要是越战等东亚事务。其《依我塑造：美国在菲律宾的帝国》① 是主要依靠二手材料写就的，并因为作者成功采访了很多历史事件的当事人，譬如前美国驻菲大使拜罗德（Henry Byroade）等人，使得该著述有些口述历史的感觉，非常生动，并获得了 1990 年的普利策历史奖（Pulitzer Prize for History）。该书中，作者对美国在菲律宾的殖民统治提出赞赏，认为相较欧洲的殖民政策而言，美国在菲并未过度政治压制和经济剥削压榨，反而是实施较为开明的民主政治，以及在工业、基础设施、教育等方面给菲律宾带来了巨大的发展进步。但是，作者也提出美国政府过于以自己单方面的空想，投射在菲律宾这个国度，造成美国对菲政策具有一些不切实际的地方。但该著述一方面过于对美国在菲的殖民统治及后殖民时代的影响进行粉饰，另一方面出现过于采信于当事人的口述，因而不可避免出现与史实不符之处的现象，譬如美菲双方在实施军管法的事前沟通问题方面，该书采信拜罗德大使所言，得出美政府对马科斯拟实施军管法一无所知的谬误。

时任美国得克萨斯 A&M 大学（Texas A&M University）历史系教授的 H. W. 布兰兹（H. W. Brands）曾出版过《冷战之内》（*Inside The Cold War*）、《冷战者》（*Cold Warrior*）等著述。其《走向帝国：美国与菲律宾》② 是一本全面论述美菲百年关系史的著述，作者查阅了美菲两国早期的档案材料，在论述殖民地时期双边关系方面论据较为扎实，但在论述二战后美菲关系方

---

① Stanley Karnow, *In Our Image：America's Empire in the Philippines*, New York：Random House, 1989.

② Henry William Brands, *Bound to Empire：The United States and the Philippines*, New York：Oxford University Press, 1992.

面，特别是论及 20 世纪 70—80 年代美菲关系时，他也遭遇到同时期其他学者类似的资料匮乏问题。而且在论述马科斯执政时期美菲关系的篇幅仅有区区 30 多页，不足全书十分之一。且多引用《远东经济评论》（*Far Eastern Economic Review*，*FEER*）支撑其观点，过于单薄。

克劳德·A. 巴斯（Claude A. Buss，1903 – 1998），曾作为美国政府派驻菲律宾高级专员弗朗西斯·塞尔（Francis Sayre，1939—1947 年任此职）的行政助理，参与美政府对菲殖民时期的管治。后来其由官转学，以富布莱特学者身份在菲律宾大学（UP）交流，开展菲律宾政策及美菲关系研究。其著述的《美国与菲律宾：制订政策的背景》是美国企业研究所（AEI）与胡佛研究所（The Hoover Institution on War，Revolution，and Peace）联合出版的政策研究系列丛书之一。该书主要分析 1965 年到 1977 年间美菲关系情况，分为三个部分：美国对菲政策的演变及冲突的根源、军管法前后的马科斯政府政策、尼克松主义及自越南撤军后的美国利益及政策的再评估。作为一名曾经对菲进行行政管理的前政府官员，以及长期研究菲律宾的学者，其对美菲关系研究非常深入准确。其认为马科斯政府提出的"新发展外交（New Developmental Diplomacy）"，实质上是由对美国政策的不确定心理而驱使的，虽然由于越战的结束、东南亚条约组织的终结、美菲《劳雷尔—兰利协定》（Laurel – Langley Agreement）结束造成美菲坚定的同盟关系受到冲击，矛盾有所凸显，但其展望美菲关系的未来，坚信"只要美国仍渴盼菲律宾充任其在亚洲反共政策的主要支持者，以及这些政策行之有效，美菲之间的相互攻讦就能被抑制住"[1]。该书成文于福特政府结束之时，正是美对菲同盟管理最为软弱无力之时，作者仍然分析出美在菲战略利益并未动摇，菲在意识形态方面继续亲美就能维系同盟关系的发展，从之后卡特政府加强同盟管理等发展来回顾此书，作者很具有前瞻性。

詹姆斯·汉密尔顿·帕特森（James Hamilton-Paterson）[2]，作为一个在菲律宾生活了 18 年的英国人，其经历了马科斯政权的兴衰，在《美国的儿子：菲律宾一个世纪的殖民主义》一书中使用了大量的菲律宾诗歌、语言（他加禄语），但是学术价值不高。

---

① Claude Albert Buss，*The United States and the Philippines*：*Background for Policy*，Washington，D. C.：American Enterprise Institute for Public Research，1977.

② James Hamilton-Paterson，*America's Boy*：*A Century of Colonialism in the Philippines*，London：Granta Books，1998.

　　以研究法西斯主义为长的美国加州大学伯克利分校政治学教授 A. 詹姆斯·格雷戈尔（A. James Gregor），曾出任马科斯总统的无薪顾问（uncompensated adviser），其著述的《菲律宾危机：对美国利益的威胁》① 聚焦于菲律宾内部问题对美国太平洋安全利益的影响，较为深入阐述了美菲的特殊关系，剖析了军管法实施以后菲律宾在政治、经济事务方面所深陷的危机，并由于阿基诺参议员遇刺而加剧了这种危局。该作者也对潜在能够替代马科斯的菲律宾国内外反对派领导人和政治势力一一进行分析，并对美国未来的对菲政策提出建议，即通过稳定形势和创造条件来推进渐进而非极端的变化，保护自身的利益。在此过程中，要警惕菲国内外温和反对派，这些势力上台会对美国的安全和经济利益造成反作用；不能因为菲律宾的人权问题和基地谈判问题而进行惩罚性制裁，而应该继续维护菲律宾政治和经济局面，防止菲律宾走向内战以及美国基地被迫撤出，将目前危机发展成中美苏三国在东南亚区域的对抗，并演变成全球性的危机。该作者敏锐关注到马科斯政权潜在的政治接班人群体，其相关政策建议也与美外交决策实际不谋而合。其虽然没有以同盟理论来分析美菲关系，但关于美对菲惩罚性制裁等论述具有同盟管理的内涵。

　　时任美国新泽西州威廉帕特森大学（William Paterson College）政治系教员，至今仍健在并活跃在美国政治学领域的斯蒂芬·R. 沙洛姆（Stephen R. Shalom），1981 年撰写了《美国与菲律宾：新殖民主义研究》② 一书，其将二战后美菲关系的性质定性为"新殖民主义"同盟，认为美国政府通过持续培养和维护腐败、不民主的菲律宾精英阶层，来换取菲律宾统治阶层甘愿支持美国的战略和经济利益。

　　菲律宾学者中，曾担任菲律宾政治学学会主席的费尔南德斯·亚历杭德罗（Fernandez Alejandro）的《菲律宾与美国：新型关系的构建》③ 成书于1977 年，适逢美菲《劳雷尔—兰利协定》终止以及越战后美菲关系调整，作者认为两者之间一直存在着巨大的分歧和矛盾，美菲"特殊关系"终结了，双方关系面临着何去何从的困惑，亟待就构建新型关系形成一致意见。

---

　　① Anthony James Gregor, *Crisis in the Philippines：A Threat to U. S. Interests*, Washington, D. C.：Ethics and Public Policy, 1984.

　　② Stephen Rosskamm Shalom, *The United States and the Philippines：A Study of Neocolonialism*, Philadelphia：Institute for the Study of Human Issues, 1981.

　　③ Alejandro M Fernandez, *The Philippines and the United States：The Forging of New Relations*, Quezon city：Philippine Union Catalog, 1977.

一些关于美国对亚洲、东南亚政策的研究著述，将美菲关系囊括其中，有所涉及。其中包括巴克利·罗杰（Buckley Roger）的《1945年之后亚太地区中的美国》①，研究了二战之后半个世纪以来的美国与亚太地区的关系，论述了美国通过构建安全同盟及充分利用政治、军事和经济优势来维持其统治力。罗伯特·麦克马洪（Robert J. McMahon）的《帝国的界限：二战后的美国和东南亚》② 从剖析美国政策角度，分析了1945年后美国与东南亚地区的复杂关系，文章还对美国与东南亚地区蓬勃发展的民族主义进行了关注。

（2）通论性国际关系史、冷战史、美国外交和美国史、国际关系理论类

除了上述的专门研究马科斯执政时期美国政府对菲政策的著述外，在美国外交史等著述中均有涉及该阶段美国对菲政策的内容，只是涉及程度不一，多为寥寥几笔一带而过。

加布里埃尔·科尔克（Gabriel Kolko）是加拿大约克大学（York University）历史系教授，关于越战研究的《解剖战争》（*Anatomy of a War*）一书令其蜚声学界。其撰写的《遭遇第三世界：美国外交政策1945—1980》③，选取菲律宾作为美国对第三世界国家政策的橱窗之一，以小见大，展示美国的理论和具体实践。美国外交史修正派领军人物威廉·A. 威廉姆斯（William Appleman Williams）的《美国外交的悲剧》④、约翰·顿布瑞尔（John Dumbrell）及大卫·M. 巴雷特（David M. Barrett）合著的《美国外交政策的制定：美国民主和美国外交政策》⑤、比米斯·S. F.（Bemis S. F.）的《美国外交史》、杰里尔·A. 罗塞蒂的《美国对外政策的政治学》、埃尔默·普利施科（Plischke, E.）的《首脑外交》⑥ 也都涉及美国对菲政策制定和实

①　Buckley Roger, *The United States in the Asia-Pacific since 1945*, Cambridge：Cambridge University Press，2002.

②　Robert J. McMahon, *The Limits of Empire：The Unites States and Southeast Asia since World War Two*, New York：Columbia University Press，1999.

③　Gabriel Kolko, *Confronting the Third World：United States Foreign Policy, 1945 – 1980*, New York：Pantheon Books，1988.

④　William Appleman Williams, *The Tragedy of American Diplomacy（50th Anniversary Edition）*, New York：W. W. Norton & Company，2009.

⑤　John Dumbrell and David M. Barrett, *The Making of U. S. Foreign Policy：American democracy and American foreign policy*, Manchester：Manchester University Press，1990.

⑥　［美］比米斯·S. F.：《美国外交史》，叶笃义译，商务印书馆1985年版；［美］杰里尔·A. 罗塞蒂：《美国对外政策的政治学》，周启朋等译，世界知识出版社1997年版；［美］埃尔默·普利施科：《首脑外交》，周启朋等译，世界知识出版社1990年版。

施内容。

（3）传记、回忆录中涉及美国外交政策、对菲政策制定和实施

其中包括美国前总统尼克松（Richard M. Nixon）的《不再有越战》① 和《尼克松回忆录》②、基辛格的《白宫岁月——基辛格回忆录》③、曾任美驻菲大使的威廉·赫·沙利文（Willian H. Sullivan）的《出使伊朗》④，以及美国作家斯特林·西格雷夫的《马科斯王朝》⑤、查理·C. 麦克杜格尔德的《马科斯传——他是菲律宾的英雄还是腐败的暴君？》⑥、菲律宾作家埃萨伯罗·克里索斯托莫的《科丽·阿基诺传》⑦、卡门·纳瓦罗·佩德罗萨的《马科斯夫人秘闻》⑧、贝·丝戴·罗慕洛的《菲律宾政坛回忆》⑨ 等。

2. 国外学术论文方面

在论文方面，在美国国内反对越战的浪潮中，一批知名反战学者于 1967 年联合创办了《关心亚洲学者通讯》（*Bulletin of Concerned Asian Scholars*）季刊。目前，该刊物已纳入著名的出版巨头 Taylor & Francis Group 旗下，并改名为《亚洲评论研究》（*Critical Asian Studies*）。该杂志关注并刊载了大量研究美菲关系的文章，该杂志自创刊至 2000 年（第 32 期）之前均可以直接在其官方网站下载电子版，2000 年以后可以在 Taylor & Francis Online 查询下载。再一个就是《亚洲研究》（*Asian Survey*），一批国外著名学者在此刊物发表美菲关系、菲律宾研究方面的论文。

在研究美菲关系或者菲律宾方面的美国学者中，最值得一提的是自 1973 年即开始执教于美国亚利桑那大学亚洲研究中心及政治系的学者罗伯特·L. 扬布拉德（Robert L. Youngblood），他先后在夏威夷大学和密歇根大学获得硕士、博士学位，1979 年曾作为富布莱特访问学者在菲律宾大学公共管理学院访学。其长期关注菲律宾及亚太问题，对菲律宾研究视野广泛，从美菲关

---

① ［美］理查德·尼克松：《不再有越战》，王绍仁等译，世界知识出版社 1999 年版。

② ［美］理查德·尼克松：《尼克松回忆录》，伍任译，世界知识出版社 2001 年版。

③ ［美］亨利·基辛格：《白宫岁月——基辛格回忆录》，陈瑶华等译，世界知识出版社 1980 年版。

④ ［美］威廉·赫·沙利文：《出使伊朗》，邱应觉等译，世界知识出版社 1984 年版。

⑤ ［美］斯特林·西格雷夫：《马科斯王朝》，王槐挺等译，国际文化出版公司 1990 年版。

⑥ ［美］查理·C. 麦克杜格尔德：《马科斯传》，何祚康等译，求实出版社 1990 年版。

⑦ ［菲］埃萨伯罗·克里索斯托莫：《科丽·阿基诺传》，施能济等译，东方出版社 1988 年版。

⑧ ［菲］卡门·纳瓦罗·佩德罗萨：《马科斯夫人秘闻》，罗学艺等译，群众出版社 1988 年版。

⑨ ［美］贝·丝戴·罗慕洛：《菲律宾政坛回忆》，李延凌等译，广西人民出版社 1992 年版。

系到菲律宾外交，从菲律宾政治到菲律宾天主教会，都成果斐然。1983 年 9 月，他应美国国会众议院邀请，以美国知名的菲律宾问题学者身份参加菲律宾人权状况听证会，阐述菲律宾政局及人权状况，还向美国政府提出四点应对建议。其关于菲律宾研究方面的著述主要有《马科斯对阵天主教会：菲律宾经济发展与政治压制》①、《权力模式与菲律宾政治：发展启示录》②，论文主要有《1982 年的菲律宾：马科斯强硬对待国内批评》《1981 年的菲律宾：从新社会到新共和》《菲律宾政府媒体关系》《菲律宾天主教会对军管法的反对》《"新社会"之下的菲美关系》《1985 年的菲律宾：持续的信任危机》《菲律宾"新社会"中的基督教》《阿基诺奇迹与菲律宾教会》③ 等。其中，《"新社会"之下的菲美关系》曾在《南洋资料译丛》1977 年第 4 期翻译发表（第 3—16 页），文章重点论述了菲律宾马科斯政府实施"军管法"以来菲律宾外交政策的新动向，认为虽然马科斯政府有意拓展该国的外交关系和贸易关系，并试图在第三世界事务中发挥更积极作用，但所谓菲律宾新的独立外交政策只是"反映着将来的期望，而不是目前的实际成效"，马科斯政府必须看到美菲保持良好关系的重要性。美菲关系也面临菲律宾失去贸易特惠地位后的矛盾与不满、《军事基地协定》谈判前景不明、马科斯政权在美国形象下滑等影响，但作者预言"美国将会对它在亚洲最亲密的盟友作出重大让步"。

时任美国信孚银行（Bankers Trust Company）经济部负责人的威廉·H.

---

① Robert L. Youngblood, *Marcos Against the Church：Economic Development and Political Repression in the Philippines*, Ithaca：Cornell University Press, 1990.

② James F. Eder and Robert L. Youngblood, *Patterns of Power and Politics in the Philippines：Implications for Development*, Phoenix：Arizona State University Program for Southeast Asian Studies, 1994.

③ Robert L. Youngblood, "The Philippines in 1982：Marcos gets tough with domestic critics", *Asian Survey*, Vol. 23, No. 2, 1983, pp. 208 – 216；Robert L. Youngblood, "The Philippines in 1981：from 'New Society' to 'New Republic'", *Asian Survey*, Vol. 22, No. 2, 1982, pp. 226 – 235；Robert L. Youngblood, "Government-Media Relations in the Philippines", *Asian Survey*, Vol. 21, No. 7, 1981, pp. 710 – 728；Robert L. Youngblood, "Church Opposition to Martial Law in the Philippines", *Asian Survey*, Vol. 18, No. 5, 1978, pp. 505 – 520；Robert L. Youngblood, "Philippine-American Relations under the 'New Society'", *Pacific Affairs*, Vol. 50, No. 1, 1977, pp. 45 – 63；Robert L. Youngblood, "The Philippines in 1985：A Continuing Crisis of Confidence", *Southeast Asian Affairs*, Issue, 1986, pp. 225 – 238；Robert L. Youngblood, "The Protestant Church in the Philippines' New Society", *Critical Asian Studies*, Vol. 12, No. 3, 1978；Robert L. Youngblood, "The Corazon Aquino 'Miracle' and the Philippine Churches", *Asian Survey*, Vol. 27, No. 12, 1987, pp. 1240 – 1255.

奥弗霍特（William H. Overholt）的《马科斯的兴衰》①，基于其15次赴菲调研和大量的采访所著，且在马科斯下台之后发表，观点略显尖锐。

贾斯特斯·克洛伊夫（Justus M. van der Kroef）的《菲律宾政治犯与美国》② 一文，比照菲政府公报、媒体报道和人权机构报告等，分析了菲律宾军管法时期的政治犯情况，论述了美国政府在对待菲律宾人权问题方面的刻意忽视，甚至是颠倒黑白进行粉饰。作者认为美政府所谓的"静默外交"（quiet diplomacy）给马科斯施压是毫无作用的，菲律宾政治犯问题、人权问题的解决不能指望自吹自擂的美国政府人权政策，而要依靠坚定、勇敢的菲律宾民众和国际人权组织的坚持努力。

牛津圣约翰学院学者威廉·伯恩斯（William J. Burns）的《里根政府与菲律宾》③，认为在外交政策方面，里根政府不同于卡特政府对盟国的抨击，提出应该善待第三世界的独裁政权友好国家，以此维护在这些独裁国家的美国利益。里根政府依然面临着"平衡利益和价值观是美国决策者们巨大的困难"这个难题，放弃马科斯政权恐怕会造成菲律宾失控和共产党势力坐大，过于支持马科斯政权会造成菲律宾亲美势力疏远美国，也会削弱马科斯实施改革的决心和动力。作者建议，要保持一个与马科斯政权的健康距离，减少对马科斯政府重大工程项目的投资和支持，多转向农村发展方面援助。

美国老牌智库政策研究所（Institute for Policy Studies）学者韦登·贝罗（Widen Bello）的《沼泽边缘：美国与菲律宾危机》④，指出应对菲律宾危机时，美国政府内部各部门意见分歧巨大，国务院担心菲政局动荡，财政部却操纵国际货币基金组织和世界银行施压马科斯政府，军方成为菲美联络的第二外交管道，希望推进对菲军事力量的改革，但马科斯出于对南越政权覆灭的前车之鉴，对此排斥和拒绝。马科斯也充分利用美政府不同部门间的分歧，不断用共产党威胁和接手政权来予以威胁回应，确保美国对自己政权的

①　William H. Overholt, "The Rise and Fall of Ferdinand Marcos", *Asian Survey*, Vol. 26, No. 11, 1986, pp. 1137 – 1163.

②　Justus M. Van Der Kroef, "Philippine Political Prisoners and the United States", *World Affairs*, Vol. 140, No. 4, 1978, pp. 315 – 326.

③　William J. Burns, "The Reagan Administration and the Philippines", *The World Today*, Vol. 38, No. 3, 1982, pp. 97 – 104.

④　Walden Bello, "Edging toward the Quagmire: The United States and the Philippine Crisis", *World Policy Journal*, Vol. 3, No. 1, 1985, pp. 29 – 58.

持续支持。作者也对菲律宾政治格局及美国如何应对进行分析和建议，认为在 20 世纪 50 年代，亲美立场在菲律宾政治中会成功，而到了 80 年代，亲美身份一定会毁了政治生涯。菲律宾的政治重心逐步"左倾"，转为民族主义和平等主义，美国必须接受这一现实。美国政府应该放弃目前的推动反对派与马科斯分享权力的做法，改而给予反对派团结反对马科斯的机会，否则后马科斯时代上台的政府，势必对美政府心怀仇恨。

卡内基基金会高级研究员，当时已专注研究菲律宾 13 年的理查德·J. 凯斯勒（Richard J. Kessler）的《马科斯与美国人》一文，分析了和马科斯打交道的五任美国总统都不得不支持马科斯政权的理由，核心就是基辛格1976 年所言"我们亚洲安全的关键一定是美军在太平洋地区的强大和均势"①，作者认为美国对菲律宾形势关注和研究长期不够，直到马科斯破坏了菲律宾社会结构才亡羊补牢，仓促应对。

密歇根大学政治系学者盖瑞·霍斯（Gary Hawes）的《美国对马科斯政权的支持和以压促变》一文，主要观点是"军事基地、大国在东南亚的冲突、菲共运动的危险都限制了美国外交政策的调整空间"②。

彼得·贝科（Peter Bacho）撰写的《美国对菲律宾的政策选项》③ 回顾研究马科斯执政时期一直无力解决好土地改革问题，这成为菲律宾经济困局的根源。此外，美国应该认识到在菲律宾军事基地除了应对地区军事威胁的作用外，还存在重要的政治象征意义。

加州大学伯克利分校的查尔姆斯·约翰逊教授（Chalmers Johnson）与柬埔寨留美博士生卡塔瑞亚·奥姆（Khatharya Um）联合撰写的《1986 年的美国与亚洲：渴望民主》④ 将这一年菲律宾"人民力量革命"推翻马科斯政权及美菲关系的调整，放到了美国推动亚洲民主化的视野来分析，认为这正是里根总统所说的"自由之风吹遍亚洲"的注脚，并带动了韩国、台湾等地的民主化进程。

美国加州大学学者罗伯特·霍恩（Robert C. Horn）的《东南亚对美国

---

① Richard J. Kessler, "Marcos and the Americans", *Foreign Policy*, Vol. 63, 1986, pp. 40 – 57.

② Gary Hawes, "United States Support for the Marcos Administration and the Pressures that Made for Change", *Contemporary Southeast Asia*, Vol. 8, No. 1, 1986, pp. 18 – 36.

③ Peter Bacho, "U. S. Policy Options toward the Philippines", *Asian Survey*, Vol. 27, No. 4, 1987, pp. 427 – 441.

④ Chalmers Johnson and Khatharya Um, "The United States and Asia in 1986: Demands for Democracy", *Asian Survey*, Vol. 27, No. 1, 1987, pp. 10 – 22.

外交政策的认知》①，剖析菲律宾、新加坡等东南亚国家、东盟组织对待美国外交政策方面的差异，东盟的主流观点是里根政府夸大苏联威胁，将美国的困难和全球问题归咎于苏联，世界观是简单的反苏主义。东盟组织及多数东南亚国家并不想加入美国为首的对抗苏越的"十字军"。

1979—1983 年出任美国驻菲大使馆政务参赞的美国外交官赫伯特·S. 马林（Herbert S. Malin）撰写的《1984 年的菲律宾：克服危机》②，论述了菲律宾的政治、经济稳定性危机在军管法时期已经酝酿，是由于阿基诺遇刺而被激发。但此文主要是对当年菲律宾政治、经济局面的简要回顾，缺乏深度分析。

美国加州大学政治学教授 G. 西德尼·西利曼（G. Sidney Silliman）《1983 年的菲律宾：困境中的独裁主义》③，剖析了阿基诺遇刺事件给马科斯执政及菲美关系带来的影响，作者认为里根总统虽然取消对菲访问，但美国并未取消对马科斯政权的支持。菲律宾的独裁政治危机重重，但是尚未到马科斯总统落幕之时。

美国北伊利诺伊斯大学政治学教授克拉克·D. 内尔的《1979 年的菲律宾：堡垒裂痕》④ 及《1980 年的菲律宾：风暴聚集》，强调了"美国在全亚洲的力量都与在菲的军事基地及反共的菲律宾政府息息相关"⑤，突出了菲律宾的战略重要性。作者还揭示流亡在美的前参议员阿基诺活动给马科斯政权造成的压力，马科斯 1980 年的顺利访美稳定了美国政府对菲政策。在人权问题方面，美国国务院关于菲律宾人权报告存在明显偏袒，美国各部门对菲人权问题态度迥异。

美国加州大学的政治学教授吉特·G. 马查多（Kit G. Machado）的《1978 年的菲律宾：独裁统治继续加强》⑥ 认为马科斯在这一年举行临时国

---

① Robert C. Horn，"Southeast Asian Perceptions of U. S. Foreign Policy"，*Asian Survey*，Vol. 25，No. 6，1985，pp. 678 – 691.

② Herbert S. Malin，"The Philippines in 1984：Grappling with Crisis"，*Asian Survey*，Vol. 25，No. 2，1985，pp. 198 – 205.

③ G. Sidney Silliman，"The Philippines in 1983：Authoritarianism Beleaguered"，*Asian Survey*，Vol. 24，No. 2，1984，pp. 149 – 158.

④ Clark D. Neher，"The Philippines in 1980：The Gathering Storm"，*Asian Survey*，Vol. 21，No. 2，1981，pp. 261 – 273.

⑤ Clark D. Neher，"The Philippines 1979：Cracks in the Fortress"，*Asian Survey*，Vol. 20，No. 2，1980，pp. 155 – 167.

⑥ Kit G. Machado，"The Philippines 1978：Authoritarian Consolidation Continues"，*Asian Survey*，Vol. 19，No. 2，1979，pp. 131 – 140.

民议会（Interim Batasang Pambansa，IBP）选举，显示出政治正常化的姿态，缓和了菲政府的压力，进一步强化了马科斯的独裁政权。

美国密苏里大学政治学副教授大卫·乌夫尔（David Wurfel）的《菲律宾：强化的对话》①，将 1966 年定位为"美国的菲律宾年"，因为这一年菲律宾通过了国会历史上最具争议的外交政策——《越南援助法案》（Vietnam Aid Bill），新上台的马科斯政府追随美国参加越战。作者梳理认为，美国的东南亚战略、军事基地、投资环境、贸易关系、经济援助和菲律宾二战老兵事务等问题，将长期存在并影响美菲关系。

美国美利坚大学公共管理与政府学院副教授，曾在菲律宾大学做过访问学者的马丁·梅多斯（Martin Meadows）的《菲美关系的近期发展：关于民族主义的案例分析》一文，认为独立后的菲律宾与美国之间的关系是一种循环模式，在 1964—1965 年达到了两国关系的低点，甚至是最低点。究其原因，是两国间的贸易、投资和军事防务这些长期积累的问题不断放大，引发了 20 年来菲律宾最激烈的民族主义和广泛的反美示威。②

加拿大约克大学（York University）历史系教授加布里埃尔·科尔克（Gabriel Kolko）的文章《菲律宾：另一个越南?》③ 认为，除了美国在印支溃败后，菲律宾对于美国在亚洲的军事存在方面更具重要性外，菲律宾还是美国按照其想法持续努力改造一个第三世界国家的重要样本。

华尔街日报（*The Wall Street Journal*）驻香港记者彼得·R.卡恩（Peter R. Kann）撰写的《没有民主的菲律宾》表示，对外国人来说，菲律宾实施军管法就是增加了西方民主不符合东方土壤的新证据而已。但实施军管法后，美国政府和商人都对菲律宾形势感到满意。美菲的矛盾也容易更好应对，好过以前要应对国会和媒体的多种纷扰。④

美国堪萨斯大学政治学与亚洲研究教授，长期关注菲律宾问题的卡尔·H.兰德（Carl H. Landé）在《军管法后的菲律宾前景展望》⑤ 中论述，不应

① David Wurfel, "The Philippines: Intensified Dialogue", *Asian Survey*, Vol. 7, No. 1, 1967, pp. 46 – 52.

② Martin Meadows, "Recent Developments in Philippine-American Relations: A Case Study in Emergent Nationalism", *Asian Survey*, Vol. 5, No. 6, 1965, pp. 305 – 318.

③ Gabriel Kolko, "The Philippines: Another Vietnam?" *Critical Asian Studies*, Vol. l5, No. 1, 1973, pp. 47 – 53.

④ Peter R. Kann, "The Philippines without Democracy", *Foreign Affairs*, Vol. 52, No. 3, 1974, pp. 612 – 632.

⑤ Carl H. Landé, "Philippine Prospects after Martial Law", *Foreign Affairs*, Vol. 59, No. 5, 1981, pp. 1147 – 1168.

夸大美国在马科斯留任或者恢复民主等问题方面的作用。美国的经援和物质援助固然对马科斯很重要，但对其生存并不如此关键。考虑到其国内基础，以及贷款、投资、军事装备的其他来源，以及伊朗、尼加拉瓜的近期实践，美国的压力并不能逼迫马科斯放弃权力。

卡尔·H. 兰德（Carl H. Landé）的另一篇文章《菲律宾与美国》① 认为，美菲关系长期具有不平等性，这影响了单一方从另一方的所得、各自的议价能力以及国家心理中的得失感。这种不平等性既有军事实力的差异，也有经济上的悬殊差距，因此菲律宾一直执行了一种菲政治家雷克多参议员（Claro M. Recto）描述的"乞丐外交政策"（mendicant foreign policy）。美菲两国有着不同的政策关注：菲律宾政府寻求利用两国之间的特殊关系来推动国家利益；而美国作为全球大国有着全球视域的关注，在冷战期间，其视自己有责任来动员和保护自由世界，包括东南亚地区来抵制共产党势力。在此背景下，美国在菲有利益并尽力协助该国，但全球或地区考量被放在更优先的地位。马科斯曾经能够维持美在菲的利益，但当其执政恐引发菲共的胜利和失去军事基地，美国人抛弃他就是时间问题了。

《远东经济评论》专栏作家罗伯特·A. 曼宁（Robert A. Manning）所写的《危机中的菲律宾》② 认为，美国外交政策困境在于如何应对一个处于崩溃之中的第三世界国家独裁政权，而这里有着美国长期的战略利益，譬如菲律宾。菲律宾政改的最大困难在于经济困难，而经济困难植根于经济结构失效，这肇始于 20 世纪 50 年代及 60 年代的进口替代政策，后来被 1979—1980 年的第二次石油危机放大，加上之后的全球经济衰退和高企的实际利率。但深究原因，关键还是马科斯的政策不当所致。

瓦尔登·贝罗（Walden Bello）在《阿基诺时代的美菲关系》③ 一文中回顾了美国对马科斯政权政策调整，认为主要是美国外交决策系统的调整决定了对菲政策的调整。作者分析，1983 年之后，美国国务院内部无论是自由派还是保守派，都选择采取了现实主义的政治态度，而不是意识形态论。国

①　Carl H. Landé, "The Philippines and the United States", *Philippine Studies*, Vol. 49, No. 4, 2001, pp. 518 – 539.

②　Robert A. Manning, "The Philippines in Crisis", *Foreign Affairs*, Vol. 63, No. 2, 1984, pp. 392 – 410.

③　Walden Bello, "U. S. -Philippine Relations in the Aquino Era", *World Policy Journal*, Vol. 5, No. 4, 1988, pp. 677 – 702.

务院的这些现实主义者逐步从白宫和国安会获得外交事务主导权，调整他们所抨击的原来的破产政策。1985 年，时任美驻菲大使电报国务卿，要求调整对菲律宾外交政策，并提请特别注意菲律宾反对派的整合和参选胜选的可能性，但是白宫和国家安全委员会却坚持支持马科斯政权，贻误良机。

美国马萨诸塞大学霍文·G. 马拉南（Joven G. Maranan）撰写的历史学硕士论文《军管倒计时：1969—1972 年的美菲关系》①　是笔者能够查询到的最新的研究马科斯时期美菲关系的论著，作者将美国解密档案与美菲研究的著述进行了一定的比对研究，论证 1969 年之后美菲关系的发展直接决定了马科斯实施军管法。

美国纽约大学斯坦梅茨·莎拉（Steinmetz Sara）的博士论文《美国的人权政策及海外民主发展——以现实政治的视角来分析》②，从新保守主义或新现实主义的视角来对美国对伊朗、尼加拉瓜和菲律宾三个国家实施人权政策的个案进行了比较研究。

来自菲律宾官员、学者的文章中，前参议员、著名的菲律宾政界人士贝尼尼奥·阿基诺（Benigno S. Aquino Jr.）在美国著名的《外交》（Foreign Affairs）杂志刊文《菲律宾怎么了？》③，这可以被视为其早期政治思想的一次集中反映。阿基诺敏锐观察到菲律宾民族主义的复兴和亚洲国家认同正在逐步觉醒，认为菲律宾冀望得到尊重和尊严，希望与美国建立伙伴关系而不是监护关系（partnership, not wardship）。阿基诺过度渲染了中国对菲律宾国家安全的威胁，以及在菲 100 万未同化的华人华侨的威胁，认为这些华人华侨给菲律宾带来的不仅是恐惧，更是妖魔鬼怪（more than a fear, it is a spectre），在此情况下，菲律宾比以往更需要美国，否则留给菲律宾的就是要么被"赤化"，或者灭国（go red or fall dead）。他关注到美国约翰逊总统 1968 年 3 月底突然与北越开始磋商，认为菲律宾对美国的需求更加迫切，菲律宾和其他自由亚洲国家们担心，美国会否像法国或英国那样撤出。

菲律宾前参议员和外长，流亡在美国的反对派领导人劳尔·曼格拉普斯

---

①　Joven G. Maranan, Countdown to Martial Law: The U. S-Philippine Relationship, 1969 – 1972, Master thesis, University of Massachusetts Boston, 2016.

②　Sara Steinmetz, U. S. Policy toward Human Rights and Democratic Development Abroad: Perspectives on Realpolitik. (Volumes I and II), Ph. D. dissertation, New York University, 1991.

③　Benigno S. Aquino Jr., "What's Wrong with the Philippines?" Foreign Affairs, Vol. 46, No. 4, 1968, pp. 770 – 779.

（Raùl S. Manglapus）的《菲律宾：美国会从成功中学习吗?》① 一文，认为菲律宾反对派势力各自为政，加上马科斯善于对反对派势力进行分化，造成了反对派势力四分五裂，毫无团结可言。反对派势力过于弱小和分散，是美国不敢轻易放弃支持马科斯政权的重要原因。

菲律宾民间智库负责人伯纳多·M. 比列加斯（Bernardo M. Villegas）撰写的《1985 年的菲律宾：随政治冲击而波动》②，分析 1985 年年底 26 名阿基诺谋杀案嫌犯被无罪释放将给菲律宾政局带来巨大冲击，美国在如何对待马科斯政权方面日趋两难，因为马科斯"既是问题，也是解决方案"，作者认为"静默外交（Quiet Diplomacy）"对马科斯施压作用有限。

菲律宾政治学学者费尔南德斯·亚历杭德罗（Fernandez Alejandro M.）的《今日之菲律宾与美国》③，是一篇不可多得的菲律宾学者研究菲美关系的佳作，文章回顾了 1946 年以来的菲美关系"一直是围绕着军事和经济条约发展"，在作者成文当时地区、国际环境变化背景下，菲律宾会从国家利益至上来思考未来出路，在阿以冲突、海洋法会议的"群岛原则"等问题上甚至不惜与美政策背道而驰，美菲逐步从紧密同盟关系转为共处关系。作者认为在双边关系互动中，美国会使用特惠制度、发展援助、石油禁运甚至中央情报局（CIA）的颠覆等伎俩掌控关系走向。而菲律宾看似除了在亚洲的大国矩阵平衡中的战略价值外，别无砝码，是美国利益的"棋子"，而实际上马科斯执政也有应对美国的优势，主要就是其现实主义以及个人的公正无私，以及充分利用菲律宾的亚洲身份、东盟成员身份和第三世界标签。但作者对马科斯本人的过度溢美，影响了其对马科斯政策的一些评判，失之偏颇。

3. 中国的研究专著方面

中国国内关于菲律宾研究首先当提的是金应熙主编的《菲律宾史》一书，该书跨度自菲律宾原始社会起，直至阿基诺夫人执政时期，其中对于1965—1986 年这段时期的菲律宾内政外交，美国与菲律宾关系的波动都有一

---

① Raùl S. Manglapus, "The Philippines: Will the US Learn from Success", *Harvard International Review*, Vol. 7, No. 5, 1985, pp. 20 – 23.

② Bernardo M. Villegas, "The Philippines in 1985: Rolling with the Political Punches", *Asian Survey*, Vol. 26, No. 2, 1986, pp. 127 – 140.

③ Alejandro M. Fernandez, "The Philippines and the United States Today", *Southeast Asian Affairs*, Issue, 1976, pp. 269 – 308.

定篇幅的论述，较为准确把握了双边关系发展脉搏，对双边关系中的重大事件论述也比较客观。但受制于资料匮乏的现实制约，该著述基本上都是依靠国外报章新闻报道及学者研究成果而写就。此外，《当代菲律宾》《菲律宾概论》《列国志——菲律宾》等关于菲律宾的概论性著作及梁华的《马科斯家族》《马科斯总统和夫人》《科—阿基诺传》《马科斯沉浮录》① 等传记都部分涉及 1965—1986 年美国对菲政策的演变或美菲关系问题。

此外，本书涉及美国外交史、冷战国际史、美国外交决策研究等诸多领域，在相关研究著述中也都对此有所涉及，多少不一。例如：李庆余的著作《美国外交：从孤立主义到全球主义》，杨生茂的《美国外交政策史 1775—1989 年》，以及资中筠的《战后美国外交史——从杜鲁门到里根》等著述都涉及笔者本书所涉及冷战时期的美菲关系，但对冷战时期美菲关系的相关论述均极为简略。但值得留意的变化之处就是这些学者已开始利用美国政府部门的解密档案来研究相应课题，尤其是资中筠之书已使用美国对外关系文件集等解密档案。此外，赵可金的《营造未来：美国国会游说的制度解读》，刘文祥的《美国外交决策中的国会与总统》② 等著述主要是研究美国外交政策的制定与实施，以及其中的制约因素等。

---

① 金应熙主编，刘迪辉等编著：《菲律宾史》，河南人民出版社 1990 年版；胡才：《当代菲律宾》，四川人民出版社 1994 年版；李涛、陈丙先：《菲律宾概论》，世界图书出版公司 2012 年版；马燕冰、黄莺：《列国志——菲律宾》，社会科学文献出版社 2007 年版；梁华：《马科斯家族》，社会科学文献出版社 1996 年版；燕兰：《马科斯总统和夫人》，时事出版社 1983 年版；孙嘉莉：《科·阿基诺传》，黑龙江人民出版社 1993 年版；陈岳、吴秀慧：《马科斯沉浮录》，香港：星辰出版社 1986 年版。

② 李庆余：《美国外交：从孤立主义到全球主义》，南京大学出版社 1990 年版；资中筠：《战后美国外交史：从杜鲁门到里根》，世界知识出版社 1994 年版；李庆余：《美国外交史：从独立战争至 2004 年》，山东画报出版社 2008 年版；董秀丽：《美国外交的文化阐释》，知识产权出版社 2007 年版；蒋劲松：《美国国会史》，海南出版社 1992 年版；赵可金：《营造未来：美国国会游说的制度解读》，复旦大学出版社 2005 年版；沈国麟：《镜头中的国会山：美国国会与大众传媒》，复旦大学出版社 2005 年版；李庆四：《美国国会与美国外交》，人民出版社 2007 年版；李庆四：《美国国会与美国对华政策》，当代世界出版社 2002 年版；孙哲：《左右未来：美国国会的制度创新和决策行为》，复旦大学出版社 2001 年版；王玮、戴超武：《美国外交思想史：1775—2005 年》，人民出版社 2007 年版；刘文祥：《美国外交决策中的国会与总统》，中国经济出版社 2005 年版；杨生茂：《美国外交政策史：1775—1989》，人民出版社 1990 年版；王玮：《美国对亚太政策的研究（1945—1972）》，山东人民出版社 1995 年版；杨生茂、刘绪贻：《美国通史》，人民出版社 2008 年版；刘金质：《冷战史》，世界知识出版社 2003 年版；张宏毅：《美国人权与人权外交》，人民出版社 1993 年版；罗会钧：《美国对发展中国家的人权外交》，中南大学出版社 2003 年版；周琪：《美国人权外交政策》，上海人民出版社 2001 年版。

4. 中国国内研究论文方面

在马科斯政权倒台前后，我国国内学者产生了一批关于美菲关系、马科斯政权研究方面的成果，包括陈森海的《对马科斯独裁政权的反思》，俞亚克的《战后菲美关系概论》，朱安琪、林均红的《从马科斯下台看美国对菲律宾政策的变化》，钱箭星的《从阿基诺被暗杀时间看菲律宾的政局》，先达人的《阿基诺事件的两个调查报告》，林均红的《动荡的菲律宾政局》，朱振明的《贝·阿基诺被害与菲律宾"二月革命"》[①] 等，这些研究更多属于新闻观察评论，基本观点就是美国对外政策遇到菲律宾马科斯政权的独裁统治和人权问题困境，美国出于利益考虑调整政策，最终"换马"。对菲律宾内部政治、经济问题的研究主要还是使用阶级分析的方法，从民族民主革命的角度来分析，具有一定的时代烙印。总体而言，这一阶段国内对该问题的研究，观点较为趋同，材料来源基本上都是国外报刊或者是外国学者研究成果，角度单一，层次不够，深度不够。

20 世纪 90 年代，国内也有几篇学术成果。刘军的《现实的抉择：美国对菲律宾政策的调整（1981—1986 年)》[②] 一文，简要回顾了约翰逊、尼克松、福特及卡特四任总统对马科斯政权的政策情况，对里根政府对马科斯政权的政策调整进行了分期的阐述，包括初期的全面支持马科斯政权、中期推动马科斯改革来稳定政局、最后的"换马"。刘军特别强调了外交政策主导权事宜，阐述在里根任期内，虽然白宫和国防部等部门曾有异议，但国务院牢牢掌握该时期的美外交政策主导权，美国务院在里根政府对菲政策的制定和调整过程中发挥了主角作用。该文最终还分析、探讨美国对菲政策变化的实质、特点及指导思想，核心就是里根政府并没有固守"独裁与双重标准"提出者柯克帕特里克的理论，而是从维护国家利益的根本性原则出发，采取了灵活与现实的政策，最终进行了现实的抉择。许滨的《变动中的外交——

①　陈森海：《对马科斯独裁政权的反思》，《东南亚研究》1986 年第 3 期；朱安琪、林均红：《从马科斯下台看美国对菲律宾政策的变化》，《东南亚研究资料》1986 年第 4 期；钱箭星：《从阿基诺被暗杀时间看菲律宾的政局》，《南洋问题》1983 年第 4 期；先达人：《阿基诺事件的两个调查报告》，《世界知识》1984 年第 23 期；林均红：《动荡的菲律宾政局》，《国际问题资料》1984 年第 23 期；俞亚克：《战后菲美关系概论》，《东南亚》1987 年第 4 期；朱振明：《贝·阿基诺被害与菲律宾"二月革命"》，《东南亚》1989 年第 2 期。

②　刘军：《现实的抉择：美国对菲律宾政策的调整（1981—1986 年)》，《美国研究》1990 年第 1 期。

美国对菲律宾政策（1983—1986 年）》①着重聚焦于菲律宾最为动荡变革的三年，以及美国在三年中不可避免地卷入菲律宾事务，里根政府逐步放弃了原先顽固坚持的冷战立场，从一味坚定支持马科斯，到采取一种平衡务实的政策，最终促成了菲律宾政局的和平过渡，也最大化维护了美国在菲律宾的利益。中山大学东南亚研究所卓建明的《里根政府对菲律宾阿基诺事件的反应》及《对里根"民主外交"的思考》②，从美国对外政策调整变化的角度来分析，并得出里根政府最终放弃马科斯政权是当时美国的唯一选择。张卫良的《试析战后菲律宾外交政策的嬗变》③研究了菲律宾在战后外交政策如何从完全听命于美国立场，逐步走向独立自主外交。

值得一提的是，中山大学潘一宁教授摘译格兰·梅（Warren I. Cohen）编撰的《21 世纪前夕美国—东亚关系研究》（The Study of American-East Asian Relations on the Eve of the Twenty-First Century）一书，以题为《美菲关系的历史研究》④刊发。该文梳理了 1972 年斯坦利（Peter Stanley）发表《被遗忘了的菲律宾》以来的美菲关系史英文著述情况，为美菲关系研究者提供了研究指引。该文还评价了涉及 1965—1986 年间美菲关系研究的《与独裁者共舞》《走向帝国》等著述，也客观指出了美菲关系研究中存在的档案资料依据缺乏等制约因素。

近十余年来，特别是 2010 年阿基诺三世就任菲律宾总统后，国内对于菲律宾研究兴起一个小高潮，国内学者就该领域的研究视野更开阔、材料更丰富、角度更多元。

周素勤的《美国对菲政策中的意识形态因素》⑤一文，强调美国高度重视意识形态和美国外交政策的相互关系，认为两者互为目的与手段。美国在制定对菲外交政策中，主要发挥的意识形态因素包括了"制度完美论""共产扩张论"以及"人权天赋论"等几种，在不同历史时期，美发挥主导作用的意识形态因素颇有差异。

① 许滨：《变动中的外交——美国对菲律宾政策（1983—1986 年）》，《南京大学学报：哲学·人文科学·社会科学》1993 年第 1 期。

② 卓建明：《里根政府对菲律宾阿基诺事件的反应》，《湛江师范学院学报》1995 年第 3 期；卓建明：《对里根"民主外交"的思考》，《世界历史》1996 年第 2 期。

③ 张卫良：《试析战后菲律宾外交政策的嬗变》，《杭州师范大学学报（社会科学版）》1998 年第 5 期。

④ ［美］格兰·梅著，潘一宁译：《美菲关系的历史研究》，《东南亚研究》1997 年第 6 期。

⑤ 周素勤：《美国对菲政策中的意识形态因素》，博士学位论文，中共中央党校，2006 年。

吉林大学时羽卓题为《马科斯时期的菲美关系演变（1965—1986 年)》①的硕士学位论文，时间覆盖范围与本人研究重合。该论文梳理了马科斯统治时期美菲双边关系的变化，并重在分析马科斯政权外交政策、特别是对美政策的调整，强调了菲律宾在双边关系变化中的主动性，并得出了"马科斯的独裁统治是菲律宾对外关系调整的根本因素，也左右了菲美'特殊关系'的演变"的结论。该论文跳出了以往有些研究过于强调大国主导而忽视小国作用的局限，透过对菲律宾国内政治格局、经济局势的分析，进而结合对国际和地区形势变化的解析，逐步剖析出菲律宾马科斯政权影响双边关系的主动性和有效性。但该文对于美菲双边外交决策的机制、程序只字未提，对于马科斯政权影响双边关系的权重过于夸大，且在著述此文时（2007 年）未能有效使用美国政府已批量解密的档案材料，全部使用二手材料开展研究，影响了该论文的价值。

陈雪的《尼克松政府对菲律宾的政策》② 一文，使用了不少《美国外交文件集》（FRUS）材料，也采用了个别"数字国家安全档案"（DNSA）材料，但对于这一时期的美国外交政策，并未从美国外交决策机制、程序方面进行分析，而且研究基本上局限于双边的军事基地谈判等安全合作，与论文标题对应度不够。

殷婷茹的《阿基诺案件与美国对菲外交政策（1972—1980)》③ 一文，较好地使用了美国政府的解密档案和国内外研究成果，从美国尼克松、福特、卡特三届政府对待菲律宾阿基诺参议员案件的态度和作用演变入手，以小见大观察分析美国在冷战时期对菲政策里促进民主和支持独裁政府间的矛盾，并从国际及地区形势变化、美在菲利益以及美国国内政治争斗角度来分析矛盾成因及对菲政策转变原因，总结出美国历届政府对菲外交政策既有一致性，又有明显的区别。

郑蔚康的《菲律宾对东盟政策中的美国因素》④ 一文，从菲律宾对东盟的外交政策视角，分析得出美对菲律宾的东盟政策影响力。该文纵向分析了

---

①　时羽卓：《马科斯时期菲美关系的演变（1965—1986 年)》，硕士学位论文，吉林大学，2007 年。

②　陈雪：《尼克松政府对菲律宾的政策》，硕士学位论文，东北师范大学，2010 年。

③　殷婷茹：《阿基诺案件与美国对菲外交政策（1972—1980)》，硕士学位论文，华东师范大学，2015 年。

④　郑蔚康：《菲律宾对东盟政策中的美国因素》，《东南亚研究》2009 年第 5 期。

菲律宾制定与实施对东南亚、对东盟政策中，美国的作用问题。

肖美红在《非对称同盟中的美国对菲外交研究——威胁因素的视角》①一文中，运用同盟理论来剖析美国对菲外交政策，认为菲律宾和美国是不对称关系，美国根据其面临的威胁掌握了美国对菲律宾外交政策变化的主导权。作为非对称同盟关系中的较弱一方，虽然菲律宾也不甘被主导双边关系，也试图利用自身地缘优势来影响美国外交决策和行为，但难以取得效果。作者最后得出结论，不对称关系中的美国面临的威胁决定了美菲同盟关系的亲疏和走势。

此外，时殷弘、许滨撰写的《来自冷战外的挑战——美国在菲律宾的失败与调整（1945—1954）》、陕西师范大学汪春杰的《冷战初期美国对菲律宾的干涉》以及暨南大学韩君的《美国对菲律宾政策的演变（1946—1960年)》等几篇文章，集中研究了二战结束后，杜鲁门政府和艾森豪威尔政府时期美对菲政策的演变，探讨了冷战初期美国新定对菲政策的过程。对于系统全面研究1965—1986年美国对菲政策演变具有较好的参考意义。

国内一些学者深入研究菲律宾冷战以来的南海政策，其中涉及1965—1986年这一时期菲律宾如何援引美国介入及美国就南海问题的态度，具体成果包括邵笑的《简析尼克松的南海政策——以西沙海战为例》、王静的《冷战时期菲律宾南海政策的演变及解析》、郭渊的《冷战时期菲律宾南海石油开采及行为特征分析》等，尤其是郭永虎的《美国对中菲南沙群岛争端政策的历史考察——给予美国新近解密外交档案的解读》②一文，率先在国内利用2011年美国国务院最新出版的《美国对外关系文件集》的"1969—1976年—东亚与东南亚卷（V12)"，研究20世纪70年代美国对于中菲南海争端的政策，形成"尼克松政府规避《美菲共同防御条约》适用南沙群岛"，以及福特政府继承尼克松政府有关政策、菲律宾被迫接受美国态度的研究结论。

谭笑的博士论文《"遏制"战略再审视：从卡特到布什——冷战时期美

---

① 肖美红：《非对称同盟中的美国对菲外交研究——威胁因素的视角》，硕士学位论文，厦门大学，2014年。

② 邵笑：《简析尼克松的南海政策——以西沙海战为例》，《东南亚研究》2012年第3期；王静：《冷战时期菲律宾南海政策的演变及解析》，《近现代国际关系史研究》第5辑，世界知识出版社2013年版；郭渊：《冷战时期菲律宾南海石油开采及行为特征分析》，《浙江海洋学院学报（人文科学版）》2013年第1期；郭永虎：《美国对中菲南沙群岛争端政策的历史考察——给予美国新近解密外交档案的解读》，《当代中国史研究》2013年第2期。

国国家安全战略研究（1977.1—1991.12）》①，论述了里根政府改变执政初的支持马科斯独裁政权政策，通过扶持"第三势力"（亲美反对派），施压菲国内的民主改革，最终终结了马科斯的独裁统治，以选举的合法手段实现政权的和平交接。

此外，笔者的《马科斯政府时期美国政府与菲律宾基督教组织关系探讨》② 一文，在笔者2000年《菲律宾天主教会同马科斯政权的关系》③ 等前期研究成果基础上，充分使用美官方解密档案，探析了马科斯政府时期，美国政府对菲律宾基督教组织从忽视到重视，从观望到接触、援助、施加影响，菲律宾基督教组织也借助美国政府向马科斯独裁政权施压，以及两者之间的关系发展变化。

（二）美菲军事安保关系方面研究文献综述

关于美国对菲政策中的军事安保方面的研究，主要包括以1947年美菲《军事基地协定》为核心的双边军事基地系列谈判、以1951年美菲《共同防御条约》为核心的条约适用范围、美国对菲军售和军事援助等议题。其中，国内外学者围绕军事基地问题研究成果较为丰硕，关于另外两方面较为薄弱。

1. 美国学者研究专著方面

威廉·E.贝瑞（William Emerson Berry, Jr.）1981年完成博士论文《美国驻菲军事基地，基地磋商，以及菲美关系：历史、现状和未来》，并在此基础上修订补充，于1989年出版《菲律宾的美国基地：特殊关系的演变》④ 一书。贝瑞博士1966年加入美国空军，曾多次被派往越南、菲律宾及韩国执行任务，形成对美国驻菲军事基地的研究兴趣，从而在任教美国空军学院政治系时，在康奈尔大学攻读哲学博士学位，撰写了以美驻菲军事基地为研究对象的博士论文。之后，他调任国防大学国家战争学院国家安全政策系

---

① 谭笑：《"遏制"战略再审视：从卡特到布什——冷战时期美国国家安全战略研究（1977.1—1991.12）》，博士学位论文，中共中央党校，2011年。

② 冯雷：《马科斯政府时期美国政府与菲律宾基督教组织关系探讨》，《东南亚研究》2016年第6期。

③ 冯雷：《菲律宾天主教会同马科斯政权的关系》，《东南亚研究》2000年第4期。

④ William Emerson Berry, American Military Bases in the Philippines, Base Negotiations, and Philippine-American Relations: Past, Present, and Future, Ph. D. dissertation, Cornell University, 1981; William E. Berry, *U. S. Bases in the Philippines: The Evolution of the Special Relationship*, Boulder: Westview Press, 1989.

（Department of National Security Policy at the National War College，National Defense University）副主任（Deputy Chairman）。其在研究过程中，除了利用美菲军事磋商方面官方报告、新闻报道外，还利用工作便利，广泛采访了当时美驻菲克拉克空军基地（空军十三飞行大队司令）负责人希尔德雷斯（James R. Hildreth），太平洋司令部驻菲律宾代表（Commander in Chief，Pacific's Representative in the Philippines，CINCPACREPHIL）负责人哈德斯蒂（Huntington Hardesty）准将，驻苏比克海军基地负责人波尔曼（Skip Boorman），美驻菲大使馆武官伍兹（Donald Woods）少校，以及1977—1978年军事基地谈判的参与人员诺瓦克（Ralph Novak）上校等军方人士，调研美驻菲军事基地的军事价值以及谈判中遇到的司法管辖权问题。他还亲自就相关问题约访菲律宾前参议员曼格拉普斯（Raul Manglapus）、迪奥卡诺（Jose Diokno）等，了解菲政府及反对派势力对于该事宜的态度，获得珍贵的第一手资料，极大丰富了研究资料来源。其按照时间维度，系统回顾了美菲在二战后即开始的军事基地磋商、1947年《军事基地协定》签署、20世纪50和60年代的基地谈判，并将研究重点放在马科斯执政时期美菲双边谈判的停滞、矛盾、进展及落实情况，最终对阿基诺夫人上台后基地谈判及未来进行了前瞻。其在论证双方就军事基地谈判的困难时，认为双方对于基地定位有着分歧，此外还有两个问题加剧了磋商的复杂性，其一是军事基地及谈判问题成为菲律宾国内政治事务，虽然外国军事基地成为所在国政治问题并不稀奇，但是美菲之间特殊的殖民地时期关系加剧了这一问题，政府及反对派为此而交锋，从奥斯敏纳到马科斯，到推翻马科斯而上台的阿基诺夫人，都将基地存废问题"政治化"了；其二是美国领导人仅将军事基地事宜反映出的民族主义问题视为菲国内政治精英们的冲突，却忽视了菲对于树立"亚洲身份（Asian Identity）"和被接受为亚洲国家（而不是美国傀儡）的真挚渴望。作者对这两点的认识是敏锐的，但是在文中过于夸大了菲律宾民族主义对于基地谈判事务的作用，将美菲谈判进展不利过于归咎于菲存在基地是美国殖民统治遗产的心理阴影，而对于20世纪70—80年代冷战格局的发展变化、美菲对于外部威胁的认知差异对于谈判的影响分析不够。此外，在一些诸如基地内国旗悬挂主张等史实方面，该作者也出现错漏。

约翰·W. 小麦克唐纳（John W. McDonald Jr.）与戴安娜·B. 本达曼因（Diane B. Bendahmane）编著的《美国海外基地：与西班牙、希腊和菲律宾

的谈判》①，是美国国务院下属外交学院（FSI）外交事务研究中心（Center
for the Study of Foreign Affairs）在1985年春天到1986年春天举行的三次关于
基地权（base rights）研讨会的研究成果。三次研讨会分别针对上述三国中
的某一国进行研讨，与会25名人员分别来自国防部、国务院、国会图书馆
下设国会研究局（CRS）、参议院外交关系委员会等机构。该论文集分四部
分，分别剖析了美西、美菲、美希军事基地磋商情况，关于美菲军事基地磋
商涵盖10篇文章，在第四部分形成案例分析的评估，总结了基地谈判中积
累的经验和遇到的教训，但是也提出经验和教训都是"知易行难（easier in
theory than in practice）"（第211页），基地权问题将成为外交政策日渐重要
的组成部分，基地叫价越来越高，国会日渐深度介入，谈判过程不可避免与
驻在国国内政治联系紧密而造成政府不稳定等问题。但从严格意义上来说，
该著述并非学术著作，而是政府有关部门集中交换谈判中的心理、法律问题
等战术性问题的发言汇总，且各与会者的发言较为简略，虽然具有一定的实
际操作性，但缺乏系统性和深度。

美国威廉姆斯学院（Williams College）政治系的弗雷德·格林教授
（Fred Greene），曾在美国国务院情报研究局（BIR）担任东亚及太平洋研
究办公室主任，美国国安会（NSC）顾问，其编著的《菲律宾基地：美菲视
角看谈判前景》② 于1988年由美国外交关系委员会（Council on Foreign Rela-
tions）出版，这是亚洲基金会（Asia Foundation）亚太事务中心（Center for
Asian Pacific Affairs）于1987—1988年组织统筹美菲两国外交关系委员会
（Council on Foreign Relations）就美菲军事基地谈判问题进行筹备，并于1988
年2月15—18日在美国加利福尼亚州举行"美菲基地协议：面向未来（U.
S.-Philippine Bases Agreement：Looking to the Future）"会议的研究成果。该
著述由三部分内容组成，一部分是该次会议的会议记录，一部分是军事专家
阿尔瓦·M.小鲍温（Alva M. Bowen，Jr.）介绍美国在菲军事基地情况，威
廉·贝瑞（William E. Berry，Jr.）介绍军事基地及战后美菲关系，最重要一
部分是格林根据会议筹备及举行情况汇总的关于美菲基地磋商专题材料，包
括了谈判可能的成果分析、谈判中遭遇的主权议题、民族主义问题、时机问

---

① John W. McDonald Jr. and Diane B. Bendahmane eds. , *U. S. Bases Overseas：Negotiations with
Spain，Greece and the Philippines*，Boulder：Westview Press，1990.

② Fred Greene ed. , *The Philippine Bases：Negotiating for the Future American and Philippine Perspec-
tives*，New York：Council on Foreign Relations，1988.

题、菲律宾新宪法问题、菲律宾国家安全关注、菲律宾的脆弱性及美国的义务、补偿分歧、社会问题，以及东盟及日本因素等方面。该著述是为 1988年即将举行的五年一度的美菲《军事基地协定》（MBA）复审谈判所准备的研讨会成果集，因此重点在于分析彼时美菲双方的关心及谈判可能存在的问题，预判军事基地谈判前景及今后转场可能性、可行性和成效，内容较为翔实准确。但是鉴于其属于美国智库为 1988 年的双边基地谈判提供的参考建议，关注时间段和领域非常集中，对于 1947 年以来的《军事基地协定》的历次谈判及落实情况缺乏全景式论述，更缺乏对美苏主导冷战格局发展走向的准确把握，因此对于基地前景的预测（格林教授较为认可与会代表预期的维持 10 年，或者 10—20 年，文中第 19 页）出现很大偏差。

美国加州大学伯克利分校政治学教授 A. 詹姆斯·格雷戈尔（A. James Gregor）和菲律宾大学地理学助理教授弗基里奥·阿加农（Virgilior Aganon）合著的《菲律宾基地：险境中的美国安全》[1]，从地缘政治的视角来分析美国在菲基地的地缘优势，阐述了美军当时在太平洋地区驻军利弊，并洞察到菲律宾政局不稳恐给美国驻菲基地带来难以预测的前景。两位作者逐一分析了一旦美国无法继续使用驻菲基地，美国被迫转场的几种可能性及各种利弊，把握了美国恐失去驻菲军事基地这一潜在风险，与美国政府及军方长期以来秘密研究基地转场问题较为同步，但作为高校学者，受到身份限制，并未受邀参与到政府研究决策中，只是进行学理分析，缺乏战略高度和具体的数据依据，因而流于表面。

2. 菲律宾学者研究专著

菲律宾学者关于基地研究的著述具有鲜明的民族主义特点，菲律宾大学罗兰·G. 辛布兰教授（Roland G. Simbulan）的《不安全的基地：美国驻菲军事基地研究》[2] 是其中代表。辛布兰教授是一名民族主义者，他在学生时代就宣传反对核武器及美军基地，并在马科斯军管时期受到迫害。作为菲律宾大学政治系教授，他在该书中一如既往表达其对美军基地的反对，认为美国基地是给菲律宾国家安全带来不安全的重要原因。

---

[1]　Anthony James Gregor and Virgilior Aganon, *The Philippine Base: U. S. Security at Risk*, Washington D. C: Ethics and Public Policy Center, 1987.

[2]　Roland G. Simbulan, *The Bases of Our Insecurity: A Study of US Military Bases in the Philippines*, Manila: BALAI Fellowship, 1983.

3. 美国学者研究论文方面

在论文方面，关于美菲军事基地事务研究主要在两个时间段，一个是1979 年美菲《军事基地协定》修订谈判前后，另一个高峰期在冷战结束前后，也就是美菲《军事基地协定》1991 年终止前后。

曾经出任美国驻菲大使的威廉·H. 沙利文撰写的《迁移菲律宾基地》①，表达出对于马科斯政权能否稳定执政前景的担心，以及美国迁移军事基地可能带来的成本巨大、效能不佳等隐患的分析。美国军事专家阿尔瓦·M. 小鲍温（Alva M. Bowen，Jr.）撰写的《菲律宾基地：美国迁移的选择》② 从军事角度来分析美国迁移军事基地的可能性。

威廉·R. 菲尼（William R. Feeney）在《美国与菲律宾：基地困局》一文中表示军事基地存在对菲律宾有多重意义，并预见到随着联合国海洋法关于 200 海里专属经济区的新规定出台，这些基地将在今后应对南海冲突方面发挥作用，其特别分析道"菲律宾与越南之间很可能发生南海岛礁争端"③（文章第 70 页）。

亚利桑那州立大学亚洲研究中心主任谢尔顿·西蒙教授（Sheldon W. Simon）的《大卫与歌利亚：东南亚大国与小国的安全关系》④ 一文，认为大国对第三世界国家内部外部事务并不过分区分，均视为其大国安全的组成部分。20 世纪 70 年代以来，苏联建成世界级的海军，获得新的附庸国，实现在西方和东亚的空前存在。相对比而言，无论是军事还是经济方面美国都在收缩。东盟国家鼓励美国保持在该地区的军事存在，敦促菲律宾政府接受美国的《军事基地协定》续约安排，菲律宾军事基地作用更加突出。

美国著名智库传统基金会（the Heritage Foundation）也组织学者专门就美菲军事基地问题形成研究成果，包括 A. 詹姆斯·格雷戈尔（A. James Gre-

---

① William H. Sullivan，"Relocating Bases in the Philippines"，*The Washington Quarterly*，Vol. 7，No. 2，1984，pp. 114 – 119.

② Alva M. Bowen，*Philippine Bases*：*U. S. Redeployment Options*，Washington，D. C. ：Congressional Research Service，Lirary of Congress，1986.

③ William R. Feeney，"The United States and the Philippines：The Bases Dilemma"，*Asian Affairs*，Vol. 10，No. 4，1984，pp. 63 – 85.

④ Sheldon W. Simon，"Davids and Goliaths：Small Power-Great Power Security Relations in Southeast Asia"，*Asian Survey*，Vol. 23，No. 3，1983，pp. 302 – 315.

gor）的《美国驻菲军事基地的关键作用》①，以及该智库著名军事专家费学礼（Richard Fisher）的《维持美国驻菲军事基地的战略》②，强调驻菲军事基地无可比拟的重要战略价值，撤出驻菲基地将是美国比越战更惨痛的失败。

美国著名的亚洲问题专家，哥伦比亚大学政治系学者周思哲（Jonathan Stromseth）在哥伦比亚大学著名的《国际事务杂志》（*Journal of International Affairs*）1989 年《面向 2000 年的美国同盟管理》专刊中刊文《不平等的同盟：美国驻菲军事基地磋商》③，运用非对称谈判理论（Theory of Asymmetrical Negotiations）分析美菲两国 20 世纪 70 年代就《军事基地协定》的两次谈判，并借用基欧汉（Robert Keohane）的理论，分析美国不对称同盟关系中的弱小一方会利用对美忠诚或者威胁性的中立主义来讨价还价，获得慷慨回报。随着国际和地区形势的发展变化，以及美菲围绕军事基地事宜开展谈判，美菲关系逐步从美国的完全主导演变为非对称的相互依赖。到了该年代后期，美菲任何一方试图改变，都会导致另一方付出代价，菲方会承受经济和政治后果，美国则承受战略和财政负担。

威廉·E.贝瑞（William Emerson Berry, Jr.）还专门撰文《美国军事基地对菲律宾经济的影响》④，分析了菲律宾国防开支及比重在东南亚国家中处于较低水平，这很大程度源于美国军事基地的存在纾缓了菲律宾的国防开支压力，一旦美国军事基地撤出，菲国防开支至少要翻番。此外，美军事基地对菲经济贡献包括补偿、就业机会、支付薪水、就地采购、减少菲国防开支等，据作者估算，美军事基地对菲律宾国民生产总值（GNP）贡献率超过 3%。作者还就双方政府在基地租金等事宜的谈判问题，表示美国政府支出受到《平衡预算与赤字控制法》（Balanced Budget and Emergency Deficit Control Act）的限制。

威廉·佩特森大学（William Paterson University）政治学学者斯蒂芬·

---

① A. James Gregor, "The Key Role of U. S. Bases in the Philippines", January 10, 1984, https://www. heritage. org/report/the – key – role – us – bases – the – philippines.

② Richard Fisher, "A Strategy for Keeping the U. S. Bases in the Philippines", May 20, 1988, https://www. heritage. org/asia/report/strategy – keeping – the – us – bases – the – philippines.

③ Jonathan Stromseth, "Unequal Allies: Negotiations over U. S. Bases in the Philippines", *Journal of International Affairs*, Vol. 43, No. 1, 1989, pp. 161 – 188.

④ William E. Berry, "The Effects of the U. S. Military Bases on the Philippine Economy", *Contemporary Southeast Asia*, Vol. 11, No. 4, 1990, pp. 306 – 333.

R. 沙洛姆（Stephen R. Shalom）撰写的《保卫 1947 年美菲军事基地协定》①一文，利用丰富的材料描述了《军事基地协定》出台的来龙去脉，并比照了菲律宾在二战后与 1990 年时的政治、经济及社会情绪的异同，认为菲律宾的经济窘况及半个世纪以来并未变化的阶级分化和富人当权，都注定着美菲将共同保卫该协定，但强大的群众运动（stronger popular movement）将对此进行阻击。

美国圣克拉拉大学（Santa Clara University）政治系格雷戈里·P. 科宁（Gregory P. Corning）发表的《菲律宾基地与美国太平洋战略》②，强调"美国的太平洋战略的基石就是海军"，而菲律宾军事基地核心贡献就在于确保了美国海军的灵活性。

著名的美国历史学家和政治学者，康奈尔大学东南亚项目负责人乔治·M. 卡恩（George McT. Kahin）撰写的《美菲安全关系：基于基地？》③，论述了马科斯时期美菲分别于 1979 年及 1983 年就军事基地问题谈判，以及阿基诺夫人政府与美国布什政府谈判的情况，并对此进行比较研究。卡恩曾坚定反对美国卷入越战，在此文中也对美国的东南亚政策、美菲基地谈判进行诸多批评，认为美国政府无视菲律宾与越南在 1976 年达成的战略一致，夸大了苏联在金兰湾的驻军和威胁，借此维持在菲律宾的军事基地。此外，作者对于美菲 1951 年《共同防御条约》的适用范围表达与美国政府的异议，认为不仅适用于菲律宾本土（metropolitan territory），也应该适用于太平洋区域。作者还透露，1985 年 9 月，马科斯总统与其会面时承认菲律宾政府在美菲谈判时就在菲存储、使用核武器问题向美方作出重大让步。

美国华裔学者马·阿门特劳特（L. Eve Armentrout Ma）长期从事美国史、华人华侨史研究，其撰写《条约还是嘲弄：1947—1992 年间美菲军事基地协定相关法律事务》④ 一文，总结了美国海外基地的普遍特点：租期长，

①　Stephen R. Shalom, "Securing the U. S.: Philippine Military Bases Agreement 1947", https://www. wpunj. edu/dotAsset/209673. pdf.

②　Gregory P. Corning, "The Philippine Bases and U. S. Pacific Strategy", *Pacific Affairs*, Vol. 63, No. 1, 1990, pp. 6 – 23.

③　George McTurnan Kahin, "The US-Philippine Security Relationship: Dependent on the Bases?", *South East Asia Research*, Vol. 1, No. 2, 1993, pp. 127 – 142.

④　L. Eve Armentrout Ma, "Treaty or Travesty?: Legal Issues Surrounding the U. S. -Philippines MilitaryBase Agreement of 1947 – 1992", *The Journal of American-East Asian Relations*, Vol. 10, No. 1/2, 2001, pp. 93 – 121.

一般都有治外法权，都在施压条件下签订，基地所在国一般都是小国、战败国或者惨胜国、有安全担心、曾被美国管辖或者殖民过等。美国与这些国家的军事基地协定普遍是在战后特殊情况下签订的，例如美菲 1947 年《军事基地协定》，一开始被基地所在国容忍接受，之后引发一系列问题。作者还就今后美国如何协商"经得起时间检验"的协定，不要被指控以不公平和有问题，提出一些建议。

彼得·贝科（Peter Bacho）撰写的《转型中的美菲关系：基地事宜》及阿摩司·约德（Amos Yoder）的《东亚新政策的选项》① 都论述了菲律宾基地在美国东南亚政策、美菲关系中的重要性。

4. 菲律宾官员、学者的研究成果

前菲律宾驻美大使爱德华多·Z. 罗穆亚尔德斯（Eduardo Z. Romualdez）的《关乎主权的问题：军事基地与菲美关系 1944—1979》② 回顾了美菲军事基地问题的来龙去脉，突出强调了基地问题涉及菲律宾国家主权。

前菲律宾驻美大使，曾亲历美菲军事基地谈判的菲方代表伊曼纽尔·佩莱斯（Emmanuel Pelaez）撰写的《菲律宾的军事基地：过去与未来》③ 提出，《军事基地协定》根本就不像是两个主权国家之间的协定，而像是美国通过这块飞地实现美国主权在菲律宾的延伸。协定的条款仍是战前殖民地的遗存，菲律宾接受基地成为不可避免的灾祸。

5. 澳大利亚学者的研究成果

鲍尔·德斯蒙德（Desmond Ball）负责编著的《美国驻菲基地：问题及启示》④，是澳洲国立大学（The Australian National University）战略与防务研究中心（Strategic and Defense Studies Centre）、政治与社会变革系（the Department of Political and Social Change）、太平洋事务研究院（Research school of Pacific Studies）几家单位联合于 1988 年 5 月 5 日在该校举行的工作研讨会

---

① Peter Bacho, "U. S. -Philippine Relations in Transition: the Issue of the Bases", *Asian Survey*, Vol. 28, No. 6, 1988, pp. 650 – 660; Amos Yoder, "Options for a New Policy in East Asia", *Asian Survey*, Vol. 16, No. 5, 1976, pp. 478 – 491.

② Eduardo Z. Romualdez, *A Question of Sovereignty*: *The Military Bases and Philippine American Relations*, *1944 – 1979*, Manila: Selbstverlag, 1980.

③ Emmanuel Pelaez, "The Military Bases in the Philippines: Past and the Future", *Foreign Relations Journal*, Vol. 1, No. 1, 1986, p. 2.

④ Desmond Ball ed., *US Bases in the Philippines*: *Issues and Implications*, Canberra: Strategic and Defence Studies Centre, Research School of Pacific Studies, Australian National University, 1988.

的成果集，该研讨会是在对美菲军事基地协定（MBA）恐将于1991年不再续约而终止，美国面临搬迁军事设施的预判前提下进行的。该著作概述了美菲政治关系简况、当时菲律宾国内政治情势、东盟国家的态度、美国潜在的军事基地转场目的地、美驻菲军事基地事宜对澳大利亚的政治、战略意义。该著述评估澳大利亚在美国是否能够维持在菲的军事存在方面存在"核心利益（central interest）"，任何美国被迫转移军事基地造成的军事能力下降都会降低澳大利亚的安全性。而且，美驻菲军事基地与美驻澳大利亚军事设施之间有直接联系，一旦驻菲设施被迫调整，美驻澳军事设施也要相应调整。再者，如果美将驻菲设施部分迁往澳大利亚，恐引发澳国内反对之声。澳大利亚政府应未雨绸缪，提前应对美驻菲基地调整给地区带来的不稳定。该本书是为数不多的美国及东南亚以外机构和学者对此专题的研究成果，反映出澳大利亚在本国安全问题上对英美的过度依赖，特别是对美国军事力量削弱的恐慌，为理解澳大利亚看待、发展与东南亚安全关系提供了一个新视角，也为理解澳大利亚在20世纪90年代基廷政府时期提出"面向亚洲"的外交政策提供了新注脚。

6. 国内研究成果

我国学者对于美菲军事安全合作方面著述较为薄弱，目前为止并没有该方面的系统专著或译著，主要是学术论文、学位论文。

国内最早可见的关于美国驻菲律宾军事基地的论文是20世纪50年代陈原的《美国军事基地网威胁着世界和平与安全》，这篇文章有着鲜明的时代烙印，批评美国在菲律宾等"多到可以成一册地名辞典"的国家建立军事基地，构建军事基地网是"妄图造成国际紧张局势，以便欺骗资本主义世界（包括美国）人民进行扩军备战，以便发动新的侵略战争，掠夺中国、苏联和人民民主国家"，以及"在政治经济上奴役并控制设置基地的这些国家，而且妄图依靠军事基地来镇压各国人民革命运动"。1956年，周道在《世界知识》的《问题解答》专栏以题为《美菲军事基地谈判》[①] 为名对此问题进行简要介绍。

20世纪60—70年代，我国学术界关于美菲军事安全关系的公开研究成果基本属于空白，只有寥寥几篇外国学者论文的翻译，如勒鲁瓦·汉森的

①　陈原：《美国军事基地网威胁着世界和平与安全》，《世界知识》1951年第24期；周道：《美菲军事基地谈判》，《世界知识》1956年第24期。

《卡特的远东战略：菲律宾军事基地的新作用》①。

在20世纪80年代末前后，国内对美菲军事安全关系研究出现一个小高峰，曾莫休与森业紧扣当时美菲军事基地谈判热点，先后发表《美菲军事基地谈判背景与前瞻》《美菲军事基地之争》等文章，时永明发表了《菲律宾军事基地问题与菲美关系》，阐述"民族主义仍是影响菲政府解决基地问题立场的主要因素"，并认为"对菲政府来说，比解决基地问题更重要的是美菲未来的关系问题"。此外，还有宫少朋的《美国在菲律宾军事基地的历史、现状与前途》、赵文骝的《美菲军事基地的存废与东南亚的力量平衡》、荣小民的《谋事在人 成事在天——美菲军事基地谈判达成新协议》等文章。周金奎摘译了菲律宾学者罗兰德·G.西姆布兰教授（Roland G. Simbulan）1983年出版的专著《不安全的基地：美国驻菲军事基地研究》第五章，以《菲律宾美国军事基地的作用》② 为题发表。

21世纪以来，伴随着美国以"反恐"为名恢复在菲律宾的军事活动，特别是奥巴马政府提出"重返亚太"及"重返东南亚"之后，东南亚局势出现波动，中菲关系出现倒退，中菲南海争端有所激化，国内对于美菲军事合作研究有所加强，迎来新一轮研究高峰。

作为东南亚研究的南方重镇之一，暨南大学国际关系学院围绕该议题形成系列研究成果，包括刘清涛的硕士论文《二战后菲美安全关系透视》，部分章节探讨了马科斯时期美菲在军事问题上的合作与斗争；孙敏的硕士论文《美国对菲律宾军事安全政策研究（1969—1976）》也涉及马科斯执政时期的双边军事安全事宜。费昭珣题为《同盟理论视角下的美国与东南亚国家军事关系》的博士论文，以较大篇幅论述了美菲军事同盟关系的发展演变进程。特别值得一提的是，杨超的硕士论文《菲律宾反美军基地的社会运动研

---

① ［美］勒鲁瓦·汉森著，细定译：《卡特的远东战略：菲律宾军事基地的新作用》，《南洋资料译丛》1977年第4期。

② 曾莫休：《美菲军事基地谈判背景与前瞻》，《国际展望》1988年第13期；森业：《美菲军事基地之争》，《世界知识》1988年第14期；时永明：《菲律宾军事基地问题与菲美关系》，《国际问题研究》1991年第3期；赵文骝：《美菲军事基地的存废与东南亚的力量平衡》，《南洋问题研究》1990年第2期；宫少朋：《美国在菲律宾军事基地的历史、现状与前途》，《外交评论》1990年第1期；荣小民：《谋事在人 成事在天——美菲军事基地谈判达成新协议》，《国际展望》1991年第15期；［菲］罗兰德·G.西姆布兰著，周金奎译：《菲律宾美国军事基地的作用》，《东南亚研究资料》1991年第2期。

究：缘起、过程与绩效》①，既分析论述了美菲军事基地谈判问题，又借用社会学的社会运动理论，考察了菲律宾国内的反基地社会运动及成效。

万艳玲撰写的《论马科斯时期菲美军事基地问题》②，选择了一个颇有学术意义的研究题目，但其资料来源有限，影响了该论文的价值。

张传江的《〈美菲共同防御条约〉适用范围研析》③，使用了《美国外交文件集》等解密档案材料，对该条约签署的历史背景和双方多次就适用范围进行的交涉情况进行梳理分析，得出该条约并不适用于南沙群岛的结论。

邵笑的《论南海问题与1976年美菲军事基地谈判》④一文，并不是立足于阐述卡特政府的南海政策，而是通过查阅有关解密官方档案材料，"从1976年美菲军事基地协定谈判一事入手，分析福特政府时期美国在南海问题上的原则与立场，以及这种立场对南海局势的影响"。该文认为，菲律宾从1976年开始将美军基地问题与南沙群岛问题相挂钩。

（三）美菲经济社会关系方面研究文献综述

1. 国外研究专著方面

迄今为止，笔者较少搜集到美国对菲经济政策方面的研究专著，斯坦利·L.恩格尔曼、罗伯特·E.高尔曼的《剑桥美国经济史》、沙伊贝的《近百年美国经济史》⑤略有提及美菲经贸关系。

2. 国外研究论文方面

菲律宾著名经济学家，在阿基诺政府时期曾出任国家经济发展署（NE-DA）负责人的文森特·B.小巴尔德佩尼亚斯（Vicente B. Valdepeñas, Jr.）曾在菲律宾雅典耀大学（University of Ateneo）的《菲律宾研究》（*Philippine Studies*）杂志发表一系列关于菲律宾经济发展研究的著述。《菲律宾的经济挑战》阐述了菲律宾拥有丰富的自然资源和劳动力资源，却并未形成强有力

---

① 刘清涛：《二战后菲美安全关系透视》，硕士学位论文，暨南大学，2003年；孙敏：《美国对菲律宾军事安全政策研究（1969—1976）》，硕士学位论文，暨南大学，2013年；费昭珣：《同盟理论视角下的美国与东南亚国家军事关系》，博士学位论文，暨南大学，2009年；杨超：《菲律宾反美军基地的社会运动研究：缘起、过程与绩效》，硕士学位论文，暨南大学，2008年。

② 万艳玲：《论马科斯时期菲美军事基地问题》，硕士学位论文，湖南师范大学，2004年。

③ 张传江：《〈美菲共同防御条约〉适用范围研析》，《西安政治学院学报》2015年第6期。

④ 邵笑：《论南海问题与1976年美菲军事基地谈判》，《历史教学问题》2012年第3期。

⑤ ［美］斯坦利·L.恩格尔曼、罗伯特·E.高尔曼主编：《剑桥美国经济史》，高德步等总译校，中国人民大学出版社2008年版；［美］沙伊贝：《近百年美国经济史》，彭松建译，中国社会科学出版社1983年版。

的生产力。菲律宾人均国民生产总值只有日本的五分之一，甚至只有朝鲜的
一半。究其根源，还是西班牙、美国殖民时期传承下来的陈旧的殖民地时期
经济结构问题。《日本在战后菲律宾经济中的作用》一文分析了日本在战后
菲律宾经济中的作用有不断增长的趋势，这主要是菲律宾出口部门的恢复和
发展、日本生产能力的提升以及日本对菲给付战争赔款三方面原因。作者还
对美日两国在菲律宾经济中的消长趋势进行剖析，分析了马科斯政府迟迟不
愿批准生效菲日两国 1960 年即签署的《菲日友好、通商及航行条约》（Phil-
ippine-Japan Treaty of Amity，Commerce and Navigation）的政治、经济考量，
预测日本会进一步借二战赔偿给付等方式对菲经济进行渗透。《菲律宾
1967—1974 年中通货膨胀问题》① 分析了菲律宾在 1974 年美菲贸易协定到
期背景下出现的经济问题。

　　已故的菲律宾著名法律专家，曾参与菲律宾 1987 年宪法制定工作的本
格松（Jose F. S. Bengzon，Jr.）在《美国人在菲国民待遇：平等权、零售业
和投资》② 中，分析了菲美特殊经济关系始于 1946 年独立之时，菲律宾政府
对 1935 年宪法关于菲律宾国民活动有关条款作出让步，这是菲律宾为了获
取美国援助而付出的代价。作者也批驳了杜鲁门声称的与菲律宾缔结贸易协
定的唯一目的就是恢复菲律宾国家经济的说法，认为美国的目的就是向菲律
宾进行倾销。20 世纪 60 年代菲律宾经济发展不及预期，部分缘于美菲贸易
协定的不利条款，造成菲律宾出口严重依赖美国市场，阻止了菲律宾建立本
地工业去生产消费品，菲律宾在美国却没有得到什么实际的同等优待。作者
也对 1974 年双边贸易协定到期后的经贸关系发展进行思考，分析届时是否
会终结美国人及美资在菲的平等权，菲律宾宪法不再设定例外情况。

　　美国威斯康星大学经济学学者杰弗里·G. 威廉姆森（Jeffrey G. William-
son）在《战后菲律宾经济成就的维度》③ 中，对菲律宾 20 多年的经济发展
进行研究，并与拉美的发展模式进行了比较研究。

---

　　① Vicente B. Valdepeñas, Jr., "The Economic Challenge in the Philippines", *Philippine Studies*, Vol. 16, No. 2, 1968, pp. 278 – 296; Vicente B. Valdepeñas, Jr., "Japan in Postwar Philippine Econo-my", *Philippine Studies*, Vol. 18, No. 4, 1970, pp. 718 – 739; Vicente B. Valdepeñas, Jr., "Philippine Inflation, 1967 – 1974", *Philippine Studies*, Vol. 23, No. 3, 1975, pp. 320 – 335.

　　② Jose F. S. Bengzon, Jr., "National Treatment of Americans in the Philippines: Parity Rights, Re-tail Trade and Investment", *The International Lawyer*, Vol. 3, No. 2, 1969, pp. 339 – 363.

　　③ Jeffrey G. Williamson, "Dimensions of Postwar Philippine Economic Progress", *The Quarterly Jour-nal of Economics*, Vol. 83, No. 1, 1969, pp. 93 – 109.

美国美利坚大学的学者阿斯特里·苏尔克（Astri Suhrke）撰写的《美国与菲律宾：特殊关系的终结》① 发表于美菲《劳雷尔—兰利协定》1974 年终止之后，作者认为蔗糖出口配额、特惠贸易制以及平等权条款构成美菲特殊关系的三大支柱，但随着美菲贸易协定的终结，双边特殊关系伴随特殊经贸关系而终结。作者对美菲特殊关系终结对菲律宾经济的冲击效果并不悲观，认为渐进式的条约规定已经给菲律宾预留了充分的应对准备时间。马科斯政府积极采取了多样化政策，以去除对美国的依赖。特别是在协定到期前菲已未雨绸缪，1973 年申请加入关贸总协定（GATT），讨论欧共体对发展中国家的普惠制体系，与欧亚社会主义国家打开关系，拓展和深化了与日本的经济联系。

弗兰克·H. 戈莱（Frank H. Golay）的《菲律宾面临的经济挑战》，从专业的经济学角度来分析菲律宾的经济困难，特别是翔实的数据来解析贸易逆差及国际债务问题。加里·霍斯（Gary Hawes）的《菲律宾的国家、跨国企业及农业发展》②，主要是用田野调查的方法来研究菲律宾的政府政策、跨国企业及农村和农业几者之间的关系问题。

菲律宾大学公共管理学院的奥古斯丁·小金塔纳（A. Kintanar Jr.）的《菲律宾经济：菲律宾经济危机分析》③ 揭示了菲虽然不是亚洲外债最多国家，但成为第一个延期偿付的国家，经济已陷入严重的危机。作者分析危机形成存在菲律宾国内原因，即军管法造成政治权力的集中，政治权力的集中又形成经济权力的集中，央行、发展银行及土地银行在经济中作用过大，影响了一些产业、经济发展中必要的调整。而经济危机的长期深层次原因源于20 世纪 50 年代开始的进口替代政策，许多制造业部门对于进口原材料过于依赖，而附加值极低；军管法期间，马科斯的裙带关系利益人更加进行行业垄断，依靠保护政策开展经济活动，经济行为低效而无法与国际竞争，生产力水平甚至倒退到 50 年代水平。80 年代初马科斯对经济进行逐步调整，但

---

① Astri Suhrke, "US-Philippines: the End of a Special Relationship", *The World Today*, Vol. 31, No. 2, 1975, pp. 80 – 88.

② Frank H. Golay, "Economic Challenges Facing the Philippines", *Journal of Southeast Asian Studies*, Vol. 14, No. 2, 1983, pp. 254 – 261; Gary Hawes, "The state, Transnational Corporations and Agricultural Development in the Philippine", *Philippine Sociological Review*, Vol. 32, No. 1/4, 1984, pp. 81 – 89.

③ Agustin Kintanar, Jr., "The Philippine Economy: An Analysis of the Economic Crisis", *Southeast Asian Affairs*, Issue, 1985, pp. 279 – 293.

又遭遇阿基诺遇刺事件重创菲律宾经济。

威廉·克罗瑟（William Crowther）的《菲律宾独裁主义与国际经济》①一文，将菲律宾独立后经济发展分为三个阶段：首先是树立贸易壁垒，保护本国工业；之后是20世纪50年代末经济停滞，国内政治对经济的重新定位受到国际经济环境束缚和冲突；第三个阶段是马科斯独裁政府解决方案，不再争论发展模式问题。该文认为保护主义经济政策下的菲律宾工业化刺激了出口替代工业，导致政治多元主义之下的结构性瓶颈，这些瓶颈也造成政治制度下危机循环出现；进口替代政策的转向与官僚独裁政体对民主制度的分解有着密切关系。作者还从经济基础决定上层建筑的角度来解析菲律宾独裁政权的出现原因，即菲律宾发展出口导向型经济时，在竞争日益激烈的条件下，资本家较少容忍工资和福利政策，这些政策会消耗资本成本，因此需要对工人阶层进行政治钝化（political deactivation）。为此，工业家与军方和技术官僚等结成政治联盟，政治多元主义减少了。诸多社会问题的解决需要改造社会结构，多元政治做不到，于是独裁政权产生。

澳洲国立大学经济系学者哈尔·希尔（Hal Hill）的《1985年的菲律宾经济：衰退继续》以翔实的菲律宾1980—1985年经济数据来研究菲律宾20世纪80年代初期的经济衰退。其另一篇文章《阿基诺治下的菲律宾经济：新希望，老问题》②也着重回顾研究了菲律宾在马科斯政府时期的经济发展历程，20世纪70年代菲律宾是东盟最早开始制造业出口改革的国家，但是到了80年代，在美国政策、日元升值对于地区出口导向型经济发展大有促进、国际经济结构变化的大背景下，菲律宾发展远远落后于该地区其他国家。作者将发展落后的原因归咎于菲律宾的高出生率及低储蓄率问题，以及经济结构缺乏恢复力和灵活性（resilience and flexibility）。

美国康涅狄格州大学经济系学者查尔斯·W.林德赛（Charles W. Lindsey）的《菲律宾的经济危机》③一文，分析里根政府虽然认识到马科斯政权遭遇政治、经济危机，但坚持认为马科斯是目前唯一能够稳定形势的人选，

① William Crowther, "Philippine Authoritarianism and the International Economy", *Comparative Politics*, Vol. 18, No. 3, 1986, pp. 339 – 356.

② Hal Hill, "The Philippine Economy in 1985: The Decline Continues", *Southeast Asian Affairs*, issue, 1986, pp. 239 – 257; Hal Hill, "The Philippine Economy Under Aquino: New Hopes, Old Problems", *Asian survey*, Vol. 28, No. 3, 1988, pp. 261 – 285.

③ Charles W. Lindsey, "Economic Crisis in the Philippines", *Asian Survey*, Vol. 24, No. 12, 1984, pp. 1185 – 1208.

因此坚持通过世界银行和国际货币基金组织对菲律宾经济输血救助。

唐纳德·克劳内（Donald Crone）的《东盟的控制外资趋势研究》[①] 一文，横向比较了菲律宾与东盟其他国家在制造业发展、外资、外贸等领域情况，关注到菲律宾的美资比重自 1968 年的 59% 下降到 1977 年的 29%，认为马科斯政权面临对外资的严密控制与实际实施门户开放政策、国内民族主义勃兴与亟待加速经济发展以缓解国内经济结构失衡等困境。

劳拉·J. 亨瑟（Laura Jeanne Henze）的《美菲经济关系和贸易谈判》[②] 一文发表于美菲贸易协定终止，美菲正就贸易、军事基地等系列问题进行谈判之时。研究回顾了美菲经贸关系发展历程，对美菲贸易协定终止后双方开始进行的《经济合作与发展条约》（Treaty of Economic Cooperation and Development）进行动机、谈判底牌及前景的分析。作者认为美国是拟通过推动国内立法（贸易改革法案，后改名为贸易法）来解决，将美菲贸易磋商纳入关贸总协定（GATT）框架下的多边磋商中，并不拟继续给予菲律宾特殊的经济贸易地位，而且美方的态度是单纯磋商贸易问题；而菲律宾拟坚持美菲双边磋商并维护自己利益，且将经贸问题与军事基地问题捆绑进行一揽子谈判。菲律宾还积极进行院外游说，试图对美国的贸易法立法过程施加影响，修改涉及菲律宾贸易事务的法案条款。作者得出结论，马科斯政府既发展更独立的外交政策，也寻求美国地区存在带来的安全和军援、经援的经济利益。

美国俄亥俄州立大学（The Ohio State University）顾长永（Ku Charng-Yeong）在 1989 年的博士论文《菲律宾蔗糖业的政治经济学》[③] 中研究分析菲律宾蔗糖经济的历史，并着重分析了菲律宾 1974—1985 年之间蔗糖业的发展变化及对菲律宾的影响。作者将 1974 年定为菲律宾蔗糖业历史的分水岭，在此之前蔗糖业一直是菲律宾的经济支柱产业之一，但在 1974 年之后，由于国际糖价走低、气候不佳、蔗糖替代品的发展及发达国家蔗糖政策改变等，对菲律宾造成重大冲击。作者还在马科斯政府方面寻找菲律宾蔗糖业走

①　Donald Crone, "Emerging Trends in the Control of Foreign Investments in ASEAN", *Asian Survey*, Vol. 21, No. 4, 1981, pp. 417–436.

②　Laura Jeanne Henze, "U. S. -Philippine Economic Relations and Trade Negotiations", *Asian Survey*, Vol. 16, No. 4, 1976, pp. 319–337.

③　Ku Charng-Yeong, The Political Economy of the Philippine Sugar Industry, Ph. D. dissertation, The Ohio State University, 1989。

向低谷的原因，主要是马科斯政府对蔗糖业的管理垄断、贸易垄断和价格垄断，造成诸多菲律宾蔗糖主产区步入崩溃，成为贫穷之地和菲共（CPP）的活动根据地。

加州大学马克·桑切斯（Mark Sanchez）的历史学硕士论文《来自远方的反抗：美国的马科斯政权抵抗活动》[①] 重点论述了1981年—1983年间以美国为基地的反军管法运动（Anti-Martial Law Movement，AMLM）在反对马科斯政权运动中的地位和作用，特别是最为活跃的民主菲律宾人联盟（KDP-Union of Democratic Filipinos）及自由菲律宾运动（Movement for a Free Philippines MFP）、菲律宾人之友（Friends of the Filipino People，FFP）的组织、活动情况。该文角度较为新颖，但撰文较多通过当事人的回忆，以及有关组织的出版物进行撰写，缺乏美菲两国政府对这些活动的政策、评估和应对材料，论据略显简单。

美国威斯康星大学里维拉·T. 坎波斯（Rivera，Temario Campos）的《阶级、国家和外国资本：菲律宾工业化的政治1950—1986年》[②]，运用了阶级分析法来剖析菲律宾工业化道路的转变和发展。菲律宾一种占主流的民族主义观点认为，对进口替代工业实施保护主义政策的制造业构成了该国最具活力和企业基础，理所当然应该实施保护主义。支持者们声称，试图破坏保护主义壁垒的国际机构对本国的工业发展怀有敌意。而与之相反的观点认为，进口替代工业化的制造业是买办垄断，完全依赖外国联系，无法推动任何自主工业化进程。作者认为，马科斯政府通过对制造业的垄断，包括进口替代工业资本家和跨国资本家都破坏了充满活力的发展和创新，进一步设定了保护主义体系，最终使大企业们受益。拥有土地的资本家家族对进口替代工业化实施垄断，当地制造业阶层在土改方面发挥了矛盾的、最终是阻碍性的作用，这也弱化了工业发展的社会动力。最终造成菲律宾工业化道路崎岖艰难，成效远远落伍于东盟其他成员国。

美国普林斯顿大学罗宾·布罗德（Robin Broad）的《菲律宾政策制定的

---

① Mark Sanchez, Resistance from Afar：Opposition to the Marcos Regime from the United States, 1981 – 1983, Master thesis, California State University, 2012.

② Temario Campos Rivera, Class, the State and Foreign Capital：The Politics of Philippine Industrialization, 1950 – 1986, Ph. D. dissertation, The University of Wisconsin-Madison, 1991.

背后：世界银行及国际货币基金组织的作用》① 主要的观点就是世界银行和国际货币基金组织这些多边金融机构在 20 世纪 70 年代菲律宾出口导向型经济政策制定过程中，发挥了核心的外部作用。

菲律宾圣卡洛斯大学经济系学者奥斯卡·R. 布克格（Oscar R. Bucog）的《1980—1990 年代的菲律宾经济政策评估》一文，重点分析了这一阶段菲律宾政府在应对经济衰退时，主要使用货币政策和财政政策时的得失。M. D. 里通雅（M. D. Litonjua）的《发展理论中的国家：马科斯治下的菲律宾》一文，总结了菲律宾在经历西班牙和美国殖民统治后，形成了恩庇侍从政治关系（Patron client）。独立后的菲律宾，似乎看起来与美国拥有相似的政治表象，但实质大不相同，菲律宾既更中央集权，但又更羸弱和依赖，造成一种弱国家、强寡头政治家族势力的政治现实。马科斯执政时期，其起初重用技术官僚，但最终将技术官僚边缘化。实际上把持政治的是马科斯夫妇、小圈子、政治化的军方、生意密友以及原来的政治精英等，最终形成权贵资本主义（crony capitalism）以及伪资本主义（ersatz capitalism）。奥罗拉·L. 马丁（Aurora L. Almeda Martin）的《菲律宾土地改革轮回：不灭的美国殖民地政策》② 一文，比较研究了菲律宾独立后的四次土地改革，即 1955 年麦格赛赛政府时期土地改革、1963 年马卡帕加尔政府时期土地改革、1972 年马科斯政府时期土地改革及 1987 年阿基诺夫人政府时期的土地改革，分析认为菲律宾土地改革不成功、不充分的原因主要是殖民历史原因、政府的弱势以及政府对市场的过度干预。

麦克卡拉斯（Joseph P. McCallus）视角独特，将菲裔美国人作为研究对象，并重点研究这个群体的分化，特别是"挺马"和"反马"媒体的比较研究。其《恶魔的庆祝：美国反对马科斯运动中的贬低修辞宣传》一文，分析了在美国逐步形成了反对马科斯政权的运动和气候的原因，诸如：不用担心马科斯政府恫吓和打压，有集会等自由，可以游说国会等优势，但是"反马"媒体过于丑化抹黑的手段和编造荒唐离奇的贬低修辞取得了适得其反的

① Robin Broad, Behind Philippine Policy Making: The Role of the World Bank and International Monetary Fund, Ph. D. dissertation, Princeton University, 1983.

② Oscar R. Bucog, "Philippine Economic Policy in the 1980s and 1990s: An Appraisal", *Philippine Quarterly of Culture and Society*, Vol. 32, No. 3/4, 2004, pp. 203 – 229; M. D. Litonjua, "The State in Development Theory: The Philippines Under Marcos", *Philippine Studies*, Vol. 49, No. 3, 2001, pp. 368 – 398; Aurora L. Almeda Martin, "Philippine Land Reform Cycles: Perpetuating U. S. Colonial Policy", *Philippine Studies*, Vol. 47, No. 2, 1999, pp. 181 – 205。

效果，策略失当。而《以焦虑作为政治游说的策略——菲裔美国人社区报纸研究》① 一文，以 1982 年马科斯访美前后的在华盛顿的菲籍美国人社区报纸为研究对象，既分析了马科斯政府通过大使馆游说、税收刺激和补贴旅游、社区媒体控制等手段，希望对在美菲人进行政治控制，组建"挺马"势力，也剖析了在美"反马"菲籍美国人的抵抗活动，特别是通过《菲律宾新闻》（The Philippine News）载体进行宣传的情况。作者的结论是在美菲律宾人群体的分裂源于菲律宾的政治分裂，而这个群体接近美国政治权力和美国媒体，被视为菲在美的一块飞地，在马科斯访美之时对立更为凸显。

菲律宾大学学者雷内·E. 奥佛雷尼奥（Rene E. Ofreneo）的《菲律宾：债务危机与政治继承权》② 一文，分析菲律宾债务危机导致美国及国际金融机构世界银行和国际货币基金组织联合采取一系列强力措施维持菲律宾的政治稳定性。作者认为，这些举措不仅仅是为挽救菲律宾的民主，而是美国试图维持该体系以继续攫取超额利润。

美国宾夕法尼亚州印第安纳大学的托马斯·C. 诺瓦克（Thomas C. Nowak）在《军管法之前的菲律宾：对于政治与政府的研究》③ 一文对马科斯第一任期的施政进行了分析，并对军管法前后的菲律宾政府管治进行了比较。作者认为，美资在军管法之前的菲律宾政治、经济环境中受到菲律宾立法机构的各种制约，因而更乐于和一个强势的马科斯军管法政府，而不是难以预测的菲立法机构打交道。作者还认为美资受益于军管法政府对菲国内的各种政治打压和社会高压。

3. 国内研究专著方面

国内欠缺研究 1965—1986 年这一时间段美国对菲经济政策这一方面的专著。孙建党的《美国与东南亚经济关系研究》一书，主要是以 1945—1973 年之间美国与东南亚国家经济关系作为研究对象，研究双边贸易趋势、贸易模式和商品结构的波动情况，以及美国对东南亚国家直接投资和经济援

---

① Joseph P. McCallus, "The Celebration of the Devil: Degradation Rhetoric in the Propaganda of the Anti-Marcos Movement in America", *Philippine Quarterly of Culture and Society*, Vol. 17, No. 1, 1989, pp. 90 – 103; Joseph P. McCallus, "Anxiety as a Tactic of Political Persuasion in a Filipino-American Community Newspaper", *Philippine Quarterly of Culture and Society*, Vol. 16, No. 3/4, 1988, pp. 235 – 249。

② Rene E. Ofreneo, "The Philippines: Debt Crisis and the Politics of Succession", *Philippine Sociological Review*, Vol. 32, No. 1/4, 1984, pp. 7 – 17。

③ Thomas C. Nowak, "The Philippines before Martial Law: A Study in Politics and Administration", *The American Political Science Review*, Vol. 71, No. 2, 1977, pp. 522 – 539。

助的变动趋势，其中部分涉及美菲经贸关系。蒋细定著有《菲律宾经济论》一书，该书并非菲律宾经济专著，是作者于1994—1997年间受聘菲律宾华文传媒《世界日报》经济版主编暨特约经济评论员期间撰写的经济述评的结集，述评涵盖菲律宾农业与农村问题、工业与经济区建设问题、对外贸易问题、对外经济关系问题等专题。另外，厦门大学南洋研究所（后改为南洋研究院）先后编纂出版《东南亚五国经济概况》和《东南亚五国经济》，陈明华编著的《当代菲律宾经济》①，其中包括对菲律宾经济状况的介绍与分析。

4. 国内研究论文方面

早在20世纪50年代，我国学界就关注到菲律宾独立之后的美菲经贸关系问题。1957年，我国学者杨安民就撰写了《从美菲关系看菲律宾经济》一文，重点阐述了美菲经贸关系中的不平等性。同年，厦门大学《南洋资料译丛》编译了托罗依次基的《菲律宾经济中的美国垄断》②一文，认为美国在菲律宾并未放弃殖民主义的经济政策，得出"美帝在菲律宾的活动基本上和其他帝国主义国家在殖民地和附属国的政策没有差别"的结论。

在20世纪60—90年代期间，我国学者以《南洋问题研究》和《东南亚研究》为主要平台，刊载了大量关于菲律宾经济局势的研究文章，以及在《南洋（问题）资料译丛》《东南亚研究》刊载了国外知名学者有关研究成果，其中都比重不一地涉及本书涉及时间段内美对菲经济政策、美菲经贸关系等内容。

诸如应尚华的《菲律宾的消费市场》及村野的《菲律宾的外债》，汪慕恒、沈红芳及蒋细定几位学者连续在《南洋问题研究》刊载的年度性回顾与展望的《菲律宾经济概况》系列文章，汪慕恒与蒋细定的《战后菲律宾的经济发展战略》，沈红芳的《菲律宾的外资政策和外资活动情况》《战后菲律宾的工业发展和外贸政策》《菲律宾利用外资发展民族经济的战略和政策》《战后菲律宾外资、外援的消长变化、特点及其原因》，蒋细定的《菲律宾的能源开发战略初探》《战后菲律宾的工业的发展问题初析》《菲律宾工业发展的问题与展望》，陈大冰的《菲律宾社会指标的初步分析》等文章

---

① 蒋细定：《菲律宾经济论》，厦门大学出版社2004年版；厦门大学南洋研究所编写组编：《东南亚五国经济概况》，人民出版社1976年版；厦门大学南洋研究所编：《东南亚五国经济》，人民出版社1981年版；陈明华：《当代菲律宾经济》，云南大学出版社1999年版。

② 杨安民：《从美菲关系看菲律宾经济》，《世界知识》1957年第10期；［苏］托罗依次基著，林克明译：《菲律宾经济中的美国垄断》，《南洋问题资料译丛》1957年第4期。

涵盖了菲律宾经济发展战略、工业化道路、外资和外援、外贸、能源问题等广泛领域。此外，钱文宝的《发展中国家应采取的经济发展战略——马来西亚与菲律宾的比较分析》和陈丽贞的《论战后东盟国家对外贸易的发展与变化》将菲律宾经济发展战略、外贸状况进行了比较研究。杨学渊的《菲律宾经济发展二十年》、张乃坚的《菲律宾的能源》，以及汪巍的《菲律宾的债务负担与经济发展》[①]也都是这一时期的研究成果。

译著方面主要有 A. 李昭戈的《美帝国主义对菲律宾的经济掠夺》、佐藤昭治的《菲律宾的外资政策和外资情况》、肖彬的《菲律宾的工业化进展和对外贸易结构的变化》、O. T. 捷列申科的《菲律宾的货币金融近况》、B. 雅·阿尔希波夫的《菲律宾进口贸易的发展趋势》、B. Я. 阿尔希波夫的《菲律宾的糖业生产》、B. Я. 阿尔希波夫的《菲律宾的经济问题》、阿布里诺·艾迪南的《菲律宾工业化的合理化战略：从工业保护政策转向工业支持政策——菲律宾 1983—1987 年》、赫拉尔多·西卡特的《八十年代的菲律宾经济发展战略》、南原真的《菲律宾工业发展战略的调整》、Л. Д. 多尔任科娃的《菲律宾的对外贸易及扩大出口的措施》、小何塞·罗梅罗的《菲律宾的债务管理问题及其解决办法》、弗兰克·H. 戈莱的《菲律宾面临的经济挑战》、雷蒙·H. 麦尔斯的《菲律宾经济困难的根源》、格温多林·R. 特克逊的《菲律宾工业发展中的贸易政策和工业奖励政策》。陈超逯的《菲律宾经济的症结何在》一文，是对菲律宾经济学家杰拉多·P. 西卡特在菲律宾学会第 29 届年会上发言稿《剖视菲律宾经济问题的历史和现实》的摘译，主要是考察了从美国对菲殖民统治时期到马科斯时期的菲律宾经济状况，认为造

---

① 应尚华：《菲律宾的消费市场》，《东南亚研究》1981 年第 2 期；村野：《菲律宾的外债》，《东南亚研究》1981 年第 2 期；汪慕恒、蒋细定：《战后菲律宾的经济发展战略》，《南洋问题研究》1984 年第 2 期；沈红芳：《菲律宾的外资政策和外资活动情况》，《南洋问题研究》1978 年第 2 期；沈红芳：《战后菲律宾的工业发展和外贸政策》，《南洋问题研究》1982 年第 1 期；沈红芳：《菲律宾利用外资发展民族经济的战略和政策》，《南洋问题研究》1982 年第 3 期；沈红芳：《战后菲律宾外资、外援的消长变化、特点及其原因》，《南洋问题研究》1983 年第 2 期；蒋细定：《菲律宾的能源开发战略初探》，《南洋问题研究》1983 年第 2 期；蒋细定：《战后菲律宾的工业的发展问题初析》，《南洋问题研究》1983 年第 4 期；蒋细定：《菲律宾工业发展的问题与展望》，《南洋问题研究》1991 年第 2 期；陈大冰：《菲律宾社会指标的初步分析》，《南洋问题研究》1984 年第 3 期；钱文宝：《发展中国家应采取的经济发展战略——马来西亚与菲律宾的比较分析》，《南洋问题研究》1985 年第 1 期；陈丽贞：《论战后东盟国家对外贸易的发展与变化》，《南洋问题研究》1998 年第 2 期；杨学渊：《菲律宾经济发展二十年》，《现代国际关系》1984 年第 1 期；张乃坚：《菲律宾的能源》，《东南亚研究》1987 年第 Z1 期；汪巍：《菲律宾的债务负担与经济发展》，《东南亚研究》1991 年第 1 期。

成菲律宾经济发展不佳的最主要原因是施政不当。加里·霍斯撰有《马科斯、其密友和菲律宾经济发展的失败》一文。此外，弗·阿尔希波夫的《菲律宾经济：成就与困难》、弗·阿尔希波夫的《菲律宾的经济与外汇金融问题》① 两文都是这一时期的译著成果，刊发在《国际经济评论》杂志。

　　21 世纪以来，特别是近年来，我国一些学者回顾研究美菲经贸关系、菲律宾的工业化道路、外贸政策，形成了一些新的成果。李异平的《从马科斯统治下的电信业看菲律宾与美国的依附关系》一文，从依附理论角度来研究马科斯统治时期的菲律宾电信业，探讨这种依附关系对菲律宾造成的不良影响。李异平的另一篇文章《美国对菲律宾传媒的影响与控制》，着重阐述美国如何通过控制菲律宾传媒业，从而达到操纵该国政治和经济的目的。杨卫民、祁可前的《马科斯独裁下的菲律宾土地改革（1972—1986）》一文认为马科斯在实施军管法之后实行"亲朋资本主义"政治，其推行的土地改革忽视了农民的利益，农村基层组织也被地主阶层势力把持。此外，马科斯独裁统治下，制度创新的严重滞后也成为该国农村土地改革和农村发展的巨大障碍。沈红芳的《菲律宾工业化发展进程及其政策特点》研究了菲律宾这个亚洲地区最早踏上工业化道路的国家，在由进口替代工业化向出口工业化转变

---

　　① ［菲］A. 李昭戈著，李希炳译：《美帝国主义对菲律宾的经济掠夺》，《南洋资料译丛》1976 年第 2 期；［日］佐藤昭治著，国良译：《菲律宾的外资政策和外资情况》，《南洋资料译丛》1977 年第 3 期；肖彬：《菲律宾的工业化进展和对外贸易结构的变化》，《南洋资料译丛》1979 年第 4 期；［苏］O. T. 捷列申科著，方人译：《菲律宾的货币金融近况》，《东南亚研究》1980 年第 2 期；［苏］B. 雅·阿尔希波夫著，东晖译：《菲律宾进口贸易的发展趋势》，《东南亚研究》1980 年第 2 期；［苏］B. Я. 阿尔希波夫著，甘木译：《菲律宾的糖业生产》，《东南亚研究》1980 年第 4 期；［苏］B. Я. 阿尔希波夫著，王超进译：《菲律宾的经济问题》，《东南亚研究》1981 年第 4 期；［菲］阿布里诺·艾迪南著，汪慕恒译：《菲律宾工业化的合理化战略：从工业保护政策转向工业支持政策——菲律宾 1983—1987 年》，《南洋资料译丛》1982 年第 2 期；［菲］赫拉尔多·西卡特著，汪慕恒译：《八十年代的菲律宾经济发展战略》，《南洋资料译丛》1982 年第 3 期；［日］南原真著，汪慕恒译：《菲律宾工业发展战略的调整》，《南洋资料译丛》1982 年第 4 期；［苏］Л. Д. 多尔任科娃著，东晖译：《菲律宾的对外贸易及扩大出口的措施》，《东南亚研究》1983 年第 3 期；［菲］小何塞·罗梅罗著，雪辽译：《菲律宾的债务管理问题及其解决办法》，《南洋资料译丛》1984 年第 4 期；［美］弗兰克·H. 戈莱著，周世雄译：《菲律宾面临的经济挑战》，《南洋资料译丛》1985 年第 1 期；［美］雷蒙·H. 麦尔斯著，黄学毅译：《菲律宾经济困难的根源》，《南洋资料译丛》1985 年第 3 期；［美］格温多林·R. 特克逊著，柳平译：《菲律宾工业发展中的贸易政策和工业奖励政策》，《东南亚研究》1985 年第 3 期；［菲］杰拉多·P. 西卡特著，陈超逯编译：《菲律宾经济的症结何在》，《东南亚研究》1987 年第 3 期；［美］加里·霍斯著，其实译：《马科斯、其密友和菲律宾经济发展的失败》，《南洋资料译丛》1995 年第 Z2 期；［苏］弗·阿尔希波夫著，施纯谋译：《菲律宾经济：成就与困难》，《国际经济评论》1982 年第 9 期；［苏］弗·阿尔希波夫著，付志华译：《菲律宾的经济与外汇金融问题》，《国际经济评论》1985 年第 10 期。

过程中的艰难，并进一步剖析菲工业化道路的得失成败。刘效梅的《浅议菲律宾对外贸易政策和制度的发展》分阶段剖析了菲独立后的外贸政策调整及对该国经济带来的影响。帖伟芝的《论菲律宾对美国的依附性》探讨菲律宾经济模式和农业国特性难于改变的根源，认为主要是美对菲殖民时期，美殖民主义的性质决定了不愿菲发生经济结构的变化，从而造成一个畸形结构，并对菲经济发展道路带来了难以调整的消极影响。孙建党、戴锦波的《美国政府、NGO、跨国公司在菲律宾绿色革命中的角色和作用》视角独特，文章聚焦于20世纪60年代，美国政府大力支持美国大型跨国公司（MNC）在菲律宾实施名为推广农业科技的绿色革命。文章认为此举系美国在战后实施外交战略和利用跨国公司开拓国际市场的新型手段，体现出美国非政府组织（NGO）和跨国公司在国际行动中与美政府外交政策的协同性。郑国富的《菲律宾对外贸易发展研究（1971—2013）》一文研究了菲马科斯至阿基诺三世执政期间菲律宾的外贸发展变化情况。徐建玲、陈期婷的《菲律宾土地改革和粮食安全研究》一文剖析了菲律宾独立后的几次土地改革的成败情况，并解析菲不同政府时期土改政策的形成原因及实施弊病。2014年，尹彬彬题为《美菲经济关系对菲律宾经济发展的影响探析（1946—1980）》[①] 一文，认为在美国对菲律宾实施殖民统治时期，美国将菲视为美紧缺原料来源地及美倾销商品的目的地。菲独立建国后，两国间的经贸关系依然存在不平等性、不平衡性及依赖性问题，并突出体现在贸易、外资及经济援助方面。文章分析了美长期对菲援助在改善菲资金短缺等制约该国发展问题方面的积极作用，但此举也加重了菲不堪重负的债务负担，并受到美附着其上限制条件的羁绊。

作为美菲经贸关系的三大支柱（贸易、投资、外援）之一，长期以来我

---

① 李昇平：《从马科斯统治下的电信业看菲律宾与美国的依附关系》，《东南亚研究》2000年第1期；李昇平：《美国对菲律宾传媒的影响与控制》，《新闻大学》2000年第2期；杨卫民、祁可前：《马科斯独裁下的菲律宾土地改革（1972—1986）》，《史学月刊》2001年第5期；沈红芳：《菲律宾工业化发展进程及其政策特点》，《亚太经济》2003年第2期；刘效梅：《浅议菲律宾对外贸易政策和制度的发展》，《印度洋经济体研究》2003年第5期；帖伟芝：《论菲律宾对美国的依附性》，《商丘师范学院学报》2005年第3期；孙建党、戴锦波：《美国政府、NGO、跨国公司在菲律宾绿色革命中的角色和作用》，《东南亚研究》2011年第6期；郑国富：《菲律宾对外贸易发展研究（1971—2013）》，《吉林工商学院学报》2014年第6期；徐建玲、陈期婷：《菲律宾土地改革和粮食安全研究》，《东南亚研究》2014年第6期；尹彬彬：《美菲经济关系对菲律宾经济发展的影响探析（1946—1980）》，硕士学位论文，湘潭大学，2014年。

国国内学者对于美国对菲援助研究较为薄弱，2000 年以来几位国内学者对此有专门研究，包括中山大学尤洪波博士的《论美国对菲律宾的经济援助》一文，从经济社会理论视角剖析美国对菲经济援助政策及实施情况，得出互惠性和对等性是美菲援助交换关系长期稳定存在的主因的结论。尤洪波的博士论文《美国国内安全援助项目研究》①，着重研究国内安全援助这一美国对外援助的组成部分，并以美对菲国内安全援助作为其研究对象。

韩凝题为《美国国际开发署对菲律宾援助政策的演变及其影响》一文，分析了美国国际开发署对菲律宾援助政策的制定与实施、调整历史，认为国际开发署对菲援助政策出现调整，与菲国家发展及美菲同盟关系演变有着密切关联关系。崔翠翠的《以援助之名，掩利己之实——浅谈战后美国对菲律宾援助政策的形成》一文，认为美国视菲律宾为在亚洲干涉他国内部事务和维护美国霸权的重要棋子，美国对菲实施援助是建立在菲对美国国家利益和外交战略价值基础之上。此外，周毅的《遏制战略下的美国对外援助：1947—1974》、周琪的《冷战时期美国对外援助的目标和方法》、谢华的《冷战时期美国对第三世界国家经济外交研究（1947—1969）》②等文章对东南亚地区（菲律宾）略有提及，谢华文章中，按照美国对第三世界国家的分类，提出菲既是前沿国家，又具反共盟国性质，因此菲在美对第三世界国家经济外交中占一席之地。

（四）文献综述评述

对于 1965—1986 年之间美国对菲政策，近半个世纪以来有诸多国内外知名学者和广大研究人员就此开展了不间断的研究，也取得了领域覆盖广、较为深入的丰硕研究成果。笔者在前文中已经按照三大领域并区分研究人员国别进行了分类文献梳理，如果改以时间轴来划分，对于该时期美国对菲政策的有关研究成果，也可以划分为 1965—2000 年，以及 2000 年以来两个大的时间段进行总体剖析。

---

① 尤洪波：《论美国对菲律宾的经济援助》，《亚太经济》2011 年第 6 期；尤洪波：《美国国内安全援助项目研究》，博士学位论文，中山大学，2010 年。

② 韩凝：《美国国际开发署对菲律宾援助政策的演变及其影响》，《东南亚南亚研究》2012 年第 2 期；崔翠翠：《以援助之名，掩利己之实——浅谈战后美国对菲律宾援助政策的形成》，《中国校外教育旬刊》2014 年第 Z1 期；周毅：《遏制战略下的美国对外援助：1947—1974》，硕士学位论文，上海社会科学院，2009 年；周琪：《冷战时期美国对外援助的目标和方法》，《美国问题研究》2009 年第 2 期；谢华：《冷战时期美国对第三世界国家经济外交研究（1947—1969）》，博士学位论文，陕西师范大学，2008 年。

1. 1965—2000 年之间中外学者研究成果评价

相较而言，21 世纪之前撰写的文章基本属于"当世人著当世史"，优点是有机会近距离观察、体会美菲关系的现实状况，特别是诸如沙利文（Willian H. Sullivan）、爱德华多·Z. 罗穆亚尔德斯（Eduardo Z. Romualdez）、伊曼纽尔·佩莱斯（Emmanuel Pelaez）这样的前任/时任驻美、驻菲大使，都是美国政府决策、美菲军事磋商的亲历者、执行者，威廉·E. 贝瑞（William Emerson Berry, Jr.）这样曾在菲执行任务和开展深入调研的美国军方人士，他们对有关问题的研究具有他人/后人无可比拟的优势。但是，也应该看到，当事人著当世史存在无法规避的弊病：

首先，有些研究成果会受到研究人员"只缘身在此山中"，因此"不识庐山真面目"的视角影响，有些会囿于时代的制约而对有关议题有"短视"行为。譬如对马科斯家族进行基于贪腐的道德审判而将美菲关系、马科斯与阿基诺等反对派的关系进行简单的黑白化、脸谱化处理，这在有关著述，特别是马科斯、阿基诺夫人传记中普遍存在。又譬如对于马科斯政府在 20 世纪 70 年代改变该国自 20 世纪 50 年代以来的进口替代工业化政策，转而实施出口导向工业化，应该看到，这是国际分工和经济全球化的大趋势，也是当时东盟成员国家经济腾飞的重要原因，但是部分研究过于局限于马科斯家族和裙带关系，将菲律宾国家经济政策转型升级的动因归于马科斯迫于美国压力，或者归咎于马科斯家族为了个人攫取利益而推动菲律宾经济结构转型，失之偏颇。

其次，这一阶段的研究人员虽然有能接触、采访诸多重大事件当事人的便利，但应该看到，当事人出于各种因素，对事实的陈述有误。譬如马科斯实施军管法时，究竟尼克松总统、时任美国驻菲大使亨利·拜罗德是什么态度，菲律宾的反对派领袖阿基诺参议员如何与美国交涉，这些问题在当时研究成果中都出现较大偏差。美国政府解密的档案充分证明，史实与斯坦利·卡诺（Stanley Karnow）在《依我塑造：美国在菲律宾的帝国》及其他著述中普遍采信和引用书中"拜罗德大使回忆自己持续劝说马科斯不要实施军管法"①相左，事实上是美菲提前有较为充分的沟通。此外，阿基诺参议员与美国大使馆官员会晤时，也坦承在当时情况下，"如果自己是马科斯，自己也会实

① Stanley Karnow, *In Our Image*: *America's Empire in the Philippines*, New York: Random House, 1989, p. 356.

施军管"，自己会接受及支持马科斯实施"军管法"云云。

再者，就是来自美菲双方面的资料匮乏。

一方面，在美国官方文件方面。受制于美国政府文件的解密期限限制，研究者缺乏政府官方文件作为研究的支撑。作为该时期的研究人员，虽然有个别官员/前官员有条件接触到政府文件或者参与政府决策，但是人员不多。美国老牌智库政策研究所学者韦登·贝罗在撰文《沼泽边缘：美国与菲律宾危机》时，根据媒体获得的国务院泄密文件来分析阐述美国对菲政策的目标，但是这属于极为罕见的个案。即使像《与独裁者起舞：马科斯家族与美国政策的制定》这样试图调阅美国官方档案来研究美菲关系的著述，其作者雷蒙德·邦纳（Raymond Bonner）依照信息自由法（FOIA）申请查阅美国国务院、中央情报局、国家安全委员会等部门有关解密文档，都自述遇到了诸多困难。其查询到的档案材料也存在不系统、不全面以及出于保密需要而部分删除的情况，信息过于碎片化，作者难以据此全面、系统研究这一阶段的美国对菲政策。

另一方面，菲律宾的资料素材缺乏，且不可靠。在马科斯独裁统治时期，菲律宾自由媒体受到打压，开展菲律宾研究遇到严重的信息匮乏问题，这成为该阶段研究的普遍性问题。《美国与菲律宾：制订政策的背景》作者克劳德·A.巴斯（Claude A. Buss）的论述具有典型性。他在著述中就多次谈及资料的缺乏："外界不足以掌握军管法期间菲律宾政府成就与问题所达到的程度，因为自由媒体的缺失，……"，"我们关于菲律宾内部形势的资讯是不充分的！""菲律宾政府的新闻稿都是混乱的，（对事务的定调）究竟是乐观还是晦暗都取决于政府的利益"[①]，因此当时学者所能引用的资料来源主要是菲律宾政府官方声明、菲律宾官方媒体《马尼拉记事报》的官方宣传以及有限的《远东经济评论》或《亚洲周刊》的新闻报道或新闻时评，较难全面、客观、准确研究美菲关系的真实发展状况。

2. 2000 年以来中外学者研究成果评价

2000 年以来中外学者关于美国对菲政策演变的研究，解析视角有关于冷战国际史研究、美国外交史研究、美国对第三世界政策演变、美国同盟关系及同盟管理、美国对外援助等，理论框架囊括权力与相互依赖、博弈论、同

---

① Claude Albert Buss, *The United States and the Philippines*: *Background for Policy*, Washington, D. C.: American Enterprise Institute for Public Research, 1977.

盟困境的"牵连"与"抛弃"等，视角多元，覆盖面广，形成了一定成果。而这一阶段研究的最大优势就是美国解密档案的陆续公开，主要包括"数字国家安全档案"（Digital National Security Archive，简称 DNSA）数据库、《美国对外关系文件集》（Foreign Relations of the United States，简称 FRUS）以及盖尔（GALE）公司出版的"解密档案参考系统"（Declassified Documents Reference System，缩写为 DDRS）数据库。这些档案的解密为 21 世纪以来中外学者使用官方文件研究美国对菲政策演变提供了新材料支持。但是，也应该看到，中外学者在开展研究时也有一些不尽人意或者不足之处。

首先，冷战期间美菲关系研究并非冷战国际史研究的热门，中外学者对此研究关注度不高，也欠缺 20 世纪《与独裁者起舞：马科斯家族与美国政策的制定》《走向帝国：美国与菲律宾》《依我塑造：美国在菲律宾的帝国》这样迄今为止都堪为经典的扛鼎之作。

其次，在 2010 年阿基诺三世上台后中菲关系一度步入低谷，这一时期国内学者对于冷战时期美国的南海立场、菲律宾的南海政策形成了一些研究成果，在配合政府外交斗争中发挥了一些现实作用。但是应该看到，有些研究人员在研究过程中预设观点，对于美国设立和使用菲律宾军事基地、美菲《共同防御条约》的假想敌和假设应用场景缺乏分阶段分析，有关美菲长期联合针对中国，以及美菲借《共同防御条约》拟通过军事合作应对中菲南海岛礁争端的结论经不起考证，这些研究忽视了"尼克松主义"出台后，在冷战格局中的中美缓和大背景之下，美国对菲律宾军事基地定位出现调整，美国在解释《共同防御条约》有关适用性条款方面采取模糊性原则来避免介入和激化中美、中菲南海岛礁争议的考虑。

第三，有些研究人员在应用美国政府解密档案文件过程中，由于对美国外交决策机制缺乏研究，对于不同总统时期、不同时间段的外交决策权变动缺乏了解，造成对美国国安会（NSC）、国务院、国防部、国会等文件材料权重值认知不当、取舍不当的现象。譬如尼克松、基辛格时期，美国政府对美国国安会改组，并对决策程序进行重大改革调整，这一时期的美国外交决策权在白宫，基辛格主导下的国安会举足轻重。这一时期的美国国务院被边缘化，研究中如果单纯采用、采信国务院立场文件就会出现谬误。

三 研究方法与总体思路

从根本研究方法来看，本书坚持以马克思主义基本原理的历史唯物主义和辩证唯物主义为指导，使用哲学的演绎、归纳、分析、综合方法来阐述、论证和研究。从学科划分来看，主要是以政治学的国际关系学、外交学以及历史学的有关方法，进行跨学科研究。具体包括国际关系学中同盟管理与外交决策、历史学中的档案文献方法、经济学的博弈论与数据统计等方法。

本书综合利用来源广泛的美国政府多个部门的原始英文档案，具体包括"数字国家安全档案"（DNSA）菲律宾马科斯政府时期子集的3465份文件及其他总统指令、基辛格文件子集的40份重要文件，"解密档案参考系统"（DDRS）查询搜集的涉菲660份文件，《美国对外关系文件集》（FRUS）1946—1980年有关文件数百份。《美国对外关系文件集》直接相关有四本文件集，即1964—1968年约翰逊总统时期文件集之卷26（V26）的第294—374份文件（81份）、1969—1976年尼克松、福特总统时期文件集之卷12（VE12）的第314—362份文件（49份文件）、和卷20（V20）的第186—265份文件（80份文件），2017年解密的卡特总统时期文件集之卷22（V22）的第291—335份文件（45份文件），以及其他相关涉及美国国家安全、外交决策类相关文件集文件。广泛搜集、筛选和使用新材料是本人开展该研究的主要优势，使得对1965—1986年期间美国对菲政策的研究相对比较全面和深入。

总体研究思路。本书正文分8章进行论述，第一章系本书的理论框架，笔者对同盟概念及同盟的产生、同盟管理与困境、同盟解体进行阐述，对美外交决策机构、机制与程序及对菲具体决策演变进行概述。第二章是"缔盟"，简要回顾美菲关系历史，剖析菲律宾独立后美菲同盟产生的历史环境、美菲双方缔结安全同盟的各自利益诉求。美主导美菲同盟缔结后，进一步通过三轮《军事基地协定》修订谈判、缔结多边安全条约及修订双边经贸协定安排等对双边同盟关系进行巩固。第三章主要阐述1965年菲律宾马科斯政权上台前的美菲关系状况，美如何看待与应对菲初步发展的民族主义浪潮，美如何以同盟义务施压菲马卡帕加尔政府追随其参加越战。第四章是约翰逊时期，美政府从维护美利益出发权衡菲两大总统候选人胜选的利弊，以同盟安全义务佐以同盟奖励来敦促马科斯当局克服国内国会制约，实现增兵援越。第五章是尼克松时期，尼克松"关岛宣言"逐步引发美亚洲政策调整，菲马科斯政府出台"发展外交"降低对美的安全、经济依赖，对美实施"软制衡"的反制措施。美在提前获悉马科斯当局将实施"军管法"后，评估认为一个强有力的亲美政府更能维护美安全及经济利益，因此对马科斯实施军管法之举采取默许态度。第六章是福特时期，随着越战结束，美减少在亚洲的军事存在，美政府对菲同盟管理手段减少，面对马科斯与中苏建交等自主外交态势，美以高额援助来换取维系军事基地却最终谈判流产，凸显美这一时期同盟管理的困境，以及弱国在非对称同盟中的有所作为。第七章是卡特时期，卡特政府一改前任共和党政府外交政策，将人权议题正式纳入美外交政策制定和实施的考量之中，并充分发挥国际金融机构（IFI）在配合落实美外交政策中的作用，采取援助奖励与援助制裁的两手举措，施压马科斯政府在基地谈判、改善人权方面做出妥协，恢复对美菲同盟发展的主导权。第八章是里根时期，里根政府将"独裁与双重标准"这一学术观点引入人权外交政策之中，对菲人权外交出现显著转向。美政府保持与马科斯政府及"反马"政治势力的接触，既敦促马科斯采取政治正常化举措，也施压严防在美、在菲的"反马"政治势力极端化发展趋势，并积极接触和发挥在菲政治、社会生活中有着特殊地位的天主教会机构、负责人的作用，共同确保了菲马科斯政权在 1986 年和平移交政权，为美对马科斯政府时期政策画上句号。在结语中，笔者通过梳理美菲同盟发展演变过程，分阶段总结美菲同盟管理及同盟困境中的问题、内外影响因素、相互博弈过程。在此基础上，笔者总结出美菲同盟的特性。最后，笔者提出对于同盟理论的几点拙见，进行理论升华。

四　本书创新之处与不足

（一）本书创新之处

本书研究的史实论述部分填补了国际政治中关于美菲同盟研究的部分历史空白，完整的研究这段历史对当前国际关系具备一定的现实指导意义。首先，本研究采用了 DNSA、DDRS 及 FRUS 最新解密的档案材料，就 1965 年至 1986 年期间美对菲政策进行了较系统、较完整、较深入的论述，弥补了前人局限于资料匮乏而不得不分段研究且史料缺失较多的遗憾。第二，针对部分重点议题的讨论更加清晰。如理顺了 1969 年美参议院赛明顿听证会与"尼克松主义"关系，以及两者对于菲从越南撤军及美菲关系的影响。第三，从系统的研究中提出了一些新的观点。本研究参考资料更加完整，研究较为系统，因此在对一些主题的分析和结论上有别于此前研究。比如对美菲军事安全谈判及美主导《共同防御条约》适用范围的释约权，美政府如何借助世界银行和国际货币基金组织等国际金融机构、菲反对派、菲天主教会来配合实施其对马科斯政府政策等问题均进行了较为深入的探讨。第四，美对马科斯时期菲政府的政策对美菲关系有着长期、深远的影响，完整的研究对于今天我们更好地解析和应对中菲、美菲、南海问题等都有现实指导意义。

本书从外交决策理论入手，全面梳理约翰逊、尼克松、福特、卡特、里根政府时期对菲政策的演变过程，厘清美对菲外交决策的战略依据与政策目标发展进程，从而勾勒美对菲外交决策机制与具体程序。笔者重点运用"官僚政治模式"来具体阐述美国务院、国安会、国会、国防部等不同部门在美菲《军事基地协定》谈判、《共同防御条约》适用性范围辨析、"撑马"与"弃马"决策及实践中的内部博弈，并对美外交决策与实践效果进行评估总结。

本书通过对美菲同盟关系的研究，对同盟理论体系也进行了一定补充。同盟理论历来是国际政治领域的重要理论之一，该理论发展至今，已经进入了百家争鸣、深入细节的研究阶段。在前人研究基础上，本书通过对盟国安全政策分类讨论，分析了非对称性双边同盟关系中，盟国之间相互依赖程度与被牵连和被抛弃等同盟恐惧的关系，得出了五项推论，并结合美菲同盟关系演变史实，对此进行了逐一验证，得出在美菲这一实力相差悬殊的非对称性同盟关系中，弱国（菲）确实比强国（美）在更多情况下同时面临着被牵连和被抛弃两种困境的结论。笔者也补充非对称同盟中弱国的作为，提出同盟管理中的弱国有效反制系双方共同推动同盟关系的动态调整与发展演变。

（二）本书研究的局限

本书主要是基于美官方解密档案开展相关研究，重点使用了 DNSA、DDRS 及 FRUS 等解密档案。但是目前 FRUS 涉菲部分的解密工作仅进行至卡特政府时期（2017 年 9 月完成并出版），对于本书涉及的里根政府解密档案尚未完成。虽然这部分未解密资料并未对本研究的系统性和完整性产生实质影响，但如果能够补齐这部分资料将更加有益。

囿于研究框架设计和笔者能力所限，本书并未过多着墨于美外交思想、菲政府决策研究机制等，如果能够在研究中增加这部分内容，研究的立体感将更加强烈，研究内容亦将更加丰满。如若将美外交思想及其相关决策实践单列出来研究，也不失为一次很好的尝试。

本书关于美实施对菲外交政策方面的研究，更多是关注两国政府行为体层面的政策、会议、谈判博弈过程，略有涉及美政府通过非政府组织

（NGO）对菲开展影响工作。而在现实中，美政府对菲外交实践积极发挥非政府组织，特别是政府背景非政府组织（GONGO）的作用。譬如肯尼迪时期创立的和平队（Peace Corps），1961 年第一批目标国就包括菲律宾及哥伦比亚、坦桑尼亚三国，人数多达 128 人。之后不断扩大，到 20 世纪 80 年代初期时，管理层包括 8 个美国人和 31 名菲籍雇员，近 400 人的志愿者队伍位居全球第一，在培养菲民众民主抗争等方面发挥重要作用。里根政府时期新设立的美国民主基金会（NED），先后资助菲选举监督机构、媒体、教会组织，在马科斯政权更替以及阿基诺夫人执政时期都深度参与菲政治活动，与和平队构成美对菲外交实践的非政府行为体。

　　本研究中的理论创新部分虽然在美菲同盟中得到验证，但是否在其他同盟关系中能够得到顺利验证还有待考究，比如美日同盟、美韩同盟等，或许这些新的结论在其他同盟关系中会产生新的特点，进一步充实这些结论，将使之不断趋于全面和完整。

第一章

美菲同盟及美对菲政策决策概述

第一节　同盟理论与美菲同盟关系概述

同盟①是国家寻求安全利益的重要载体。在国际社会无政府状态下，国家从未停止过对安全的追求，无论是加强自身实力，还是通过构建集体安全体系，都是国家实现自身安全利益过程中的产物。但大的集体安全体系并不能充分体现国家的安全诉求，由于众口难调，强国无法较好协调各方利益，弱国表达利益诉求困难，即便有所表达也极有可能被淹没在大国争吵中，因此，选择与个别国家结盟成为一国重要的安全策略。那么，什么是同盟？除了安全需要，国家结盟的动机还有哪些？国家结盟后不仅享受同盟带来的安全保障，还要承担相应的安全责任，履行盟约规定的各项义务，并时刻面临着被盟国牵连或抛弃的困境，为了克服同盟困境及其带来的各种问题，保障同盟关系顺利发展，成员国有哪些良方来进行同盟管理？以及，同盟关系在哪些情况下将会走向解体？在解体之前，同盟关系又将呈现何种特点？未解体的同盟关系是否能够重新得到强化？

本书研究对象是菲律宾前总统费迪南德·马科斯（Ferdinand Marcos）时期的美菲同盟关系。美菲同盟是美国亚洲盟国体系中的重要一环，也是美国对外同盟中实力相差悬殊的一对，根据对称性同盟和非对称性同盟的

---

① "联盟"与"同盟"语义相近，但为保持本书用词一致，除引文外，本书一律使用"同盟"。

划分，美菲同盟属于典型的非对称性同盟。① 那么，在非对称性同盟关系中，上述问题又呈现出什么特点？这些特点在美菲同盟关系中以何种形式存在？

一 同盟的涵义与国家结盟的动因

结盟是国家外交过程中常见的策略，国家结合国际形势和利益考虑，选择与不同国家结盟，形成对自身有利的格局。那么，国家结成的同盟到底是一种什么关系？国家之间结盟都存有哪些动机？

（一）同盟的涵义

"同盟"已是被普遍使用和研究的概念，形成了较丰富的理论体系，单就"同盟"的涵义而言，不同学者给出的解释略有不同，其中，比较有代表性且被引用较多的三个观点分别来自阿诺德·沃尔弗斯（Arnold Wolfers）、格伦·斯奈德（Glenn Snyder）和斯蒂芬·沃尔特（Stephen Walt）。沃尔弗斯认为，同盟是两个或多个主权国家之间所做出的关于相互间进行军事援助的承诺，这种承诺与松散的合作协约不同，一旦签订了包含这种承诺的军事协定，国家便正式承诺同他国并肩御敌。② 斯奈德则认为，同盟是一种正式的国家间联合，旨在通过使用或不使用武力来维护成员国的安全或增强其权势，这种联合针对其他特定国家，无论这些国家是否予以确认。③ 沃尔弗斯和斯奈德的观点指出，同盟是不同主权国家之间在安全领域的互助合作，盟国之间的承诺都要以正式的合约确定下来，成员国需履行同盟义务。沃尔特

① 关于非对称性同盟的论述主要参考：唐世平、龙世瑞、郎平《美国军事干预主义：一个社会进化的诠释》，《世界经济与政治》2011 年第 9 期；韩铁军《浅析韩美同盟的非对称性》，《国际研究参考》2014 年第 4 期；董向荣《不对称同盟与韩国的反美主义》，《当代亚太》2009 年第 6 期；韩献栋《同盟政治的安全困境》，《国际论坛》2006 年第 5 期。其中，唐世平、苏若林对非对称性同盟进行了量化，即在同盟关系中，一般根据成员国家间实力对比可以将同盟划分为对称性同盟和非对称性同盟，当成员国家之间的 GDP 总量（total GDP，百万 1990 年国际元）与该国的人均 GDP 的积（1990 年国际元）是另一国的两倍或以上时，同盟是非对称性的；而如果低于两倍，则同盟是对称性的。详见：唐世平、龙世瑞、郎平《美国军事干预主义：一个社会进化的诠释》，《世界经济与政治》2011 年第 9 期。根据此种算法，美菲的 GDP 总量和人均 GDP 乘积比在关键时间点，如 1951 年（美菲结盟）、1965 年（菲律宾前总统马科斯上台，本书研究美菲同盟关系的重点时期）和 1992 年（苏联解体后，美军撤出苏比克湾，美菲同盟关系进入低谷期）分别是 718 倍、2193 倍和 3122 倍。

② David L. Sills, *International Encyclopedia of Social Sciences*, New York: Macmillan, 1968, pp. 268 – 269.

③ Glenn H. Snyder, "Alliance Theory: A Neorealist First Cut", *Journal of International Affairs*, Vol. 44, No. 1, 1990, pp. 103 – 123.

给出的界定较前两位宽松，他认为同盟是两个或多个主权国家之间在安全合作方面所做出的正式或非正式的安排，① 同盟合作也不一定非得在正式的协约下进行，"心照不宣"地开展国家协调与合作也应属于同盟内涵的范畴。在此基础上，很多学者从其他方面对同盟的涵义进行了阐述和延伸，比如在同盟涵义中增加经贸成分，认为同盟不仅仅是一种安全关系，还包括了经贸发展上的利益诉求。

虽然学界对"同盟"的定义稍有差异，但总体上对于同盟内涵的理解一致，即"同盟"是不同主权国家因特定需要而达成的带有军事义务的合作关系，这里的"特定需要"主要指安全需要，此外，还包括了经济及其他方面的需要。

（二）同盟形成的动因

"同盟"的涵义直接引出了安全需要是形成同盟最直接和最重要的动因，但这并非唯一动因，在具体分析同盟的成因时，学者们给出不同的解释。汉斯·摩根索曾在《国家间政治：权力斗争与和平》一书中论述道："在缔约国的全部利益中，有些利益与联盟的目的无关，有些利益支撑着同盟的目标，有些利益与同盟的目的相背离，也有些利益与同盟的目标水火不容，所以，典型的同盟植根于充满各种不同目的和利益的动力场之中"②，他认为同盟是起于权力和利益之争，这是现实主义对同盟成因的传统论述。在摩根索之后，现实主义中又出现了三种关于同盟动因的解释。第一种解释是权力制衡论（balance-of-power theory），代表人物是肯尼思·沃尔兹（Kenneth Waltz）。沃尔兹对权力做过丰富的论述，并在此基础上界定了无政府状态下国家追求权力的最主要目的是维护自身安全，为了达到此种目的，国家会通过结盟来制衡国际体系里最强大国家的权力。沃尔兹认为均势是国际体系必然会出现的状态，国家在寻求安全过程中的结盟行为有助于维护这种权力体系的均势。第二种是威胁平衡论（balance-of-threat theory），代表人物是沃尔特。沃尔特修正了其老师沃尔兹的观点，他认为制衡威胁才是国家结盟的根本动机，即国家通过结盟来对国际体系里最具威胁的国家做出反应，具体的做法包括与其他国家结盟来反对最具威胁的国家（"制衡威胁"），以及与最

---

① Stephen Walt, *The Origins of Alliances*, Ithaca: Cornell University Press, 1987, p. 12.

② ［美］汉斯·摩根索：《国家间政治：权力斗争与和平》，徐昕等译，北京大学出版社2006年版，第239页。

具威胁的国家结盟（"见风使舵"）两种方式。沃尔特认为最具威胁的国家不一定是实力最强的国家，他从综合国力、地缘的邻近性、进攻性力量以及攻击性意图四个方面来判断一个国家是否具备威胁性及威胁程度。第三种是利益平衡论（balance-of-interests theory），代表人物是兰德尔·施韦勒（Randall L. Schweller）。施韦勒认为国家结盟不仅是为了安全，还出于对其他收益的综合考虑，他把国家分为维持现状国家和改变现状国家两类，认为后者希望增加自身的财富、权力和威望，因此倾向于加入强大的侵略国一方去获取利益。

关于同盟的成因中，还有一种来自建构主义的重要观点，即规范、认同和文化等非物质因素在同盟形成过程中起到了重要的作用，具备相似政体、宗教文化、价值观和意识形态的国家，他们更容易对彼此产生认同感，更容易促成同盟的形成。① 塞缪尔·亨廷顿（Samuel Huntington）就曾表达过类似的观点，他认为，"军事同盟和经济联盟要求成员国之间进行合作，而合作有赖于信任，信赖最容易从共同的价值观和文化中产生"②。虽然有学者质疑这些观念性因素在国家结盟过程中发挥的作用大小，但国际政治中的同盟案例却在不同程度上佐证建构主义的观点，比如美国与欧洲盟友和亚洲盟友结盟形式和关系对比在一定程度上印证了这一观点。美国同欧洲国家人种相同，拥有类似的信仰和民主价值观，有助于促进美欧结成稳定的多边同盟体系，相比之下，由于和亚洲国家之间的信仰和价值观念存在较大差异，使得美国难以在亚洲地区形成一个以自身为首的多变同盟体系，因此，美国在亚洲范围内更多选择双边结盟。

此外，一些学者从国内层面解释国家结盟的动机。如德博拉·拉尔森

---

① 关于政体、价值观、意识形态等因素和同盟关系的研究可参考：Brett Ashley Leeds, "Domestic Political Institutions, Credible Commitments, and International Cooperation", *American Journal of Political Science*, Vol. 43, No. 4, 1999, pp. 979 – 1002; Colin H. Kahl, "Constructing a Separate Peace: Constructivism, Collective Liberal Identity, and Democratic Peace", *Security Studies*, Vol. 8, No. 2 – 3, 1998, pp. 94 – 144; Brian Lai and Dan Reiter, "Democracy, Political Similarity, and International Alliances: 1816 – 1992", *Journal of Conflict Resolution*, Vol. 44, No. 2, 2000, pp. 205 – 224; Karl Deutsch, *Political Community and the North Atlantic Area*, Princeton: Princeton University Press, 1957, pp. 123 – 133; Mark Haas, "Ideology and Alliances: British and French External Balancing Decisions in the 1930s", *Security Studies*, Vol. 12, No. 4, 2003, pp. 34 – 79。

② ［美］塞缪尔·亨廷顿：《文明的冲突与世界秩序的重建》，周琪等译，新华出版社 2002 年版，第 136 页。

（Deborah Larson）主要从国家内部考察弱国与强国结盟的原因。她认为，统治国家的精英们的首要需求并不都是维护国家领土完整和增加国家权势，而是巩固自己个人的权力。因为精英主导的弱国无法应对霸权国家的威胁，出于维护自己政治权力的理由，他们更可能采取追随政策，以巩固自己的执政地位。① 史提芬·大卫（Stephen David）在研究了弱国统治精英们选择与他国结盟的原因后认为，因为统治精英在国内的统治缺乏合法性和民意，第三世界国家领导人结盟的主要目的是保证其政治生命和权威。其政治生命和权威主要是受到内部威胁的挑战，而不是国外威胁。因此，巩固其国内统治地位的需要使得统治精英们对待可能的外来威胁采取姑息态度，其目的是保存实力，以应付更迫近和更危险的内部威胁。那些是表面上看起来像追随的行为实际上是平衡政策，容忍次要的外部威胁，是集中力量对付主要的国内威胁和斗争的手段。②

在非对称性同盟关系中，强国和弱国可能因为共同的外部威胁而结盟，但在大多数情况下，强国和弱国对彼此的安全需要存在较大差异。③ 强国国内相对稳定，其不安全感主要来自无政府状态下的国际社会，更希望建立集体安全体系，或者根据自身战略建立起针对敌国的盟国体系。强国寻求与弱国结盟，首先看重的并非弱国能够提供多少军事支持，而是弱国在强国的对外权力体系中能够发挥什么作用，发挥多大作用，此时，弱国的战

---

① Robert Jervis and Jack Snyder, *Dominoes and Bandwagons: Strategic Beliefs and Great Power Competition in the Eurasian Rimland*, New York: Oxford University Press, 1991, pp. 102 – 103.

② Stephen David, "Explaining Third World Alignment", *World Politics*, Vol. 43, 1991, pp. 233 – 256.

③ 该观点受到汉斯·摩根索、帕特里夏·韦茨曼和詹斯·林斯莫斯等学者观点的启发。摩根索称"同盟是植根于充满各种不同目的和利益的动力场之中"，详见：[美] 汉斯·摩根索《国家间政治：权力斗争与和平》，徐昕等译，北京大学出版社 2006 年版，第 244 页。韦茨曼则认为"在有些情况下，敌对国家也可能有动机形成同盟，这些动机或是应对共同的威胁，或是为了管理和遏制他们对对方的威胁。后者类型的同盟事实上是用来维持签约国之间的和平"。详见：Patricia A. Weitman, *Dangerous Alliances: Proponents of Peace, Weapon of War*, California: Stanford University Press, 2004, p. 2. 林斯莫斯认为"小国缺乏足够的实力来明显地影响同盟的总体实力状况，在面临日益严峻的军事威胁时，小国没有足够的动力和能力增加军事开支。因此，对于同盟中的小国而言，防务开支构成了参与集体安全和获得强大伙伴所提供的安全的准入费用——小国将其视为保护费"。Jens Ringsmose, "Paying for Protection: Denmark's Military Expenditure during the Cold War", *Cooperation and Conflict*, Vol. 44, No. 1, 2009, pp. 73 – 97.

略地理位置、① 追随策略和外交支持就成了强国优先考虑的因素。而且，强国往往会以"权力玩家"（powerplay）② 自居，设计出一种不对称的双边同盟架构来实施对弱国盟友行为的最大化控制。在这种同盟关系下，强国可以以自我为中心，最大限度地利用同盟关系去促成战略目标的实现，从而保护自身安全利益。相较于强国，弱国结盟的动机层次更多。首先，弱国需要强国的安全支持。一方面，弱国在国际社会层面需要强国给与其安全支持，③尤其是当弱国持有对其他国家的进攻性政策时，强国的国际道义支持和军事支援显得尤为必要。另一方面，弱国在国内层面也需要强国的军事支持，依托强国打击反对势力，稳定政权。这些军事支持主要包括强国在弱国建立军事基地和驻军，与弱国举行军事演习，向弱国提供军事培训和武器等。第二，弱国需要强国的政治支持。国际社会多数时候并非"一国一票"的平等社会，实力占比决定着话语权的大小，与强国结盟有助于促使强国在国际社会和国际组织内"提携"弱国。同时，弱国的统治精英往往需巩固统治权，不仅需要自身处理好国内事务，还需要来自国际社会的支持，如果能与强国结盟，就能自然地得到强国对其合法性和权威的"认可"。第三，弱国需要强国的经济帮助。当今国际社会的产业分工明确，强国和弱国之间能够形成一定的分工合作，与强国结盟可以为弱国带来经贸合作上的优先权，以弥补自身不足和短板。第四，弱国需要搭乘"国际便车"，享受强国提供的公共物品。在国际社会，强国能够在多个领域向盟友提供公共物品，无论是军事领域的、政治领域的还是经济领域的，都能够在一定程度上使弱国获利，因此，这也是弱国寻求与强国结盟的动机之一。

---

① 本观点受现实主义国际政治理论中有关"地理因素"论述的启发。同时，也受到威廉·沃尔福思《单极世界中的美国战略》文中观点启发，沃尔福思在文中认为，"任何国家的最突出的威胁来自周边，国家更应关注自己的周边环境，与域外国家结盟制衡域内强国是弱国的策略选择"。详见 [美] 约翰·伊肯伯里主编《美国无敌：均势的未来》，韩召颖译，北京大学出版社 2005 年版。反过来讲，域外强国可以借助弱国的战略地理位置来对域内强国进行制衡，通过结盟形成离岸平衡手，直接介入域内事务。其中，"离岸平衡手"的概念来自 [美] 约翰·米尔斯海默《大国政治的悲剧》，王义桅译，上海人民出版社 2008 年版。

② Victor D. Cha, "Powerplay Origins of the U. S. Alliance System in Asia", *International Security*, Vol. 34, No. 3, 2010, pp. 158 – 196.

③ 弱国需要强国的安全支持往往体现在强国提供弱国以外部保护。

二　同盟困境与同盟管理

（一）同盟困境

权利与义务总是相辅相成，从国家为实现既定目标选择结盟那刻起，就需要开始承担结盟所带来的义务，承受同盟关系带来的各种困境和挑战。关于同盟困境，比较常见的就是"抛弃"（abandonment）和"牵连"（entrapment）两种困境。迈克尔·曼德尔鲍姆（Michael Mandelbaum）在著文分析核武器对国际政治的影响时首先提出了"抛弃"和"牵连"两个概念，[①] 斯奈德在此基础上进行了拓展。他认为结盟是一把双刃剑，很多国家在结盟与不结盟之间需要做慎重的选择。选择结盟，意味着承担责任，行为受限，甚至是被牵连进与自身利益不符的境况中去，如果因担心牵连而未能履行或未能充分履行盟约规定的责任，将面临被盟友抛弃，同盟关系破裂的局面。但为了避免被盟友抛弃，选择履行盟约规定的责任，那么被牵连进盟国与敌国对抗的风险将会增大。此外，斯奈德还提出了同盟困境的"对手困境"（the adversary dilemma）概念。同盟的对手困境指的是："为了减少被抛弃的风险，一方可能会增强同盟承诺，但这不仅会增加被牵连的风险，而且会增加自身与对手之间的安全困境。尤其当对手存在战略性敏感，那么强硬的同盟会刺激不安全，从而使双方更加感到不安全，使安全困境螺旋上升。因此，一个紧密的同盟可能弱化参与方在同盟博弈和与对手博弈中的战略地位。相反，如果一方减弱同盟承诺以减少牵连风险，这可能减少与对手的紧张，但是这也可能激励对手向其提出进一步要求。"[②]

斯奈德的论述对同盟关系中出现的困境进行了一般性理论解释，但也存在一定的局限性，比如在非对称性同盟关系中，尤其在实力相差悬殊的同盟关系中，弱国更多扮演着追随者[③]或搭便车者的角色，在同盟关系中常常处于被动局面或依附状态，比强国在更多时间里面临"被牵连"和"被抛弃"

---

① Michael Mandelbaum, *The Nuclear Revolution: International Politics Before and After Hiroshima*, New York: Cambridge University Press, 1981.

② Peter Gourevitch, Takashi Inoguchi and Courtney Purrington, *United States-Japan Relations and International Institutions After the Cold War*, La Jolla: Graduate School of International Relations and Pacific Studies, San Diego: University of California, 1995, pp. 5–6.

③ 肯尼斯·沃尔兹将"追随"定义为"与权力强大的一方结盟"，参见［美］沃尔兹《国际政治理论》，胡少华、王红缨译，中国人民公安大学出版社1992年版，第152—153页。

的双重困境，强国这方面的恐惧相对较小。这点可以从相互依赖中的敏感性和脆弱性进行解释。

在国际社会无政府状态下，安全是稀缺资源，没有任何一个国家是绝对安全的。任何国家都对他国存在一定安全需要，在盟国之间，甲国之所以选择乙国作为盟国，是因为乙国能够满足甲国某种安全需要，乙国愿与甲国结盟，也是因为甲国能够向乙国提供安全保障。因此，盟国合作也可以解读为一种相互依赖的关系，对彼此安全政策的调整均有一定敏感性和脆弱性。参照约瑟夫·奈和罗伯特·基欧汉对相互依赖的论述，盟国之间对安全的依赖关系大致可分为均等依赖关系、绝对依赖关系和不对称依赖关系，而盟国之间相互依赖程度可以通过他们对同盟关系的敏感性和脆弱性来判断。

根据基欧汉和奈的论述："敏感性指的是某种政策框架内做出反应的程度——即一国变化导致另一国家发生有代价变化的速度多快？所付出的代价多大？"① 在同盟关系中，敏感性意味着盟国在做出安全政策调整后，本国所要承担的成本和面临的风险，以及本国为适应这一变化做出相应政策调整的速度，这两点决定了本国对盟国安全政策的敏感性，反应速度越快，付出代价越大，那么敏感性越强。脆弱性则被定义为"行为体因外部事件（甚至是在政策发生变化之后）强加的代价而受损失的程度"，其着重强调本国为了缓解这些负面影响而对现行政策做出修正所产生的一系列成本，应对变化的成本越高，说明脆弱性越强，反之亦然。

如笔者前文所论，在非对称性同盟关系中，强国对弱国的需要更多来自地理位置的重要性和国际社会的政治支持，而弱国更需要强国帮助稳定政权，维护国内国际两个层面的安全，弱国在安全方面需要强国的帮助多过强国需要弱国的协作。为维持同盟关系稳定发展，实现本国结盟时的既定目标，弱国比强国更加在意彼此的政策变化及其带给本国的影响，当盟国之间政策相悖时，强国和弱国为维持同盟关系而做出的调整和付出的成本不一，强国做出政策调整幅度较小，相对成本②较低，而弱国需要做出较大幅度的政策调整，相对成本较高。因此，笔者可以得出：弱国对强国安全政策的调整相对较为敏感，脆弱性也更强，反之，强国在弱国安全政策的变化的敏感

---

① ［美］罗伯特·基欧汉、约瑟夫·奈：《权力与相互依赖》，门洪华译，北京大学出版社2005年版（第3版），第12页。

② 此处的"相对成本"指的是改变政策所要承担的成本与本国物质力量的比。

性和脆弱性相对较低。

那么，在非对称性同盟关系中，盟国安全政策的变化对盟友将会产生何种影响？盟国的敏感性和脆弱性与被牵连和被抛弃之间存在何种关系？相比较强国，弱国是否在更多时间内面临着被抛弃和受牵连的双重风险？为此，笔者将通过分类比较，对上述问题进行分析。

首先，笔者提出四个前提条件：1. 该同盟是双边非对称性同盟。2. 排除影响盟国政策变化和盟国关系的外部因素，如敌对国的拉拢。3. 弱国对强国安全政策依赖较大，强国对弱国安全政策依赖较小。4. 盟国对外安全政策分为进攻政策和防守政策两大类。

其次，笔者根据对非对称性同盟成员国之间政策变化可能出现的情况进行分类。在非对称性同盟关系中，强国和弱国根据对外政策的进攻性和防守性大致可划分为以下四种组合：

A：强国（进攻政策）＋弱国（进攻政策）

B：强国（进攻政策）＋弱国（防守政策）

C：强国（防守政策）＋弱国（进攻政策）

D：强国（防守政策）＋弱国（防守政策）

在此四种组合基础上，强国和弱国的政策变化组合有 12 种，但为了研究盟国政策变化对盟友的影响，笔者重点研究其中"一国安全政策发生变化，另一国安全政策保持不变"的情况，排除两国政策同时发生变化的情况，[①] 有以下八种情况，即：

1. 从 A 到 C，强国安全政策由进攻变成防守，弱国依然是进攻政策，这时，弱国被抛弃的恐惧不断放大，为不被抛弃，弱国将不得不调整政策，并承担相应成本。强国则面临被牵连的恐惧，为维持同盟稳定，强国可对弱国做出补偿或施压，促使弱国改变进攻政策。若同盟成员国均不做出相应调整，那么同盟关系将面临降级或破裂。

2. 从 B 到 D，强国安全政策由进攻变成防守，弱国依然是防守政策，这时，两国的安全担忧将会降低，其中，弱国被牵连的恐惧降低，强国被抛弃的恐惧降低，同盟关系或因此强化。

3. 从 C 到 A，强国安全政策从防守变成进攻，弱国依然是进攻政策，这

---

① 两国政策同时发生变化属于政策变化前的协调，较难区分哪国的政策变化对盟友政策的影响更大，难以回答笔者上文提到的问题，因此将其排除在研究之外。

时，两国的安全担忧将会降低，其中，弱国被抛弃的恐惧降低，强国被牵连的恐惧降低，同盟关系或因此强化。

4. 从 D 到 B，强国安全政策从防守变成进攻，弱国依然是防守政策，这时，弱国被牵连的恐惧不断放大，为减少此种恐惧，弱国可以不做出政策调整，但不做政策调整亦即被视为不履行盟国义务，又将面临被抛弃的风险。强国则面临被抛弃的恐惧，为维持同盟稳定，强国可对弱国进行补偿或施压，促使弱国改变防守政策。若同盟成员国均不做出相应调整，那么同盟关系将面临降级或破裂。

5. 从 A 到 B，弱国安全政策由进攻变成防守，强国依然是进攻政策，这时，强国被抛弃的恐惧增大，为不被抛弃，强国可对弱国进行补偿或施压，促使弱国改变防守政策。弱国被牵连的恐惧不断放大，为减少此种恐惧，弱国可以不做出政策调整，但不做政策调整亦即被视为不履行盟国义务，又将面临被抛弃的风险。若同盟成员国均不做出相应调整，那么同盟关系将面临降级或破裂。

6. 从 C 到 D，弱国安全政策由进攻变成防守，强国依然是防守政策，这时，两国的安全担忧将会降低，其中，弱国被抛弃的恐惧降低，强国被牵连的恐惧降低，同盟关系或因此强化。

7. 从 B 到 A，弱国政策由防守变成进攻，强国依然是进攻政策，这时，两国的安全担忧将会降低，其中，弱国被牵连的恐惧降低，强国被抛弃的恐惧降低，同盟关系或因此强化。

8. 从 D 到 C，弱国政策从防守变成进攻，强国依然是防守政策，这时，强国被牵连的风险增大，为维持同盟稳定，强国可对弱国做出补偿或施压，促使弱国改变进攻政策。弱国则面临被抛弃的恐惧，为不被抛弃，弱国将不得不做出政策调整，在此过程中可以向强国"讨价还价"索要补偿，但要担负放弃进攻政策的成本。若同盟成员国均不做出相应调整，那么同盟关系将面临降级或破裂。

从上述八种情形中，笔者可以得出以下结论：第一，在同盟关系中，本国对盟国安全政策调整的敏感性和脆弱性与同盟困境如"牵连"和"抛弃"的恐惧是相辅相成的关系，敏感性和脆弱性越强，被牵连和被抛弃的恐惧就越强烈，反之，被牵连和被抛弃的恐惧越强烈，说明对盟国政策变化的敏感性和脆弱性越强。第二，当强国和弱国政策总体协调一致时，两国在安全领域的关系为正向依赖关系，两国对彼此安全政策变化上的敏感性和脆弱性相对较小，被牵连和被抛弃的恐惧随之降低，同盟关系更加稳定。第三，当强国和弱国政策相悖时，两国在安全领域的相互依赖将产生负面效应，两国对彼此安全政策的变化的敏感性和脆弱性相对增大，被牵连和被抛弃的恐惧也相对增加，同盟关系面临降级或破裂。其中，1. 当强国持防守政策而弱国持进攻政策时，弱国被抛弃的风险和强国被牵连的风险同时增大；当强国持进攻政策而弱国持防守政策时，弱国被牵连的风险和强国被抛弃的风险同时增大；2. 持进攻政策的国家常面临着被抛弃的风险，而持防守政策的国家常面临着被牵连的风险。第四，虽然强国和弱国在不同情况下都可能面临受牵连或被抛弃的风险，由于弱国对强国政策的调整的敏感性和脆弱性相对较高，因此，当强国持进攻政策而弱国持防守政策，弱国同时面临着受牵连和被抛弃的双重恐惧。（见图 1 - 1)① 而当弱国持进攻政策而强国持防守政策时，强国仅担心被牵连，因为弱国进攻需要盟友协助，此时不太可能选择抛弃强实力的盟友（见图 1 - 2)。第五，盟国之间安全政策相悖时，将催生并加剧本国对盟国政策和同盟机制的不信任感，有可能导致同盟关系降级或破裂。

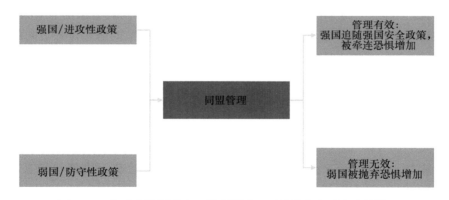

图 1 - 1　非对称性同盟中"强进弱防"时被抛弃和受牵连的情况

（二）同盟管理

同盟管理是同盟成员国之间的互动行为，针对同盟关系中可能出现各种各样的困境和问题，本国可根据其他成员国政策变化对自身利益的影响而做

---

①　强国持进攻政策而弱国持防守政策，弱国首先就有被牵连进冲突的风险，但如果弱国拒绝履行盟约规定，不愿改变既有防守政策，那么将面临被强国惩罚的风险。其中威胁抛弃与抛弃都属于惩罚手段。笔者注。

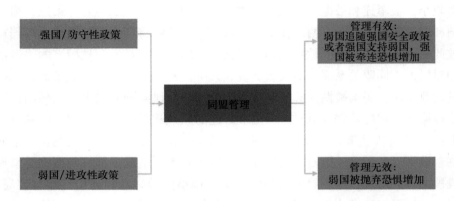

图 1 - 2　非对称性同盟中“强防弱进”时被抛弃和受牵连的情况

出相应调整，这种调整可以是自我调整，也可以是通过某种手段促使盟友改变政策。同盟管理从国家结盟意向达成那刻起就开始了，无论是建立制度，还是解决同盟关系中存在的问题，都是同盟管理的范畴。

从理性角度来讲，同盟管理的最高目标应是保持同盟关系的有序发展，确保实现各成员国安全利益最大化，其最低目标是调节同盟成员国之间的目标不一致和处理已出现的分歧，维持同盟关系运转。

在同盟管理的方式上，很多学者赞成制度化能够确保同盟关系的稳定发展和有章可循。比如科尔斯坦·拉费蒂（Kirsten Rafferty）在建立同盟行为的模型时认为，制度化对提高同盟绩效有好处，而同盟绩效是影响同盟发展的两大主要因素之一。[1] 他还认为，制度化不仅增强了同盟完成核心军事使命的能力，也能够带来许多次要利益，比如赋予盟友在同盟内部和其他国际平台中更大的发言权，这也能够促进盟友之间的团结和稳定。[2] 沃尔特虽然认为制度化会使同盟的效率降低，运行僵化，但也承认制度化确实能够对同盟的维持带来一定积极影响。[3] 制度主义者认为，制度化对同盟之所以重要，是因为制度化可以在如下方面对同盟的存续形成重要影响。首先，制度化会

---

① Kirsten Rafferty, "An Institutionalist Reinterpretation of Cold War Alliance Systems Insights for Alliance Theory", *Canadian Journal of Political Science*, Vol. 36, No. 2, 2003, pp. 341 - 362.

② Kirsten Rafferty, "An Institutionalist Reinterpretation of Cold War Alliance Systems Insights for Alliance Theory", *Canadian Journal of Political Science*, Vol. 36, No. 2, 2003, pp. 341 - 362.

③ Stephen M. Walt, "Why Alliances Endure or Collapse", *Survival*, Vol. 39, No. 1, 1997, pp. 166 - 167.

造就一大批事业和前途与同盟紧密相连的精英人士，而由这批精英人士构成的人员网络会削弱原有威胁丧失给同盟带来的不利影响。其次，也是更为重要的一点，与那些没有形成一套相应的规范、程序和功能的同盟相比，高度制度化的同盟对外在环境变化的适应性更强，生命力也更强。制度化可以减少同盟成员之间的交易成本、促进成员间的合作，从而给各国带来现实的利益。① 此外，成熟的制度化同盟关系，往往能够做到将盟友权利与义务细化，这样一来可以有效促使盟国履行承诺，减少违背承诺的情况发生。

　　同盟管理的方式还有很多，在具体操作上，不同学者从不同角度对此进行了分析和归纳。节大磊在《约束盟国的逻辑和困境》中提到，结合运用战略上安抚和策略上施压两种手段，能够缓解约束盟国的困境，他同时指出，在运用这两种手段时要注重把握平衡，否则约束同盟的困境这一目标将难以达成。② 还有学者从同盟管理成本、盟国间的议价能力、放大共同威胁和意识形态等方面对同盟管理的方式方法进行了分析和总结。③ 凌胜利则在《联盟管理——概念、机制与议题》对此进行了较为全面的总结，他认为，联盟管理方式大致分为四种："一是权力强制，通过利用在联盟中的权力对比优势，强制盟国服从本国的意见，在联盟管理中发挥主导作用。二是通过制度约束来规范联盟中的权责分担，联盟制度建设缓冲了联盟困境变化对联盟关系的冲击强度，也使得联盟关系更为稳定。三是通过利益协调的方式来实现联盟内部的利益交换和利益拓展。联盟内部可以通过议题联系、利益交换、利益补偿、对外援助等方式实现利益的再平衡。四是权威引导。通过权威引导的方式来实施联盟管理，更多依赖于联盟中的价值观、认同等软实力的作用发挥，不过权威关系的形成和维持建立在对利益回报的期待上。"④

　　在非对称性同盟管理实践中，强国看重同盟凝聚力，⑤ 因为高凝聚力的

---

　　① 于铁军：《国际政治中的同盟理论：进展与争论》，《欧洲研究》1999 年第 5 期。

　　② 节大磊：《约束盟国的逻辑和困境》，《世界经济与政治》2016 年第 3 期。

　　③ 张景全、刘丽莉：《成本与困境：同盟理论的新探索》，《东北亚论坛》2016 年第 2 期；Paul A. Papayoanou, "Intra-Alliance Bargaining and US Bosnia Policy", *The Journal of Conflict Resolution*, Vol. 41, No. 1, 1997, pp. 91 – 116; Patricia A. Weitsman, "Alliance Cohesion and Coalition Warfare: The Central Powers and Triple Entente", *Security Studies*, Vol. 12, No. 3, 2003, pp. 79 – 113; Ajin Choi, "The Power of Democratic Cooperation", *International Security*, Vol. 28, No. 1, 2003, pp. 142 – 153。

　　④ 凌胜利：《联盟管理——概念、机制与议题》，《社会科学》2018 年第 10 期。

　　⑤ 帕特里夏·卫滋曼（Patricia A. Weitsman）认为，同盟凝聚力是同盟成员国之间在目标和实现目标的战略方面达成共识的能力，可以从三个方面估计战时同盟凝聚力：同盟协调作战战略的能力、达成战争目的共识的能力、阻止盟友背叛的能力。

同盟关系便于强国管理和支配，如果强国能够促成同盟凝聚力增强，就说明强国已经在同盟关系中牢牢掌握主动。为达到此种目的，强国需要将弱国对它的安全依赖合理转化为相对权力，并借助自身硬软实力对弱国施加长期影响。首先，在非对称性同盟关系中，硬实力是强国向弱国施压，影响同盟关系走向的重要手段，这些硬实力主要包括军事实力和政治干预。在同盟困境部分，笔者分析过当强国和弱国的安全政策出现分歧甚至相悖时，强国可以通过向弱国施加影响力，主要指的是施加硬实力，促使弱国追随强国政策，效果直接且明显。但施加硬实力的负面效应也相对明显，如体现了盟国之间的不平等，容易造成强国"欺压"弱国的印象，影响其他盟友对强国的看法，以及扩大盟国之间的不信任感。第二，借助软实力对弱国进行"拉拢"和"同化"更易实现目标。所谓"拉拢"就是借助经济实力，在经贸合作中给弱国尝到甜头，或者向弱国提供经济援助，以此增加弱国对强国的依赖，促其更加主动追随强国。约瑟夫·奈认为，相较于硬实力，软实力更具"同化"作用，① 而"同化"作用较多体现在弱国对强国的认同上，比如美国拥有超群的软实力，并且通过国际公共物品"惠及"他国，因此得到众多国家的认可，即便是冷战结束了，美国的诸多盟友仍然追随美国。② 同时，这种"同化"还体现在强国对弱国政体和价值观的影响和改变，这项举措虽然更加耗费强国的时间和精力，而一旦促成弱国对强国的认同，将对强国开展同盟管理形成长期助力。第三，借助巧实力对弱国进行"奖惩"。面对弱国，强国有多种方式可供选择，比如可以通过增加或减少对弱国的援助，或者通过在国际场合赞扬和指责弱国人权情况等外交手段来配合强国管理同盟的步调，对弱国不履行盟国义务，或者在与强国政策发生相悖而不进行调整时进行惩罚，对弱国履行盟国义务，追随强国政策时进行奖励。强国还可通过干预弱国政局来施压弱国当局，但这样做将会影响同盟之间的互信关系。此外，强国如果想增强同盟凝聚力，可以从最开始的同盟类型和同盟机制上进行设计，比如多边同盟会分化强国对同盟的影响分量，那么强国可以选择组建双边同盟，以便获得"压倒优势"，③ 能够更加有效地对弱国

---

① ［美］约瑟夫·奈：《硬权力与软权力》，门洪华译，北京大学出版社2005年版。

② ［美］约瑟夫·奈：《美国霸权的困惑：为什么美国不能独断专行》，郑志国等译，世界知识出版社2002年版，第170页。

③ Victor D. Cha, "Powerplay Origins of the U. S. Alliance System in Asia", *International Security*, Vol. 34, No. 3, 2010, pp. 158 – 196.

施加影响，有力控制同盟发展轨迹。又比如，通过签订同盟协议，制定合作机制等来约束盟友。① 很多时候，巧实力运用得当比正面施压更能促使盟友改变策略。②

在同盟管理过程中，一个不容忽视的问题就是成本问题。国家从有意愿结盟之时起便会产生各种成本，"在同盟建立时期，国家领导人承担谈判和制定条约的成本。在同盟运行时期，国家领导人都承担着政策协调和相应的自治损失的成本。在同盟履约时期，国家领导人必须既接受履行义务的成本，这包括可能卷入实际的作战；也包括不遵守义务的成本"③。这些成本问题既有财力、人力等物质层面的，也有国家名誉和可信度等非物质层面的，④这些问题都会对同盟管理产生较大影响，对同盟关系是否稳定发展发挥着不可忽视的作用。由于强国在同盟关系中占据主动，那么强国在更多时候承担着同盟运转的成本，因此，强国支付成本的意愿和能力很大程度上影响了同盟关系的走势，而且，如果强国希望同盟的凝聚力越强，那么他所要承担的成本越高。⑤

对弱国而言，能够运用的手段相对较少，但在具体运用中，弱国并非无的放矢。首先，在制定同盟机制过程中，要最大限度争取话语权。强国以我为中心制定同盟机制，必然削弱弱国的话语权，虽然处于弱势地位，但弱国在关于制定同盟协定和规定权利与义务时可据理力争，最大限度地争取话语权，降低日后被强国进攻性政策所牵连的可能，⑥ 争取行动上的独立自主权，为同盟关系建立后的同盟框架下的活动提供最大空间。第二，平衡外交是弱国常用的对强国进行牵制的方式。平衡外交源于均势思维，是任何一国都可

---

① Songying Fang, Jesse C. Johnson and Brett Ashley Leeds, "To concede or to Resist？：The Restraining Effect of Military Alliances", *International Organization*, Vol. 68, No. 4, 2014, pp. 775 – 809.

② David Baldwin, "The Power of Positive Sanctions", *World Politics*, Vol. 24, No. 1, 1971, pp. 19 – 28. 作者在文中谈到，某些情况下，一国采取"正向制裁""绥靖"和"承诺"等措施比威胁施压更能影响他国的战略选择。

③ Brett Ashley Leeds, "Alliance Reliability in Times of War：Explaining State Decisions to Violate Treaties", *International Organization*, Vol. 57, No. 4, 2003, pp. 801 – 827.

④ 张景全、刘丽莉：《成本与困境：同盟理论的新探索》，《东北亚论坛》2016 年第 2 期。

⑤ James D. Morrow, "Alliance, Credibility, and Peacetime Costs", *The Journal of Conflict Resolution*, Vol. 38, No. 2, 1994, pp. 270 – 297.

⑥ 在非对称性同盟关系中，强国和弱国承担的安全责任是有分别的，强国有时不一定要求弱国承担安全责任。详见：James D. Morrow, "Alliances and Asymmetry：An Alternative to the Capability Aggregation Model for Alliances", *American Journal of Political Science*, Vol. 35, No. 4, 1991, pp. 904 – 933.

采取的外交策略，而结盟的最大动因是安全考虑，并非一定是为了实现某种势力均衡。因此，临时改变追随强国的外交策略，缓和同敌国之间关系，借助外部力量可对强国形成一定牵制。这种操作有助于促使强国理解弱国的利益诉求，并对其采取的政策进行反思，或调整政策，或对弱国进行补偿。但是，平衡外交非常考验智慧和勇气，弱国需要谨慎酝酿和操作，如果操作不当，将面临被强国"惩罚"，甚至被强国抛弃。第三，不反对也不配合强国外交政策和行动，保持中立。① 根据前文分析，当强国采取进攻性政策，而弱国依然是防守政策时，如果弱国调整成进攻政策，那么弱国将要承受进攻政策带来的一系列损失。为了避免被卷入有损自身利益的冲突，弱国可以选择拖延，或者不配合强国的进攻性政策，但这种操作也将促使弱国陷入被抛弃或被"惩罚"的境地。第四，增强谈判和议价能力。当弱国面临着不可推卸的盟国义务，且不愿因不履行义务而被强国抛弃时，弱国可以与强国进行谈判，索要"好处"。此时，弱国需要调研强国需要弱国予以某种安全支持愿意付出的最大成本，调研自身履行义务的成本，从两者之间计算议价空间，弱国可以采用拖延战术，通过国内政治和社会舆论压力大、行动能力欠缺等借口提升自身的议价能力。第五，提升议价能力的最好方式是提高自身实力，降低对强国的依赖程度。弱国之所以在同盟关系中处于被动地位，主要是因为对强国依赖较大，如果安全层面暂时无法脱离同盟，弱国可以先从经济层面加强同其他国家的合作，逐步减少对强国的依赖，进而提升自身同强国的议价能力。但这也是短期内相对难以实现的方式。第六，以退出同盟机制为理由威胁强国调整政策。国家能够结盟是因为彼此间存在一定安全价值，强国与弱国结盟大多时候不一定需要弱国能在军事力量或物质力量上给予强国支持，而是看重弱国的地理位置，这一需求可替代性较低，因此，当弱国提出退出同盟机制时，强国往往会通过各种方式对弱国进行安抚。但退出同盟机制是非常时刻之非常手段，弱国一旦选择这种方式，就要做好被强国抛弃、同盟关系解体的准备。

当弱国遇到本书在同盟困境部分中提到的情况，即"当强国持进攻政策而弱国持防守政策，弱国同时面临着受牵连和被抛弃的双重恐惧"时，

---

① 同盟承诺可以划分为五种基本类型：防御合作（defensive cooperation）、进攻合作（offensive cooperation）、中立（neutrality）、互不侵犯（nonaggression）和协商（consultation）。参照：Brett Ashley Leeds，"Do Alliances Deter Aggression?: The Influence of Military Alliances on the Initiation of Militarized Interstate Disputes"，*American Journal of Political Science*，Vol. 47，No. 3，2003，pp. 427 –439.

应当采取何种应对措施呢？一方面，弱国为不卷入与自身利益无益的强国与他国冲突中去，保持中立是最佳选择。但此种做法将被强国视为违背承诺的做法，将面临强国盟友的"惩罚"，甚至是被抛弃，那么，弱国又将重新陷入结盟前的不安全环境中。另一方面，如果不愿被抛弃，且必须履行义务时，弱国面临着被牵连进冲突中的恐惧。但此时弱国在与强国谈判中占据了一定主动，可将此转换为提升议价能力，向强国索要相应"补偿"。

三　同盟解体

国家安全利益会随着时空变化而发生变化，因此，同盟自建立起便面临解体风险。布雷特·阿什利·利兹（Brett Ashley Leeds）和布尔久·萨文（Burcu Savun）从三组自变量对同盟解体问题进行了实证研究，首先是同盟价值的关键变量，具体包括外部威胁、国际权力、国内制度结构和同盟成员建立新的外部同盟；其次是测量国家特性的变量，包括民主国家、成员权力的非对称性等；第三组是同盟本身的变量，即同盟协议中是否包含非军事合作规定、同盟是否需要宪法规定的程序批准、同盟协议是否具有正式的军事制度化。根据研究，他们发现同盟解体有四种情况，分别是履行盟约、成员国丧失主权、重新修订盟约和背弃誓言。[1] 周建仁总结了国关于领域现有关于同盟解体的主要五种解释，即"目标实现说""同盟类型说""国家制度说""国内政治说"和"军备同盟效用比较说"。[2] 周建仁还在此基础上提出了影响同盟解体的两个重要变量：战略分歧和自助能力，其认为"弱国自助能力和战略分歧在对同盟解体发挥影响上是互为条件的，在弱国自助能力强的情况下，战略分歧对同盟解体有影响，或者在战略分歧重大的情况下，弱国自助能力对同盟解体有影响"[3]。

从根本上说，同盟走向解体是因为同盟存在合法性根基不再，即盟国的安全威胁消失，或结盟时的既定安全利益已实现。在同盟形成部分，笔者列出了同盟形成的三大主要成因，权力平衡、威胁制衡和利益平衡，当这些动

①　Brett Ashley Leeds and Burcu Savun，"Terminating Alliances: Why Do States Abrogate Agreements?"，*The Journal of Politics*，Vol. 69，No. 4，2007，pp. 1123 – 1124.

②　周建仁：《同盟解体的研究：回顾与分析》，《国际论坛》2012 年第 7 期。

③　周建仁：《战略分歧、自助能力与同盟解体》，《世界经济与政治》2013 年第 1 期。

因变成结果时，同盟存在的合法性将会大幅减弱，同盟将趋于解体。[①] 从国家层面讲，当盟国之间的认同和价值观念发生质变时，比如民主和非民主之间的转换，盟国间的关系首先会发生自然排斥，同盟关系也将面临降级或解体。同时，当成员国的安全利益目标实现了，且不愿被卷入盟友的进攻性政策中，该国将倾向于选择退出同盟机制。

同盟走向解体的直接原因是同盟管理失灵。同盟管理是为了维持同盟关系的良好发展，保障成员国之间的协调，但同盟管理失灵将直接导致盟国间信任度下降，从而导致同盟关系降级、破裂甚至解体。在非对称性同盟关系中，同盟管理失灵的情况大致可以分为以下四种：第一，强国管理同盟的意愿大幅降低和支付管理成本的能力下降，同盟管理陷入缓慢发展或停滞状态。非对称性同盟关系中，强国对同盟关系的走向和维系发挥至关重要的作用，当强国出于某种考虑而调低管理同盟的意愿时，同盟运作便会出现问题，即便弱国使出浑身解数极力推动，只要阻碍强国管理同盟的意愿未发生改变，同盟关系都将举步维艰。如果强国因为受到经济危机等原因干扰，造成财政吃紧，导致其支付同盟管理成本的能力降低，也会使同盟管理停滞不前。第二，弱国自助能力增强，同盟管理的难度增加。[②] 詹姆斯·莫罗（James D. Morrow）研究发现，非对称性同盟成员国之间进行的类似国际贸易的比较优势交换，互补性强，而对称性同盟成员国之间的比较优势相同，互补性较差，甚至存在一定冲突，因此，对称性同盟比不对称性同盟更难维持。[③] 当弱国的自助能力不断提升，使非对称性同盟关系趋于对称时，盟国之间的冲突和分歧将越来越大，同盟关系也将越来越难以维系。第三，弱国实力与强国相差悬殊，虽然追赶无望，但弱国选择对外实施"大国平衡外交"策略时，同盟管理将面临新的困难。[④] 从权力平衡的角度来看，弱国是

---

① William H. Riker, *The Theory of Political Coalitions*, New Haven: Yale University Press, 1962, pp. 132 – 176.

② 观点受到周建仁《战略分歧、自助能力与同盟解体》的启发，即"在战略分歧重大的情况下，自助能力强弱对同盟解体有影响，自助能力越强，同盟越容易解体；而在战略分歧微小的情况下，自助能力强弱对同盟解体无影响"。详见周建仁《战略分歧、自助能力与同盟解体》，《世界经济与政治》2013 年第 1 期。

③ James D. Morrow, "Alliances and Asymmetry: An Alternative to the Capability Aggregation Model for Alliances", *American Journal of Political Science*, Vol. 35, No. 4, 1991, pp. 904 – 933.

④ "大国平衡外交"，主要参照孙西辉、金灿荣《小国的"大国平衡外交"机理与马来西亚的中美平衡外交》，《当代亚太》2017 年第 2 期。

大国权力竞争的第三力量，是影响权力体系变化的一个变量，因此，当弱国外交策略从追随强国转为"大国平衡外交"时，强国对同盟进行管理的难度将会增加。第四，同盟陷入困境且难以调控。根据同盟国家安全政策的不同组合，当强国和弱国政策相悖，且任何国家都不愿做出相应调整并承担相应成本时，或者有国家不愿意履行盟约规定义务时，同盟将陷入停滞不前的状态，同盟关系面临降级或破裂。

在同盟关系走向解体前，还存在一种特殊状态，即休眠状态。[1] 休眠状态指的是同盟关系僵而不破，造成这一状态的原因和同盟关系走向解体的原因类似，但同盟成员国基于长远考虑，在同盟关系不给自身带来负面影响或负面影响可控的前提下，并不急于解除同盟关系，同盟关系在未来有再次强化的可能。

第二节　美政府对菲政策决策的战略依据

一　外交决策研究的三大理论框架

外交决策学（Foreign Policy Decision Making，FPDM）属于国际政治学科内容，是外交政策分析（foreign policy analysis）的一个分支研究领域。自20世纪50年代兴起，经过70年的不断发展，该研究在国外，特别是美国蓬勃发展起来，在我国也有一定的优秀理论成果不断呈现。

研究外交决策问题，常用视角主要是体系视角、国家视角及社会视角。[2] 也有学者提出，可根据外交决策的研究层次，通过分层来确定研究视角，从而将研究视角划分为三层次五视角，包括宏观层次的体系视角，中观层次的国家视角与社会视角，以及微观层次的组织视角及外交决策者个体视角。[3] 但长期占据外交决策分析主流地位的依然还是三大理论框架，即理性选择模式（Rational Choice Model）、官僚政治模式（Bureaucracy politics model）与心理认知模式（psychological cognitive model）。

在理性选择模式理论框架中，理论框架的思想基础是现实主义，将博弈论（game theory）作为主要的研究方法，国家被视为外交决策者（decision

---

① 同盟关系的降级和休眠，则是笔者用来形容同盟关系的演变。

② 李巍：《体系、国家、社会：美国对外经济政策的三种研究路径》，《国际观察》2008年第1期。

③ 沈本秋：《美国对外政策决策的分析》，《世界经济与政治》2011年第4期。

maker)，决策者和决策思维过程被假定为一个理性的过程。以权力为核心的现实主义学派深入探究该理论框架的思想基础。美国学者汉斯·摩根索（Hans J. Morgenthau）等人建立国际政治现实主义理论体系，将权力（power）作为该理论的核心概念，而外交则被视为国家权力的组成部分。现实主义认为，国家作为一个主要行为体，追求权力和安全的过程是一个理性的过程，是一个用有目的的政策争取最佳自身环境与自身利益及权力的过程。该学派认为，国家利益是外交政策的目标，决策就是为实现这一目标而对特定环境下的目标和手段进行的准确计算。另一名国际关系学者，也是 2005 年诺贝尔经济学奖获得者托马斯·谢林（Thomas Schelling）在其《冲突的战略》（*The Strategy of Conflict*）一书中，就国际关系中不同国家间的对立冲突，提出威慑、谈判、交易、允诺等解决手段，而这种分析方法，就是一种将国家间的冲突及应对问题简化为"对优势的有意识计算"[①]。现实主义国际理论学者假设外交决策者是一个国家，假设外交决策选择是为了解决战略问题、实现国家利益而进行的计算，决策本身就是一个分析和选择的过程，因此是一个理性的过程。当博弈论被引入外交决策研究之前，研究者采用历史主义或曰经验主义的方法，主要是归纳分类的方法来分析决策行为的历史记录，从而进行规律总结和描述。博弈论被引入外交决策研究之后，研究者得以使用科学主义的方法，对外交决策的思维过程进行数理实验，并随着重复博弈论等博弈论的发展，得以更好地分析决策过程。但是也应该看到，理性选择不代表正确选择，理性选择模式也不能完全解释国际关系中存在的"非理性决策"，特别是在对美国的外交决策研究中，一些学者提出官僚政治模式才是更好的分析工具。

在官僚政治模式中，系统论及控制论系主要研究方法。批评理性选择模式的学者指出，虽然理性选择模式是当时分析外交决策的主流框架，但该模式将国家机构、政府组织和负责的政治活动视为单一的行为者，虽然有助于理论分析，但毕竟存在简单化的缺陷。在其他学者前期成果的基础上，艾利森（Graham Allison）推出了《决策的本质：诠释古巴导弹危机》[②] 一书，该书列举出三种不同的外交决策分析模式，第一种就是理性行为者模式（即上

---

①　Thomas Schelling, *Arms and Influence*, New Haven: Yale University Press, 1966, pp. 25 – 26.

②　Graham T. Allison, *Essence of Decision: Explaining the Cuban Missile Crisis*, Boston: Little, Brown, 1971. 该书在 1999 年再版，由艾利森和菲利普·泽利科（Philip Zelikow）共同完成，并对第一版中部分术语和观点进行修订。

述的理性选择模式），另两种模式分别是组织过程模式（the organizational process model）与政府政治模式（the governmental politics model），此后，艾利森与《官僚政治与外交政策》① 著者霍尔珀林（Morton H. Halperin）合作，将其书中后两种模式相结合，在《官僚政治：一种范式及一些政策意义》② 著述中演进提出官僚政治模式。该模式主要提出几点假设：首先，外交决策者并非一个统一进行理性计算的决策者，外交决策也不是一个智力与理性的过程，而通常是一种由观点迥异的组织和人员相互竞争的集体博弈（group game），是一个政治过程；参与决策的人员有着不同的利益考虑，位置决定立场（Where you stand depends on where you sit）是一个关键性命题，决策是在一个多元和权力分散的环境中经相互竞争而形成的；参与决策的人员会计算解决方案对自己利益的影响，从而评估成本与拟采取的立场问题。因此，官僚政治模式分析外交决策会出现难以反映统一的国家利益的计算，决策会反映相当程度的妥协问题。这样就最终导致"决策是讨价还价的结果，是一种博弈，是在组织成为等级体系的个人之间建立联盟和竞争。换言之，决定是通过一个政治过程而不是通过逻辑的、智力的过程制定出来的。决策不仅依赖于用来支持一个特殊行为过程的推理或理性，而且依赖于那些介入竞争的人的相对权力和政治技巧。其结果是，最后的决定很可能既不是理性的，也不是最佳的。它们可能是次佳的，但是它们是在协调不同的观点和组织利益的基础上做出的"③。确实，笔者也认可该理论在分析美国政府外交决策时的有效性，该理论不似理性选择模式将美国或美国政府拟人化，视为一个简单化的一体行为者，而是承认和重视存在不同利益的政府组成组织机构的多样性，以及各部位官僚在决策中的相互作用，没有什么部门和人员可以垄断外交决策权，决策的过程就是不同部门与不同官僚（官员）相互竞争、争取、妥协的过程。将该理论模式投射到美对菲外交政策的决策中，能清晰地看到国务院、国际开发署、大使馆、国防部、驻菲军事基地负责人在对菲政策制定和具体实践中的差异性，特别是在《军事基地协定》谈判及对菲"补偿"问题方面，各部门总体都是以国家利益为目标，但是决策中呈现出

① Morton H. Halperin, *Bureaucratic Politics and Foreign Policy*, Washington, D. C.： Brookings, 1974.

② Graham T. Allison and Morton H. Halperin, "Bureaucratic Politics：A Paradigm and Some Policy Implications", *World Politics*, Vol. 24, 1972, pp. 40 – 79.

③ 周琪：《官僚政治模式与美国外交决策研究方法》，《世界经济与政治》2011 年第 6 期。

部门利益、部门诉求特点，最终出现决策结果"不是依靠决策者对这些利益的理性权衡，而是与其他成员的周旋"①。

在心理认知模式中，该模式的主要分析方法是心理分析法，将分析的重点放在外交决策者的"个人"思想与心理活动方面，提出外交政策是人的认知过程或心理过程的结果。决策者之于分工时代的社会及社会组织，其并非一个孤立的无意识、无情感的存在，包括宗教信仰、成长经历、文化性质、情感、民族等方面的复杂思想，共同形成一个决策者的心理环境（psycho-milieu），这也是分析理解相似环境下不同决策者做出不同决策的关键所在。正如长于从社会心理学角度分析研究外交政策的美国学者罗伯特·杰维斯（Robert Jervis）所述，"如果不考察决策者对客观世界的看法和对其他人的认识，就无法解释重大决定和政策是怎样形成的。也就是说，这些认知因素构成了部分行为的近因，其他层次的分析无法直接说明这些认知因素是什么"②。决策者在决策时处于主客观两种环境之中，一种就是客观存在的行为环境，另一种则是决策者所思考和想象存在问题的心理环境，正是由于理性行为体受到心理机制及认知局限性方面的制约，才导致做出非理性决策。二战前英国首相张伯伦对希特勒发动战争意图的看法，美国发动越战的意图，以及菲马科斯政府与福特政府就《军事基地协定》谈判最终失败，其实都存在心理环境与行为环境的偏差，造成错误认知，最终导致决策失误，施策失败。在20世纪90年代，该模式进一步发展出政治直觉理论（poliheuristic theory），该理论试图将理解心理环境与行为环境联系，将认知模式和理性决策相结合，从而为分析外交决策提供了一个崭新视角。这种模式，弥补了理性选择模式中的将决策者简单化，官僚政治模式中的将决策者部门化、行政化的不足，重视了外交决策中人的认知因素，重视外交决策最终是由人来制定并由人来实施的，外交决策过程是一个人的认知过程或心理过程的产物。

二 美对菲外交决策的战略依据

外交决策的终极目标是为了实现国家利益，美国在不同历史时期的国家利益有所侧重和区别，这直接决定了美国外交政策的调整变化。美对菲外交

---

① ［日］佐藤英夫：《对外政策》，王晓滨译，经济日报出版社1990年版，第30页。
② ［美］罗伯特·杰维斯：《国际政治中的知觉与错误知觉》，秦亚青译，世界知识出版社2003年版，第18页。

政策，虽然包含前宗主国与前殖民地的特殊情感关系，但总体还是为了实现和维护美国国家利益而制定，对菲政策系美自大而小的全球争霸战略、亚太政策、东亚政策、东南亚政策的组成部分，美将美菲同盟当作一种实现安全利益和战略目标的手段。

二战后，全球进入美苏争霸的冷战对抗体系之中，美国奉行全球遏制政策，突出在欧洲和亚洲对苏联及社会主义国家的遏制。在这种遏制战略之下，美加强对亚洲在配合美国全球遏制战略重要性方面的认识，推出《亚洲的遏制战略》，提出视"亚洲是唯一一个美国和苏联在几条前沿地带都直接或间接遭遇的地区"，做出"（苏联）企图将其影响扩大至亚洲大陆和太平洋地区"的战略判断。美从全面遏制苏联的战略目标角度，总体上提出了在西线对苏实施战略进攻，在东线执行战略防御的宏观指导思想，并明确美在亚洲的三大战略目标，即阻止苏联控制亚洲地区，在亚洲培育能协助美国抗衡苏联在亚洲扩张的非共产党势力，从亚洲获得重要战略资源。该战略也具体到在东南亚区域的落实问题，美方担心苏联拓展在东南亚地区的控制，"东南亚已经成为克里姆林宫策反攻势的目标，这是为了寻求对东南亚的控制，也为了获得东南亚的资源和交通线，并将美国排挤出去"，并进而表示出"如果东南亚也被共产主义一扫而过，我们将遭受重大的政治溃败，其影响将会波及世界其他地区，尤其是中东地区，澳大利亚也会暴露在共产主义威胁面前"的担忧，从而提出"（在该地区）建立政治稳定和抵御共产主义的基础，避免弱化我们西方盟国的殖民权力"，认为"鼓励菲律宾和其他亚洲国家在解决这个地区共同面临的问题上发挥领导作用符合美国利益"。该文件还从军事角度提出，如果要防御苏联的潜在进攻，美国最低限度应该构建在亚洲沿海岛屿连线上维持美国目前的军事地位，以及在战时阻止共产党占领这条线，"这条线是我们的第一道防御线，也是我们的第一道进攻线……这条防御线应包括日本、琉球群岛和菲律宾"[①]。

在美"西线进攻，东线防御"的全球遏制战略总规划下，美采取一系列措施来打造东线亚洲地区的同盟防御体系。位于东线链条上攻防兼备的菲律宾重要环节的军事价值受到美最高决策层的空前重视，美国安会牵头研究菲军事战略地位及应用问题，并出台史上首个全面对菲战略——《美国对菲政

---

① 周建明、王成至编：《美国国家安全战略解密文献选编（1945—1972）》，社会科学文献出版社2010年版，第2册，第748、751页。

策报告》。① 美明确了其在菲的利益包括：第一，鉴于美对菲独特的关系、军事义务和道德义务，美国应对缔造菲律宾国家以及菲律宾共和国的独立和稳定负责，这是美国的根本利益。在1947年3月14日的协定中（指1947年美菲《军事基地协定》，笔者注）规定的美菲互惠利益要求为维护菲律宾的安全而共同行动；第二，菲律宾获得独立，证明美国承认亚洲的民族主义是不可忽视的现实。菲律宾不能维护独立将造成美国失信于世界，严重降低美国在全球，特别是在亚洲地区的影响力。当前菲政府或者任何合宪继任者的溃败都可能立即和可能最终导致共产党攫取政权。菲律宾政府不能维持亲美导向也可能导致共产党更早攫取政权。这种可能性将大幅增加共产党控制东南亚大陆和印度尼西亚的风险；第三，强化在太平洋地区，特别是在菲律宾、日本和琉球群岛的态势。随着日本恢复成为太平洋地区的独立国家，美国乐于支持菲日两国建立友好的政治经济关系，并希望两国关系的健康发展有助于太平洋地区的稳定。根据美在菲的三大利益，美国寻求在菲实现三项目标，即在菲建立和维护一个能维持并强化国民亲美倾向的有效政府，具备恢复和维护国内安全的军事能力，稳定和自给自足的经济。

正是冷战初期，特别是遏制战略初定之时，依据在菲战略利益和对菲战略需求，美外交决策者作出了与菲签署《共同防御条约》、缔结同盟关系的外交决策，将美菲同盟与美同澳大利亚、新西兰、中国台湾、韩国等双边、三边同盟关系一道，共同构建同盟体系和东亚地区遏制防御线。在随后艾森豪威尔政府的两份《美国对菲律宾政策》（NSC5413/1与NSC5813/1）中，美将对菲目标内容作出一定调整（三项目标调整四项），随后尼克松时期在"第9号国家安全研究备忘录"（NSSM9）中的"对菲9问"及"对菲9答"，以及1973年的《第209号美国国家安全决策备忘录（NSDM209）》直至里根时期副国务卿沃尔福威茨1985年11月在国会作证的证言，都以不同的表述表达了类似的美对菲战略目标，简而言之就是亲美政治、健康经济、美控制下的军事基地三项，最多加上第四项，即确保菲具备打击境内共产党活动的军事能力。这体现出美不同政府在对菲政策目标上的延续性与一致性。

---

① "A Report to the President by the National Security Council on the Position of the United States with respect to the Philippines", November 9, 1950, DNSA, The Philippines: U. S. Policy During the Marcos Years, 1965 - 1986（如无标注，以下注释均默认为该文件集）. PH00002.

第三节　美对菲政策的制定程序
及国内外环境对其影响

一　美国政府的外交决策部门及机制

美国 1787 年通过、1789 年正式实施的宪法并未提出"外交"一词，更未严格规定美政府的外交决策权力归属和权力分配。经过历史实践，在美国政府的外交决策机制中，总统及白宫相关国安会等办事机构、国务院、国会都是外交政策的制定者，外交决策是一个相互协调、相互妥协、相互适应的动态发展演变过程。

（一）美国政府的外交决策部门

总统的外交决策权。按照美国宪法规定，总统涉及外交事务的权力仅包括缔结条约的权力，任命合众国官员以及大使、公使及领事的权力。在实践中，美国总统通过下述行为行使外交决策权：任命国务院国务卿及驻外大使或代表；与外国政府建立或中断外交关系；谈判、签署国际公约和行政协定；按照相关法律的授权，向国外派遣军队；建议或者否决国会的涉外事务法案。总统办事机构也是参与外交决策的机构部门，其中包括选举产生的副总统、白宫办公厅主任、政策办公室负责人，以及 1947 年根据《国家安全法》而设立的国家安全委员会（NSC），和 1953 年设立的总统国家安全事务助理这一职务。

国务院（Department of State）的外交事务权。国务院是美国政府部门中专司具体外交政策制定和实施的行政部门，其行政负责人国务卿是内阁成员，是国安会创立以来的法定成员（statutory member），也是美国总统在外交政策决策方面的主要顾问及外交政策实施的主要负责人。国务院机构见图 1-3。国务院系统还包括遍及全球的驻外使领馆和代表机构，驻外使节负责与驻在国政府（机构）进行外交事务日常交往。美国务院对菲事务负责机构出现过调整变化，在菲独立前及独立初期，是国务院东南亚及菲律宾处负责，后改为东亚及太平洋事务局菲律宾处负责。据美国解密档案（DNSA）显示，1979 年美驻菲大使馆是当时美驻外人员最多的大使馆，有 745 名美国工作人员和 926 名菲籍雇员，其中美国工作人员来自国务院及其他 28 个美政府机构。

国会的外交决策权。美国宪法授予国会的权力当中，有 7 项直接涉及外

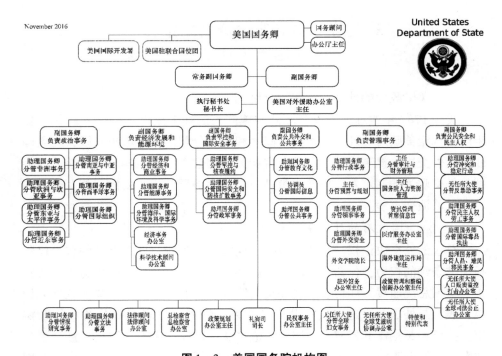

图 1 - 3　美国国务院机构图

资料来源：美国国务院https：//www.state.gov/r/pa/ei/rls/dos/99484.htm。

交事务领域，其中有 4 项属于重要的外交权力。在实践中，国会是重要的外交决策主体，具有对外宣战权、条约（Treaty）的建议及批准权、总统提名外交官员的审核与批准权、外交活动及对外援助的资金审批及拨款权等，以及立法机构通过立法制订影响外交事务的当然权利。

（二）外交决策部门的相互制约

由于前文提及的宪法在美政府的外交决策权力归属和权力分配方面规则缺失的原因，在 200 余年的美国历史中，白宫、国务院及国会围绕外交决策权矛盾此起彼伏，三方角力与博弈从未终结。关于立法—行政外交决策关系方面，孰轻孰重、谁主谁次从无定论，对相互关系的探讨总体分为三个派系，即依旧认可总统作为外交决策主导派，立法—行政机构联合决策派，以及国会主导派。① 但上述分类方法过于简单，现实中，国会与行政部门在角

①　李庆四：《美国国会与美国外交》，人民出版社 2007 年版，第 403—404 页。

力行使外交决策权时，要视具体议题、国会两院与总统所属政党派别情况、总统驾驭能力等复杂因素而定。

1. 美国会在参与对菲外交决策中主要采取以下几种方式来达到目标

首先，推动干预外交政策和行动的立法。例如美国 1961 年通过《对外援助法》，国会对于尼克松政府放纵人权状况不佳的独裁政府表示不满，自 1973 年开始，美国国会就推动系列修正案，将人权议题与对外经济援助、对外安全援助挂钩，施压行政部门敦促菲律宾等受援国家采取措施改善人权状况。

其次，审批对外援助申请及拨款。例如，在美菲军事基地谈判过程中，卡特、里根政府行政部门具体负责谈判事宜，在基本达成一致后，均向马科斯政府提出会"尽力争取国会支持"，力争在今后 5 年时间内达到一定数额（卡特总统时期是 5 亿美元，里根总统时期是 9 亿美元）的经济援助和军事援助总额，行政部门还多次与国会就额度和进度问题进行交涉。

第三，举行听证会，监督行政部门外交行为。美国会有权要求行政部门提交外交活动的文件材料，或要求行政官员参加国会举行的相关主题的听证会。国会借此确保行政部门认真执行国会通过的法律，以及监督行政部门外交行为，防止行为失当。例如在 1969 年 9 月，国会参议院就举行赛明顿听证会（Symington Hearing），审议美约翰逊政府、尼克松政府在海外军事与安全义务对美国政策影响问题，听证会认为行政部门擅自扩大对菲律宾的安全义务，也抨击行政部门为邀约菲马科斯政府增兵援越，而不惜过度投入菲律宾"雇佣军"的做法。此举直接导致美菲两国政府关系急转直下，菲政府撤出援越军队。此外，马科斯实施军管法以后，美国会参众两院先后在 1972 年、1975 年举行多次听证会，就菲人权状况与美外交利益问题进行听证，以援助制裁威胁施压菲政府改善人权状况。

第四，通过决议，表达对行政部门的支持或反对，表达对涉外具体事宜的关注态度。国会可通过参议院或者众议院内机构产生决议，或者两院联合决议的方式，表达立法机构对涉外议题的关注，或者对行政部门态度立场的支持或反对。例如 1983 年菲参议员阿基诺返菲遇刺后，美众议院外交事务委员会亚太事务小组（HFAC Asia and Pacific Affairs Subcommittee）委员会主席索拉兹（Stephen J. Solarz）不满美行政部门的沉默态度，不顾国务院"会侵犯菲主权"的反对意见，极力推动众议院在 1983 年 10 月 25 日通过关于菲律宾问题的决议，谴责阿基诺被暗杀事件，呼吁彻底、独立和公正的调查，以及呼吁国民议会（BP）选举自由和公平进行。

第五，通过议员代表团出访、交流方式开展国会外交。不同国家相互之间的议会（国会）交往是国家间总体外交的有效组成部分，美借议会外交可加强与各国不同政治界别的广泛交往，宣介美国会在美内政外交政策方面的立场，特别是一些重量级参众议员的出访，受到美与到访国家领导人的共同重视，可弥补行政部门外交体系对外交往的不足。例如菲马科斯总统实施军管法，逮捕了包括阿基诺、迪奥卡诺等在内的一批反对派领导人。来自明尼苏达州的民主党众议员弗雷泽（Donald M. Fraser），一向在美国会呼吁尼克松及福特政府重视人权，其于 1975 年 4 月专程赴菲，探视被关押的阿基诺参议员，成为马科斯军管法期间第一个探视被关押政治犯的国会议员。弗雷泽众议员返美后，致函福特总统反映菲人权状况，并联系哈佛大学教职，寻求安排阿基诺流亡美国。经媒体报道，弗雷泽访菲之举给美菲两国政府都造成极大舆论压力。而在菲反对派势力有极端化发展，暴力抗争马科斯独裁政权之时，美行政部门与立法机构都积极敦促菲能实现政治和平发展，美重量级参议员肯尼迪（Edward M. Kennedy）委派其外交政策顾问卡里奇（Jan Kalicki）于 1981 年 8 月访菲，先后会见前参议员迪奥克诺（Jose Diokno）、前外长洛佩斯（S. P. Lopez）等反对派领导人，明确美国反对利用美国实施恐怖主义来实现政治目标是里根政府的坚决立场，也是两党和府会的强烈共识，为菲政治发展及 1986 年政权和平过渡创造了条件。

2. 美各届总统也不甘心被国会抢占外交决策主导地位，采取各种措施规避被国会限制和监督

首先，在宣战和危机应对中，普遍采取越权手段。按照宪法规定，国会拥有美国政府的对外宣战权，但是在实践中，总统多不经国会程序对外"宣战"而自行对外开战。美国在亚洲地区的两场大战——朝鲜战争与越南战争，美总统均未经国会程序而自行宣战。越战的节节失利，引发美朝野上下对总统权力边界的反思，对总统贸然外交决策造成损失的担心。国会两院于 1973 年 11 月 7 日推翻尼克松总统行使否决权试图阻止通过的决定，艰难通过《战争权力法案》（War Powers Resolution），规定只有通过国会宣战，美总统才可派遣美军在国外开展军事行动，从而对总统越权宣战进行了法律限制。

其次，在缔结国际条约方面，美总统也视情规避需要国会批准（ratify）

的条约（treaty），转而选择行政部门即可签署生效、具同等效力的行政协定（agreement）或宣言、公报。历史闻名的《雅尔塔协定》、中美三个联合公报等都属于行政协定。在美菲之间，如1947年《军事基地协定》就是行政部门签署通过的协定，而1951年美菲《共同防御条约》则是经美菲两国国会批准的条约。在1976年美菲《军事基地协定》修订谈判中，美方主导者基辛格就坚持以行政协定（executive agreement）方式推动谈判，坚决反对改为"条约"，恐无法得到美国会批准。在卡特政府时期，美菲基地谈判仍是按照基辛格的设想缔约模式（form）进行，但参议院外交关系委员会主席丘奇参议员（Frank Church）对此表示严重不满，专门致函万斯国务卿，表示美与外国签署的重要国际义务类文件，特别是基地协定（base agreements）类，都应该提交给参议院批准，以"条约"格式生效。但行政部门坚称这属于对现行行政协定的简单修订，无需改变协定性质，表态愿意及时与国会进行沟通，反馈基地谈判进展情况，但拒绝提交给参议院审批形成条约。①

第三，总统还可以通过任命总统特使或私人代表方式参与外交活动，无需得到国会对此的审核和批准，从而规避国会监管。在美菲关系历史上，1961年12月30日，美肯尼迪政府就破例派遣新泽西州州长迈纳（Robert B. Meyner），作为肯尼迪总统的特使参加马卡帕加尔总统的就职典礼并带去肯尼迪的贺电。

3. 总统与国会在对菲外交决策和外交活动方面的合作

为了实现外交目标，总统、国务院及国会按照分工开展沟通协作，在对菲外交决策和外交实践中也屡见不鲜。1978年10月，在美菲《军事基地协定》修订谈判陷入僵局之时，卡特专门委派日裔参议员井上健（Daniel Inouye）作为特使访菲，充分利用其易受菲律宾接受的亚裔身份优势，以及与马科斯夫妇关系交好的人脉优势，游说马科斯推动谈判，有效助推1979年1月美菲顺利完成谈判。1985年10月底，里根总统也委派密友拉克索尔特参议员（Paul Laxalt）以特使身份赴菲，敦促马科斯采取措施推动政局和平发展，马科斯随后提出提前举行总统选举作为积极回应。

---

① "Senate Foreign Relations Committee Chairman Frank Church Urges Secretary of State Cyrus Vance to Renew the Bases Agreement as a Treaty", January 4, 1979, DNSA, PH01395.

二　国安会的架构及外交决策职能演变

国家安全委员会（NSC）是总统与高级国家安全顾问和内阁官员讨论国家安全和外交政策问题的主要论坛。自杜鲁门总统执政以来，该委员会的职能一直是就国家安全和外交政策向总统提供咨询和协助。它还是总统协调政府各机构之间国家安全和外交政策的主要机构。①

（一）二战后美国国安会的诞生

美政府部门在二战中暴露出组织无力、协调困难、各部门推诿扯皮的行政低效化弊病，二战后期就有军方高层提出加强军方协同性作战体系建设的建议，美政府也着手酝酿建立一种机构或组织方式，思考如何强化政府协调机制问题。二战结束后，英国时任首相丘吉尔（Winston Churchill）在 1946年发表著名的"铁幕演讲（iron curtain speech）"，随后美国杜鲁门总统在1947 年 3 月 12 日向国会发表被称为"杜鲁门主义"的国情咨文，英美两国领导人的两大举动标志着战后美苏阵营之间的"冷战"的开端。冷战的开始，加速了美反思二战战时工作机制，协调体制改革进程。为汲取二战中的体制机制弊病教训，美国政府通过出台法律，实施一系列改革措施，以提升美军事部门及政治部门与机构在冷战对抗中保护国家安全方面的效率。随着行政部门与立法机构在此问题方面达成较为一致的态度，1947 年 7 月 26 日，按照杜鲁门总统签署生效的《国家安全法》（National Security Act），美政府正式组建国家安全委员会（National Security Council，NSC）。按照该法，美国还在国安会下新建中央情报局（Central Intelligence Agency，CIA），该机构源自第二次世界大战时期的战略情报局（Office of Strategic Services）以及几个战后小规模的情报单位。1947 年的该法也对军事机构进行深入改造，原来的陆军部（War Department）和海军部（Navy Department）合并为国防部长下领导下的统一的国防部，并新成立空军部（Department of the Air Force）。国安会的成员包括总统、国务卿、国防部长、陆海空三部部长以及国家安全资源局（National Security Resources　Board，NSRB）主席。中央情报局局长并非国安会成员，但总统可以指定该局局长及其他必要行政部门负责人参加会议。

美国国安会初具雏形，该机制首次将外交部门、军事机构和资源部门的

---

① "National Security Council"，https：//www.whitehouse.gov/nsc/.

高层官员凝聚在一个以美国总统为中心的国家安全政策及美国外交政策决策平台上，相较一战与二战中缺乏总统领导下的有效协调与集中资源等弊病，国安会的成立是一个明显的改进。隶属于国安会的中央情报局的加入，也为委员会提供了必要的情报和分析报告，为外交政策制定提供了有效情报支撑和决策参考。再者，由于国安会系总统的咨询机构，意味着国安会的架构并非一成不变，而是可以按照不同总统的意愿和具体需求进行调整，其内部架构、人员规模、在外交决策中的权重值、成效都取决于不同历史时期、不同总统风格特点、个人人格与能力等因素。

（二）冷战时期国安会的机构、外交决策职能演变

在国安会初创之时，其外交决策程序还不完善，召开会议的频次也不固定。国安会的成员在杜鲁门总统时期发生一些变化，1949 年 1 月，杜鲁门指定财政部部长参会。8 月，修订后的《国家安全法》增加副总统作为国安会成员。同月，国安会变为总统行政办公室的组成部门。朝鲜战争爆发后，杜鲁门对国安会依赖有所增加，但由于国安会没有实职负责领导人，外交决策权还是紧紧攥在杜鲁门与国务卿手中。

艾森豪威尔总统时期，在艾森豪威尔领导下，国安会演变为总统制定和执行军事、国际和国内安全事务政策的主要部门。新的国家安全委员会制度缘于 1953 年 3 月由总统国家安全事务特别助理（艾森豪威尔设立的这一岗位，并沿用至今，但在不同阶段该岗位名称有所不同，包括总统国家安全事务特别助理、总统国家安全事务助理、国家安全顾问——笔者注）罗伯特·卡特勒（Robert Cutler）为艾森豪威尔准备的一份报告，提出了一个系统性的推荐建议、决策和实施流程，该流程后来被称之为"政策山（policy hill）"过程。这一流程图的"山（hill）"之称呼非常形象。国务院及国防部等部门及机构处于政策山山脚下，就特定主题提出了政策建议草案，并在部级层面协调立场，达成共识。这些政策建议草案通过计划委员会（Planning Board）"上山"，计划委员会负责评估和完善建议，然后再提交给国安会考虑。国安会则高坐于外交政策制定山的"山巅"，由总统主持，周四上午定期开会，根据一路上山送达的政策建议进行最终审定，做出外交决策。由于国安会审议的政策建议往往是基于所有相关部门相互磋商而作出的妥协方案，总统做出最终外交决策后，可得到各部门的普遍接受和贯彻落实，因此成为一种较具操作性的流程。据笔者不完全统计，在艾森豪威尔执政 8 年期间，合计出台了 185 份国安会外交决策指令，其中涉及菲律宾的决策指令有

3份（见表1-1），成为其任期内对菲最高政策指引。①

表1-1　　美国国安会决策指令及报告名称演变与涉菲律宾指令
及报告情况一览

总统	评估指令（Review Directive）	涉菲评估指令	决定指令（Decision Directive）	涉菲决定指令
杜鲁门	—	—	NSC	NSC84/2 美对菲政策
艾森豪威尔	—	—	NSC	NSC5413/1；NSC5813/1；NSC6107。题目均为美对菲政策
肯尼迪	—	—	NSAM	—
约翰逊	—	—	NSAM	—
尼克松	NSSM	NSSM155，菲律宾政策；NSSM73，关于菲律宾军事基地协商；NSSM180，关于棉兰老岛问题	NSDM	NSDM209，美国对菲政策。
福特	NSSM	NSSM235，与菲军事基地谈判	NSDM	—
卡特	PRM	PRM14，美菲军事基地谈判	PD	—
里根	NSSD	NSSD4-84，对菲政策；NSSD10-87，对菲政策	NSDD	NSDD88，关于基地磋商；NSDD163，对菲政策；NSDD215，对菲政策
布什	NSR	NSR21，军事基地使用谈判	NSD	—
克林顿	PRD	—	PDD	—
G·W·布什	NSPD		NSPD	

---

① "National Security Council ［NSC］ Eisenhower Administration, 1953 - 1961", updated July 23, 1999, https：//fas. org/irp/offdocs/nsc - ike/index. html.

续表

总统	评估指令 （Review Directive）	涉菲评估指令	决定指令 （Decision Directive）	涉菲决定指令
奥巴马	PSD	—	PPD	—
特朗普	NSPM	—	NSPM	—

备注：克林顿政府及之后暂未发现涉菲指令及报告，一种可能是相关文件题目尚未解密，无法实现搜索；另一种可能是确实其中没有涉菲指令和研究报告。有待今后相关文件解密。

　　肯尼迪总统时期，他并不赞同和继承艾森豪威尔过于依赖国安会进行外交决策的做法，大力压缩国安会机构和裁撤人员。但略显矛盾的是，肯尼迪反对艾森豪威尔任内国安会的工作流程与机制，但他对后者设立总统国家安全事务特别助理一职甚为重视，肯尼迪对自己的国家安全顾问乔治·邦迪（McGeorge Bundy）非常器重，邦迪在不受国安会程序过多约束的情况下，在肯尼迪的直接领导下积极发挥外交政策制定者的角色作用。肯尼迪时期的国安会没有遵循上一届政府的"政策山"流程，而是由邦迪及身边工作人员直接制定"国家安全行动备忘录（National Security Action Memoranda, NSAMs）"，该名称也体现出肯尼迪对国安会的角色定位更加侧重于"行动（action）"，而不是该机构设立时的协助"计划"职能。1962 年 10 月古巴导弹危机发生时，肯尼迪还在国安会下设行政委员会（Executive Committee, ExCom）用于协调应对该危机，并亲任委员会主席一职。①

　　约翰逊总统时期，由于他并不熟悉外交事务，加之匆忙接手遭遇枪杀的肯尼迪的总统之位，其基本延续肯尼迪时期对国安会的态度，但更加重视国务卿腊斯克（Dean Rusk）及国防部长麦克纳马拉（Robert McNamara）的意见。约翰逊加强国务院系统在国安会外交决策过程中的作用，在 1966 年 3 月 2 日通过"第 342 号国家安全行动备忘录"，新设一个高级跨部门工作组（Senior Interdepartmental Group, SIG），成员包括副国务卿、国防部副部长

---

　　① "National Security Action Memoranda［NSAM］：NSAM 196, Establishment of an Executive Committee of the National Security Council", 22 October 1962 – 11 January 1963, undated, https：//www. jfklibrary. org/asset – viewer/archives/JFKNSF/339/JFKNSF – 339 – 006#：~：text = National% 20Security% 20Action% 20Memoranda% 20% 5BNSAM% 5D% 3A% 20NSAM 20196% 2C% 20Establishment, of% 20Materials% 3A% 2022% 20October% 201962 – 11% 20January% 201963% 2C% 20undated.

等。其下辖一个跨部门地区小组（Interdepartmental Regional Groups，IRGs），由助理国务卿担任负责人。约翰逊时期的国安会在外交决策中的作用几可忽略，其既没有发挥艾森豪威尔时期的国安会机制化作用，也没有发挥出两个跨部门工作组的作用，国务院系统对这两个工作组重视度和参与度都有限，导致约翰逊任期终止之时，国安会已基本名存实亡，走在濒临裁撤的边缘。①

　　曾担任艾森豪威尔政府副总统的尼克松，在对待国安会的态度上受到其此前任职经历的影响，他既部分接受艾森豪威尔总统对于国安会"政策山"的工作流程，强调国安会最终对政策选项进行决策，但又不甘只是对各部门已达成共识的政策建议进行简单批复和执行，而是效仿肯尼迪，希望授予国安会工作人员强有力参与外交决策的权力。尼克松在1969年1月20日就任总统当天，即任命亨利·基辛格（Henry Kissinger）出任总统国家安全事务助理，改组国安会架构，降低国务卿在国安会外交决策中的重要性。

　　首先，对原有的国安会工作机制进行改革。基辛格按照尼克松指示签批"第1号国家安全决定备忘录（National Security Decision Memorandum 1，NSDM1）"，废止肯尼迪与约翰逊时期传达总统指令的"国家安全行动备忘录（NSAM）"，改为通过"国家安全决定备忘录（NSDM）"与"国家安全研究备忘录（NSSM）"来下达指示和传达总统关注。其中"国家安全研究备忘录"用于总统指示国安会组成部门开展专题研究，形成初步研究报告后，征求组成部门意见和反馈，修订后提交国安会审议，再由总统签批形成"国家安全决定备忘录"，下发各部门执行。②

　　其次，改组国安会内部架构。其中包括6个跨部门工作组，包括评估组（Review Group）、副部长委员会（Under Secretaries Committee）、跨部门小组（Interdepartmental Groups）、专责小组（ad hoc group），主要负责准备政策报告和拟定外交政策选项。并增设4个新部门，包括华盛顿特别行动组（Washington Special Action Group，WASAG）、情报委员会（Intelligence Committee）、国防项目评估委员会（Defense Program Review Committee）、高级政策评估组（Senior Policy Review Group）。国务卿仅出任跨部门小组的主席，

　　①　"Memorandum # 341, The Direction, Coordination and Supervision of Interdepartmental Activities Overseas, 3/2/1966", 1966 – 03 – 02, https：//www. discoverlbj. org/item/nsf – nsam341.

　　②　"National Security Decision Memorandum 1", January 20, 1969, https：//www. nixonlibrary. gov/sites/default/files/virtuallibrary/documents/nsdm/nsdm_ 001. pdf.

其他核心部门均由基辛格任负责人。①

在尼克松总统的领导下，国安会恢复了在外交决策中的核心作用，成为制定国家安全政策的主要工具和渠道。通过上述改革和机制创新设计，尼克松时期美国外交决策权被白宫控制，主要就掌握在尼克松与基辛格两人手中，国务院及国务卿威廉·罗杰斯（William Rogers）作用被大幅压制。基辛格穿梭外交及直接主导外交谈判的做法都开创了这一身份角色的先河。1973 年 9 月，基辛格接任罗杰斯的国务卿职务，同时保留国家安全事务助理职务，其身兼两职，进一步削弱了国务院的既定外交决策职责，招致诟病。

福特总统总体承继了尼克松时期的国安会架构，研究指令（NSSM）与决定指令（NSDM）的名称与程序都没有变化。他在 1976 年 2 月，通过11905 号行政令（EO11905）重组了情报机构，因应在国安会内部也废止了负责国外秘密情报行动的情报委员会（俗称的 40 委员会，40 Committee），代之以行动顾问组（Operations Advisory Group）。再者，经过一段时间的身兼两职，基辛格自 1975 年 11 月 2 日起不再担任总统国家安全事务助理，仅担任国务卿，原副助理斯考克罗夫特（Brent Scowcroft）继任助理一职。斯考克罗夫特对国安会外交决策作用受限，这一时期外交决策权仍由基辛格主导。

卡特总统对国安会进行重大改组，将国安会在外交决策中的权重值降低到与国务院、国防部较为一致、平等的地位。其就任当天即发布 2 条总统指令（Presidential Directives），总统评估备忘录（Presidential Review Memorandum，PRM）取代了原国家安全研究备忘录（NSSM），总统指令（Presidential Directive，PD）取代了原国家安全决策备忘录（NSDM）。新增政策评估委员会（Policy Review Committee，PRC）与特别协调委员会（Special Coordination Committee，SCC）两个委员会，总统评估备忘录确定国安会要研究的主题，定义了要分析的问题，设定了完成研究的最后期限，并将其责任分配给两委之一。指定该委员会成员出任该研究项目负责人，负责人委派既有的跨部门工作组（Interdepartmental Groups）或指定专责小组（Ad Hoc Groups）开展研究，向负责的委员会提交研究报告，最终提请总统审定，转化为总统

---

① "National Security Decision Memorandum 2", January 20, 1969, https：//www. nixonlibrary. gov/sites/default/files/virtuallibrary/documents/nsdm/nsdm_ 002. pdf.

指令。① 卡特改组国安会的初衷是降低国安会一家独大的外交决策权，平衡国安会与国务院、国防部的关系，但是国家安全事务助理布热津斯基（Zbigniew Brzezinski）与时任国务卿万斯（Cyrus Vance）分歧显现，特别是在苏联在非洲行动、伊朗人质危机应对方面立场迥异，造成卡特政府外交决策优柔寡断，议而不决。

1981 年 2 月 25 日，里根总统以国家安全研究指令（National Security Study Directives，NSSD）和国家安全决定指令（National Security Decision Directives，NSDD）取代卡特时期的总统评估备忘录（PRM）和总统指令（PD）。此后，他进一步提升国务院在外交决策中的重要性，相应降低了国家安全事务助理一职的外交决策权。国安会的内设小组负责人普遍交给国务院、国防部及中央情报局官员出任，其中最主要的 3 个小组——外交政策小组、国际事务小组、情报工作小组——分别由副国务卿、国防部副部长及中情局局长出任组长。里根总统 8 年任期内先后更换了 6 位国家安全事务助理，理查德·艾伦（Richard Allen）、克拉克（William Clark）、麦克法兰（Robert McFarlane）、波因德克斯特（John Poindexter）、卡卢奇（Frank Carlucci）、鲍威尔（Colin Powell）先后走马灯般更替。里根政府时期，国安会既缺乏一个强有力的、具有高超政治协调能力的国家安全事务助理，也缺乏艾森豪威尔、尼克松、福特和卡特时期较为行之有效的国安会外交决策机制，虽然在卢卡奇及鲍威尔时期这一状况有所好转，但仍然没有根本性解决里根政府时期国安会过于松散的决策机制窘况。②

三　影响美国外交决策和实施的因素

影响美国外交决策的因素大体可分为国外因素（国际因素）和国内因素，其中国外因素包括国际体系与战略格局、国际形势、本国所处国际地位等方面③。冷战期间，国际体系属于两极对立体系，世界处于两极体系下的

---

① "Presidential Directive/NSC – 1", January 20, 1977, https：//www. jimmycarterlibrary. gov/ assets/documents/directives/pd01. pdf；"Presidential Directive/NSC – 2", January 20, 1977, https：// www. jimmycarterlibrary. gov/assets/documents/directives/pd02. pdf.

② 因本书时间跨度仅涉及里根政府时期，其后国安会改革及有关情况略，可参见：Richard A. Best Jr. , "The National Security Council：An Organizational Assessment", December 28, 2011, https：// fas. org/sgp/crs/natsec/RL30840. pdf；以及 "Presidential Directives and Executive Orders", https：//fas. org/irp/offdocs/direct. htm；"National Security Council", https：//www. whitehouse. gov/nsc/。

③ 毕云红：《外交决策及其影响因素》，《世界经济与政治》2002 年第 1 期。

美苏争霸总体格局之中。美国外交政策的首要目标就是巩固本国在国际格局中的霸权地位，遏制和打压苏联的扩张发展及对美国霸权的挑战地位。美政府围绕这一首要目标进行外交决策，其对菲外交政策的制定和实施都以此为出发点，通过同盟管理，威逼与利诱并举，迫使菲随美参加越战，保持并确保对驻菲军事基地的无障碍使用，从而发挥菲这一盟友在美全球争霸中的支撑作用。

影响美外交决策的国内因素繁多，包括政治因素、经济因素、舆论因素、文化因素、利益集团、领导人（外交决策者）性格特点等诸多内容，这些因素并不孤立存在，而是相互交织和动态影响，共同作用于外交决策行为之中。笔者仅选取部分因素简要阐述。

政治因素方面。如果说，"外交是内政的延续"，那么外交决策就是搭建国内政治和国外外交目标中间桥梁的过程。出于国内政治之需，外交决策者出台和实施外交政策，以实现该国外交战略目标；而外交决策及外交活动的得失成败会体现在外交目标的实现程度，又会反向影响该国国内政治。例如共和党尼克松、福特政府时期，其抛弃美国传统价值观，以现实主义原则指导外交决策，纵容尼加拉瓜、菲律宾等独裁政权的做法，引起国内政界、学界及社会舆论的抨击，1977 年卡特政府上台后，即在外交政策中增加"人权外交"内容，将人权纪录状况与援助奖励/制裁相联系，施压菲马科斯政权等独裁政府。

利益集团因素方面。在美国这种代议制民主国家，利益集团可使用院外游说、向行政部门施压、示威抗议等方式向政府施加影响，以促进或阻止某方面政策改变，达到体现或维护本利益集团主张和利益的目的。在美菲经贸谈判中，美国烟草业利益集团通过游说国会议员，以及直接接触行政部门方式，推动美国政府施压菲政府，要求菲开放或者增加从美国进口烟草的数量，并以此作为美考虑增加菲蔗糖免税配额的交换条件，实现逼迫菲方屈服，增加进口美国弗吉尼亚州烟草的目的。

外交决策者的个人性格特点、知识结构和职业背景，也是影响外交决策的一个重要因素。学者赫尔曼通过对 45 名政治领导人的个性等个人情况分析，研究外交决策者个人因素对于外交决策的三个变量：政治领导人对于外交事务的兴趣；政治领导人对于环境变化的反应敏锐度；政治领导人在外交事务领域所受训练多寡，得出这三个变量对于外交决策都有正相关关系的结论。① 例如，福特总统对于外交事务关注度及所受训练较少，福特政府时期的外交决策权更多由基辛格主导，对菲军事基地谈判及《共同防御条约》的适用性等决策方面都带上了基辛格的个人鲜明烙印。

在美外交决策，特别是对菲外交决策中，其他几个美国国内因素都发挥了程度不一的作用。例如经济因素也是美缔结美菲同盟的一大动因；阿基诺议员遇刺在美国媒体引发的舆论压力也迫使里根政府调整对菲外交政策；美国的“例外主义（Exceptionalism）”文化价值传统是美国人权外交的思想源泉，在卡特政府对菲人权外交中得到具体体现。

---

① Margaret G. Hermann, "Explaining Foreign Policy Behavior Using the Personal Characteristics of Political Leaders", *International Studies Quarterly*, Vol. 24, No. 1, 1980, pp. 7 – 46.

第二章

美菲同盟的起源及初期发展

　　美国在 1865 年通过南北战争实现国家统一，再经过 30 年的迅猛发展，到 19 世纪末时，已成为经济实力雄踞世界前列、拥有强大海军力量的新兴资本主义强国。通过 1898 年对西班牙的战争取得胜利，美国成功从西班牙手中接过对菲律宾的殖民统治权，开始了对菲约半个世纪的殖民统治。在美对菲殖民统治时期，宗主国美国成功改造了菲律宾的政治、经济制度，并深刻影响菲律宾这个美国在亚洲唯一殖民地的宗教信仰、语言文化，并为未来独立后的菲律宾与美国之间军事、经济关系做出精心安排。1946 年，美国给予菲律宾独立，但通过一系列双边、多边军事条约和经贸条约，将菲律宾紧紧束缚在冷战体系美方阵营之中，将其打造成东亚地区防御共产主义势力扩张防御线上的要地。在美菲非对称同盟建成初期，菲作为弱实力一方，对美有着高度的安全依赖和经济依赖，虽然国内萌发民族主义，加西亚政府也在执行民族主义经济政策方面进行探索，但在美强菲弱的悬殊实力下，加之美对菲民族主义势力的压制，菲无力扭转该关系，美完全主导了该阶段美菲同盟关系的性质和发展方向。

第一节　美菲关系：从西班牙殖民地
到美国殖民地

一　西班牙对菲殖民统治及美西战争结束后对菲统治及独立承诺

　　菲律宾地处亚洲东南部，东临太平洋，西边扼守南中国海，北隔巴士海峡与台湾相望，西南与马来西亚、印度尼西亚共同扼守苏禄海峡，战略位置十分重要。1521 年，著名葡萄牙航海家麦哲伦率领西班牙远征军船队首先抵达菲律宾群岛，拉开西班牙拓殖菲律宾群岛的序幕。1571 年，被西班牙国王任命为菲律宾总督的黎牙实比（Miguel Lopez de Legazpi）亲率远征军，占领了马尼拉，正式宣布西班牙对菲律宾群岛的殖民统治权。西班牙对菲律宾殖民时期，西班牙统治者实施政教合一的政治制度，天主教会势力成为对菲殖民统治的重要支柱。为推行西班牙文化和传播天主教，天主教会广泛兴办各阶段教育机构，客观上提高了菲律宾民众的识字率及文化水平。随着天主教在菲律宾群岛的广泛传播，菲律宾逐步成为亚洲唯一的天主教国家。无论是西班牙统治前期，菲律宾作为大帆船贸易的重要环节的垄断贸易时期，或是大帆船贸易在19世纪初期结束后，菲律宾经济卷入资本主义世界的经济体系的自由贸易时期，西班牙统治者都迫使菲当地广泛种植贸易需求旺盛的经济作物，椰子产品、蔗糖、烟草和马尼拉麻成为菲律宾的四种主要的种植、加工及出口产品，造成菲律宾种植产品集中化，经济结构单一化，经济状况存在严重的依赖性和脆弱性，菲律宾深度沦为资本主义经济体系内的原料产地，这种弊端给菲律宾的经济发展带来了长期深远的不利影响。

1898年，新兴资本主义国家美国与日趋衰落的老牌资本主义强国西班牙之间爆发了美西战争，经过百余天的较量，美国击败西班牙，两国政府代表于1898年12月10日在法国巴黎签订了重新瓜分西班牙原管辖下殖民地的《巴黎和约》。《巴黎和约》规定，西班牙放弃对古巴的一切主权和所有权要求，西班牙将其管辖下的波多黎各岛、西印度群岛中的其他岛屿以及马里亚纳群岛中的关岛让给美国，条约第三条确认"西班牙将菲律宾群岛让给（cede to）美国，……本条约签署三个月内，美国付给西班牙二千万美元"，该条条文还明确了西班牙让给美国的菲律宾群岛的经纬度坐标及具体范围。条约还就美国获得菲律宾主权后对西班牙在菲土地及资产、居民信仰、经贸地位等做出了安排。① 自此，菲律宾结束了在西班牙统治下的三百多年的殖民地历史，开始了为期半个世纪的美国殖民统治时期。

二　美国对菲律宾的殖民统治及授予菲律宾独立的初步安排

由于美国与英法等欧洲资本主义国家在建国历史、政治文化、经济机构方面的不同，加之美国国内长期存在强烈反对殖民地的声音，以及民主党与

---

① 参见美国外交文件集（FRUS）1898，712a 文件，"Papers Relating to the Foreign Relations of The United States, with the Annual Message of the President Transmitted to Congress December 5, 1898", December 10, 1898, https://history.state.gov/historicaldocuments/frus1898/d712a。

共和党基于所代表利益群体的差异，而在对菲殖民政策和统治方式方面存在歧见，使得美在对菲殖民统治政策，与荷兰、英国在东南亚的政策相较，体现出更为自由的特点；较之于之前西班牙在菲殖民统治，也显得更为民主和自由。在对其亚洲唯一殖民地——菲律宾统治时期，美国政府对菲律宾的政治制度、经济制度、社会文化等方面进行了深入的重塑，逐步形成一个在政治上高度模仿美国，在经济上高度依附美国，在语言、文化等方面受到美国深远影响的菲律宾。

在半个世纪的美属时期，菲国内争取民族独立的运动从未停止，其中既有武装斗争者，也有和平争取者。前者激烈反抗美国殖民统治，寻求以武装斗争方式夺取失去的民族独立的力量；后者和平抗争，冀望通过请愿方式，自述菲已具备自治乃至独立的能力，请求获得母国美国给予菲律宾独立。美政府也因应酝酿授予菲律宾独立，1932 年 12 月，美国国会通过《海尔—哈卫斯—加亭法案》（Hare-Hawes-Cutting Act），历史上第一次对菲律宾从美国独立的程序及时间表做出安排，该法案承诺经过十年过渡期则授予菲律宾独立，但是必须保留美国在菲律宾的军事基地。该法案还对美菲经贸事宜中的关税及配额问题做出规定。时任美国总统赫伯特·胡佛（Herbert Hoover）动用否决权否决了该法案。但是美国国会参众议院于 1933 年 1 月 17 日再次推翻了胡佛总统的否决结果，将此法案交由菲律宾参议院，待表决批准后予以实施。10 月，菲律宾参议院表决后拒绝接受该法案，菲参议长奎松（Manuel L. Quezon）专程率团赴美，就给予菲律宾独立问题展开积极游说活动。1934 年 3 月 24 日，罗斯福总统（Franklin D. Roosevelt）签署通过《泰丁斯—麦克杜菲法案》（Tydings-McDuffie Act），也称《菲律宾独立法案》（The Philippine Independence Act），该法案对《海尔—哈卫斯—加亭法案》做出修订，重新就授予菲律宾独立做出 10 年过渡期及今后发展的总体规划安排。5 月 1 日，菲律宾国会正式接受该法案。在这个美菲双方共同确定的法案中规定了菲律宾实现独立的具体步骤：1934 年 10 月 1 日前召开制宪会议（Constitutional Convention），制定菲律宾联邦（Commonwealth of the Philippine Islands）宪法；将宪法提交美国总统批准；美国总统审批后 4 个月内，将宪法交由菲律宾公民投票予以认可（ratification）或者拒绝（rejection）；投票结果交给菲律宾总督（Governor-General），总督在 30 天内宣布选举产生菲律宾联邦自治政府官员，并在宣布之后 3 至 6 个月内举行选举；总督将选举结果提交美国总统，由美国总统宣布成立菲律宾自治政府及官员组成；10 年过渡期满后的 7 月 4 日，美国总统宣布菲律宾独立，除了法案中规定的海军基地及加油站（naval reservations and fueling stations），美国撤销和放弃在菲律宾群岛领土及人民的占有权、监督权、司法管辖权、控制权或主权等各种权利。该法案还规定了美菲经贸关税、配额，以及移民事务等。①

按照法案中规定的步骤，菲律宾召开了制宪会议，于 1935 年制定出菲律宾联邦宪法（即 1935 年宪法）。宪法确定了该国的政体，该政体基本效仿美国政体，其中行政权属于总统，由选民直接选举产生，任期 6 年，不得连任；立法权属于一院制的立法会议；司法权属于最高法院和地方法院。②

第二节　构建同盟——菲律宾独立后的美菲关系

一　美与独立之初的菲律宾缔结准军事同盟条约

菲律宾按照该路线图实现国家独立的步伐因为第二次世界大战而打断，菲律宾落入日本侵略者统治。直至二战后，菲律宾才迎来了国家独立的曙光。1946 年 7 月 4 日，美国授予菲律宾独立，但是这种所谓的"独立"，从第一天起就被一系列美菲之间的不平等条约抹杀了。美国在宣告菲律宾实现独立的同一天，美国最后一任驻菲高级专员（High Commissioner），也是首任驻菲大使麦克纳特（Paul V. McNutt）即与菲总统罗哈斯（Manuel Roxas）签署了《美利坚合众国和菲律宾共和国间的一般关系条约》（The Treaty of General Relations and Protocol，即《美菲总关系条约》，也称为《马尼拉条约》）。美国虽然承认菲律宾的独立，但这种独立是包括附加条件的，这种独立"得视需要为了美利坚合众国和菲律宾共和国的共同防御而保持使用的基地和基地的必要附属物及与基地有关的权利除外"，以及"（在外交事务方面）美国在没有菲律宾代表的国家内代表菲律宾共和国的利益"，"对于美利坚合众国的公民和公司在菲律宾境内的一切现有的财产权利，以及对于菲律宾共和国的公民和公司在美利坚合众国境内的一切现有的财产权利，应予以同菲律宾共和国以及美利坚合众国各自的公民和公司同样程度的承认、尊

---

① "The Philippine Independence Act（Tydings-Mcduffie Act）1934", March 24, 1934, https://loveman. sdsu. edu/docs/1934PhilippineIndep. pdf.

② 1939—1940 年，菲对《1935 年宪法》做出修订，改行两院制国会，以及 4 年制总统任期，可连任一次。——笔者注

重和保护"①。

在菲律宾共和国自治政府时期，美菲即就在菲军事基地现状及独立后的地位问题做出磋商安排。菲律宾获得独立后，两国政府进一步缔约来明确军事合作关系，美冀望以此来使菲坚定地留在自己阵营，应对战后美苏两大阵营之间的竞争与冲突。1947 年 3 月 14 日，美菲两国在马尼拉签署《军事基地协定》，美国获得对菲苏比克海军基地、克拉克空军基地等合计 23 处军事基地为期 99 年且到期后可以继续延长的使用权，美国可视军事需要来扩大军事基地，更改军事基地场所，新增军事基地等，美国政府还拥有广泛的司法管辖权。《军事基地协定》还专门就"菲律宾公民的志愿应募"做出规定：美军有权招募菲律宾公民志愿加入美军服役一个固定年限，应募人数随时由两国政府间的协议加以限制。② 3 月 21 日，两国进一步签署美菲《军事援助协定》，确定了美国向菲派遣军事顾问团的权利，"以便就军事和海军事项对菲予以协助和提供意见"，菲政府"被允许派遣经过挑选的学生前往美国陆海空部门所属的技术和军事学校受训"③。

美在菲律宾独立之初即签订双边《军事基地协定》和《军事援助协定》，从法律上初步确立了美菲安全同盟的事实，只是双方在协定中没有明确"在战时相互支持"或者"同盟"等清晰表述，这反映出美方既将菲拉入二战后的美方阵营，但又不拟明确防务义务的心态。美方这种心态在之后菲积极主动寻求与美国缔结安全同盟的过程中显得更为明显，直至朝鲜战争爆发，美亚太安全政策调整后才转而寻求与菲等国家缔结同盟关系。

二　菲冀望与美国缔结多边安全同盟，遭美方拒绝

1949 年 4 月"北大西洋公约组织"（NATO，以下简称"北约"）建立后，菲律宾季里诺（Elpidio Quirino）政府鼓吹并冀望推动美国在亚太地区构建"太平洋条约组织（太约）"这样的集体防务体系，并受到澳大利亚、新

---

① 世界知识出版社编：《国际条约集（1945—1947）》，世界知识出版社 1959 年版，第 265—269 页；英文见联合国条约集：United Nations，"Treaty Series"，https：//treaties. un. org/doc/publication/unts/volume%207/v7. pdf。

② 世界知识出版社编：《国际条约集（1945—1947）》，世界知识出版社 1959 年版，第 440—457 页。

③ 世界知识出版社编：《国际条约集（1945—1947）》，世界知识出版社 1959 年版，第 458—464 页。

西兰、韩国等国的附议，但遭到美国政府反对，美国国务卿艾奇逊（Dean Acheson）多次公开明确回绝。1949 年 12 月 30 日，美国国家安全委员会的 NSC48/2 号文件——《美国的亚洲政策》出台，该文件标志着美国的亚洲遏制战略正式形成。该文件高度重视亚洲的战略重要性，视"亚洲是唯一一个美国和苏联在几条前沿地带都直接或间接遭遇的地区"，做出"（苏联）企图将其影响扩大至亚洲大陆和太平洋地区"的战略判断。美从全面遏制苏联的战略目标角度，总体上提出了在西线对苏实施战略进攻，在东线执行战略防御的宏观指导思想，并明确美在亚洲的三大战略目标，即阻止苏联控制亚洲地区，在亚洲培育能协助美国抗衡苏联在亚洲扩张的非共产党势力，从亚洲获得重要战略资源。该政策也具体到在东南亚区域的落实问题，"东南亚已经成为克里姆林宫策反攻势的目标，这是为了寻求对东南亚的控制，也为了获得东南亚的资源和交通线，并将美国排挤出去"，并进而表示出"如果东南亚也被共产主义一扫而过，我们将遭受重大的政治溃败，其影响将会波及世界其他地区，尤其是中东地区，澳大利亚也会暴露在共产主义威胁面前"的担忧，提出"（在该地区）建立政治稳定和抵御共产主义的基础，避免弱化我们西方盟国的殖民权力"，认为"鼓励菲律宾和其他亚洲国家在解决这个地区共同面临的问题上发挥领导作用符合美国利益"。该文件还从军事角度提出，如果要防御苏联的潜在进攻，美国最低限度应该构建在亚洲沿海岛屿连线上维持美国目前的军事地位，以及在战时阻止共产党占领这条线，"这条线是我们的第一道防御线，也是我们的第一道进攻线……这条防御线应包括日本、琉球群岛和菲律宾"①。在美"西线进攻，东线防御"的亚洲遏制战略总规划下，位于东线链条上攻防兼备重要环节的菲律宾的军事价值受到美最高决策层的空前重视，美杜鲁门政府专门指示国安会研究菲军事战略地位及应用问题。

　　1950 年 11 月，美杜鲁门政府时期国安会出台几经修改方得定稿的 NSC84/2 号文件，即美国第一份对独立菲律宾政策的报告，全称是《国安会提交给总统的关于美国对菲立场的报告》（A Report to the President by the National Security Council on the Position of the United States with Respect to the Phil-

---

　　① 周建明、三成至编：《美国国家安全战略解密文献选编（1945—1972）》，社会科学文献出版社 2010 年版，第 2 册，第 748、751 页。

ippines），以下简称为《美国对菲政策报告》。① 《美国对菲政策报告》清晰阐释了美在菲的三大利益、三项目标和四条目标实现路径等。美国在菲的利益包括：第一，鉴于美对菲独特的关系、军事义务和道德义务，美国应对缔造菲律宾国家以及菲律宾共和国的独立和稳定负责，这是美国的根本利益。在1947年3月14日的协定中（指1947年美菲《军事基地协定》——笔者注）规定的美菲互惠利益要求为维护菲律宾的安全而共同行动；第二，菲律宾获得独立，证明美国承认亚洲的民族主义是不可忽视的现实。菲律宾不能维护独立将造成美国失信于世界，严重降低美国在全球，特别是在亚洲地区的影响力。当前菲政府或者任何合宪继任者的溃败都可能立即和可能最终导致共产党攫取政权。菲律宾政府不能维持亲美导向也可能导致共产党更早攫取政权。这种可能性将大幅增加共产党控制东南亚大陆和印度尼西亚的风险；第三，强化在太平洋地区，特别是在菲律宾、日本和琉球群岛的态势。随着日本恢复成为太平洋地区的独立国家，美国乐于支持菲日两国建立友好的政治经济关系，并希望两国关系的健康发展有助于太平洋地区的稳定。根据美在菲的三大利益，美国寻求在菲实现三项目标，包括在菲建立和维护一个能维持并强化国民亲美倾向的有效政府，具备恢复和维护国内安全的军事能力，稳定和自给自足的经济。为维护美国在菲利益，达至上述三项目标，美政府冀望通过四大手段予以实现，即：采取所有适当措施，确保菲政府施行政治、财政、经济和农业改革，以改善该国的稳定性；提供美方视为必要的，且菲政府可接受的军事指导及援助；在美方监督和掌控之下，提供适合菲内部安全发展程度的适当经济援助；继续承担该国外部防御领域的责任，必要情况下，动用美军防止共产党控制菲律宾。

从美国政府该时期出台的一系列文件报告，我们可以清晰看出在美国对苏遏制战略的制定及初步实施中，亚洲都是对苏直接遭遇或者间接遭遇的重要地区，其中包括菲律宾在内的东南亚地区，更是对苏及共产党势力实施遏制的重要战场，美通过建立"北约"率先在欧洲地区构建对抗苏联进行扩张的同盟体系，但是在亚太地区，由于东亚地区社会主义政权新近成立，美东亚政策尚未明晰，因此菲政府主动提出的构建"太约"的提议暂未得到美方

---

① "A Report to the President by the National Security Council on the Position of the United States with respect to the Philippines", November 9, 1950, The Philippines: U. S. Policy During the Marcos Years, 1965 – 1986, DNSA, PH00002.

回应。

三　亚洲形势变化，美转而主动寻求与菲缔结同盟

在朝鲜战争爆发后，美国加快对日媾和步伐，冀望得到菲律宾等亚洲国家的支持，以共同遏制共产主义在亚洲的扩张。在此背景下，美杜鲁门政府转变对菲方之前"太约"提议的态度，美国务院还在 1951 年 1 月公布《太平洋公约（草案）》，但由于相关各方对此单一多边条约分歧太大，美国又妥协提出先签订与澳大利亚、新西兰及菲律宾的四国安全条约，再与日本订立双边协定，采用分步走方式实现集体防务体系的方案。后来在英国的反对之下，美国进一步修订方案，提出先与澳新两国签订三边安全条约。鉴于菲律宾对日本军国主义死灰复燃的担忧，以及对国内"胡克"（Huk）运动的安全顾虑，以及加入美国反共阵营后恐增加外来入侵安全风险，菲律宾不满足于美国政府官员对菲有安全义务的口头声明，更不认可美国驻菲大使考恩（Myron M. Cowen）所谓"美国对菲律宾安全和防御的公开声明实际上已经构成了比美国与澳新更紧密的（美菲）同盟"① 的解释，坚决要求缔结一份有法律约束力的同盟条约，来明确美国对菲的安全保障义务。

美国务卿艾奇逊也考虑"是否可以通过与菲缔结一个简单的同盟条约作为美方的承诺，增加菲律宾的安全感"②，冀通过此举明确美菲安全同盟关系，消减菲加入美同盟带来的不安。此后，美国国务院与参谋长联席会议专门就此问题进行磋商，对于军方担心是否会增加美对菲安全承诺的顾虑，负责远东事务的助理国务卿腊斯克（Dean Rusk）解释"（缔约）不会增加美额外安全义务，只是对当前安全承诺的新瓶装旧酒（in a new piece of paper）"。经协商，与会双方达成共识，拟定与菲缔结正式的双边安全条约，但是"该条约不得包括任何关于双方军事谈判的条款和破坏现有美菲安全安排"③。经过一系列关于防御义务与责任及具体条款的艰难博弈，美菲于1951 年 8 月 30 日正式签署了迄今依然有效的美菲《共同防御条约》（Mutual

---

① "The Ambassador in the Philippines（Cowen）to the Secretary of State", July 17, 1951, https：//history. state. gov/historicaldocuments/frus1951v06p1/d85.

② "The Secretary of State to the Embassy in the Philippines", July 18, 1951, https：//history. state. gov/historicaldocuments/frus1951v06p1x/d87.

③ "Memorandum on the Substance of Discussions at a Department of State-Joint Chiefs of Staff Meeting", July 25, 1951, https：//history. state. gov/historicaldocuments/frus1951v06p1/d91.

Defense Treaty，MDT），美国承诺对菲抵抗外来威胁（武装进攻）方面的保障义务，阐释"武装进攻应包括对缔约国任何一方的本土或对在它的管辖之下的太平洋岛屿领土或对它在太平洋的军队、公共船只、飞机的武装进攻"的解释，规定了"缔约国每一方面将依照它的宪法手续采取行动以对付共同的危险"①，美菲缔约安全同盟关系就此宣布正式成立。

对比《北大西洋公约》与美菲《共同防御条约》，《北大西洋公约》第五条明确"各缔约国同意对于欧洲或北美之一个或数个缔约国之武装攻击，应视为对缔约国全体之攻击"，各缔约国在应对这种武装攻击时，可以采用单独或集体行使自卫权利，"应单独并会同其他缔约国采取视为必要之行动，包括武力之使用"②。而美菲《共同防御条约》中，只是做出"缔约国每一方面都认为，在太平洋区域对缔约国任何一方的武装进攻将危及它自己的和平与安全，并且宣布，它将依照它的宪法手续采取行动以对付共同的危险"，以及"缔约国在……安全受到太平洋区域的外来武装进攻的威胁时亦得进行协商"等表述。美菲《共同防御条约》没有类似于《北大西洋公约》规定的在应对外部威胁时的"自动启动"条款，但是有关条款与1951年9月1日签订的《美澳新安全条约》基本一致，并且在条文中明确"（双方）同意目前这个条约中的任何条文都不应在任何意义上被视为是或者解释成为改变或减少美菲两国间现有的协定或谅解"③。这些都被菲国内反对者诟病，称菲方得到是一个低级版本的双边安全条约，美方的防务义务是毫无保障的空口承诺。加之该条约在适用范围和启动程序等条款规定方面具有极大的模糊性，这也为今后贯穿冷战时期，乃至至今存在的美国视情灵活"释约"留下空间，为美菲分歧与争端埋下伏笔。

第三节 美菲同盟缔结初期美对菲政策
（20世纪50年代）

从1951年美菲签署《共同防御条约》，双方缔结双边同盟开始，在冷

---

① 世界知识出版社编：《国际条约集（1950—1952）》，世界知识出版社1959年版，第324—326页。

② 世界知识出版社编：《国际条约集（1948—1949）》，世界知识出版社1959年版，第191页。

③ 世界知识出版社编：《国际条约集（1950—1952）》，世界知识出版社1959年版，第324—326页。

战两极格局的大背景下，菲律宾作为弱实力的一方，在政治、经济、外交、军事政策等领域全面倒向美国。美国作为强实力的一方，在这一阶段主要是进一步构建东亚地区唯一的区域多边安全体系——东南亚条约组织（SEATO），对新构建的美菲双边同盟进行了关系巩固，对美菲非对称同盟进行有效管理，甚至说，完全主导同盟关系的性质和演变，同盟关系非常稳定。

一　根据亚太形势发展，修订完善对菲战略

1952 年，艾森豪威尔携二战辉煌战绩的盛名和"结束朝鲜战争"这一极富吸引力的竞选宣言出选美国总统并成功胜选。1953 年 1 月，他顺利入主白宫，一举结束了民主党人掌控 20 年之久的总统席位。艾森豪威尔政府因应国际形势变化，提出"新面貌（New Look）"的国家安全战略，并在军事策略上突出构建军事同盟，充分发挥双边、多边军事同盟在防务中的作用。由于杜鲁门时期出台的 84/2 对菲战略是在中华人民共和国成立及朝鲜战争爆发之前进行酝酿准备的，该战略出台时，美与菲、澳、新等国尚未正式缔结安全同盟。随着国际与地区形势的发展，以及美与有关国家已缔结军事同盟，美原有的对菲战略需要做出更新调整。

按照艾森豪威尔总统指示，美国国安会计划委员会（NSC Planning Board）于 1954 年 3 月 16 日向国安会提交了题为《美国对菲律宾政策》（编号 NSC5413）的报告。据此，国安会于 4 月 1 日举行第 191 次会议，对该报告进行了审议，各参会部门对报告提出细微修订意见，当日经艾森豪威尔总统签批后成为《美国对菲律宾政策》（编号 NSC5413/1）正式报告，作为今后一段时间美对菲政策大纲，指示美政府所有相关部门和机构据此予以落实。当日，1950 年杜鲁门政府时期的 NSC84/2 号文件宣告废止。

1954 年版的《美国对菲律宾政策》，开门见山论述了菲律宾在地缘政治、民主示范及经济领域对美国所具有的重要意义。从地缘战略意义上分析，菲律宾是美国远东防卫圈的重要一环，由于与中国大陆、中国台湾、日本、印尼和印度支那的地理关系，其在这个时候体现出特殊价值。从民主示范意义来看，菲律宾的独立和进步向其他亚洲人示范了西方民主制度的价值，也实证了美国对待盟国从殖民状态到自决的进步态度。从经济角度看，

菲律宾是椰子干和麻的主要来源，也是糖和铬的重要来源。① 关于菲律宾对于美国的重要性的这三点论述，充分显示出当时美对日本、菲律宾等盟国构建远东对华遏制链的重视，对菲律宾作为向亚洲诸国展示西方制度的"民主橱窗"示范效应的重视，以及菲作为美国重要战略物资和大宗商品来源地的重视。这种重要性体现在战略、军事、经济等方面，是美国与东南亚乃至东亚国家关系中的一组独特双边关系。

与 1950 年版的 NSC84/2 文件类似，1954 年版的《美国对菲律宾政策》也确定了美在菲的战略目标，从三点调整为四点，即：一个有效的政府，它将保持和加强该国亲美和民主的方向，并为远东地区在亚洲问题上应用西方思想和体制树立榜样；一个能够促进国内稳定和进步，并能够在世界市场上成功竞争的扩大化及多样化的经济；有能力保障内部安全，并为保卫国家和自由世界作出贡献的军事机构；一项建立在与美国传统密切关系基础上的外交政策，同时也使该国在亚洲"非共产党地区（非共产主义亚洲）"具有影响力。为实现这四点目标，艾森豪威尔政府也确定了短期内对菲麦格赛赛政府的政策，拟从政治、经济及军事三大领域实施 20 个具体方面的行动计划。

其中值得关注的是美对菲如何发挥地区影响力方面的设想，虽然美政府认识到菲面对的外来威胁依然遥远，菲麦格赛赛政府的施政重心在国内，"在东亚发展一个强大的区域性非共产主义利益共同体的障碍巨大"，期望"菲在地区政治或防务安排中发挥领导作用的可能性确实不大"，但是，依然认为"鼓励菲律宾最终成为建立这样一个共同体的主要力量显然符合美国利益，记住这个想法的成功在很大程度上取决于其自身性质"②。（注：行动计划第 8 条——笔者注）

因为菲亲美的麦格赛赛在 1957 年遭遇空难丧生，菲政府出现领导人更迭，加之东南亚条约组织（SEATO）已于 1954 年成立，且 1956 年日本与菲律宾签署了《和平条约》及《赔偿协定》，美对菲外交政策环境出现较大变动，1958 年 4 月 2 日，美国国安会行动协调委员会（Operations Coordinating

---

① "Memorandum by the Executive Secretary（Lay）to the National Security Council"，April 5，1954，FRUS 1952 – 1954，East Asia and the Pacific，Volume XII，Part 2，No. 359.

② 1954 年《美国对菲律宾政策》行动计划第八条，参见 "Memorandum by the Executive Secretary（Lay）to the National Security Council"，April 5，1954，FRUS 1952 – 1954，East Asia and the Pacific，Volume XII，Part 2，No. 359。

Board，OCB）提出对 1954 年的美国对菲律宾政策文件（NSC 5413/1）进行更新。随后，国安会规划委员会（NSC Planning Board）决定对菲律宾政策文件进行修订。6 月 3 日，国安会第 368 次会议对规划委员会提交的修订稿进行讨论研究。当日，经艾森豪威尔总统签批后成为《美国对菲律宾政策》（编号 NSC5813/1）正式报告。

该版报告同样是先阐述菲对美国的重要性，而该段论著基本上是对 5413/1 相关部分的重申，即：在政治上，美国和菲律宾之间的特殊关系和密切同盟向其他亚洲人表明，一个年轻的亚洲国家可以直接从与美国的联系中获益，同时坚持其自决的理想；从战略上讲，菲律宾在远东防线上形成了一个主要的纽带，由于其与中国、日本、中国台湾、印度尼西亚和东南亚大陆政权的地理关系，在这个时期具有特殊的价值；在经济上，菲律宾是美国在亚洲最重要的商业活动地区之一，无论是作为市场还是作为投资领域。

经过修订，美国对菲的目标为如下四点：一个稳定、有效、民主、有能力进行经济发展和社会改革的菲律宾政府，以及一个稳定、不断发展的菲律宾经济，这将反映民主制度的信誉；继续在菲的必要美国基地；有能力维护国内安全，有为菲律宾国防和西太平洋地区集体防御中做出贡献的菲律宾军事力量；建立在与美国密切关系之上的菲律宾政策。① 为实现这四点目标，艾森豪威尔政府也确定了短期内对菲加西亚政府的政策，拟从政治、经济及军事三大领域细化实施 22 个方面行动计划。

艾森豪威尔政府时期出台的美国对菲战略是 20 世纪 50 年代美政府对菲政策的最高指导原则，其中所指出的稳定的亲美政府与政策、稳定和健康发展的经济、支撑美地区军事行动的军事基地与军事关系等几点美国对菲目标，更成为美在冷战时期的长期战略目标，随后的历届美政府仅在此原则框架下做出微调，以适应不同阶段的形势发展需要。在上述战略指导下，美政府通过与菲缔结多边安全条约、修订军事条约、修改经贸关系条约等方式调整菲独立初期过于不平等的双边关系，有效巩固初建的美菲同盟。

---

① "National Security Council Report"，June 4，1958，FRUS 1958 – 1960，South and Southeast Asia，Volume XV，No. 412.

二　通过缔结多边安全条约和敦促日菲解决战争赔偿等历史遗留问题，巩固美菲同盟关系

（一）以多边条约弥补双边条约中的"义务不足"问题，减少菲的安全担心

1954 年 9 月 8 日，美与英国、法国、澳大利亚、新西兰、巴基斯坦、菲律宾及泰国等 8 国共同在菲首都马尼拉签订《东南亚集体防务条约》（Southeast Asia Collective Defense Treaty，也称《马尼拉条约》，Manila Pact）及条约议定书①，条约中对如何应对"针对它们领土完整和政治稳定的颠覆活动"方面的规定，一定程度上补充了美刻意在美菲双边军事条约中"回避"菲国内安全威胁的留白，美新增了对包括菲律宾在内各缔约国国内安全的条约义务，消减了菲对于加入美国同盟的安全顾虑，美得以用多边条约方式巩固、完善了美菲双边同盟关系。虽然该组织名称为"东南亚条约组织"，但是真正的东南亚国家只有美国的两个地区盟国菲律宾和泰国。该组织总部设在泰国首都曼谷，并按照条约第五条规定，建立了该组织理事会（Council），由泰国前外长乃朴·沙拉信（Pote Sarasin）出任该组织理事会首任秘书长。虽然美国推动建立该组织的动机在于协调成员国的军事力量和军事行动，为美国牵头成员国在中南半岛地区实施大规模军事干预提供了合法性，但与北约相比，其组织架构及运行实践存在严重不足，条约对于应对共产党威胁和外来武装攻击的有关条款过于模糊，该组织也没有强有力的军事领导机构，更未能实现联合军事力量，因此被诟病为"没牙老虎"，这些弊病在此后越战中逐步显现出来。

（二）协调日菲改善关系，强化美主导下的同盟团结与合作

美国在战后亚太地区构建的安全体系，不同于在欧洲建立的北约等多边安全体系，而是由以美国为核心，与日本、韩国、中国台湾、菲律宾等国家或地区的一系列双边同盟组成轮辐体系（hub-spoke system），美推动其主导下的轮辐式同盟体系内部的团结协作。在 1950 年杜鲁门政府的 NSC84/2 就明确提出"随着日本恢复成为太平洋地区的独立国家，美国乐于支持菲日两国建立友好的政治经济关系，并希望两国关系的健康发展有助于太平洋地区

---

① "Southeast Asia Collective Defense Treaty（Manila Pact）", September 8, 1954, http：//avalon. law. yale. edu/20th_ century/usmu003. asp.

的稳定"①。美国将敦促日菲改善关系，确保同盟体系内部的合作作为一大目标。但是由于二战期间日本军国主义扩张对亚洲地区犯下的罪行，给战后菲日关系发展带来难以修复的创伤。

在中华人民共和国成立和朝鲜半岛前景堪忧的背景下，美国力推盟国对日媾和事宜，美方亟待消除菲对日本军国主义复活的担心，缓解其对日在二战中行径的历史性仇恨。1950 年 2 月 4 日，杜鲁门总统与菲季里诺总统在华盛顿会晤时，就游说菲追随美国，改变对日本的态度。国务卿艾奇逊代表美国政府游说菲考虑对日政策中的安全问题以及日本经济未来发展两个问题。二战结束后，日本已被美国解除武装，因此，美国、其他远东国家和日本的安全需要美国部队在该地区驻留，以防止侵略。就日本经济的未来而言，日本过去在很大程度上依赖占领下的中国东北地区的原材料和矿产。美希望日本能与亚洲的非共产主义国家建立贸易关系，确保日本增强抵御共产主义压力的能力。因此，艾奇逊敦促菲季里诺政府在与日本的贸易关系方面持"同情和协助的态度"②。

1951 年 8 月 30 日，美菲双方签署《共同防御条约》，获得了美在条约中规定的安全承诺。在美国的主导下，9 天之后，菲律宾于 9 月 8 日在《旧金山对日和约》上签字，也取得对日索取战争赔偿的权利。菲国会一直没有批准《旧金山对日和约》，而是期望解决好赔偿问题才考虑批准该条约。1952 年 1 月，日本政府派出以津岛寿一为首的代表团赴菲进行赔偿谈判，菲方提出 80 亿美元的索赔数额，而日方愿意提供的赔偿金额仅为 2.5 亿美元，双方对于赔偿金额及支付方式方面存在过于悬殊的分歧，谈判工作进行了半年也乏善可陈。1953 年 9 月，日本时任外相冈崎胜男访菲，菲方对于索赔金额做出让步。1954 年的 NSC5413/1 中，美进一步明确"鼓励菲与日本达成赔偿问题的解决方案，并与该国缔结和平条约，以期增加贸易和友好关系；使菲律宾人民更好地认识到东亚其他国家进行的反对共产主义帝国主义的斗争对他们的价值"③。在执行 NSC5413/1 政策时，美国代表与日本和菲律宾政

---

① "A Report to the President by the National Security Council on the Position of the United States with respect to the Philippines", November 9, 1950, DNSA, PH00002.

② "Memorandum of Conversation, by the Secretary of State", February 4, 1950, FRUS 1950, East Asia and the Pacific, Volume VI, No. 804.

③ "Memorandum by the Executive Secretary (Lay) to the National Security Council", April 5, 1954, FRUS 1952 - 1954, East Asia and the Pacific, Volume XII, Part 2, No. 359.

府的代表进行了非正式和私下磋商，以帮助两国政府尽快达成赔偿问题的解决方案。[1] 在美政府的鼓励和积极斡旋之下，1956 年 5 月 9 日，日菲两国政府签订赔偿协定，协定规定，日本将在未来 20 年内向菲方支付 5.5 亿美元的赔偿，支付方式包括提供商品及劳务，此外，日方也承诺向菲提供 2.5 亿美元的民间贷款。这些赔偿和贷款"对苦于外汇不足的菲律宾来说，有着重要的作用，对菲律宾发展经济、提高社会福利有不小贡献，对促进日菲两国关系的改善有很大帮助"[2]。当年，作为美国在东北亚及东南亚的两个关键盟国，日菲正式建立外交关系，美实现其主导下的同盟内的团结与合作。

三 修订军事及经贸协定，舒缓菲国内的民族主义压力

1947 年美菲《军事基地协定》签订以来，美国驻菲军事基地问题一直遭到菲国内反对，反对者认为只要驻菲军事基地存在，菲就永远不是一个真正独立的主权国家。菲民族主义参议员雷克多（Senator Claro M. Recto）就多次抨击美国基地，美军太平洋司令部司令称雷克多"是第一个挑起反美情绪的人，声称美国在攻击菲律宾主权"[3]。迫于国内压力，1949 年，菲政府向美国政府提出就修订《军事基地协定》进行谈判。1949 年春天，双方刚开始谈判，关于基地的所有权（title）问题出现，成为阻止双方继续谈判的无法逾越的障碍，谈判仅维持一天就宣告终止。[4] 在 20 世纪 50 年代，美菲围绕《军事基地协定》开展了 3 次正式谈判，取得了较为有限的成果。

（一）1954 年 3 月的加西亚—斯普鲁恩斯大使谈判

1953 年，随着朝鲜战争的进行，美在亚太的军事布防亟待进一步强化，虽然美菲已缔结《共同防御条约》，但是美方评估认为菲未能在军事和战略需要方面显示预期的合作作用，杜勒斯国务卿专门提请艾森豪威尔总统关注此事，解决美应对军事斗争需要的驻菲基地扩张问题，以及在《军事基地协

---

[1] "Memorandum by the Executive Officer of the Operations Coordinating Board（Staats）to the Executive Secretary of the National Security Council（Lay）", August 12, 1954, FRUS 1952 – 1954, East Asia and the Pacific, Volume XII, Part 2, No. 372.

[2] ［日］吉泽清次郎主编：《战后日本同亚洲各国的关系》，上海外国语学院日语专业工农兵学员译，上海人民出版社 1975 年版，第 9 页。

[3] "Telegram From the Commander in Chief, Pacific（Stump）, to the Chief of Naval Operations（Burke）", June 23, 1956, FRUS 1955 – 1957, Southeast Asia, Volume XXII, No. 392.

[4] "Telegram From the Embassy in the Philippines to the Department of State", August 22, 1956, FRUS 1955 – 1957, Southeast Asia, Volume XXII, No. 403.

定》中有待解决的所有权（property rights）及相关问题。① 7 月 15 日，艾森豪威尔总统致信季里诺，主动提议两国派遣代表就上述问题进行磋商。9 月 16 日，季里诺回信表示愿意举行双边磋商，但提议应将磋商内容扩大至二战以来诸多未决领域。11 月 4 日，艾森豪威尔回信，强硬表示谈判内容仅限于所有权和《军事基地协定》，不予扩大。随着菲总统更迭，麦格赛赛总统宣誓就职，相关谈判直至 1954 年 3 月才正式开始。菲副总统兼外交部长加西亚（Carlos P. Garcia）与美驻菲大使斯普鲁恩斯（Raymond A. Spruance）负责此次谈判。

在美菲举行军事基地相关问题谈判前，美司法部长小赫伯特·布劳内尔（Herbert S. Brownell，Jr.）于 1953 年 8 月 28 日向国务卿杜勒斯提交了一份法律意见书，并于 1954 年 2 月发表，表示美国给予了菲独立，"虽然美国不对军事基地提出主权要求，但美国对驻菲军事基地依然拥有所有权（title）"。该消息在菲国内引发轩然大波，也给刚批准美菲就此进行谈判的麦格赛赛政府带来极大的尴尬。因为菲方长期以来认为美方实际上并不拥有任何基地的所有权，而是只有军事使用权（a right of military use）。美国务院专门就此向菲方解释所有权与主权的法律区别，但是依然无法抑制菲国内高涨的民族主义情绪。在双方的争议中，基地谈判开展一年都没有取得进展。

1954 年，按照《贝尔法案》规定，为期 8 年的美菲贸易关系过渡期临近结束，菲推动重启修订贸易关系的谈判，为了给经贸关系谈判让路，麦格赛赛专门派驻美大使罗慕洛拜会美重量级人物麦克阿瑟将军（Douglas MacArthur），希望美方同意推迟基地谈判一段时间，以避免影响贸易谈判。麦格赛赛担心即时谈判会导致反对派和共产党攻击他，以及各界产生美方以新基地权利来交换贸易协定修订的误解。美国国防部方面也同意暂时推迟，美政府评估当时继续强推麦格赛赛政府谈判会带来不良政治后果，认为没有意义强推。②

1954 年，印支半岛形势巨变，奠边府大捷发生后，法国在印度支那军队遭受挫败，越南抗法战争不断取得进展，推动日内瓦会议进程。美军方提出，东亚地区形势发展，特别是自朝鲜停战以来共产党努力的增加以及共产

---

① "Memorandum by the Secretary of State to the President", December 23, 1953, FRUS 1952 – 1954, East Asia and the Pacific, Volume XII, Part 2, No. 348.

② "The Secretary of State to the Embassy in the Philippines", December 2, 1954, FRUS 1952 – 1954, East Asia and the Pacific, Volume XII, Part 2, No. 379.

党在越南的胜利，使得加快美国在菲律宾的军事基地谈判的必要性更加紧迫。[①] 1955 年 3 月 2 日，杜勒斯国务卿在马尼拉会见麦格赛赛总统，建议根据美菲之间的现有条约和《东南亚集体防务条约》的实际需要和相互关系开始谈判，催促避免在所有权问题上的长时间法律争论。麦格赛赛虽然表示同意推进谈判，但也陈述了菲政府面临的困难局面，仅在军事基地的有效期限方面做重大让步表态，称菲律宾同意按目前协定向美方租地 99 年，甚至以后可以再租 99 年。[②] 美方也做出一些让步，表示愿意放弃一些美方评估已无用的军事区域，将这些土地交还菲方，希望换取菲方提供一些新的军事基地所需地区，美方不拟对新获得土地提出所有权要求等。但随后又出现在菲军事基地周围发生的菲当地民众被伤害等事件，以及美国更换驻菲新大使弗格森（Homer S. Ferguson），加上菲参议院补选临近，美政府不希望基地谈判问题成为选战争论焦点等原因，美菲基地谈判实质终止。

美菲第一次正式进行的基地事宜谈判的流产，暴露出双方关注重点的巨大差异。在东北亚朝鲜战争军事冲突，及东南亚越南问题愈演愈烈的大背景下，美方亟待菲提高对美方地区军事活动的贡献度，希冀菲方允许美扩大在菲军事基地区域，但美方内部却在驻菲基地的主权、所有权、使用权等基础性问题方面没有达成一致，也无法向菲方做出实质性让步，造成亲美的麦格赛赛政权也无法接受美方要求，谈判无疾而终实属必然。

（二）1956 年 8 月启动佩莱斯—本德森（Pelaez-Bendetsen）谈判

1. 美方积极重启基地协定谈判，继续将扩大基地范围作为谈判目标。

1956 年 7 月 4 日，菲律宾迎来独立十周年庆典，美方原拟由艾森豪威尔亲自赴菲参加庆典，但因为时间与印度领导人尼赫鲁访美时间有冲突，美政府派尼克松副总统率团参加庆典。7 月 3 日，尼克松抵菲时发表声明，称美菲将尽快举行正式的军事基地谈判。尼克松还提出恢复基地谈判的有关立场与原则，表示驻菲基地问题是两国共同关心和关切的问题，目的是根据联合国的原则保障两国的共同防御。尼克松提出，自菲律宾独立以来，美国一直承认菲律宾对这些基地拥有主权，也重申完全承认菲律宾对基地的主权。基

---

① "Memorandum From the Commander in Chief, Pacific（Stump），to the Chief of Naval Operations（Carney）", January 1955, FRUS 1955 – 1957, Southeast Asia, Volume XXII, No. 342.

② "Memorandum From the Deputy Assistant Secretary of Defense for International Security Affairs（Davis）to the Secretary of Defense（Wilson）", February 21, 1955, FRUS 1955 – 1957, Southeast Asia, Volume XXII, No. 346.

于此，美国将把在过去或目前使用的军事基地中所拥有的全部所有权文件及所有权主张转让和移交给菲律宾，但目前或将被用于美国的外交和领事机构的除外。按照《军事基地协定》的规定，转让所有权文件和所有权主张不影响基地的使用。美方将提供有效维持菲律宾和美国在该地区防御基地所需的人员、设备和物资设施。尼克松还提出美方的一些妥协措施，称将把《军事基地协定》所列 23 处军事基地中今后不再需要的区域移交给菲律宾政府。但与此同时，美方也希望菲律宾政府根据《军事基地协定》的规定，向美方提供两国政府认为加强基地体系所必需的额外土地。① 尼克松的上述声明，是菲律宾独立后美高层领导人首次明确承认菲律宾对军事基地拥有主权，这为美菲恢复军事基地谈判创造了条件。

8 月份，麦格赛赛总统任命参议员佩莱斯（Emmanuel Pelaez）作为菲方谈判小组组长，负责与由美国国务卿及国防部长联合任命的美方谈判负责人——前陆军部副部长本德森（Karl Bendetsen）在马尼拉开始军事基地谈判，美驻菲大使予以协助。美方广泛授权本德森，对上一轮使用的谈判指引进行了修改，但重点还是在于扩大军事基地范围，菲方任何关于修改《军事基地协定》条款的要求都要予以拒绝和及时报告国务院。②

就在美菲本轮军事基地谈判开始前，菲国会于 7 月 19 日通过了一个联合决议案，批准了众议院多数党领袖托伦蒂诺（Arturo M. Tolentino）委员会关于《军事基地协定》的议案。③ 内容包括，第一，须征得菲国会同意，基地方可在战时使用；第二，在基地上实施菲律宾法律；第三，将菲律宾法院的管辖权扩大到涉及菲律宾法律的所有违法行为，无论该行为发生地系基地内或基地外；第四，重申菲律宾有权开采基地内的所有矿产和其他自然资源；第五，将军事区限制在对基地绝对必要的区域；第六，将协议期限从 99 年减少到 25 年。④ 菲国会通过的议案凸显出美菲在军事基地谈判中一直存在

① "Telegram From the Department of State to the Embassy in the Philippines", June 28, 1956, FRUS 1955 - 1957, Southeast Asia, Volume XXII, No. 393.

② "Telegram From the Department of State to the Embassy in the Philippines", July 18, 1956, FRUS 1955 - 1957, Southeast Asia, Volume XXII, No. 396.

③ 1956 年 4 月 13 日，菲律宾众议院通过一项决议，授权成立一个特别委员会，重新审查与美国的所有官方协议。该委员会由众议院多数党领袖托伦蒂诺领导，于 7 月 10 日向众议长提交了关于 1947 年《军事基地协议》的报告。——笔者注

④ "Telegram From the Commander in Chief, Far East (Lemnitzer), to the Department of State", July 27, 1956, FRUS 1955 - 1957, Southeast Asia, Volume XXII, No. 398.

严重分歧的司法管辖权，也表达了菲方对 1954 年启动的第一轮谈判中美方意图扩大军事基地的反对立场。而且，本轮谈判美方负责人是前军方领导人，谈判小组成员也多由军方人士构成，其谈判目标是扩大驻菲军事基地范围，关注点更多是战时及平时的军事基地管理及军事应用问题；而菲方谈判小组成员是行政官员与参众议员混杂，菲方关注点是如何修订协定，争取体现菲对军事基地拥有主权的司法裁判权和具体执行问题、基地悬挂国旗问题、军事基地的期限等问题。双方谈判重点欠缺交集。

在美菲双边谈判中，双方立场分歧进一步增大。美方认为在尼克松声明中，美方承认菲对基地拥有主权，并拟转让相关文件材料，这已经做出极大让步，现在"球已经踢给了菲方一边"。本德森在会见麦格赛赛总统后，也报告其"就麦格赛赛提出的修订条约建议做出了坚定、不屈的回应……包括温和友好的佩莱斯以及亲美的菲参众议员在内的菲谈判小组成员，一再提出该问题。我采取坚定立场，不仅反对任何修订协定，也反对任何表达、暗示、直接或间接修改 99 年期限的提议"[1]。

2. 美菲遭遇司法管辖权问题障碍

在后续的基地谈判中，司法裁判权成为美菲之间最大的障碍，《军事基地协定》第十三条规定，美国对在基地内犯罪拥有管辖权，但不包括犯罪双方都是菲律宾公民（不是武装部队的成员，美国现役）或犯罪是针对菲律宾的安全。菲律宾小组强烈反对这一条款，认为它有损菲律宾主权。此外，菲谈判小组认为，美国已同日本和北约缔结了《部队地位协定》（Status of Forces Agreements），这些协定在司法管辖权问题上对东道国有利得多。本德森也认识到"目前司法管辖权是决定谈判成败的关键问题"，现行规定中关于菲公民（Phil citizen）作为受害一方受到攻击时，第 13 条款（Article XI-II）赋予了美国"行使管辖权的第一权利"[2]，相关条款与美国同北约、冰岛和日本的类似条款相比，确实带有歧视性，菲方自然难以接受。由于司法管辖权问题造成谈判再次陷入僵局，本德森亲自起草了一份包括解决司法管辖权在内的一揽子谈判计划，电告国务院和国防部审议。但国务院和国防部反馈，在未有对此问题深入研究之前，无法批准其计划，并召其返美商议。

---

① "Telegram From the Embassy in the Philippines to the Department of State", August 25, 1956, FRUS 1955 – 1957, Southeast Asia, Volume XXII, No. 404.

② "Editorial Note", FRUS 1955 – 1957, Southeast Asia, Volume XXII, No. 409.

本德森返美后，先行与军方进行沟通，但涉及美菲基地谈判中的司法管辖权管辖、获得额外土地、海关管制和协议期限等问题，有待更高层面协调。10月6日，艾森豪威尔总统在白宫亲自听取本德森汇报情况，本德森简要陈述了美菲谈判进展不顺利的症结在于菲方比较了类似协定，认为美菲之间协定对菲有歧视性，"菲律宾人看到，美国与其他国家签订的类似协议，条款比提供给菲律宾人的条件更有利。……他们的做法是在整个谈判过程中艰难地讨价还价"。艾森豪威尔总统指出，"要让麦格赛赛知道，如果菲律宾人不认为与我们合作对他们有利，我们准备终止基地协定和贸易让步"①。艾森豪威尔要求本德森携其给麦格赛赛的亲笔信，施压菲方推动谈判进展。10月12日，携亲笔信返菲的本德森先后会晤麦格赛赛总统和佩莱斯。在司法裁判权方面，美方新给出的5种方案选项都遭到菲谈判方的拒绝，但是美在获得新的军事基地用地方面取得进展，美方提出的放弃约12.2万公顷土地来交换新获约2.2万公顷土地的方案得到菲方欣然接受。由于菲方针对性提出关于司法裁判权的提议，希望效仿美日《部队地位协定》模式，并希望美方明确《军事基地协定》与《共同防御条约》《军事援助协议》的相互关系，这些遭到美方拒绝。12月5日，美菲双方再次宣布谈判休会。

3. 美菲在联合军事机构设置及悬挂国旗方面取得进展。

本德森返美后，专门向国务院及国防部提交备忘录，汇报1956年军事基地谈判情况，其对谈判不顺给出5方面结论，并就今后如何应对提出16点建议。本德森也总结谈判中的几个问题，首先，麦格赛赛总统并无实际权力，虽然口头承诺干预谈判，但没有办法采取行动影响谈判，如果1957年其实现连选连任，恐获得实权，利于谈判；其次，在地点选择方面，今后美国应避免在马尼拉举行任何形式的重大谈判；第三，在菲方谈判人员构成方面，应避免与一个由行政部门成员和国会成员组成的小组进行谈判；第四，在可能的情况下，应避免给人以任何时间压力的印象，并为旷日持久的谈判做好充分准备。② 本德森还提出，美菲军事基地谈判中存在的问题除了通过

---

① "Memorandum From the Assistant Secretary of State for Far Eastern Affairs（Robertson）to the Deputy Under Secretary of State for Political Affairs（Murphy）", October 18, 1956, FRUS 1955 – 1957, Southeast Asia, Volume XXII, No. 415.

② "Memorandum from the Special Representative to the Philippines（Bendetsen）to the Secretary of State and the Secretary of Defense（Wilson）", December 19, 1956, FRUS 1955 – 1957, Southeast Asia, Volume XXII, No. 420.

正常的军事和外交渠道沟通解决外，还可根据《共同防御条约》尽快设立美菲共同防御委员会（United States-Philippine Mutual Defense Board，MDB）予以应对。该报告受到了军政各界的重视和认可，艾森豪威尔总统参加国安会第331次会议时，国务卿杜勒斯认可"很可能在麦格赛赛总统连任后才能找到解决基地问题的办法"①。参联会也附议本德森，认为"建立美菲共同防御委员会是一个重要的初步步骤"，但坚持在司法管辖权方面的强硬立场，认为"妥协会对美军士气及全球军事协定现有地位带来威胁"②。美政府原本期望麦格赛赛在1957年访美，借机实现谈判突破，但麦格赛赛1957年3月不幸遭遇空难，副总统加西亚继任总统，之后菲国内政治的焦点已转至即将于年底举行的总统大选，本轮军事基地谈判又只得回避菲政治大选而告一段落。

本轮谈判中，菲方取得了一项意外的"胜利"，就是菲获得了在美军基地悬挂美菲两国国旗这一充满象征意味的"胜利"。按照既往的一些研究成果，1956年10月，麦格赛赛主动向本德森提出，驻菲军事基地应允悬挂菲律宾国旗，以示菲对基地拥有主权。③但根据美国官方解密档案，此举系美方主动提出。1956年6月，为迎接菲独立10周年庆典，美驻菲大使馆代办巴罗斯（Charles R. Burrows）致电国务院，提议采取一些举措来庆祝菲独立10周年庆典，强调美菲关系的特殊性，强化美菲关系，有助于为即将到来的基地谈判营造更加有利的气氛。他还具体提出建议，7月4日菲独立日时，由尼克松副总统宣布美菲两国国旗将从此在美驻菲基地共同悬挂。该提议刚提出，便遭到美国军方的强烈反对，美军太平洋司令部斯顿普（Felix B. Stump）司令认为，采取该举措恐被反美参议员雷克多等人利用，雷克多将会成为反对美帝国主义和殖民主义，捍卫菲独立和尊严的胜利者。再者，其担心会造成美在全球其他军事基地所在地国家效仿的连锁反应。但美方的提议得到菲方的热烈欢迎，菲方谈判人员将此诉求列入谈判议程，并向美方保证，悬挂菲律宾国旗将纯粹是象征性的，绝不会干扰美国的行动或美国自由

① "Memorandum of Discussion at the 313th Meeting of the National Security Council", February 21, 1957, FRUS 1955–1957, Southeast Asia, Volume XXII, No. 422.

② "Memorandum from the Joint Chiefs of Staff to the Secretary of Defense（Wilson）", February 27, 1957, FRUS 1955–1957, Southeast Asia, Volume XXII, No. 423.

③ William E. Berry, *U. S. Bases in the Philippines: the Evolution of the Special Relationship*, Boulder: Westview Press, 1989, p. 97.

使用军事目的所需的基地。美方谈判代表认为，可以同意菲方请求，评估此举将极大地帮助总统麦格赛赛对付政敌，他们指控美国在菲律宾的基地危及菲律宾的主权。美谈判代表将此事汇报给国防部，国防部肯定了谈判小组所评估的利弊，但也表示两方面担心，一来恐怕麦格赛赛或其继任者无法承受国内政治压力，今后得寸进尺提出要求实际控制或者参与基地运转的要求，甚至提出联合指挥基地和驻扎的美军；二来会对其他有美国军事基地的至少24个驻在国悬挂国旗方式产生不利影响，其中包括古巴、巴拿马、英属加勒比等美国单独使用的基地仅悬挂美国国旗。经过国务院与国防部的沟通，美政府达成一致，即菲方提出悬挂菲国旗仅仅是象征性的，与《军事基地协定》规定的指挥及控制安排无关。① 1956 年 8 月 21 日，艾森豪威尔专门就此与国务院及军方进行研究，其表态倾向于同意悬挂两国国旗，但是要强调这种悬挂仅仅是象征性的，必须向菲方礼貌而坚定地表明这一点。② 为避免其他国家提出类似要求，美国务院与国防部协商后，提出指示美方谈判人员，将国旗问题作为美菲基地谈判"一揽子方案（package）"的一部分的方式，将悬挂国旗问题限制在美菲两国范围内，和其他地方的国旗问题无关。由于之后美菲军事基地谈判休会，直至 1957 年加西亚继任麦格赛赛，美方才将此向加西亚提出，并于 5 月 7 日起在美驻菲基地内悬挂两国国旗，加西亚也借此表示，这是美国尊重和承认菲对基地拥有主权，将此作为对美谈判取得的"重大胜利"。③

本轮谈判期间，美菲双方同意建立一个迄今有效的常设军事磋商机构——共同防御委员会，但是该机构的设立完全与《军事基地协定》谈判没有直接关联，是美菲双方灵活落实《共同防御条约》之举。而"悬挂国旗"一事，菲方虽然视为重大胜利，但这一谈判成果徒具象征意义，并无实质影响。美方寻求扩大驻菲军事基地，经过两轮冗长谈判却毫无进展，对美方来说，唯一的效果就是用谈判的姿态舒缓了菲国内的民族主义情绪，有利于菲执政政府回应国内诉求，客观上也利于美菲同盟维持良好的菲国内支持性民

　　① "Letter from the Acting Secretary of Defense（Robertson）to the President", August 21, 1956, FRUS 1955 – 1957, Southeast Asia, Volume XXII, No. 401.

　　② "Memorandum of a Conference With the President, White House", August 21, 1956, FRUS 1955 – 1957, Southeast Asia, Volume XXII, No. 402.

　　③ William E. Berry, *U. S. Bases in the Philippines: the Evolution of the Special Relationship*, Boulder: Westview Press, 1989, p. 97.

意。正如时任副总统尼克松在一次国安会会议上所言，"在菲律宾的基地问题是一个虚假（phony）问题，但是在菲律宾对美国怀有敌意的人正在借此进行宣传。……进一步的声明将成为对付参议员雷克多和他的团伙的有用武器"①。美菲双方汲取了此次谈判中暴露出的谈判团队人员构成、舆论压力影响等教训（包括本德森总结的问题），在1958年乃至今后的谈判中得以继续规避。

（三）1958年10月的波伦—赛拉诺（Bohlen-Serrano）谈判

1957年5月9日，波伦（Charles E. Bohlen）被任命为美驻菲大使。由于11月要举行菲总统大选，美菲双方均自觉回避基地谈判问题。选举前夕，菲外长赛拉诺（Felixberto M. Serrano）向波伦大使表示，如果加西亚胜选，希望次年1月访美，月底可以启动基地谈判。驻菲大使馆向国务院建议届时可考虑恢复基地谈判；但如果加西亚败选，就要推迟重启谈判的时间。在加西亚胜选后，美菲双方低调恢复谈判，双方均吸取了第二次谈判时的教训，美方不再采取第二次谈判时派遣专门谈判代表，并由驻菲大使协助的做法，菲方也没有遵循由行政部门及立法机构人员混杂构成代表团的方式，而是通过驻菲大使与外长之间正式或者非正式的沟通，经过外交渠道解决问题。此举既避免了两国媒体对正式谈判的过度曝光引发的舆论压力，也减少了立法机构代表对行政官员谈判沟通的干预，反而磋商较为有效。

美菲双方先后就美方在1958年7月将马尼拉航空站（Manila Air Station）移交给菲律宾、设立共同防御委员会（MDB）、菲律宾联络官派驻美驻菲基地等问题达成一致，但是包括刑事管辖权、基地运转程序、军事磋商与合作等在内的几个主要问题仍然悬而未决。1958年5月15日，美菲双方通过外交换文方式正式建立共同防御委员会，为双方就军事基地等军务沟通创设了更加直接顺畅的机制。1958年6月，加西亚总统访美，先后与艾森豪威尔总统及杜勒斯国务卿等会晤，但会谈的重点都是请求经济援助，没有过多涉及军事基地问题。直至8月下旬，美国国务院官员向媒体表示美方不打算恢复军事基地谈判的消息，以及菲媒体曝出7月27日美军驻菲克拉克空军基地发生枪击菲籍窃贼的消息，这两条新闻触发了菲社会的极大不满，菲多名参议员和政府要员敦促尽快恢复美菲军事基地谈判。菲加西亚总统被迫表示，将尽快研究恢复谈判的可能性，随后外长赛拉诺表示，美菲将在10月份联

---

① "Editorial Note", FRUS 1955 – 1957, Southeast Asia, Volume XXII, No. 395.

合国大会后恢复基地谈判。1959 年 10 月 12 日，美菲双方就《军事基地协定》有效期限以及共同防御方面内容达成一致，美承诺在使用军事基地进行战斗行动之前与菲政府协商，未与菲方协商不会在菲部署远程导弹。双方还一致同意修改协定第 24 条（条约有效期限问题——笔者注），同意将有效期从 99 年缩短到 25 年。①

四　修订贸易协定，做出对菲让步，但关注保护美"平等权"问题

（一）以《劳雷尔—兰利协定》替代到期的《贝尔法案》

1946 年美国《贝尔法案》及有关落实协定的通过，不仅招致菲方的反对，认为这是一个与菲战后复兴援助相挂钩的胁迫性不平等安排，而且此举在美方内部也存在巨大分歧。1946 年 4 月，杜鲁门总统即将签批该法案前，国务卿伯恩斯（James F. Byrnes）就向杜鲁门进言，认为当时正值美国在全球推进自由贸易初期，国务院也新近出版《关于扩大世界贸易与就业的提议》（*Proposals for Expansion of World Trade and Employment*），但美国此时通过对菲经贸法案，给菲椰子油绝对配额以及内部关税优惠（internal tax preference），与该《提议》精神不符。况且美政府已将《提议》送交各国政府，作为联合国世界贸易和就业会议（Conference on World Trade and Employment）的基础，对菲协定与该提议自相矛盾，恐影响美国建设性领导地位的立场。此外，该法案的其他条款要求菲律宾向菲律宾的美国人提供广泛的特殊待遇，从而歧视所有其他国家，这与美方给予菲律宾真正独立的承诺不一致，并且可能会在国际社会产生对美不利影响。国务卿伯恩斯还举例，苏联媒体就抨击美国此举为盎格鲁—撒克逊国家"反动势力发展"的一个例子。②

1954 年 9 月，菲参议员劳雷尔（José P. Laurel, Sr.）率经贸谈判代表团赴华盛顿，自 9 月 20 日开始与美国政府以兰利（James M. Langley）为首的代表团就修改《贝尔法案》进行谈判。

1954 年 10 月 28 日，兰利给国务院汇报，提出目前谈判中的主要问题是

---

①　但是美菲双方并未就此形成有约束力的官方文件，直至马科斯政府时期，1966 年 9 月 16 日美国国务卿腊斯克与菲外长罗慕洛换文才正式生效，军事基地有效期自 1966 年起 25 年有效。——笔者注

②　"Memorandum by the Secretary of State to President Truman", April 18, 1946, FRUS 1946, The Far East, Volume VIII, No. 659.

菲律宾坚持修改要求对菲律宾出口到美国的产品征收关税的条款。其分析认为，菲方来美谈判，名义上为解决修改《贸易协定》条款，以及删除协定中对菲主权有所侵犯的内容这两个目的。看似菲代表团是将第一点列为重点，菲方对第二点方面的强烈抗议显然只是为了提高贸易事务中的谈判地位。菲律宾立场的实质是借修改关税条款，以便提供间接补贴，因此实质上菲代表团就是希望得到美元援助。为此，美方需要一些"大姿态（grand gesture）"方可应对。国务院认为将美国经济援助与贸易协定谈判相关联在政治上是不可取的，担心菲反美分子指摘美国正在试图"购买一项对菲律宾来说是不可接受的贸易协议"。作为替代方案，国务院考虑美国可以给菲律宾延长免税进入美国市场的期限，然后逐步增加关税。与此同时，菲律宾将被允许对从美国出口到菲律宾的货物立即征收比本协定规定的更重的关税。① 除了在具体内容方面双方存在分歧外，美代表认为菲代表团的成员构成也增加了谈判的难度，国会议员为主的代表团在谈判中过于显示民族主义的姿态。谈判进展2个月时，双方依然在重大问题方面进展不大，美国国务卿杜勒斯坚持认为"代表团要继续施压菲方，虽然美方同情菲方旨在增加税收和合理的保护，但是不能完全以美方利益为代价来实现这些目标"②。

经过3个月的谈判，双方于12月15日达成修订最终法案（Final Act of Revision），即《劳雷尔—兰利协定》（Laurel-Langley Agreement），1955年9月6日，罗慕洛和兰利在华盛顿签署了这项新协议，由1956年1月1日生效，协定的有效期还是到1974年7月3日。协议要点包括：第一，美同意放弃对菲官方货币比索（Peso）的控制权，菲政府有权自行制定货币政策及外汇政策；第二，美方同意修改"同等权利（the Parity Clause）"条款，由原来美国单方面享有此项权利，改为美菲双方"互惠"的权利，且权利范围除了勘探开发自然资源和经营公用事业外，还应扩大到美菲双边所有商务活动之中；第三，自1956年起，菲律宾对美国商品的输入数量将视菲律宾国民消费能力及菲商品竞争力而定，菲律宾输美商品依旧按照配额制执行，但逐年递减10%配额，直至10年后完全取消配额限制；第四，自1956年1月

---

① "Memorandum by Leonard S. Tyson of the Office of Philippine and Southeast Asian Affairs to the Acting Director of That Office（Young）", October 28, 1954, FRUS 1952 – 1954, East Asia and the Pacific, Volume XII, Part 2, No. 376.

② "The Secretary of State to the Embassy in the Philippines", November 17, 1954, FRUS 1952 – 1954, East Asia and the Pacific, Volume XII, Part 2, No. 377.

1 日该协定生效之日起，美菲应逐步减低特惠关税，直至 1974 年 7 月完全取消特惠关税，届时实行完全关税政策；第五，菲律宾对输往美国的货物拥有征收出口税的权利。①

（二）美对菲民族主义经济政策及"平等权利"保护的关注

《劳雷尔—兰利协定》的签署及正式实施并未能完全令双方满意。菲方坚持认为，美菲新贸易协定依然没有尊重菲的利益，这个条约依然是"不平等"性质。时任众议员洛佩斯（Pedro Lopez）就抨击不平等的《劳雷尔—兰利协定》是美国政府短视的产物，而这种短视可能会造成目前菲律宾主流对美仰慕与崇拜的态度转变为丢掉幻想及充满仇恨。② 在具体商品方面，菲系全球唯一一个受制于绝对配额限制的重要蔗糖生产国，在美国蔗糖消费量日益增长的进程中，菲产蔗糖在美国市场的比重逐年降低，菲对修订的协定中未能增加蔗糖输美配额表示不满。③ 菲律宾、古巴等国是世界主要蔗糖生产国家，在 1946 年的《贝尔协定》中，菲蔗糖被给予每年 95.2 万吨的对美出口绝对免税配额，按照逐步增加关税的计划，在 28 年后，菲律宾糖将成为全关税出口商品。鉴于 1946 年双方签订条约的背景，是由于日据时期菲律宾工业严重倒退，蔗糖产量有限，95.2 万吨的配额在 1946 年非常充足宽松。然而，菲律宾在美国市场的相对份额却从 1934—1936 年的 15.59% 稳步下降到 1953—1954 年的 11.91%、1957—1958 年的 10.6%、1958—1959 年的 10.4%。这些比例下降的原因是美国市场的规模不断扩大，而菲律宾一直不被允许增加蔗糖进入美国市场的免税配额。1958—1959 年菲律宾糖产量估计为 1467464 吨，而 1957—1958 年为 1377847 吨。菲 1959 年的国内消费量估计为 32 万吨，其对美国的出口配额为 95.2 万吨，对世界其他国家的出口配额为 45890 吨，总量为 997890 吨。这使菲可出口额比配额数值多出约 15 万吨，亟待增加对美免税配额。美国烟草业利益集团及国会议员通过美国政府施压菲政府，要求开放或者增加从美国进口烟草的数量，并以此作为美考虑增加菲蔗糖免税配额的交换条件。在菲方屈服并采取增加进口美国弗吉尼亚

① 金应熙主编，刘迪辉等编著：《菲律宾史》，河南人民出版社 1990 年版，第 696—697 页。

② Claude Albert Buss, *The United States and the Philippines*: *Background for Policy*, Washington, D. C.: American Enterprise Institute for Public Research, 1977, p. 34.

③ "Memorandum from the Deputy Assistant Secretary of State for Far Eastern Economic Affairs (Peterson) to the Assistant Secretary of State for Far Eastern Affairs (Parsons)", November 9, 1959, FRUS 1958 - 1960, South and Southeast Asia, Volume XV, No. 443.

烟草的举措后，美方终于在 1961 年宣布增加对菲 15 万吨的蔗糖免税配额。①

同时，美方也对菲方落实《协定》的态度表示不满，认为菲方缺乏对协定的尊重，指责菲律宾从来没有落实在执行影响美国贸易的限制性行动之前与美国协商的重要条款，并且在具体情况下无视美方提出的协商要求。

首先，在特别进口税和外汇税方面。根据修订后的贸易协议，菲律宾同意用只适用于大宗商品进口的特别进口税，取代对所有外汇销售征收的 17% 的关税。从 1956 年开始，进口税的税率不超过 17%，此后每年将比最初税率降低 10%，直到 1966 年 1 月 1 日完全取消。然而面对 1958 年税收的短缺，菲律宾海关将 1959 年的税率提高到最初的 17%。美政府没有被提前告知，直至 1958 年年底美驻菲大使馆官员就 1959 年的税收问题向菲海关关长询问才知悉。菲方辩解此举是按照菲国内法进行，也是为了解决税收不足问题，美方认为此举严重违反双方新签订贸易协定。此外，加西亚总统在 1958 年 2 月向菲律宾国会提交的预算报告中建议，对外汇销售征收 25% 的税，作为抑制进口需求和提高政府收入的一种反通胀手段。这种税收是菲中央银行行长夸德尔诺（Miguel Cuaderno）稳定菲律宾经济计划的关键，旨在防止菲比索贬值。而在《劳雷尔—兰利协定》有效期内不得再次征收外汇税，是美行政部门为了得到国内商界及国会支持协定通过所作出的承诺，也得到美菲双方在签约时以附带双边换文的方式确定。美驻菲波伦大使曾多次正告加西亚总统，重新征收外汇税将严重违反贸易协定。尽管如此，加西亚总统还是坚持推动菲律宾国会领导通过相关汇率法案，并派驻美大使罗慕洛向美政府解释，希望美方理解此举。

其次，关于出台贸易限制措施的事前协商问题。在《劳雷尔—兰利协定》中，美菲约定互不歧视的承诺和有事先协商的义务。但在协定实施后 2 年多时间中，菲出台多项涉及美国汽车零配件出口、电影出口等进出口贸易方面的具体限制举措，美大使馆先后递交 14 份外交照会表示关注和抗议，但菲政府或者是无视美方抗议，或者以情况紧急，没有时间事先协商的托辞来应付美方。

第三，涉及商业活动的国民待遇问题。1958 年前后，美国在菲的直接私人投资高达 3 亿美元，几乎占菲律宾外国投资总额的一半。《劳雷尔—兰利

---

① "Memorandum of Conversation", June 28, 1961, FRUS 1961 – 1963, Volume XXIII, Southeast Asia, No. 352.

协定》给予美国公民在 1974 年前处置、勘探、开发和利用自然资源和公共设施，以及从事其他活动时与菲律宾人平等权利的国民待遇，但菲对美国公司的原材料进口分配、美国贸易公司的进口配额、税收待遇、限制外国银行的议案等方面未能保障美资的国民待遇问题，最引起美方关注的就是加西亚政府实施的"菲律宾人第一（The Filipino First）"政策。菲律宾国家经济委员会（NEC）于 1958 年 8 月公布了一项新政策，该政策将优先考虑菲律宾人提交的投资建议和外汇请求。后来，菲国家经济委员会在一项决议中收紧了合资企业的条件，该决议规定外国人参与合资企业资本化的股权不得超过40%。同时，菲中央银行宣布，在 1958 年第四季度，除非是美元创汇企业，或完全由菲人拥有并高度节约外汇和至少利用国内 90% 的原料的工业，否则不会为建立新工业提供外汇配给。这一整体政策，通常被称为"菲律宾人第一"政策，逐步应用于菲律宾经济生活的各个方面，并获得国内民族主义势力强有力的支持。尽管菲政府向美方口头保证"美国人将根据贸易协定的第六条和第七条被排除在其条款之外"，但美方认为"这些保证不能保证有效"，分析预测"在民族主义情绪日益高涨的经济环境中，这种平等权利安排可能会受到越来越多的批评"[1]，担心菲政府难以承压而改变保障美资立场，损害美资利益。

小　　结

这一时期是美菲同盟形成阶段。国家之间结盟的动机多种多样，或是为了制衡权力，或是为了应对威胁，或是为了追求利益，[2] 但究其根本，最直接和最重要的动机还是安全考虑。无论是强实力一方[3]的美国还是弱实力一方的菲律宾，结盟的动机都十分明显。对美国而言，应对意识形态的威胁，维护自身安全是美国战后结盟的最直接动机。二战结束后，美苏关系迅速从战时临时缔结的同盟关系让位于冷战敌对关系，以苏联为首的共产主义阵营不断得到巩固和扩大，美国评估自身安全正遭受严重威胁，积极在全球拉拢盟友，构建以自身为首的安全体系，以此来平衡苏联的威胁。追逐权力是美

---

①　"National Security Council Report", June 4, 1958, FRUS 1958 – 1960, South and Southeast Asia, Volume XV, No. 412.

②　张学昆、欧炫汐：《同盟政治中的"牵连"风险及规避》，《国际论坛》2018 年第 1 期。

③　"强实力一方和弱实力一方"意义上等同于"强国和弱国"。

国战后乐于结盟而不知疲倦的另外一个重要动因。二战后，美国一跃成为全球经济霸主，GDP 占到全球一半以上，钢铁产量占到世界的 63.92%，石油产量和黄金储备占到全球 70%。超群的经济实力足以支撑美国在全球范围内构建起自我为中心的安全体系，支付同盟管理的成本。美国的盟国也迫切需要美国帮助，从战后泥淖中站起来，因此，这些国家唯美国马首是瞻，追随美国脚步，使得美国能够借助和引导这些力量不断追逐全球霸权。

美国与菲律宾结盟还在于菲律宾重要的地理位置。菲律宾地处西南太平洋的海陆交通要道，扼守南中国海东部出口，具有得天独厚的战略优势，美国将菲律宾视为美国太平洋安全体制的两大基石之一。对菲律宾而言，很多方面迫切需要美国的保护和支持。安全上，菲律宾政府面临国内胡克运动、外部共产主义以及日本可能的再度军国主义化等带来的安全问题，单靠自身难以应对；政治上，国家和新政权成立不久，菲律宾政府希望通过美国支持来取信于民，打击反对者，稳定政局；经济上，菲律宾政府看重美国强大的经济实力，希望能够得到美国的援助，帮助菲律宾尽快完成战后重建，恢复国民经济发展；外交上，菲律宾政府希望在外交上追随美国，提升本国的国际地位，获得对同等国家的外交优势。基于美菲各自安全需要和其他目的，以及两国深厚的历史基础，"特殊"的经济合作关系以及社会民意的支持，美菲先后签订了系列《美菲总关系条约》《军事援助协定》《军事基地协定》及《共同防御条约》，前者确定了战后美菲关系的框架，而后面三个条约促成美菲走向结盟，并成为保障美菲同盟的三大支柱。到 1954 年 9 月 8 日，美菲等 8 国签订《东南亚集体防务条约》，美菲一系列双边条约和《东南亚集体防务条约》多边条约共同构成了美菲军事同盟的法律保障，这也是美菲同盟关系机制化的集中体现。

美菲同盟形成后，作为强实力一方，美国有实力有意愿去强化美菲同盟，它按照自身战略需要和设想着手设计同盟关系。除了上述五大条约构成的保障机制外，美国在 1954 年版的《美国对菲律宾政策》中确定了在菲律宾的战略目标，意图通过"改造"菲律宾达到巩固同盟关系的目的。其中的第一条便是将菲律宾改造成亲美的民主政府，使之成为远东地区在亚洲问题上应用西方思想和体制的榜样。美国对观念因素在维持同盟关系中的重要作用有清晰的认识，而且菲律宾原本就有从美统时期保留下来的民主基础，虽然观念在两国建立同盟过程中发挥的作用不及其他因素，但美国与欧洲国家盟国的管理经验告诉它，将菲律宾打造成成熟的民主政体有助于提高两国协同性，增强美菲同盟凝聚力。与此同时，美国此举目的还包括在远东地区树典型，如果菲律宾能在美菲同盟框架下，发展成为成熟的民主政体，提高物质生活，增强整体实力，那么将对域内国家形成强大的吸引力，这些国家将自然而然地向美国靠拢。届时，美菲同盟亦将成为远东地区的堡垒典范。此外，美国还计划"帮助"菲律宾铸造可确保稳定的经济增长能力，足以自保和协防盟友的军事实力以及与美国保持密切关系的外交政策，从硬实力、软实力和巧实力方面打造菲律宾，使之成为美国在亚洲的重要安全基石。为实现这些目标，巩固美菲同盟关系，美国政府还准备在短期内采取 20 项具体行动，包括促成菲律宾和日本解决战争赔偿问题，签订《东南亚集体防务条约》，减少菲律宾的安全顾虑，足见当时美国对巩固美菲同盟之心切和重视。

美国巩固美菲同盟的举措不仅在"攻"上，还在"防"上。

自结盟以来，美菲关系发展并不顺利，其中一个最大的不稳定因素就是菲律宾国内不断增长的民族主义情绪。为安抚菲律宾国内民众情绪和菲律宾当局的压力，美国不得不在军事基地所有权问题、驻军时间和基地司法管理权等问题上做出让步，不得不与菲律宾签署更具"平等"意义的《劳雷尔—兰利协定》，即便对菲律宾方面仍存在多项不利条款。但是，对强实力一方的美国而言，这些让步并非退步，美国反倒是合理地利用了这些让步，巩固强化了美菲同盟关系，促使菲律宾从政治、外交、经济环境及政策都坚定追随美国政府、维护美国利益，"固盟"取得明显的成效。

弱实力一方的菲律宾，在二战后初期满目疮痍，百业待兴，除了通过与美国结盟达成各项利益目的外，没有多余的财力和人力去管理美菲同盟。但是，菲律宾政府巧妙地利用了社会上正在掀起的民族主义浪潮。时任加西亚政府提出"菲律宾人第一"的口号，制定了更具民族主义特色的外交政策路线，要求在美菲同盟的框架内，旨在与美国实现令人尊敬的独立关系。菲律宾以此为指针，在美菲同盟管理中争取到小部分主动，例如"迫使"美国承认了菲律宾对军事基地的主权，解决国旗问题等。菲律宾更在意发展经济，借力美菲同盟修改两国经贸协定，从美国处争取到货币政策和外汇政策的自决权，对出口美国商品征税的权利，以及确保两国商务活动的"互惠"局面，并且在经贸谈判期间向美国"索要"到了大额经济援助。

第三章

肯尼迪—约翰逊时期美对菲政策

1960 年，美国民主党候选人肯尼迪（John F. Kennedy）携手约翰逊（Lyndon B. Johnson）参加美国总统竞选，成功击败时任艾森豪威尔政府的共和党候选人尼克松副总统。1963 年 11 月 22 日，肯尼迪总统遇刺身亡，副总统约翰逊旋即接任。肯尼迪、约翰逊政府在对菲事务中重点抑制民族主义的勃兴，施压加西亚政府调整不利于美方利益的民族主义经济政策，并支持马卡帕加尔（Diosdado Macapagal）政府上台以及对民族主义经济政策进行调整。在越战问题上，随着美在越战的深度介入，美方提出菲律宾须履行同盟承诺，增加援越贡献，两国就此进行艰难交涉。

第一节 肯尼迪政府视角下的美菲关系

经过为期 10 年的美菲同盟缔造和美开展的一系列同盟巩固工作，美菲保持稳定的政治关系，美菲军事基地问题谈判取得一定进展，《劳雷尔—兰利协定》也基本规划出直至 1974 年的美菲贸易关系框架和发展路径，菲的政治、外交、经济环境及政策都坚定追随美国政府、维护美国利益。肯尼迪执政时期，美菲同盟达到较为稳定的阶段。

在政治上，在 1959 年菲参议院改选中，美国大使馆等机构暗中插手选举，支持自由党（LP）及新成立的菲律宾进步党（Party for Philippine Progress，PPP）候选人，造成执政党国民党（NP）候选人仅获得 8 个席位中的 5 席，选举的结果令推行民族主义政策的加西亚政府感受到强大压力。加之民族主义政治人物雷克多参议员于 1960 年 10 月突发心脏病去世，菲政坛宣传民族主义政策的声音更加减弱，承压之下的加西亚政府不得不调整其民族主义政策。1961 年的美国国安会报告中就评估美方的系列施压举措取得成效，"加西亚过去曾尝试用反美主题来改善他在菲律宾的政治局势，但近年来他一直避免采取这种策略"，"最近参议院选举的经验向加西亚和其他人证明，反美路线在政治上没有回报，因为美国在菲律宾拥有巨大的善意"①。待到1961年菲总统选举，菲的政治气氛重返到亲美的总体氛围之中。

在外交上，菲麦格赛赛及加西亚政府都坚定追随美国，坚持敌视社会主义的政策。加西亚政府还担心美国远东政策出现调整，以牺牲远东部分利益换取保障美在欧洲的利益，提出"今天的问题是，是让苏联及其卫星占领亚洲，还是让该地区留在民主阵营。如果答案是前者，那就放弃斗争，让共产党吞掉（亚洲）。但如果这个想法是为了让亚洲保持民主，那么现在就做点什么吧，否则就太晚了"②，强烈敦促美国在共产主义扩张亚洲的问题上保持坚定立场。在对待中华人民共和国问题上，加西亚政府也反对美国政府任何改变对华政策的考虑，加西亚本人及外长赛拉诺多次表示即使美国允许红色中国加入联合国，菲律宾也将坚决反对的态度。当然，加西亚政府的这种坚定敌视社会主义国家的外交强硬立场，既是其追随美国外交政策之举，也是担心美国调整外交政策从东南亚撤出，因而希冀美方进一步明确《共同防御条约》之下的安全承诺。

在军事上，虽然菲美在修订《军事基地协定》过程中缺乏关于司法裁判权等方面的实质性进展，但是美菲军事同盟关系依然牢固。1958年中国大陆对金门炮战期间，菲军方及菲外交部对于美菲三大军事同盟条约所未涉及的战时可否使用及如何使用美驻菲军事基地问题，虽然表示出需要美政府对此进行澄清，以及"中国共产党人对台湾飞机的追逐，可能会使美国驻菲基地这个避难所在无意中牵扯到菲律宾"③的安全担心，但菲方并未采取断然拒绝的态度，并在具体实践中两次允许美空军C-46型飞机在克拉克空军基地以外降落，实际上造成对有关基地协定条文"战时使用"的突破。菲方还表

① "Memorandum From Robert H. Johnson of the National Security Council Staff to the President's Deputy Special Assistant for National Security Affairs（Rostow）", July 14, 1961, FRUS 1961 – 1963, Volume XXIII, Southeast Asia, No. 355.

② "Memorandum From the Department of State Executive Secretary（Battle）to the President's Special Assistant for National Security Affairs（Bundy）", July 13, 1961, FRUS 1961 – 1963, Volume XXIII, Southeast Asia, No. 354.

③ "Telegram From the Embassy in the Philippines to the Department of State", September 6, 1958, FRUS 1958 – 1960, South and Southeast Asia, Volume XV, No. 424.

示"如果美国采取任何与台海局势有关的军事行动,菲将与美国在一起"①。菲方以此向美方做出军事同盟的履约姿态,但美方评估这是加西亚政府为了向美最高层凸显自己的重要性,实际目的在于争取更多的军援,以及在军事基地谈判中获得更好的议价筹码。此外,菲律宾还在地区军事冲突中履行有限的同盟安全义务。朝鲜战争期间,菲律宾在美邀约之下,提供了一个营战斗队(平均1371人)和一个由17辆坦克组成的中型坦克连参战;在老挝骚乱中,菲也在《东南亚集体防务条约》框架下,提供一支特遣部队(Ordnance Detachment),并表态如果老挝危机升级,菲愿意增派一支作战部队(BCT),从而履行军事同盟义务。

第二节 美支持马卡帕加尔政府及其 调整民族主义政策

一 马卡帕加尔在1961年总统选举中争取美方支持

1957年的菲律宾总统大选,国民党候选人加西亚当选总统,自由党候选人马卡帕加尔却击败了加西亚的选举搭档劳雷尔(Jose Laurel, Jr.),这一选举结果造成菲律宾历史上首次出现同一届政府正副总统隶属不同政党的格局。该格局也造成正副总统及两大政党或明或暗角力,相互掣肘的局面。在加西亚政府施行"菲律宾人第一"等民族主义政策造成美方不满的情况下,美方有意识施压加西亚阵营,考验并扶持马卡帕加尔一派。加西亚1958年6月访美会见艾森豪威尔总统,寻求增加经济援助,以图推进菲工业化计划、稻米加工业和改善港口等基础设施,艾森豪威尔和杜勒斯国务卿就以菲方获得了日本的赔偿援助以及正值美财政年度交替期而难以安排等理由婉拒,令加西亚没能获得预期的1.5亿美元援助,空手而归。②

美方对待马卡帕加尔的态度与此迥异。1960年10月,菲律宾时任副总统马卡帕加尔访美,与行将卸任的艾森豪威尔总统会晤。马卡帕加尔毫不讳言虽然其是目前加西亚政府的副总统,但更是当前政府的反对派,反对加西

---

① "Telegram From the Embassy in the Philippines to the Department of State", September 6, 1958, FRUS 1958 – 1960, South and Southeast Asia, Volume XV, No. 424.

② "Summary of 6/3/58 NSC meeting, NATIONAL SECURITY COUNCIL", Jun 3, 1958, DDRS, CK3100278959.

亚政府的政治立场和不利于美菲友好的政策，希望美方支持其实现其对菲总统职位的抱负。在回答艾森豪威尔关于菲主要两党（指国民党和自由党）的异同时，马卡帕加尔借机宣传其所在自由党的诸多优点，抨击加西亚所在国民党的不足：国民党严格扼制经济部门，对自由企业和投资限制颇多，从而对菲律宾经济的发展产生了令人窒息的影响，目前普通农民的生活甚至不如20年前的水平。在外交政策方面，国民党是"菲律宾人第一主义者"，不会像自由党那样与美国和自由世界合作。自由党主张管制的自由化，鼓励外国企业，并提倡创造一种鼓励外国投资和发展的气氛。在外交政策导向方面，自由党坚信除非与自由世界结成正式联盟，实行与美国密切联系和结盟的政策，否则菲律宾没有任何希望等等。马卡帕加尔还指出，改善菲律宾经济的唯一途径就是自由党执政，实行自由党的鼓励外资的自由化政策。①

在肯尼迪—约翰逊政府就任后，时任美副总统约翰逊1961年5月中旬访菲，菲律宾加西亚总统视之为在菲律宾总统大选之前向菲民众展示其与华盛顿新政府密切关系的良机，其同时尽力限制马卡帕加尔在访问中的作用，百般阻挠约翰逊与马卡帕加尔的会面安排，防止竞选对手通过发展与美政府及领导人的关系而受益。但是，经美出于外交平衡及扶持马卡帕加尔选情的需要，通过驻菲大使馆专门予以安排，马卡帕加尔还是得以在约翰逊不足24小时的旋风访问中多次与后者会晤，当面向新一届美国政府领导层阐述其政治理念，争取到美政府的认可。②

1961年11月菲举行总统选举，菲选前重返到总体亲美的氛围。美政府在评估候选人的情况时，虽然认为反对党自由党（Liberal Party）候选人马卡帕加尔的政治领导力有限，"不是一个具有麦格赛赛所拥有的那种魅力特质的杰出领导人"③，但美政府看重其对美国政府的忠诚、对美国利益的尊重，甚至称"其亲美到了令我们有些尴尬的程度"，从而坚定支持马卡帕加尔竞选挑战加西亚总统。

---

① "Philippine Vice President Macapagal calls on President Eisenhower, DEPARTMENT OF STATE", Oct 13, 1960, DDRS, CK3100179768.

② "Vice President Johnson's Visit to Manila, DEPARTMENT OF STATE", May 29, 1961, DDRS, CK3100415782.

③ "Memorandum From Robert H. Johnson of the National Security Council Staff to the President's Deputy Special Assistant for National Security Affairs（Rostow）", July 14, 1961, FRUS 1961–1963, Volume XXIII, Southeast Asia, No. 355.

二　美支持马卡帕加尔政府政策调整及在地区事务方面有所作为

（一）美支持马卡帕加尔政府调整经济金融政策

1961 年菲律宾总统大选，自由党候选人马卡帕加尔得到美国肯尼迪政府的支持。其继续大力抨击加西亚政府"菲律宾人第一"政策，提出诸如恢复自由企业制度，大力吸引国内外投资，解决粮食自给自足问题，解决严重的失业问题等富有吸引力的竞选政纲也得到了广大选民的追求。他也凭借与党内新秀马科斯达成的"一个任期之后让位于后者"的君子协定，有效集中了党内选票。最终，马卡帕加尔以 55.05% 的得票率大优势击败了国民党候选人——竞选连任的时任总统加西亚（得票率 44.95%）。[1] 12 月 30 日，在马卡帕加尔的就职典礼上，美政府还破例派遣新泽西州州长迈纳（Robert B. Meyner），作为肯尼迪总统的特使参加典礼并带去肯尼迪的贺电。

马卡帕加尔顺利通过选举就任菲律宾共和国第五任总统，这成为菲律宾作为美国"民主橱窗"在亚洲，特别是东南亚地区的一次成功展示。菲律宾独立后，在政治上高度复制美国政体，在政党制度上总体也是实行国民党与自由党两党制，此外也时有进步党（PPP）等小党派。从开国总统国民党籍的罗哈斯（Manuel Roxas），到自由党籍总统季里诺（Elpidio R. Quirino）、国民党籍总统麦格赛赛（Ramon F. Magsaysay）、国民党籍总统加西亚（Carlos P. Garcia），再一次到自由党籍马卡帕加尔总统（Diosdado Macapagal），菲律宾成为亚洲唯一一个两次见证通过宪法程序，政权从执政党派向反对党交接的国家。这"标志着理想的菲律宾式民主方向上的重要一步，比任何东南亚国家的政治体制都更接近西方模式"[2]，阶段性实现了杜鲁门政府及艾森豪威尔政府在《美国对菲律宾政策》中确定的借菲在地区发挥"民主橱窗"示范效应的战略目标。

马卡帕加尔就任后，即于 1962 年 1 月派出财政部代理部长西松（Fernand Sison）率经济使团赴美，专门与美国国务卿腊斯克及国际金融机构负责人会晤，介绍马卡帕加尔政府拟兑现竞选承诺，采取措施取消外汇统制，实施新贸易计划。为了采取改革措施，马卡帕加尔政府迫切需要美方提供 1

---

① 参见菲律宾总统府网站 http：//malacanang. gov. ph/74698 – elections – of – 1961/。

② David Wurfel，"The Philippine Elections：Support for Democracy"，*Asian Survey*，Vol. 2，No. 3，1962，pp. 25 – 37.

亿美元的"稳定基金（Stabilization Fund）"，以与菲方拟从国际金融机构和私人银行获得的资金一道，维护菲公众的信心和防止恐慌，确保新政府的新计划能够顺利完成。西松也坦陈，因为马卡帕加尔不能控制菲众议院，如果马卡帕加尔政府想不受众议院制约，推进计划落实，就必须在 1 月 22 日菲国会开幕前通过。次日，美国相关职能部门与国际货币基金组织（IMF）代表紧急磋商，美国同意准备提供财政稳定基金的援助，配合菲律宾政府和货币基金组织之间将要做出的安排。美国国际开发署（AID）也准备在今后 18 个月向菲提供 5000 万美元的贷款，以资助符合其标准的发展项目，进出口银行将提供 2500 万美元的额外信贷。① 在美方的支持下，马卡帕加尔于 1 月 21 日正式宣布废止外汇统制及进口配额制，执行比索实行单一汇率等新计划。

为了回馈"新菲律宾总统政府最近采取取消外汇管制，以真实价值稳定比索，回归一个承诺在外国私人投资支持下的自由经济发展"②，肯尼迪政府还积极推动国会批准菲加西亚政府向美国提出的追加对菲二战损失赔偿案（War Damage Bill），在已赔偿 17 亿美元损失的基础上再增加 7300 万美元赔偿款，"今年支付将对马卡帕加尔新政府的外汇储备做出特别重大贡献"③。由于受到共和党把持的众议院的杯葛，5 月 9 日该议案未能通过。肯尼迪总统对共和党在国会的掣肘深感愤怒，称共和党在外交政策上的行动给美在菲律宾和其他地方带来了麻烦，此举"只会助长反美情绪"④。肯尼迪专门致函马卡帕加尔表示遗憾，以及协商推迟后者原定的访美事宜。在国务院等行政部门的努力下，8 月 1 日，美国众议院以 194 票对 35 票通过了小幅修改的《菲律宾战争损害赔偿法案》。8 月 24 日，参议院一致通过了该法案。8 月 30 日，肯尼迪签署了授权拨款 7300 万美元用于菲律宾战争损失

---

① "Memorandum of Conversation", January 16, 1962, FRUS 1961 – 1963, Volume XXIII, Southeast Asia, No. 364.

② "Memorandum From the Deputy Assistant Secretary of State for the Far East（Rice）to the President's Deputy Special Counsel（Feldman）", February 7, 1962, FRUS 1961 – 1963, Volume XXIII, Southeast Asia, No. 366.

③ "Memorandum From the Deputy Assistant Secretary of State for the Far East（Rice）to the President's Deputy Special Counsel（Feldman）", February 7, 1962, FRUS 1961 – 1963, Volume XXIII, Southeast Asia, No. 366.

④ "Notes of Telephone Conversation Between President Kennedy and the Assistant Secretary of State for Far Eastern Affairs（Harriman）", June 8, 1962, FRUS 1961 – 1963, Volume XXIII, Southeast Asia, No. 370.

索赔的法案。

马卡帕加尔政府进一步向美国资本实施全面开放的政策，菲政府出售国有的电话公司、航空公司等，争取美资注资。此外，菲政府制定吸引外资的政策，美在菲投资额有所增长。

（二）美方支持菲地区主义外交政策尝试

美菲同盟建立时，就有曾任外交官的美国学者指出，塑造菲律宾外交政策的因素，第一位和最重要的就是美国影响。"菲律宾人关于该国外交政策是华盛顿制定出来的说法，虽然有些夸张但却饱含事实。"① 这种局面一直到20世纪60年代都没有发生改变，菲律宾本国学者对此深感无奈，承认菲律宾的外交政策与美国高度一致，是"按照美国政策的得失观来看待国际政治"②。菲在外交政策方面采取"一边倒"亲美立场，坚定反共态度，拒绝与中苏等社会主义国家发展经贸、外交关系，追随美国与台湾地区保持"外交关系"，阻挠中国恢复在联合国合法席位的努力。

进入20世纪60年代，菲律宾做出了一定的独立外交尝试，主要体现在构建东南亚地区组织方面。1961年7月，泰国、马来亚和菲律宾三国发表《曼谷宣言》（Bangkok Declaration），创建东南亚联盟（ASA），该组织成为东南亚地区首个完全由该地区成员国组成的政府间组织。1963年7月，马来亚与菲律宾及印度尼西亚三国领导人召开马尼拉峰会并签署《马尼拉宣言》（Manila Declaration）等文件，成立马菲印联盟（Maphilindo），菲马卡帕加尔政府视之为菲律宾的胜利，而且是亚洲方式解决亚洲问题的实现，但后来因为马来亚与菲律宾存在的沙巴领土争端，以及菲与印尼对于马来西亚联邦成立方面存在反对立场，该组织快速夭亡。在主动推动或参与建设东南亚地区组织的进程中，菲律宾部分摆脱了长期的"棕色美国人"的角色，逐步明确了"亚洲身份"，尝试了面向东南亚地区的独立外交政策，为今后东盟的建立以及菲马科斯政府外交政策调整做出探索。

美乐见菲在地区事务中发挥作用，如美在应对印度尼西亚与马来西亚争端和菲律宾承认马来西亚的问题方面，约翰逊总统就坦承"美国在这个问题

① Russell H. Fifield, "Philippine Foreign Policy", *Far Eastern Survey*, Vol. 20, No. 4, 1951, pp. 33 – 38.

② Estrella D. Solidum, "Philippine Perceptions of Crucial Issues Affecting Southeast Asia", *Asian Survey*, Vol. 22, No. 6, 1982, pp. 536 – 547.

上保持中立或许更好”，“认为菲律宾人可以提供很大帮助”①。马卡帕加尔总统认为这是菲成为东南亚领袖的绝佳契机，“菲律宾同美国有着共同理想的传统，其总的目的是促进我们的共同目标。……亚洲人可以做美国做不到的事情”，为了防止印尼苏加诺政权倒向共产主义，马卡帕加尔认为“菲律宾可以成为苏加诺观察西方和西方观察印尼的窗口”，“将印尼带回西方符合我们的利益”②。约翰逊政府也对此表示乐见和支持。

　　马卡帕加尔政府探索地区主义外交，通过在马菲印联盟成立及发展、沙巴问题、拉拢印尼苏加诺政府等地区事务方面进行了小心翼翼地尝试，“是菲律宾对其国家意识和国际角色定位的一次尝试，但是由于国内外的主客观条件尚未成熟，这次尝试并不成功”③。在美国卷入越战且不断升级的进程中，美菲关系面临菲是否及如何有效履行同盟义务的艰难考验，马卡帕加尔政府外交政策中的民族主义因素急速收缩，两国重回“特殊化”关系。

第三节　越战升级及美菲同盟遭遇考验

一　越南形势发展及美方陷入越战

　　第二次世界大战结束后，胡志明领导越南独立同盟会（Viet Minh，简称“越盟”）把握时机，发动起义，迅速占领越南北方主要地区，并于9月2日在河内巴亭广场宣布越南独立，史称“八月革命”。在英法交接和中法谈判后，法军于1946年3月19日开进河内，实现重返越南。随后，第一次印度支那战争爆发，并逐步从民族独立和殖民战争范畴，推进演化为冷战大背景下东西方两大阵营之间的热战。虽然在美国国安会48/2号文件中提出，美国在亚洲的目标是要防止共产主义在该地区的进一步扩张，以及美国对印支有特别关注，但美国并没有大规模直接军事卷入该战争，而是在幕后从经济、军事和政治上支持法国的军事行动。法军在军事上不断失利，1954年年初时，法军已收缩到河内等有限区域。5月7日，奠边府战役结束，法军山崩溃败。次日，当年4月底已开始的日内瓦会议的议题转入印度支那形势问

---

　　①　“Memorandum of Conversation”，November 26，1963，FRUS 1961 – 1963，Volume XXIII，Southeast Asia，No. 392.

　　②　“Memorandum of Conversation”，November 26，1963，FRUS 1961 – 1963，Volume XXIII，Southeast Asia，No. 392.

　　③　张行、袁丁：《菲美特殊关系与马卡帕加尔民族主义外交》，《东南亚研究》2014年第4期。

题。7 月份，中、苏、越三国就军事分界线划定等达成一致。此后，法越也同意以北纬 17 度线为界，双方划界停战。7 月 21 日，与会各方签订了《日内瓦会议最后宣言》《关于在越南停止敌对行动的协定》《关于在老挝停止敌对行动的协定》《关于在柬埔寨停止敌对行动的协定》等文件。相关文件规定，立即在印度支那越南、老挝及柬埔寨三国停止一切敌对行动；在越南北纬十七度线以南划定临时军事分界线；由印度、波兰和加拿大三国组成国际委员会，负责监督三国停止敌对行动的实施；与会各国保证尊重三国的独立、统一、主权和领土完整，不干涉其内政等。① 美国虽未在协定和宣言上签字，但它声明"将不使用威胁或武力去妨害"上述协议，以及"美国将充分关注违反上述协定的任何威胁"②。1954 年 8 月 31 日，印度支那停战，第一次印度支那战争结束。

第一次印度支那战争结束后，为了取代法国在印度支那的宗主国地位，美国抛弃日内瓦会议达成的一致。1955 年起，美国分别在南越、老挝两国扶植起亲美的傀儡政权。1958 年，美策动老挝极右派势力颠覆梭发那·富马（Souvanna Phouma）联合政府，并在次年挑起老挝内战。1960 年 12 月 20 日，越南南方民族解放阵线在南越成立，并寻求将在越南共和国分散的各反政府武装力量统一组建为越南共和国反政府武装力量。

1961 年 1 月，肯尼迪就任美国总统，其上台后改变了艾森豪威尔政府的幕后支持傀儡政权的做法，授权增加对南越的军事援助。4 月底，肯尼迪在决定增加驻越军事顾问以及向越派遣第一批美特种部队的同时，下令进行加强的秘密战。5 月 14 日，肯尼迪下令派遣 400 名美军特种作战人员及 100 名美军事顾问进入南越，标志着越战"特种战争"阶段开始，美方希望在 18 个月内以武力手段解决越南问题。1963 年下半年始，越南南方民族解放阵线的作战活动显著加强，美"特种战争"濒临破产。军事形势急转直下远超美方预期，这迫使肯尼迪政府考虑是否升级战事。1963 年 11 月 22 日，肯尼迪总统遇刺身亡，副总统约翰逊旋即接任。如何扭转美军在南越的颓势，成为横亘在约翰逊面前的难题。

约翰逊专门派遣国防部长麦克纳马拉与参谋长联席会议主席麦克斯韦

---

① 世界知识出版社编：《国际条约集（1953—1955）》，世界知识出版社 1960 年版，第 163—221 页。

② 世界知识出版社编：《国际条约集（1953—1955）》，世界知识出版社 1960 年版，第 163—221 页。

尔·泰勒（Maxwell Taylor）前往南越实地考察。结束考察返美后，麦克纳马拉一行专门向约翰逊提交了考察报告，并提出要紧急采取行动，阻止南越形势继续恶化。在此基础上，美国国安会 1964 年 3 月 17 日出台第 288 号国家安全行动备忘录（NSAM288），制定《落实南越项目》的政策计划，确认了美国在南越要"维持一个独立的非共产主义的政府"，也初步考虑直接打击北越的军事目标，以改善南越安全形势。

二　约翰逊政府"更多旗帜"计划出台，呼吁菲等盟国履行安全承诺

（一）约翰逊政府出台"更多旗帜"计划，拟提升对越行动的国际支持度

为了扭转战争预势和进一步获得国际社会的支持，也为了应对美国国内对其政策的抨击压力，约翰逊政府制定了"更多旗帜"计划（more flags program）。1964 年 4 月 15 日，东南亚条约组织成员国家在马尼拉举行会晤，会后发表公报，称"同意东南亚条约组织成员国，在各自能力范围内，在必要时准备采取进一步措施，以履行条约义务"①。4 月 23 日，约翰逊在记者会上首次提及该计划设想，称"我希望我们能够看到其他一些国家的旗帜（some other flags）出现在那里，作为我们东南亚条约组织会议及其他会议的结果。我们能团结起来，阻止共产主义在该区域的扩散，以及毁灭自由的企图"②。5 月 1 日，国务卿腊斯克（Dean Rusk）给 28 个驻外大使馆拍发电报，指定大使签收，并指示各大使与驻在国（地区）政府联系，在经济、技术和军事方面更加深入参加美国的援越行动。28 个大使馆（分为两类，第一类名单是同盟类，包括东京、波恩、伦敦、罗马、布鲁塞尔、渥太华、奥斯陆、哥本哈根、堪培拉、惠灵顿、马尼拉、曼谷、首尔、台北、卡拉奇、西贡；第二类名单是非同盟类，包括雅典、安卡拉、布宜诺斯艾利斯、里约热内卢、加拉加斯、波哥大、特拉维夫、斯德哥尔摩；此外，该电报还通知驻巴黎、卢森堡及里斯本大使馆——笔者注）包括亚洲的马尼拉、曼谷、首尔、台北、卡拉奇、西贡 6 个大使馆，其中东南亚除了战争所在地南越外，

---

①　"Circular Telegram from Secretary to Numerous Countries: Request for Foreign Military and Technical Support in Vietnam", May 01, 1964, The Vietnam Center and Archive. (hereafter as VNCA), 10390106046.

②　Lyndon B. Johnson, "The President's News Conference", April 23, 1964, https://www.presidency.ucsb.edu/documents/the-presidents-news-conference-1046.

仅包括菲律宾与泰国这两个同盟国家，这两国也是东南亚条约组织成员国。电报中，腊斯克称近期刚从西贡访问归来，坚信更多自由世界国家在越南"展示他们的旗帜"的重要性。美褒奖澳大利亚、英国、日本等已在培训南越军队、物资援助、技术援助南越方面有具体项目，或者已做出援助计划，但希望"已做出贡献的这些国家能再评估和拓展这些努力"。美方着重提出，"一些还没有做出贡献的国家，却在这场战争中有直接利益，也应该感受到做贡献的义务。……实话实说，南越政府的需要分为两类，军事方面援助，以及对经济和社会事务方面的援助"①。美方将菲列为尚未做出贡献的国家，并具体给出菲今后"做贡献"的要求：一方面，在军事方面提供援助。用于支持农村发展项目的包括医疗及工程师组的民事行动（civic action）类人员；在准军事中心的游击战培训组和培训支队；军用护士和护士指导（instructors）。另一方面，在经济及社会事务方面，需要菲提供诊所和人员。腊斯克国务卿给驻菲大使等在第一类名单目录上的使领馆提出要求，要尽快约见该国外长，介绍在各国首都开展工作情况，要求该国给出拟做出一定数量贡献的承诺。

（二）菲积极响应"更多旗帜"方案

在与驻菲大使馆官员沟通后，"亲美到令人尴尬"的马卡帕加尔迅速做出积极回应。7月7日，菲律宾国会同意向南越派遣总数70人的医疗组和心理战专家组赴越，以切实行动履行同盟义务。7月9日，菲新任驻美大使莱德斯马（Oscar Ledesma）向约翰逊正式递交国书，并受马卡帕加尔指示专门沟通两个问题：一是马卡帕加尔总统对当前的菲美关系满意，愿意尽快受邀访美；二是菲政府将扩大对南越援助项目，拟拨款90万比索，用于心理战专家、医疗组及社区发展项目。约翰逊对于菲愿意"展示旗帜（showing its flag）"表示非常高兴，并迫切询问大使菲拟派兵的人数，显示出约翰逊总统对菲参加"更多旗帜"项目的重视。②

1964年8月，"北部湾事件"爆发，越南战争从特种战争向局部战争升级，约翰逊的"更多旗帜"计划从邀约盟国提供非参战援助类贡献，转为重在争取更多盟国和友邦派作战部队直接入越作战。马卡帕加尔总统收到美方

---

① "Circular Telegram from Secretary to Numerous Countries: Request for Foreign Military and Technical Support in Vietnam", May 01, 1964, The Vietnam Center and Archive, （hereafter as VNCA）, 10390106046.

② "Memorandum of Conversation", July 9, 1964, FRUS 1964–1968, Volume XXVI, No. 295.

的当年 10 月份访美邀请后，在 9 月份出发前主动向美方示好，表态愿意派作战部队援越。马卡帕加尔毫不讳言目前南越形势接近于"绝望"，他认为部分原因在于美国顾问团和军事部队"作为西方人和白人"，让越南人认为和法国人没有什么不同，于是就不能向越南人传递出共同使命的感觉。马卡帕加尔主动请缨，提出菲律宾与泰国两国可出兵完全替代美国在南越部署的为数 16000 美军作战部队的"疯狂"动议，但保证"巨大的后勤保障及最终控制权还在美国手中"①。马卡帕加尔向美方保证，只要不是菲一国独自行动，而泰国也能同样派遣象征性的力量，其就有信心获得国会支持通过其提议。马卡帕加尔的"疯狂"想法，大大超出美方对菲援越的实力水平的评估，美认为菲援越能力不外乎支持空军的机务人员，特种部队，最多 6 个工程排和最多 3 个卫生排，以及诸如信号、军械、交通及保养等专业技术领域的人员，帮助南越后勤船只培训和类似的海事反暴动行动的海军人员，况且在菲境外动用这些力量都需要菲国会授权才能成行，这已远远超出马卡帕加尔的权限范围。此外，只要资金到位，菲政府可无需国会授权，即可大幅增加民用的医疗、工程和建设人员，以及用于民用活动的农业专家等各类专业人才，以及提供化肥等物资保障。

美方无法理解马卡帕加尔避易就难，完全有违常理的提议。鉴于此，美国务卿腊斯克严重质疑马卡帕加尔的动机，得出该"冒险的想法"无法获得菲国会支持的结论。腊斯克向约翰逊总统提出，应该对菲方提议感到欣慰，因为菲不仅在民事活动方面援越，还愿意直接军事参与，但是美方要分析马卡帕加尔方案的可行性，"应该设计与菲律宾能力相适应的参与的层次及方式，并且能被菲公众所接受"②。国安会也提请约翰逊总统在会见马卡帕加尔时，既热烈欢迎更多菲律宾援越的想法，鼓励更多的亚洲人帮助亚洲人，但也要交给腊斯克和国防部长麦克拉马纳去驾驭其那些令人半信半疑的细节。③

（三）美菲双方就美方补偿菲援越贡献方面进行沟通

10 月 5 日，约翰逊与马卡帕加尔在华盛顿举行会晤，首要议题就是菲如

---

① "Memorandum From Secretary of State Rusk to President Johnson", October 3, 1964, FRUS 1964 – 1968, Volume XXVI, No. 298.

② "Memorandum From Secretary of State Rusk to President Johnson", October 3, 1964, FRUS 1964 – 1968, Volume XXVI, No. 298.

③ "Memorandum From Robert W. Komer of the National Security Council Staff to President Johnson", October 5, 1964, FRUS 1964 – 1968, Volume XXVI, No. 299.

何在援越方面发挥进一步作用。马卡帕加尔表示，菲政府准备派遣公共卫生、医疗、工程及军事特种部队等训练有素人员赴南越，也表示希望泰国至少能增加一点投入，暗示如果没有另一个亚洲国家愿意参与，菲很难采取进一步举措。马卡帕加尔还委婉提出派兵援越的费用问题、菲军援需求。约翰逊听取了之前国安会建议，审慎回应马卡帕加尔请求，表示已和麦克拉马纳谈过军援问题，以及美方将（在援越费用方面）发挥作用，但是具体细节都留给国防部长麦克拉马纳来谈。次日（6日），马卡帕加尔总统在会晤麦克拉马纳部长时，明确提出菲考虑派 1000—1200 人的作战部队（battalion combat team），以及饱受 20 年战火蹂躏的越方最为欠缺而菲方很有优势的技术援助及民事行动部队。

　　马卡帕加尔访美返菲后，美驻菲大使布莱尔（William M. Blair）就于 26 日约见他，并敦促他尽快派兵，表示美方下周就将着手制定"分担财政费用"的计划。① 10 月底，美菲就马卡帕加尔总统访美时提出的"援越费用"及"军援需求"问题进行具体谈判。菲方开出庞大的清单作为出兵援越的条件：美为援越菲律宾民事行动组（The Philippine Civic Action Group, PHILCAG）提供所有装备及后勤支持；美为赴越菲军支付高于菲政府补贴标准的海外津贴；美承担菲轮替部队的轮替开支成本；在此前承诺的提供两艘河面巡逻艇（Swiftcraft）外，美方需要再额外提供两艘；美方加快在军事援助项目（MAP）计划下给 3 个工程营提供装备的 1966 财年拨款的发放进度；美方在 1966 财年为菲律宾的作战部队（BCT）提供 M14 型步枪和 M60 型机枪。菲方还提出，上述 6 方面费用不占用菲军事援助项目（MAP）额度。② 焦急等待的约翰逊总统专门经驻菲大使布莱尔致函马卡帕加尔，表示两国领导人华盛顿会晤已过两月，但菲目前却仍然只有在越的 34 名医疗人员及心理战人员，敦促菲方"尽快派遣 1800 人的多军种特遣部队（tri-service task force），履行承诺"③，约翰逊也表示理解目前全额派遣上述人员存在操作困难，但是希望至少要尽快派出第一批人员赴越。随信，国务院也表示美方理

　　① "Philippine aid to Vietnam discussed. Cable. DEPARTMENT OF STATE", Oct 26, 1964, DDRS, CK3100183815.

　　② "United States Security Agreements and Commitments Abroad: The Republic of the Philippines", September 30, 1969, DNSA, PH00287.

　　③ "Outgoing Telegram No. 902, to Am Emb Manila, Telegram, DEPARTMENT OF STATE", Dec 13, 1964, DDRS, CK3100392256.

解马卡帕加尔的政治困境，因为这将是菲在朝鲜战争（Korean War）以后的首次派兵出国作战，授权布莱尔大使向马卡帕加尔承诺，"美国会承担菲在越南花销费用（pick up the tab on their Vietnamese package）"，同时，也向菲方指出"美方考虑增加对菲军事援助（MAP），前提是菲能落实援越承诺"①。

马卡帕加尔派菲财政部部长海切诺瓦（Rufino G. Hechanova）在 1965 年 1 月率团访美，与美军方领导人谈判。菲方此行，名义上是向美方通报两国领导人会晤后，菲方落实援越准备工作方面的进展情况，而实际上是赴美跟进菲援越的费用支付问题。菲财长先积极报喜，表示菲援越队伍正在受训，3—4 月后就能赶赴南越。紧接着，菲财长借新闻媒体报道之口，称"媒体有一些令人不安的消息，大意是韩国拟援越的队伍是美国赞助的雇佣军"②。为避免类似的对美及菲政府的指责，菲方希望美方能一次性提前付款给菲政府，支持援越的 2500 人菲军。同时，菲政府将从自己渠道申请一笔同等数目的比索拨款，菲方拨款并不真实发生，只是作为一个"掩护（cover）"。菲财长还明确提出，菲方将自行承担援越部队的基本工资，美方需要承担海外补贴，补贴标准是校级军官（field grade officers）15 美元／人／天，尉级军官（company grade）12 美元／人／天，士兵（enlisted men）8 美元／人／天标准。美方认为此标准过高，希望菲方据实降低，菲财长予以明确反对：首先，该标准是菲前期抵越工作人员的既定工资标准，不宜改变；再者，削减将给菲军方的士气及今后招兵赴越带来负面影响；最后，菲比亚洲其他国家有更高的生活标准，补贴标准理应高点。美方对提前拨款问题并没有提出异议，美菲双方关于补贴问题却难以达成共识。③

2 月份，经报约翰逊总统批准，腊斯克国务卿授权布莱尔大使向马卡帕加尔提出美方拟给予菲援越部队的补贴考虑，美承担菲援越部队与韩援越部队类似的补贴，约每年 250 万美元；鉴于目前在越菲人员较少，美将承担在菲国内的承担国内安全的轮替部队的工资和补贴，约每年 190 万美元；美方

---

① "Outgoing Telegram No. 901, to Am Emb Manila, Telegram, DEPARTMENT OF STATE", Dec 13, 1964, DDRS, CK3100392252.

② "Memorandum of Conversation", January 21, 1965, FRUS 1964 – 1968, Volume XXVI, No. 303.

③ "Memorandum of Conversation", January 21, 1965, FRUS 1964 – 1968, Volume XXVI, No. 303.

将重新装备新部队，一次性开支 300 万美元；此外，给管理和培训提供 175 万美元。以上 4 项合计约每年 900 万美元。① 美菲最终也谈妥援越人员海外补贴问题，从士兵到将官每天餐费补贴从 10 美分到 6 美元不等，外加每天 1 美元补贴。②

三 马卡帕加尔援越计划遭遇国会反对而被迫搁置

美菲双方顺利解决了美对菲援越补偿问题，马卡帕加尔即向菲律宾国会递交了《援助越南法案》（Aid to Vietnam Bill），并在 5 月底顺利得到众议院支持批准。在菲众议院顺利通过议案后，该议案仍需得到菲参议院的批准，马卡帕加尔需要得到至少参议院的 13 张选票才能通过该议案，而马卡帕加尔确信能得到的票数只有 10 张。马卡帕加尔遭遇到国民党借机制造议题，参议院马科斯（Ferdinand Marcos）、洛佩斯（Fernando Lopez）等参议员们明确反对该议案，该议案未能顺利通过。马卡帕加尔向驻菲大使抱怨"过去几年已证明，美国没有比我更好的朋友了"③，希望美约翰逊总统守约来菲访问，助其竞选，"只要我在 11 月能顺利胜选，特别是大优势胜出，我就可以召开特别会议，通过此议案"，"但是如果约翰逊难以兑现访菲承诺，我也会在援越议案方面陷入困境"，以援越问题诱使约翰逊支持其竞选连任总统。此外，由于援越法案遭遇到国民党的阻击，马卡帕加尔还尝试提出志愿军（volunteers）变通方案。④

马卡帕加尔未能通过援越法案，其就失去了在援越问题上与美方讨价还价的资本，美菲在援越问题上的谈判天平就转而对马卡帕加尔一方不利。美对其态度迅疾改变，认为"政府公开和热心提议的议案都没有通过，菲的声望将受损"，美方"对越南议案没通过，既关心又失望"⑤，并

---

① "Analysis of free world assistance to South Vietnam. Report. DEPARTMENT OF STATE", Feb 26, 1965, DDRS, CK3100187578.

② "United States Security Agreements and Commitments Abroad: The Republic of the Philippines", September 30, 1969, DNSA, PH00287.

③ "Am Emb Manila, Telegram No. 27. 2 Sections, Telegram, DEPARTMENT OF STATE", Jul 6, 1965, DDRS, CK3100374495.

④ "Am Emb Manila, Telegram No. 27. 2 Sections, Telegram, DEPARTMENT OF STATE", Jul 6, 1965, DDRS, CK3100374495.

⑤ "Telegram From the Embassy in the Philippines to the Department of State", July 9, 1965, FRUS 1964 – 1968, Volume XXVI, No. 309.

因应做出预案：

首先，立即反对马卡帕加尔提出的志愿军方案。马卡帕加尔援越法案受阻后，提出变通的"志愿军方案"，即美国通过中央情报局给菲方付款，菲方私下招募菲籍人员援越作战。美方"认为给志愿军付款是个极其麻烦的解决方案"，美方各部门对此一致和强烈反对，担心"菲很可能选派一群他们属意的人，称之为志愿军，这是一个曾经用过的恶心的先例（lousy precedent）"①。美方评估认为，"志愿军方案并不满足我们让菲政府在援越方面背书的需要，我们认真考虑过美国财政支持卷入一个这样规模的私人筹集资金开展冒险所带来的问题，认为不可能不让美国之手曝光，这将损害美国利益及马卡帕加尔本人利益"②。最终，国务院7月6日指示驻菲大使布莱尔明确告诉马卡帕加尔"志愿军的提议既不可接受也不现实（unacceptable and impractical）"③。

其次，考虑推动马卡帕加尔在任期内再次推动有关援助议案，即菲律宾立法程序上的"再次推动（recertification）"，力求在马卡帕加尔任期内完成国会程序，实现派兵援越。

第三，针对马卡帕加尔的竞选前景做出两手准备。美方提出要总体上继续维持与马卡帕加尔的良好关系，为菲政府在选后变化留出空间，"让马卡帕加尔感觉亏欠我们一些，无论在哪里都愿意与我们合作"，特别要注意"不要将马卡帕加尔逼入死角"④。

一方面，马卡帕加尔对于即将到来的总统大选表示出必胜的信心，希望得到美方支持其竞选连任。他向美方表示，任何知晓民主政府运作的人都会理解，有很多事情并不能在选战的最终狂潮中完成。希望华盛顿能理解其遇到的困难都只是"暂时的耽误（temporary delay）"，承诺不超过4个月将兑现承诺。7月24日，马卡帕加尔还专门致信约翰逊总统，陈述自己一直以来在援越方面的努力，但是遭遇到"反对派控制了参议院，与总统成了死结，

---

① "Memorandum from the President's Special Assistant for National Security Affairs（Bundy）to President Johnson", July 7, 1965, FRUS 1964 – 1968, Volume XXVI, No. 309.

② "Telegram From the Department of State to the Embassy in the Philippines", July 7, 1965, FRUS 1964 – 1968, Volume XXVI, No. 308.

③ "Telegram From the Embassy in the Philippines to the Department of State", July 9, 1965, FRUS 1964 – 1968, Volume XXVI, No. 309.

④ "Telegram from the Department of State to the Embassy in the Philippines", July 7, 1965, FRUS 1964 – 1968, Volume XXVI, No. 308.

这是我们民主成长的烦恼（growing pains of our democracy）"①，表态不用等到 1966 年 1 月份菲国会重新开会，其将在胜选后于本年度（1965 年）11 月底就此及其他事宜召集特别会议，推动援越方案。

另一方面，在 1965 年菲律宾总统选举之前该议题过于敏感，美方不便施压，美方希冀马卡帕加尔能实现连选连任，并在胜选后兑现对美承诺的"11 月 15 日召开国会特别会议（special session）来推动援越法案通过"，通过"甚至比现在议案更多内容（例如一个营的工程兵加上安全部队）……还将派更多的民事行动组（civic action teams）"②。

第四，美方也客观认识到马卡帕加尔在驾驭菲政局方面的有限性，密切关注菲 1965 年总统大选形势，预测选情前景，并将援越的希望转向马卡帕加尔的强力竞争对手马科斯。

小　结

强实力一方希望同盟的稳固和凝聚力得到现实的发挥，尤其是其采取进攻性政策时，希望盟国履行同盟义务。菲律宾在外交政策、经贸政策等多个领域上倒向美国，证明了美国在强化美菲同盟凝聚力上取得阶段性成果，但要真正考验同盟凝聚力，还需要看在进攻性政策驱使下，菲律宾是否能在牵连和抛弃的恐惧中选择支持美国。在美越战争初期，美国政府制定了"更多旗帜"计划，这个计划只是要求盟国象征性地支持美国，而非要求出兵越南，盟国并不需要过分担心被牵连的风险。美国的盟国纷纷出来站台，马卡帕加尔政府也积极回应美国，承诺派遣医疗组和心理战专家组。此后，越战升级，美国对盟友的期待从"更多旗帜"转为出兵越南，但马卡帕加尔政府要么提出"菲泰联军代替美军"的疯狂动议，要么不仅不能打破国内反对势力阻挠，罔顾同盟义务，还挟出兵越南向美国索要高价，虽然美国愿意就菲律宾改变防守政策出兵越南提供补偿，但马卡帕加尔索要甚高，已经超出美国预期。马卡帕加尔政府这一系列的表现令美国十分不满，除了美国并不重视的经济政策外，在安全政策上，马卡帕加尔政府因担心被牵连进与己无益

① "Letter from President Macapagal to President Johnson", July 24, 1965, FRUS 1964 – 1968, Volume XXVI, No. 310.

② "Memorandum from the President's Special Assistant for National Security Affairs（Bundy）to President Johnson", July 7, 1965, FRUS 1964 – 1968, Volume XXVI, No. 309.

的祸端，始终不能与美国协调一致。

　　弱实力一方的关注重点仍在国内，在弱国国内"权力之争"中，强国的支持能够带给候选人更大竞争力。马卡帕加尔清楚地认识到这一点，他在任副总统时就极力讨好美国，借力美国上位。上台后，马卡帕加尔声称要在国内外多项政策上追随美国，美越战争后又向越南战场实际派遣了 34 名医疗及心理战人员，但这些对于盟友美国而言是远远不够的。一是，美国扶持马卡帕加尔任总统，希望其在任内能够最大限度地听从美国指挥，但除了美国并不关心的经济领域外，马卡帕加尔在多个领域未能兑现对美国的承诺，令美国不满。二是，美越战争期间，美国多次在国际和双边场合敦促菲律宾出兵越南，履行盟国协定。但马卡帕加尔在该问题上踟蹰犹豫，担心出兵越南会被牵连进美越战争而不能自拔，也担心因此产生的一系列负面影响受到国内反对；不出兵则会直接惹怒美国，失去美国的支持。因此，马卡帕加尔权衡再三后只派出 34 名医疗及心理战人员，想以此搪塞美国，即便他曾当着时任美国防部长麦克纳马拉的面，明确提出考虑派 1000—1200 人的作战部队，和技术援助及民事行动部队。这直接触发了美国对马卡帕加尔的失望情绪和放弃他的念头。

第四章

约翰逊时期美对菲马科斯政府政策

1964 年，美国举行总统选举。约翰逊在 8 月举行的民主党全国代表大会上获提名为该党总统候选人。11 月，约翰逊以绝对优势战胜共和党总统候选人——参议员巴里·戈德华特（Barry Goldwater）。1965 年 1 月，约翰逊携明尼苏达州参议员休伯特·汉弗莱（Hubert Humphrey）宣誓就任正副总统。

在约翰逊第一任期内，其越战政策已经到了无路可退的地步。1965 年上台后，其不得不寻求进一步的军事冒险，继续扩大在越南的战火。1964 年 8 月，美国会通过《东京湾决议案》，约翰逊总统获得美国国会授权，得以在越南战争中可采取使用美国武装部队等一切必要措施。此后，美迅速将战火从南越扩大到了北部。1965 年 3 月 2 日，约翰逊批准了"滚雷行动"（Operation Rolling Thunder），美军轰炸机开始大规模轰炸越南北方。3 月 8 日，美军首批 3500 人地面部队在岘港登陆。通过升级轰炸行动以及派遣常规地面部队直接作战，越南战争发展到"美国化"阶段。

美约翰逊政府与盟国菲律宾马卡帕加尔政府就增兵援越方面进行谈判，美方做出了提供装备、增加军援等诸多承诺，马卡帕加尔也向菲国会提交《援助越南法案》，但是遭到以参议长马科斯为首的参议员们的抵制，该法案未能通过。随着 1965 年年底菲律宾即将迎来总统大选，美政府关注着选情发展，并对马科斯参选及胜选前景进行深入全面的分析。

第一节　美对菲 1965 年总统大选的
选情分析与介入

一　菲政治格局基本状况

1965 年 11 月，菲律宾将举行四年一度的总统选举。菲律宾政党制度松散，国民党与自由党并无政治主张方面的根本性差异，为了竞选需要，或者是竞选后加入胜方阵营获得政治红利，两党党员转换门户并不罕见。执政的马卡帕加尔总统继续代表自由党，携已故前总统曼纽尔·罗哈斯（Manuel Roxas）之子罗哈斯参议员（Gerardo Roxas）参选。因为马卡帕加尔违反1961年竞选时向马科斯做出不再竞选连任的君子承诺，马科斯愤而出走，转而加入国民党并携手洛佩斯参议员（Fernando Lopez）向马卡帕加尔发起挑战。除了传统的国民党与自由党两党推出代表外，新成立的第三党菲律宾进步党（Party for Philippine Progress，简称 PPP）推出曼格拉普斯（Raul Manglapus）搭档曼纳汉（Manuel Manahan）竞选正副总统。

1965 年总统选举时也同时进行国会议员选举，包括 8 名参议员选举和全部 104 名众议员选举。在参议院方面，国民党参议员占据优势，造成执政的马卡帕加尔成为"跛脚鸭"，例如《援助越南法案》就在参议院遭到阻击。在众议院方面，当时是自由党控制 53 席，国民党 45 席，6 席空缺，但是由于党内纷争，马卡帕加尔也不能完全控制众议院。因此，马卡帕加尔抱怨"这是我最不幸的地方，作为我们历史上第一个和反对派国会共事的总统"[1]，以及自己施政频频受到掣肘，"主要问题是参议院控制在反对党手头"，解决方案"最简单的办法就是赢取 1965 年选举胜利，得到一个友好的参众议院"[2]，冀望能得到美政府对其竞选连任的支持。

二 美政府视角下的菲律宾民族主义与反美主义情绪发展问题

菲律宾日益发展的民族主义，已经日渐影响菲律宾的选举政治，在 1965 年菲律宾总统大选的选战期间，美国务院已关注到这种显著的变化，"发展中的菲民族主义迫使各候选人表达民族主义的观点，以反驳任何所谓他们屈服于美国利益的指控"[3]。

（一）菲律宾民族主义发展迅猛，引发美对其在菲利益的关注与担心

首先，国际及地区形势的发展变化，助推了菲国内的民族主义发展。

20 世纪 50 到 60 年代，以亚非拉地区新独立发展中国家为主体的第三

---

① "Memorandum of Conversation", October 6, 1964, FRUS 1964 - 1968, Volume XXVI, No. 301.

② "Memorandum of Conversation", October 5, 1964, FRUS 1964 - 1968, Volume XXVI, No. 300.

③ "Philippine Election Campaign: Nine Months to Go", February 25, 1965, DNSA, PH00021.

世界国家，逐步成长为参与国际事务的新生力量，积极提出维护国家主权、发展民族经济、变革国际旧秩序等主张。1955年，在印尼举行的万隆会议，践行了"求同存异"新原则，给不结盟运动带来思想启示和政治推动。1961年9月和1964年10月先后在前南斯拉夫首都贝尔格莱德及埃及首都开罗召开的不结盟运动首脑第一次、第二次峰会，规定了参加不结盟国家会议的5个条件，其中不参加大国军事同盟、不与大国缔结双边军事协定、不向外国提供军事基地等内容，对菲律宾民族主义思想的发展起到助澜作用。

其次，菲民族主义的发展得到日益庞大的年轻选民的政治支撑。

1946年菲律宾实现独立以来，菲国内民族主义发展迅猛，尤其是前文提及的民族主义政治人物雷克多参议员，充分利用国会和媒体平台，抨击历任政府"唯美依附"的外交政策是"乞丐外交政策（mendicant foreign policy）"，其承认菲作为美国前殖民地的历史，以及作为美苏争霸夹缝中的小国的尴尬地位，"……我们是乞丐外交政策，作为乞丐别无选择；我们理所当然地在被人忽视中苟活，候于门外，执帽在手，未有传唤不得入内"①。雷克多认为美苏对抗，菲律宾自然应站在美国一方，但不能无视谨慎和国家安全，呼吁菲要正视本国的安全，在外交事务中要敢于维护国家利益。1960年10月，雷克多去世，菲政坛最为呼吁民族主义的旗手终于彻底退出了历史舞台。但是民族主义发展的浪潮，却并未因为雷克多的逝去而在菲销声匿迹，反而愈演愈烈。

1946年即获得独立的菲律宾，远比绝大多数亚非拉殖民地国家更早实现独立。但是到20世纪50年代时，菲作为一个独立国家的姿态在国际社会遭到非议乃至质疑，不结盟运动的领导人、印度前总理尼赫鲁甚至表示，因为美国与菲律宾的复杂关系，他拒绝承认菲律宾是一个完全独立国家。菲律宾作为美国"傀儡"的角色，以及尼赫鲁等领导人对菲的批评，都伤害了菲国民的民族自尊心，也引发菲国内的反思，助推了民族主义思想发展。菲民族主义在传媒、知识分子、大中院校学生中发展势头迅猛，特别是当二战后出生在独立的菲律宾共和国的年轻人们开始觉醒，并在陆续拥有投票权等政治话语权后，菲律宾一人一票选举制度下的选民结构及政治倾向开始发生变

---

① Claude Albert Buss, *The United States and the Philippines*: *Background for Policy*, Washington, D. C. : American Enterprise Institute for Public Research, 1977, p. 28.

化。美情报分析指出，"经历过二战的这一代人终将过去，年轻人缺乏对美国的依赖情感"①，他们对政治、经济、军事领域存在"特殊关系"的美菲同盟产生强烈的不满，提出要修订乃至终止《劳雷尔—兰利协定》、撤出美军基地，并且反对菲援越动议。

第三，菲民族主义经济政策和民族主义外交探索既是对国内民族主义诉求的回应，也进一步培养了国内民族主义的发展。

加西亚政府时期推出的"菲律宾人第一"经济政策，以及旨在限制华人经济发展的《菲零售业法案》都是狭隘的民族主义经济政策，虽然对菲经济带来不利的影响，也受到美方的关注、施压，但是，这些政策也是对菲国内特定利益群体呼声的回应，而且一直不乏支持者。马卡帕加尔作为"亲美人员兼菲民族主义者"②，执政期间在美菲关系框架内积极探索与地区国家发展关系，"3年来，其显示出在地区及国际事务方面比任何前任都大的兴趣，其在驻菲基地、越南等重要领域支持了我们，但有时其民族主义导致其走了一条不太助益的道路——其早期的印尼政策、对沙巴的主张等"③。马卡帕加尔民族主义外交政策的探索没有取得预期效果，马菲印联盟（Maphilindo）成立不到一个月就夭折，对沙巴提出主权主张也造成菲马关系剑拔弩张，但其地区主义的尝试也是菲国内民族主义发展的一种产物，为1967年东南亚国家联盟（东盟）的成立奠定了一定基础，也给继任的马科斯政府进一步提出"发展外交政策"（development diplomacy）做出了有益探索。

（二）美评估菲民族主义发展仍然可控，未演变为"反美主义"

虽然菲民族主义的发展引发美政府的警觉，美方采取压制措施防止其进一步滋生蔓延，从而冲击美菲同盟关系和损害美在菲利益。但是美也客观分析菲具备广泛的亲美政治氛围和社会基础，并未转化为以美为目标的"反美主义"。

美方评估，菲主流政党及竞选候选人亲美的政治自觉性不会变化。早在1960年时，美政府就分析指出，"（菲律宾）极端民族主义主题从未引起广

① "National Intelligence Estimate", February 17, 1966, FRUS 1964 – 1968, Volume XXVI, No. 323.

② 1964年10月，腊斯克国务卿向约翰逊介绍马卡帕加尔时的评价，"Memorandum From Secretary of State Rusk to President Johnson", October 2, 1964, FRUS 1964 – 1968, Volume XXVI, No. 296.

③ "National Intelligence Estimate", February 17, 1966, FRUS 1964 – 1968, Volume XXVI, No. 323.

泛的民众反应，如今似乎已失去了活力和吸引力"①。美国中央情报局更是精辟论述"菲律宾政治中的公理就是，总统候选人绝不会在反美平台上获胜（It is an axiom of Philippine politics that a presidential ticket cannot win on an anti-American platform)"②。亲美，依然是 1965 年菲总统大选的基本政治基调，无论是寻求连任的马卡帕加尔，还是初次竞选总统的马科斯，或者是胜选机会渺茫的菲律宾进步党（PPP）候选人曼格拉普斯，他们的竞选纲领中都没有出现任何调整、疏远对美政策的内容。

　　美方理解在菲选举中打民族主义牌是菲政治人物的惯用伎俩，而绝非菲律宾政策实质性改变。美菲关系历来不是菲律宾选举的重要议题。在传统上，菲各派候选人都会证明自己与美国维持良好关系的能力，以及从美方争取到更多收益方面的能力。但是 1965 年的大选，由于军事基地问题、《劳雷尔—兰利协定》执行及 1974 年到期后是否续期等议题，在菲国内引发广泛争议，这些都会挑动选民们对美国的爱恨喜恶的敏感神经，并得以在投票取向上有所体现。再者，虽然有着"反美的候选人当不了菲总统"这样的菲律宾政治公理，但是 1965 年的选举也发生一些微妙的变化，"今年已经显示出批评美国的政策和尊重菲律宾可以获得政治优势"③。美方也关注到菲总统候选人在选战中触碰涉美议题均点到为止，拿捏有度。1965 年 1 月选战之初，马科斯就在会晤专门到访菲律宾的美国国务院菲律宾事务主管官员巴兰坦（Robert J. Ballantyne）时，以半道歉的方式表示，希望美国对其选战中表达的约翰逊与马卡帕加尔关系好的言论不要太当回事。④ 7 月份，当马卡帕加尔未能推动国会通过《援助越南议案》议题也是很好的例证，马科斯及反对党国民党虽然对此批评，但是都极为克制，避免被视为反美政党，得不偿失。无论是自由党还是国民党都知道，"关于美菲关系的辩论对两党来说都是一个潜在的陷阱，双方都希望将注意力放到其他事务上"⑤。

　　基于如上分析，美国务院认识到菲民族主义的发展是不可避免的趋势，

　　① "Telegram From the Embassy in the Philippines to the Department of State", December 24, 1960, FRUS 1958 – 1960, South and Southeast Asia, Volume XV, No. 456.

　　② "Directorate of Intelligence, Office of Current Intelligence Memorandum, Memorandum. CENTRAL INTELLIGENCE AGENCY", Oct 28, 1965, DDRS, CK3100375741.

　　③ "Philippine Election Campaign: Nine Months to Go", February 25, 1965, DNSA, PH00021.

　　④ "Views of Nacionalista Party's Presidential Candidate Ferdinand E. Marcos as Expressed to U. S. Embassy Officers", January 13, 1965, DNSA, PH00018.

　　⑤ "Issues in the Current Presidential Campaign", August 31, 1965, DNSA, PH00035.

美方应正视该现象，采取精心措施确保其正面和建设性作用，不能显示出对菲方合法表达民族主义的反对，提出"是时候让荣耀与自立代替过去尽孝似（quasi filial）的角色，但不是沙文主义，或者效仿有些亚洲国家那样的激进民族主义"①。

三　美方逐步看好马科斯选情，但依然做好两手应对准备

在 1965 年菲律宾总统大选中，美政府声称置身事外，"这是 1949 年以来菲律宾首次举行的没有美国直接介入，或者说在一定程度上没有坚定影响力的选举"②，评估鉴于美方与参选的三个党派的沟通渠道都开放畅通，在各个层面都保持着友好的关系，并向候选人们做出了一定的不干涉选举的姿态，美"自信无论明年 1 月哪个总统候选人入主总统府，我们都可不受愤恨与之一同工作"③。

但在具体实践中，美政府高度关注 1965 年菲选情进展，通过国务院派员赴菲约谈、驻菲大使馆官员主动约见或接受来访等方式，保持与两名主要候选人及其竞选团队的密切接触，国务院（包括大使馆）、中央情报局以及军方根据不同渠道采集信息，分析选情，预测选举结果，评估马卡帕加尔或马科斯上台对美方"更多旗帜"援越项目支持与否的态度，以及对保护美资等美国利益方面的潜在政策选项考虑。

在选战之初，美政府各部门认为马卡帕加尔与马科斯旗鼓相当，两者均不具备压倒性优势，选情较为胶着。随着选战深入，特别是马卡帕加尔未能通过《援助越南法案》后，美方逐步看好马科斯胜选，并且随着选举日（1965 年 11 月 9 日）临近，评估其优势逐步扩大，较为确信马科斯将取得选战胜利。

（一）政治新星马科斯渐趋获得美方青睐

马科斯，全名费迪南德·马科斯（Ferdinand Marcos），1917 年 9 月 11 日出生于菲律宾吕宋岛北伊洛戈省（Ilocos North）。1939 年，他自菲律宾大

---

　　①　"National Policy Paper on the Republic of the Philippines—Part I", December 1, 1965, DNSA, PH00087.

　　②　"Memorandum Prepared in the Central Intelligence Agency", October 27, 1965, FRUS 1964 – 1968, Volume XXVI, No. 315.

　　③　"Election Situation（Overall Assessment of Presidential Election）", November 8, 1965, DNSA, PH00060.

学法学专业毕业，自称二战期间曾在美国麦克阿瑟领导的盟军中参加过对日抵抗运动。二战后，他曾从事律师职业，在 1949 年当选为众议员（北伊洛戈省第二区）并连选连任至 1959 年，1959 年以最高票当选为参议员，并在 1963 年就任参议长。在马科斯政治发展的过程中，他在 1954 年迎娶了菲中部米沙鄢地区（Visayan）莱特省罗穆尔亚德斯（Romualdez）家族的伊梅尔达（Imelda Romualdez），在家族政治影响力巨大的菲律宾，这一政治婚姻也给马科斯增加了宝贵政治资本。加之，吕宋地区与米沙鄢地区一贯就是产生菲律宾总统和政府高官的摇篮，马科斯家乡伊洛戈省又惯出军方领导人，这些与马科斯身上的二战辉煌履历、律师的雄辩口才等优势叠加，马科斯政治前途一片光明。

　　根据目前能查阅到的美官方解密文件，至少不晚于 1959 年 11 月菲律宾加西亚政府中期选举之时，美官方就已关注到马科斯这个冉冉升起的政治新星。时任分管远东事务的副助理国务卿帕森斯（J. Graham Parsons）向时任国务卿赫脱（Christian Herter）汇报菲选举结果时，就专门提及最高票当选的新科参议员马科斯，并预言"鉴于马科斯今年的高光表现，其恐在不久的将来竞争参议院自由党党魁"①。在马科斯胜选参议员后，美驻菲大使馆政务参赞科伦（H. L. T. Koren）专门约见其夫妇，听取马科斯对菲政局的分析，以及个人政治发展规划。胜选的马科斯自信其"可能是菲律宾政界最受追捧的人"②，并分析 250 万张选票高票当选的 10 点原因，具体包括伊洛戈人在关键省份的广泛分布，其作为少数党领导人的活动，其与领导人们的频密交往，其给全国很多选民联系或写过信，其拥有 60 至 80 万张的自由党铁票，其选战中反腐主题的有效性，其对经济改革和脱贫解困的建设性态度与项目，其在南北方的个人联系，妻子伊梅尔达在米沙鄢地区的资源、伊梅尔达在选战中对其的支持等等。科伦参赞也对马科斯做出一定的判断，认为其是"有吸引力的，充满活力的，敏锐的，冷静的精明的人，有着令人放松的谦虚的态度，……虽然年轻，但在政治上仍相当成熟，前途光明"，其至还超前预言"他无疑会成为一名优秀的参议员，……他也可能是

---

①　"Memorandum From the Deputy Assistant Secretary of State for Far Eastern Affairs（Parsons）to the Secretary of State", November 20, 1959, FRUS 1958 – 1960, South and Southeast Asia, Volume XV, No. 445.

②　"Memorandum of a Conversation", December 16, 1959, FRUS 1958 – 1960, South and Southeast Asia, Volume XV, No. 446.

一个好总统”①，这些嘉许之词增加了美行政部门对其的重视和随后的接触交往。

（二）美对菲1965年菲律宾总统选举的选情评估

1. 评估马卡帕加尔的选举优劣势

马卡帕加尔坐拥执政党的优势，拥有良好的选战资源。但马卡帕加尔未能兑现1961年竞选承诺，执政成绩不佳，民心思变。

首先，在经济成就方面乏善可陈。马卡帕加尔政府为解决菲发展资金不足的问题而大肆举债，直接造成1965年菲律宾政府到期外债高达2.5亿美元，债息高昂，负担沉重；菲工业体系受到进口冲击，全国处境困难的企业数激增至1500家之多；农业领域，菲主要农作物稻米的种植面积不断减少，稻米净进口额不断增加，米价也频频上涨；通货膨胀严重，其任期内菲年均物价上涨率高达6.1%，米价更是达到2位数（约11.6%）的水平。②

其次，在外交领域，其民族主义外交政策与推动菲响应美约翰逊政府军事援越政策相互矛盾，受到国内不同导向媒体的抨击，也流失了民众对其政府政策的支持。

第三，在竞选策略上，马卡帕加尔所在自由党不断分歧分化，内耗严重。本来马卡帕加尔坐拥执政党的竞选优势，但是选战之初，马卡帕加尔所在自由党就出现分裂：马科斯负气出走自由党，带走一部分支持他的自由党政治资源、支持在任总统马卡帕加尔连选连任的党内势力，以及支持时任副总统佩莱斯参选的一小部分势力。选战中，前文官长和驻美大使穆塔克（Amelito Mutuc）反戈，给马卡帕加尔造成一定影响。③ 而自由党内部的纷争，譬如奥斯敏纳（Sergio Osmena Jr.）就阻挠罗哈斯当选副总统，认为如果后者当选，他将很难获得1969年总统选举的党内提名。为了打压马科斯的选情，马卡帕加尔采取限制措施，禁止播放宣传马科斯的电影也成为适得其反的一大败笔。再者，马卡帕加尔及竞选团队过于去攻击竞选对手马科斯的劣势，而不是树立己方候选人的优势，这种一味抹黑、有破无立的策略效果不佳。

此外，菲历史上从来没有总统成功连任的纪录，罗哈斯和麦格赛赛都是

---

① "Memorandum of a Conversation", December 16, 1959, FRUS 1958 – 1960, South and Southeast Asia, Volume XV, No. 446.

② 金应熙主编，刘迪辉等编著：《菲律宾史》，河南人民出版社1990年版，第728—729页。

③ "Philippine Election Campaign: Nine Months to Go", February 25, 1965, DNSA, PH00021.

任上去世，季里诺和加西亚谋求连任都败选而终。因此，"思变"成为选民的一个趋势，"就是一任对于一个总统已经足够了，1965 年该发生变化"①，这种选民的心理暗示对于马卡帕加尔也难言利好。

2. 评估马科斯的选举优势情况

首先，马科斯得到"坚固的北方"——北吕宋政治势力支持。马科斯在 1965 年的选举中进一步放大了其 1959 年成功竞选参议员的"10 大优势"，其北伊洛戈省出身的身份，使其得到在菲政治版图中举足轻重的北吕宋政治势力的支持。北吕宋地区选民数量虽然不大，北吕宋选票比重在 1961 总统大选和 1963 年中期选举中只占不到 10%，在全国 9 大选区中只是排第六，但是得到该地区支持的候选人都取得大胜，由于该地区在菲政治中的重要地位，因此被称为"坚固的北方（solid north）"。1959 年马科斯竞选参议员时，其在全国只有 42% 的得票率，但是在北吕宋获得 71% 的支持率，顺利以最高得票数当选参议员。1961 年马卡帕加尔也在北吕宋获得胜利，但当时马科斯是其盟友。1965 年选举已是时移势易，两人变为竞争者关系，马科斯成为北吕宋的属意总统人选，其对马卡帕加尔的优势非常明显。

其次，马科斯得到军队势力的普遍支持。马科斯的二战参战履历，使其得到军方的普遍支持。即使是自由党的官员都承认"除了最高层政治任命的那些军官外，军中高层 80% 都支持战时同事马科斯"②。这种来自军方的支持，有利于保障选战期间的国内安全局势，也防止了马卡帕加尔操控军方采取某种"极端行动"来维持政权。③

第三，马科斯夫人伊梅尔达在选举中发挥独特推动作用。除了伊梅尔达所属的米沙鄢地区罗穆尔亚德斯家族给予马科斯的政治资源，伊梅尔达陪同马科斯在竞选期间东奔西走，也赢得了可观的选票回报。大使馆给国务院的报告中都表示"马科斯夫人是马科斯重要资产（asset），在有些犹疑选区，马科斯夫人甚至是决定性因素"，"甚至有人说，无论谁胜选，马科斯夫人都

---

① "Senate President Marcos Campaign", April 19, 1965, DNSA, PH00023.

② "LP Officials Estimates of Province-by-Province Presidential Election Situation", October 1, 1965, DNSA, PH00039.

③ 菲时任国防部长佩拉尔塔（Peralta）曾向美国官员暗示，其可能采取激烈行动，包括军事介入方式，来确保马卡帕加尔 11 月连任。见 "National Security Adviser McGeorge Bundy is provided with information on developments in Southeast Asia, Memo, WHITE HOUSE", Sep 28, 1965, DDRS, CK3100580623.

应该是第一夫人”①。

第四，马科斯竞选纲领有针对性，得到选民普遍支持。马科斯呼应选民对马卡帕加尔政府贪腐的不满，提出要澄清吏治，整顿贪腐；其抨击现任马卡帕加尔政府的经济政策是鼓励草率和不负责任的消费，降低了民众普遍的生活标准，表示关心经济改革、工业发展、财政政策、就业、走私、税收及公共支出，提出胜选后将缩减政府开支，鼓励私企扩大发展，抑制物价上涨，同时防止现有法律下给企业和民众增加税负。这些竞选纲领得到工商界及广大选民的支持。

最后，马科斯在选战期间有效维护国民党的团结，竞选中保密工作成效突出，体现出高效的组织能力，这些共同确保了其竞选优势成功转化为最终的支持选票。

（三）马科斯及竞选团队积极争取美方支持

在 1965 年的选战中，美国务院菲律宾事务负责人巴兰坦（Robert J. Ballantyne）访菲专门约见了总统候选人马科斯，马科斯借机严厉抨击了马卡帕加尔执政碌碌无为，造成菲经济困顿不堪、走私严重等施政中的严重问题。他还批评了马卡帕加尔违反 1961 年君子承诺，并在选战中采取监听、跟踪等卑劣做法的个人道德问题。在介绍自己竞选考量时，马科斯专门提及《零售业国有化法案》，在听取美方描述有关条款给美国公司带来困难之后，马科斯表示“主要是聪明的中国人和日本人经商，给菲律宾国民经济带来损害”，其表态很欢迎美国企业继续在菲经营，并承诺“不会在此方面采取强硬立场”②。马科斯的竞选负责人，其妻弟罗穆亚尔德斯（Benjamin Romualdez）也向美大使馆政务官员塔图（Francis J. Tatu）、欧文（William Owen）等人分析选情，介绍马科斯竞选的成功策略，敦促美方“不要做出马卡帕加尔会胜选的误判”③，更不要在选举期间向菲律宾输送平籴大米，或采取有利于执政马卡帕加尔政府的举措。

随着选举日日益临近，驻菲大使馆和美国中央情报局分别对选情做出前瞻性预测，大使馆在选前一个月时预测马科斯会有 4%—5% 的选票胜出优

---

① "Philippine Election Campaign: Three Months to Go", August 25, 1965, DNSA, PH00033.

② "Views of Nacionalista Party's Presidential Candidate Ferdinand E. Marcos as Expressed to U. S. Embassy Officers", January 13, 1965, DNSA, PH00018.

③ "Views of Assistant to Opposition Presidential Candidate Marcos on Election Campaign", August 24, 1965, DNSA, PH00032.

势，但是考虑到可能存在的选举舞弊等因素，如果要确保获胜，必须要达到8%—10%的领先优势①。中央情报局在10月27日时全面分析选情，也给出马科斯能有30万的优势（约3%—5%的优势）。在国会版图变化方面，美方预测在国会的控制权方面，很可能是自由党略占优势，但是大选落幕后，很可能出现议员叛党转投到获胜总统政党这边的情况，从而给执政党一方推动立法提供机会。

（四）美方对菲选举结果做好充分的两手预案准备

虽然美方做出马科斯胜选概率不断走高的选情预测，"无论谁当选，最重要的是我们与当选总统密切关系，深入影响其采取必要措施来提高自由世界在该地区的目标，以及在解决菲被忽视的内部问题方面向前发展"②。但是鉴于菲政治中存在众多贿选、舞弊、意外事件等不可控风险因素，美方也充分做好了马科斯胜选或者马卡帕加尔连任的两手应对准备。

如果马科斯获胜，美方评估总体将出现菲国内向好发展，美菲合作恐有一定挑战。在马科斯就职（12月30日）前有大概两个月的跛脚鸭阶段（lame duck，指马卡帕加尔政府任期将满而无实权，笔者注），美方在该阶段难以推动援越事宜太大进展。中央情报局分析"马科斯上任后可能会采取更独立的对美姿态，但也会维持友好的美菲关系"③。美国务院也分析认为马科斯可被期待在美菲有关问题的解决方面持总体合作态度，以及维持基本的菲律宾对待"自由世界"的目的和目标的方向，但是相较与马卡帕加尔政府打交道而言，"马科斯的民族主义性质很可能在其胜选后获得很大的影响力，我们（美国政府）可能在外交政策方面面临更大困难"。但是另一方面，美方也评估马科斯和施政团队"在内部推动国家发展方面可能更有活力和有效"④。

如果马卡帕加尔连选连任，美方评估菲国内矛盾恐日益尖锐，但有助于缓和美菲军事等事务方面矛盾。虽然美方评估马卡帕加尔胜算不大，但是美政府还是制订预案，提出不要对马卡帕加尔过度施压，而要立足长远，继续观望的总体思路。1965年7月《援助越南法案》未能在参议院通过后，腊

---

① "Philippine Election Campaign: One Month to Go", October 13, 1965, DNSA, PH00043.

② "Philippine National Elections", November 5, 1965, DNSA, PH00057.

③ "Directorate of Intelligence, Office of Current Intelligence Memorandum, Memorandum. CENTRAL INTELLIGENCE AGENCY", Oct 28, 1965, DDRS, CK3100375741.

④ "Philippine Election Campaign: One Month to Go", October 13, 1965, DNSA, PH00043.

斯克国务卿专门指示驻菲大使布莱尔，"不要将马卡帕加尔逼入死角"，"要接受目前形势，为菲政府在选后变化留有空间，让马卡帕加尔感觉亏欠我们一些，无论在哪里都愿意与我们合作"①。如果马卡帕加尔意外获得连任，美国期待其能兑现诺言，快速召集国会特别会议，使增兵援越法案生效。美方期待其维持持续合作的态度，积极回应美关于为了支持越战而扩大美军基地和设施，与菲空军协调联合使用麦克坦岛（Mactan）和宿务（Cebu）的空军基地等。美国也期待其能加快消除美菲关系中军事与经济事务领域的摩擦分歧。同时，美方也预测，在马卡帕加尔的第二任期，马卡帕加尔对于国内事务的发展兴趣和成就恐不如第一任期，担心菲国内问题可能会变得尖锐。

　　11月中旬，菲律宾大选结果出炉，在总统选举方面，马科斯赢得51.94%的选票，远超马卡帕加尔的42.88%的得票率，胜出约50万张选票，曼格拉普斯只得到5.17%的支持。在副总统选举方面，洛佩斯也得到了48.10%的选民支持，大幅领先于罗哈斯参议员的31.08%和进步党候选人曼纳汉的3.43%的支持率。在8个参议员选举方面，国民党赢得8个议席中的5个席位，得以继续把持参议院，自由党获得2个议席，1个议席被中立议员特纳达（Lorenzo Tañada）获得，政治格局总体有利于胜选的国民党。②

第二节　约翰逊政府与马科斯就援越问题的沟通

　　1965年菲律宾大选，在投票结束后的选票统计阶段，马科斯就公开表示，认为自己会胜选120万张，其明确表态菲亲美外交政策不会有大变化（serious change），他也一改坚决反对马卡帕加尔政府增加对越军事援助的态度，表示"对派兵援越的提议持开放态度（open mind），但是还是要国会批准"③。美官方关注马科斯的表态变化，但是并没有做出回应，而是抓紧总结其胜选的经验，分析预测其性格特点和施政纲领，预测"（美国）在外交方

---

　　①　"Telegram From the Department of State to the Embassy in the Philippines", July 7, 1965, FRUS 1964 - 1968, Volume XXVI, No. 308.

　　②　参见菲律宾总统府官网http：//malacanang. gov. ph/74702 - elections - of - 1965/。

　　③　"Telegram From the Embassy in the Philippines to the Department of State", November 26, 1965, FRUS 1964 - 1968, Volume XXVI, No. 318.

面不要期望得到像马卡帕加尔那样 100% 的合作。……我们将开始与一个更强个性的人打交道，他可能偶尔不够顺从，但是也可能在构建一个更加强大的菲律宾方面是有用的，而这是符合我们利益的"①。待大选尘埃落定，美国政府迅速行动，多管齐下推动担任参议长时带头反对菲政府援越法案的马科斯能够言行一致，尽快促动《援越法案》通过，以实际行动支持美在越南的军事行动。

一　美方推动马科斯转变立场，支持美增兵援越

（一）国务院指示驻菲与南越大使馆设法接触候任总统马科斯，初步软化马科斯在援越问题上的强硬反对立场

国务院负责远东事务的副国务卿邦迪（William P. Bundy）专门致电驻菲大使布莱尔及驻南越大使馆，发出加紧与马科斯进行接触的指令：首先，马科斯已当选，布莱尔大使和大使馆官员利用下来的 6 周时间抓紧强化与马科斯及关键人的密切私人联系，驻南越大使馆协调安排目前在西贡前菲军将领巴莱里亚诺（Napoleon Valeriano，马科斯战友与故旧，当时随美方人员 Edward Lansdale 在越开展秘密行动）去拜访马科斯，该人可有效游说马科斯提供援越方面支持，并建立马科斯与美方沟通的第二渠道；其次，要掌握马科斯对外交部、国防部、司法部、文官长、财政部、央行和全国经济委等关键岗位负责人的任命考虑，特别要关注近期关于比索贬值和其他大动作的动态；第三，在与马科斯接触中，就使用麦克坦基地、美轰炸机过境、核军舰（Nuclear Warships，原文如此——笔者注）、基地土地归还等安排作出准备。②

按照指示，11 月 26 日，布莱尔大使在菲大选后首次会见候任总统马科斯，简单就《劳雷尔—兰利协定》与平等权、援越等事宜进行沟通，得到马科斯"国民党支持美国在越南行动"③ 的明确表态，并相约随后再专门就此

①　"Telegram From the Embassy in the Philippines to the Department of State", November 26, 1965, FRUS 1964–1968, Volume XXVI, No. 318.

②　"Instructions regarding U. S. Contacts with Marcos Administration", November 17, 1965, DNSA, PH00077;" Cable regarding a U. S. plan to enlist the help of Philippine Colonel Napoleon Valeriano in order to persuade the Philippine government to expand its support in Vietnam., Cable. Department of State", Dec 8, 1965, DDRS, CK3100503897.

③　"Meeting with Marcos, Telegram. Department of State", Nov 27, 1965, DDRS, CK3100374503.

进行磋商。12 月 13 日，布莱尔大使再次会见马科斯，专门就菲在直接派兵援越和间接支持越战方面进行沟通。布莱尔"转致美国政府对菲律宾增援越南的严肃态度"①，希望菲至少提供工程特遣队（engineer task force），并希望马科斯在 12 月 30 日的就职演说中涉及越共的威胁及采取必要措施的态度，美国政府和人民将会对此心怀好感。布莱尔大使还提出一些在菲本土支持越战方面遇到的困难，包括就参加越战人员的休养和恢复问题（Rest and Recuperation），因为遇到菲移民局的阻挠和飞机许可证问题，而有 136 名人员无法得到安排；美国核动力舰艇可能会到访苏比克基地，以发挥对远东的威慑作用，美方拟在抵菲前以口头而非书面方式知会菲总统或国防部长，希望马科斯接受这种灵活安排；韩国士兵参战援越，一些韩军伤员需空运经由克拉克空军基地医院撤回韩国。这些伤员都是受伤后几小时内紧急运送来菲的，来不及办理护照签证等手续，希望菲不反对这些韩军伤员经由克拉克撤退，为了协助伤员进行翻译和其他事宜，一名韩国军医正在克拉克医院工作。

马科斯表态肯定会在就职演讲时就援越问题进行积极表态。至于派遣作战部队问题，他将与国会领导人、自由党领导人进行磋商，但是目前还不成熟，不能操之过急。对于在菲本土间接援越的要求，马科斯表示出热心态度，不反对参战人员的休养与恢复项目，也接受美核动力舰艇抵菲及有关知会安排，对于韩军伤员经菲转运返韩一事，马科斯仅提出应该避免大肆宣传该事宜，避免不必要的麻烦。② 在美方多管齐下的接触下，候任总统马科斯在援越事务方面立场有所软化，也表态愿意维持前任马卡帕加尔政府在菲本土开展间接支持越战的工作，为美进一步敦促马科斯履行同盟安全义务，加大援越力度创造了良好开端。

（二）汉弗莱副总统两次访菲，掌握马科斯援越真实态度和"要价"

1. 汉弗莱首次访菲，与马科斯政府达成初步一致

1965 年 12 月底，汉弗莱副总统作为美方代表出席马科斯的总统就职典礼。访菲期间，汉弗莱与马科斯商谈援越事宜，以"约翰逊信奉奖赏朋友和

---

① "Telegram From the Embassy in the Philippines to the Department of State", December 14, 1965, FRUS 1964 – 1968, Volume XXVI, No. 319.

② "Telegram From the Embassy in the Philippines to the Department of State", December 14, 1965, FRUS 1964 – 1968, Volume XXVI, No. 319.

惩罚敌人"①之语暗示会对菲加大援越力度，兑现同盟承诺采取切实奖励举措。马科斯表态"我们将坚定与共产主义作战"及"增加援越的承诺非常令人鼓舞"②。在美与前任马卡帕加尔政府的谈判条件基础上，马科斯进一步明确的要求只是装备7个工程营（Engineering Construction Battalions，ECBs），以及利用菲熟练劳动力来解决南越住房之需。美方乐观评估，只要美方能援助装备至少一个工程营及支援部队，马科斯就愿意立即派遣作战部队和支援部队赴越。马科斯对于通过参议院获得授权派遣作战部队赴南越的困难表示乐观，表示将寻求国会批准。马科斯频频向美方提出，由于战争原因，越方急需解决住房问题，其建议给越南住房项目，可以在菲律宾预制之后运输到越南安装。但美方提出，对菲承诺参战（struggle）更感兴趣，并指出韩国人在越南有作战部队（combat division），所以才获得美国在韩国的军需采购商机作为奖励。在会后两国领导人的联合声明中，马科斯还亲自把关，在联合声明中加入"立即"一词，称菲政府表态会"立即"争取国会批准派兵。

2. 第二次赴菲，汉弗莱恩威并施，马科斯承压进一步做出援越承诺

在马科斯就任菲律宾总统的1965年12月，美国投入越战战场的美军人数已经增加到184300人。在1966年1月份的国情咨文中，约翰逊依然强烈呼请国会支持美继续增派10万美军赴越作战。随后，参议院外交委员会举行关于越南政策的听证会，富布莱特参议员（J. William Fulbright）在听证会上公开质疑约翰逊政府的越南政策。为了平息国内外的质疑声，美与南越政府领导人于2月6—9日在夏威夷举行第13次檀香山会议（Honolulu Conference，HC），将之视为开启解决越南问题新开端的转折点，美国约翰逊总统与南越总统阮文绍（Nguyen Van Thieu）、总理阮高祺（Nguyen Cao Ky）等双方高官参加。会议确定了要在外交渠道、军事、自由世界的援助、越南内部项目和公共事务五方面采取进一步行动。在"自由世界的援助"框架下，具体提出5方面行动，包括要密切协调自由世界的援助行动，研究增加对南越农业干部计划的援助，增加对医疗计划的援助，派遣最高级别政府代表赴

---

① "Vice President Humphrey and President Marcos meet to discuss Philippine relations with other Asian nations, support of U. S. policy and Philippine participation in Vietnam. Memo, Department of State", Dec 31, 1965, DDRS, CK3100079785.

② "Telegram From the Executive Secretary of the National Security Council (Smith) to President Johnson in Texas", December 31, 1965, FRUS 1964 - 1968, Volume XXVI, No. 319.

澳大利亚、韩国和新西兰，感谢这些国家的援越行动，施压菲律宾以派遣一个工程营和一支足够的部队的方式来提供进一步援助，以及研究进一步获得拉丁美洲援助的方式。①

在檀香山会议进行中，2月17日马科斯向菲律宾国会提交了关于菲律宾向南越派遣工程营的议案。约翰逊通过大使馆致信马科斯，表示"全力支持"马科斯就职后提出的"亚洲领导人在亚洲事务方面应该发挥更大作用"理念，"你派遣优良单位赴南越与同盟并肩战斗的决定是一项勇敢的行动，这将保证我们两国之间的团结，也对菲律宾的和平与繁荣以及整个地区的稳定是如此重要"②，还对马科斯发出访美的橄榄枝。

按照檀香山会议确定的行动计划，为了各援越国家能进一步凝聚对于檀香山会议达成的共识，受约翰逊委派，汉弗莱副总统在哈里曼大使（W. Averell Harriman）及总统特别助理瓦伦蒂（Jack Valenti）等陪同下，自2月9日至23日先后出访南越、泰国、老挝、巴基斯坦、印度、澳大利亚、新西兰、菲律宾及韩国9国。因为在檀香山会议上，美与南越领导人调整了越方的受援需求及领域，提出盟国和友邦在民事行动（civic actions）方面加强援助的新号召。当汉弗莱和新西兰总理霍利约克（Keith Holyoake）会谈时，汉弗莱就专门指出，美国需要友邦在民事方面施以援手，譬如医疗组、农业专家、教师、工程师及难民营方面，因为美军很多资源都用于忙这些事，占用了珍贵的军事力量。汉弗莱还举例，投入越南岘港的美军海军陆战队的40%的人员都在忙于开展民事行动（civic actions）。③ 美方在越战中的需求发生变化，降低了难以派遣作战部队赴越的菲律宾这样的盟国政府在争取国内支持方面的难度。在汉弗莱出访前，约翰逊交代汉弗莱，"要向菲律宾民众发表强硬态度的演讲（tough speech），把马卡帕加尔的承诺和我们的需求明确告诉马科斯。……菲不能帮助我们的话，我们也不会帮他们"④。22日，副总

---

① "Paper Prepared by the Assistant Secretary of State for Far Eastern Affairs（Bundy）", February 23, 1966, FRUS 1964 – 1968, Volume IV, No. 83.

② "Telegram From the Department of State to the Embassy in the Philippines", February 25, 1966, FRUS 1964 – 1968, Volume XXVI, No. 326.

③ "Summary of meetings between Vice President Hubert Humphrey and New Zealand Prime Minister Keith Holyoake regarding U. S. policy toward Vietnam. Memo. White House". Feb 21, 1966, DDRS, CK3100528872.

④ "Robert Komer provides a summary of President Lyndon B. Johnson's meeting regarding international matters. Memo. White House", Feb 12, 1966, DDRS, CK3100532603.

统汉弗莱赴菲会见马科斯，转达约翰逊政府对其访菲的邀约，以及菲不能加大援越的后果。马科斯表示其个人赞同派遣作战部队（combat troops），认为此举也关乎菲的本国利益，"如果不能扑灭越南的战火，10 多年前菲麦格赛赛政府以巨大代价才扑灭的胡克运动也可能在菲律宾死灰复燃"①，马科斯也希望今后能将菲武装部队更广泛运用在民用行动项目（Civic Action Project）中，利于战后提高本国农村的生活水平。

（三）美菲双方围绕出兵补偿问题的谈判交涉，基本达成共识

美菲双方通过美驻菲大使进行谈判沟通，马科斯接受美方此前给马卡帕加尔开出的援越补偿条件，但是也提出补充条件。在直接的援越补偿方面：美方要尽快兑现装备和支持菲援越工程营和安全支援部队的承诺，要提供额外巡逻艇，给安全支援部队装备 M14 型步枪及机关枪，给 3 个工程营提供装备。美方对此表示接受。②

在得到美方承诺提供上述的直接援越"补偿"后，5 月 2 日，马科斯还向驻菲大使布莱尔以"非官方（unofficial）备忘录"的方式开出一个长清单，作为补充要求：1. 二战老兵权益主张；2. 发展贷款，分为向约翰逊 10 亿美元援助承诺中争取 2.15 亿美元，以及从美国其他部门申请 3.25 亿美元；3. 军事援助项目，包括预备役培训项目、反走私物品清单、给 7 个工程营购置必要装备、设备维护开支、菲空军需要的拍摄装备 5 方面；4. 在 480 号公法（PL480）框架下的稻谷及玉米采购；5. 3 亿美元稳定基金；6. 在菲设立美国采购办公室，购置供美军需要的当地物资。③

（四）美政府内部变通处理对菲物资援助和财政援助的给付问题

在美菲围绕出兵援越的进程中，美政府内部也进行协调，灵活调整对菲援越的补偿方式，消除了对马科斯政府进行补偿的技术性障碍。针对马科斯政府提出的美方支援问题，在负责东亚及太平洋事务的助理国务卿邦迪（Bill Bundy）提议下，美远东跨部门工作组（FE-IRG）第一次会议在 1966 年 3 月 21 日举行，专题研究如何向国会报告给韩国和菲律宾参加越战部队资助问题。国务院提出方案，向国会公开表态"未使用经济援助资金，而是

---

① "Vice President's Report to the President", March 3, 1966, DNSA, PH00108.

② "Telegram from the Department of State to the Embassy in the Philippines", April 9, 1966, FRUS 1964–1968, Volume XXVI, No. 328.

③ "Philippines Desire for U. S. Assistance [listing of requested economic and military aid]. Am Emb Manila, Airgram A–930, DEPARTMENT OF STATE", May 10, 1966, DDRS, CK3100392267.

国防部专款"①，再由国防部长私下给个别关键议员透露此举系按总统指令进行，今后对菲律宾等国的援越经费支持都由国防部军事预算（DOD Service budget）专款支出，而不是军援项目（MAP）支出。经过国务院、国际开发署及国防部几方商讨，负责国际安全事务的国防部副部长麦克诺顿（John McNaughton）代表国防部表示同意这种操作。4月1日，该工作组继续召开第二次会议，专门研究菲方提出的军事援助项目提议，包括对菲计划派出工兵营的支持问题，另一个是对马科斯考虑将菲军转型成为有效的民事行动力量问题。会议就第一个问题，同意给援越的菲律宾军事人员按对韩军标准发放补贴，资金从国防部而非国际开发署（AID）支出。对于马科斯为在国内菲军索取装备问题，国防部初步确定在1966年度提供价值230万美元的装备，其中包括装备3个工兵营的装备（约120万美元），4艘巡逻艇（80万美元），步枪和机关枪（20万美元），声呐设备（10万美元）。但是美方暂不对此进行承诺，拟菲援越部队到位再说，另外拟将对菲诉求的回应作为双方谈判工具。②

二　美政府推动马科斯成功实现增兵援越，对菲加大援助奖励

在马科斯的大力推动下，其向国会提交的援越议案于1966年4月11日在菲众议院顺利通过。在该议案提交给参议院审议后，6月3日，参议院就此进行投票表决，以15票赞成、8票反对、1票弃权的结果通过，国会还决定拨付3500万比索用于援越菲军开支。6月18日，马科斯签署正式生效《共和国法案第4664号》（Republic Act No. 4664），"授权菲律宾总统对南越进行经济和技术援助"，具体援助内容就是"派遣民事行动组（Civic Action Group），该组由工程建设（Engineer Construction）、医疗和农村地区发展等小组构成，按照菲律宾政府和南越政府共同商定实施社会经济项目"③。菲援越民事行动组将在美方协助下进行赴越前的军事技能培训，120天培训结束后开赴援越一线。

---

① "Summary of major points discussed at 3/21/66 FE-IRG meeting, NATIONAL SECURITY COUN-CIL", Mar 22, 1966, DDRS, CK3100066357.

② "Summary of a meeting of the Far East Interdepartmental Regional Group（FE/IRG）, Memo, Department of State", Apr 2, 1966, DDRS, CK3100491744.

③ "Republic Act No, 4664-An Act Authorizing the Increase of Philippine Economic and Technical Assistance to South Vietnam", June 18, 1966, http：//laws. chanrobles. com/republicacts/47_ republicacts. php？ id＝4668.

　　马科斯办到了马卡帕加尔执政时期未能做成的事情，美方就开始筹备迎接马科斯访美事宜，以作为对其回报。马科斯毫不讳言访美要得到大量的美国援助，国安会（NSC）报告也一改在马科斯就任之初时称之为坚韧不拔、远见卓识的"新政"施政者、实用主义者等溢美之词，转而蔑视描述"马科斯越来越像菲律宾总统了"，来美国就是为了"榨取好处"，要"满载而归"①。虽然美政府个别部门对马科斯索取回报的做法表示不满，但出于援越需要的政治考量，美政府还是积极考虑马科斯的援越补偿要求"清单"，作为马科斯访美的成果。

　　国务院与国防部在具体项目及推进时间表方面出现分歧，代理国务卿鲍尔（George Ball）提出两个建议供总统批准，一个是军事援助方面，承诺马科斯给 10 个菲工程营提供装备，装备可用于农村项目，特别是道路建设，经费从 1967 年度的国际开发署或者国防部支出；另一个是经济援助方面，建议笼统承诺给菲项目。国防部对于经济援助项目无异议，但是对军援项目表示不同意。首先，国防部认为装备 5 个（加上在越南的 1 个）工程营已经足够肯定菲在越南"微不足道的贡献"；其次，美军事援助项目（MAP）资金量有限，向国会申请的 9.17 亿美元拨款申请预期会被削减 9200 万，而军事援助项目开支之处庞杂，泰国、老挝、韩国、北约都在申请拨款，不宜对菲支持过大；第三，装备 10 个工程营对于菲律宾内部安全事务并非关键所在；第四，在 1967 财年给菲律宾提供 2200 万美元的军事援助已经足够了；第五，菲方可以自行筹措经费来装备 5 个工程营。② 因此，国防部部长麦克拉马纳建议视国会批准的 1968 财年的总体预算情况再行决定，他个人不同意给马科斯做出进一步承诺。

　　针对国务院和国防部之间的争论，约翰逊总统的国家安全事务助理罗斯托（Walt W. Rostow）表示赞同国务院意见，认为美方已同意给菲装备 3 个营，美方可以通过调整军事援助项目（MAP）来增加两个，但为此就需要推迟交付 F5 战斗机和其他装备。目前马科斯提出再装备 5 个工程营，装备每个营约 170 万美元，装备 5 个合计开支约 850 万美元。在菲派兵援越的关键阶段，马科斯对此最为重视，不支持增加对这 5 个工程营的装备将影响其访

　　① "Memorandum, James Thomson, Jr., Staff Member, to Walt W. Rostow, NATIONAL SECURITY COUNCIL", May 4, 1966, DDRS, CK3100391371.

　　② "Memorandum from the President's Special Assistant（Rostow）to President Johnson", September 9, 1966, FRUS 1964 - 1968, Volume XXVI, No. 339.

美氛围、对美态度及马科斯在菲应对批评的态度。850 万美元数额不大，对工程营的装备也利于发展菲律宾经济。罗斯托兼顾了国防部长麦克拉马纳的保留态度，向约翰逊总统提出三个政策选项：首先，由驻菲大使布莱尔通知马科斯，美方正在准备 3 个工程营的装备，并将增加对 2 个工程营的装备，美方拟将此写入双方联合公报中，此外，美方也准备在 1968 年考虑另外 5 个工程营的装备问题；其次，如果马科斯接受该方案则皆大欢喜，如果马科斯拒绝该方案，就让布莱尔大使告诉马科斯访美时两国领导人再谈；第三，马科斯访美谈及此事时，约翰逊总统告诉其 1966 年装备 5 个工程营，1967 年再安排 5 个工程营的装备问题，如果马科斯坚持今年完成对 10 个工程营的装备，美方也能接受，但是需要削减一些对菲其他军事援助项目。罗斯托评估国务院提出的经济援助项目大概开支约 3350 万美元，提请约翰逊同意，他将在马科斯访美前向国会和媒体进行事前吹风沟通，避免马科斯届时夸大美方经济援助的承诺，造成美政府的尴尬被动。①

约翰逊总统完全同意了罗斯托的建议，罗斯托向代理国务卿鲍尔（George Ball）传达了约翰逊意见，并责成其及时通知驻菲大使布莱尔知会马科斯。按照国务院指示，布莱尔大使将第一套政策选项方案告知马科斯，马科斯表示接受。9 月 14 日，马科斯应邀顺利出访美国。同时，第一批增援的菲律宾部队也被陆续派遣赴南越，到 10 月 19 日，2068 名菲部队士兵全部到达南越，这些部队主要是驻扎在越柬边境的西宁省（Tay Ninh）执行非战斗性质的民用项目建设任务。为了宣传援越菲军的"非战斗"性质，菲律宾民事行动组还专门制作并分发了超过 83,000 份越南语传单，其中载有"菲律宾共和国 4664 号法案（援助越南法案）"的文本，解释菲律宾援越原因和拟开展的人道主义任务。②

三　马科斯在援越问题上立场转变原因分析

马科斯担任参议长时坚决反对马卡帕加尔的援越法案，但竞选中转而声称对此议题持开放态度，胜选后进一步对利用菲本土间接援越表示出理解和热心支持，就任后主动增加要"立即"重启援越法案，并最终顺利增兵援

---

① "Memorandum from the President's Special Assistant（Rostow）to President Johnson", September 9，1966，FRUS 1964 – 1968，Volume XXVI，No. 339.

② Stanley Robert Larsen and James Lawton Collins，Jr.，*Allied Participation in Vietnam*，Washington：Department of The Army，1985，p. 63.

越。不到 1 年的时间里，其态度发生 180 度的急速转变。笔者分析其转变原因主要有如下三点：

第一，马科斯在担任参议长一职时是针对马卡帕加尔总统的援越议案，并非真正反对支持美国的越战政策。马科斯与马卡帕加尔总统在亲美外交政策中并无根本性立场分歧，加入"自由世界"进行军事援越也是菲行政、立法部门的总体立场，但是一旦马卡帕加尔推动援越议案在参众两院通过，势必会被美政府视为马卡帕加尔的贡献，美国在 1965 年总统大选年对马卡帕加尔进行政治回报，将有助于马卡帕加尔实现连选连任的政治目标。马科斯在参议院带头反对援越议案，只是借此议题对马卡帕加尔竞选连任进行政治阻击。

第二，马科斯在选战中需要表明支持美方越南政策，避免被视为反美候选人。马科斯深谙菲律宾"总统候选人绝不会在反美平台上获胜"的政治公理，他在民族主义与保持与美友好关系之间努力达到最佳平衡。在选战中他抨击马卡帕加尔与约翰逊之间的私人关系，旨在将马卡帕加尔描述成一个约翰逊在菲的傀儡，但是其私下向美国务院官员会面时又对此进行道歉，希望美方理解其选战中"自由党文件显示出马卡帕加尔与约翰逊总统的文件内容高度重合"之类的抨击只是选举策略而已。[1] 马科斯还专门表态，自己对于援越的态度是"开放性"的，以争取得到美方的支持。

第三，马科斯在就任后明确支持援越的立场，既争取获得政治正确，又冀望得到美方物质奖励。马科斯在 1965 年 12 月 30 日的菲律宾总统宣誓就职典礼上，就宣布"无论在哪里为自由而战，我们都不能避趋"[2]。1966 年 1 月 24 日的首次国情咨文（SONA）中，更是进一步明确表态将"抵制共产主义扩张"和"尽最大努力来协助南越"[3]，愿意率领菲加入"自由世界"的阵营战斗。这种高举政治正确旗帜的姿态之下，更多遮盖的是马科斯现实主义考量的实质。一个独立近 20 年的菲律宾共和国，依然无法摆脱在经济和军事领域对美的高度依赖，马科斯政府无法回避这一现实。而通过加入约翰

---

①　"Views of Nacionalista Party's Presidential Candidate Ferdinand E. Marcos as Expressed to U. S. Embassy Officers", January 13, 1965, DNSA, PH00018.

②　"Inauguration speech of President Ferdinand Marcos in 1965", updated June 13, 2016, https：// newsinfo. inquirer. net/790484/inauguration - speech - president - ferdinand - marcos - 1965.

③　"Ferdinand E. Marcos, First State of the Nation Address", January 24, 1966, https：//www. officialgazette. gov. ph/1966/01/24/ferdinand - e - marcos - first - state - of - the - nation - address - january - 24 - 1966/.

逊政府的"更多旗帜"计划，马科斯冀望从美国得到高额的经济补偿，除了增加传统的经济援助和军事援助的数额外，马科斯还希望在援越中直接获得经济收益。马科斯并不情愿冒极大的政治风险推动向越南派遣作战部队，只是希望以"菲律宾民事行动组（PHILCAG）"的非战斗方式援越，获取美国对工兵营的装备，将工兵营的建造能力更多应用在菲国内民用建设中。马科斯还提出在菲建造南越重建所需的简易房屋，然后船运到越的设想，向越南派遣经济团去在战争中"获取利益"而不是"援助"的想法，马科斯还盘算美在印支存在可以给菲律宾创造 6000 个工作岗位，还预期借此可以增加菲越贸易，以及能够效仿韩国，通过参战援越，获得美方在菲进行军需采购。

第三节　美约翰逊政府协助塑造成功的
马科斯政权

一　约翰逊政府通过邀请马科斯访美等方式回报其增兵援越的贡献

马科斯就任之初，迅速扭转大选前临时转党带来的党派归属方面的不利局面，强势推动国会批准援越法案并顺利派遣菲军援越，展现出其驾驭政局的强势，以及在菲政坛左右逢源的灵活。1966 年 9 月 13 至 27 日，马科斯应邀对美进行国事访问，美菲双方都对此高度重视。马科斯在出访前的记者会上称，其访美主要目的是正式确定 1959 年美菲《波伦—赛拉诺谅解备忘录》（Bohlen-Serrano Memorandum of Understanding）以及谈判修订《共同防御条约》。他也为派兵援越进行辩解，称此举是出于菲国家安全利益的考虑，其访美不是美方对其派兵援越的补偿，更不是去美国"榨钱"（squeeze money from US）。马科斯过于掩饰在成功派兵援越后赴美的动机，其提出的"将修订《共同防御条约》作为访美的主要目的"的言辞令美驻菲大使馆都觉得"很有意思"①。

美方评估马科斯此行的目标就是确保得到美方对其领导地位及国内目标的看得到的支持，马科斯希望解决涉及菲籍二战老兵福利和主张的具体成果，以及美方增加经援和军援的承诺，"每一个菲总统都认为其必须带回去

---

① "President Marcos Says Upcoming Visit to the United States Is Not a Prize for Sending PHILCAG to South Vietnam", September 10, 1966, DNSA, PH00148.

足以证明与我们关系中获益的实证"①。美国务院认为马科斯在支持美方的越南政策，推动增兵援越事宜上，是靠个人威望赢得了援越法案的通过，并付出了一些政治代价，白宫方面也在与国务院的内部会议上表态很期待马科斯的访美成功，美政府评估马科斯访美会为美菲伙伴关系定调，并会维持一段较长时期。因此，美方对于"补偿"马科斯在支持约翰逊政府"更多旗帜"项目，推动增兵援越方面的付出做了充分准备，美方也冀望通过马科斯访美，"从菲律宾援越的承诺及拓展美国在亚洲的政策目标来实现最大化的国内、国际收益，马科斯在美国国会的演讲将成为支持约翰逊总统及我们亚洲政策的颂词"②。

在马科斯访美期间，美菲就广泛议题达成一致，确定规模空前的一系列援助与合作项目③：

第一，在越南问题方面。美向马科斯评估当前越战形势，鼓励菲方增强胜利信心。美方还承诺会及时与马科斯政府沟通任何通过驻菲基地增加的军事行动，并冀近期新设立的负责越战军需采购事宜的采购信息办公室（Procurement Information Office，PIO）能加大美军方在菲军需和服务采购，此举对菲商界极为有利，也利于菲国内商界支持马科斯政府的援越政策。

第二，在军事援助方面。美重申驻菲大使已向马科斯通报的美方承诺，即愿意分期分批为用于民事活动项目的 10 个工程营提供装备，并提醒其美方已满足其 6 艘反走私巡逻艇、M-14 步枪以及一个 F-5 战斗机中队（squadron）的请求，美方将考虑重新谈判《军事援助协定》（MAA），有望进一步加大对菲援助力度。

第三，在经济援助方面。美方承诺支持马科斯的农村发展项目，特别对马科斯重点推动的 10 个稻米主产省份进行特别支持；立即就公法 480 之下第四条款（PL-480 Title IV，关于棉花、谷物饲料和烟草的销售问题）进行谈判，目前初步达成的公法 480 之下的意向包括第四条款 2000 万美元，第二条款 450 万美元，第三条款 1000 万美元；美方将扩大技术援助；美国际

① "Memorandum from Donald W. Ropa of the National Security Council Staff to the President's Special Assistant（Rostow）"，August 11，1966，FRUS 1964－1968，Volume XXVI，No. 334.

② "Memorandum from Donald W. Ropa of the National Security Council Staff to the President's Special Assistant（Rostow）"，August 11，1966，FRUS 1964－1968，Volume XXVI，No. 334.

③ "Memorandum from the President's Special Assistant（Rostow）to President Johnson"，September 14，1966，FRUS 1964－1968，Volume XXVI，No. 342.

开发署下的一揽子援助项目约 5000 万美元；美方将大力支持马科斯政府的发展援助方案，如果上述项目进展顺利，美将进一步研究支持。此外，如果菲方有意愿，美将与世界银行等国际金融机构进行多边磋商，开展对菲援助。

第四，在菲关于老兵福利和有关要求方面。菲政府对于菲籍二战老兵的有关权益要求问题由来已久，菲方在战后共计提出 19 个方面的一揽子要求（Omnibus Claims），而美国国会已经在 1959 年和 1963 年解决了 19 项要求中的 4 项，包括 7300 万美元的额外战争赔偿。其余合计约 9 亿美元的菲方要求，已被美方仔细评估并在 1959 年正式拒绝。但是马卡帕加尔及马科斯政府都"迫于周期性的国内压力而重提该议题"，马科斯访美便提出 7 个项目方面的要求。① 约翰逊政府承诺推动国会立法保障，拟对菲籍二战老兵的孤儿援助和住院治疗进行拨款保障，待通过后，首年保障费用约 1700 万美元，在今后 30 年总额约达到 4.25 亿美元。美方愿意重新考虑此前政府已拒绝的菲方要求，拟部分满足菲方提出的 7 项老兵其他要求，目前先行支付两个项目费用，一个是承认二战中 10 万菲游击队员的参战身份，对此予以 3900 万美元补偿；另一个是美方误扣的部分老兵 3 个月预付工资问题，约 270 万美元，合计约 4200 万美元。约翰逊希望马科斯能理解美政府在此问题上的一贯态度，能够撤回其他 5 方面要求。

第五，基地和防御关系方面。在美菲修订 1947 年军事基地协定（MBA）小组工作基础上，美菲双方通过换文方式，将 1959 年《波伦—赛拉诺谅解备忘录》（Bohlen-Serrano Memorandum of Understanding），以《腊斯克—罗慕洛协定》（Rusk-Ramos Agreement）这一有法律约束力的政府间协定方式予以正式确定，从而将美在菲军事基地期限从 99 年缩短到 25 年。美重申对菲的安全防务义务，承诺在不涉及菲方或东南亚条约组织缘由而使用军事基地，或在菲设立远程导弹发射场方面，会与菲方进行沟通。

第六，在贸易和投资事宜方面。美方关注菲高涨的经济民族主义，特别是零售贸易国有化法（Retail Trade Nationalization Law）问题，虽然目前该法并非针对美资企业。美方愿意与菲方一道维持和扩大贸易，通过不断增长的合法、高质量的投资促进菲发展项目；美菲确定《劳雷尔—兰利协定》在

---

① "Memorandum from the President's Special Assistant（Rostow）to President Johnson", June 27, 1966, FRUS 1964-1968, Volume XXVI, No. 332.

1974 年到期前的有效性，美方准备启动新贸易协定的正式谈判，以未雨绸缪应对行将于 1974 年到期的《劳雷尔—兰利协定》；在"平等权"方面，美方关心菲政府对在菲美资的权利保障事宜。

第七点，特殊教育基金（SEF）问题。该 2800 万美元的教育基金是由历史遗留的战争损失赔偿转变形成，按照美方当初的立法条款，该基金的分配使用有严格程序限制。对于菲方提出拟用于文化中心建设，或者今后转为菲方可灵活使用的供教育项目使用的信托基金的考虑，美方将进一步研究。

为了凸显对马科斯访美的重视，约翰逊还专门指示国安会高官乔登（William J. Jorden）设计有新意的点子（some new ideas），待马科斯访美时提出。乔登在 1966 年 8 月 23 日向约翰逊提交备忘录，提出培训菲籍宇航员或者参与太空项目、台风损失控制、设立地区国防大学（Regional Military Defense College）、建立区域发展研究所（Regional Development Institute）、修建马尼拉—打拉省高速公路（Manila-Tarlac Highway）、修建帕西格大桥（Bridge over the Pasig）6 个方案，约翰逊对此满意并敦促"尽快研究"。经国家安全事务助理罗斯托与国务院、国际开发署等部门研究，美方评估认为 1959 年美曾提供高速公路建设贷款，但是菲仅成功修建了 17 英里的道路便不了了之。此外，修桥暂时不是菲优先关注领域，因此罗斯托提请约翰逊在与马科斯会谈时谈前四个方案，这些"新点子"给了马科斯意想不到的惊喜收获。①

马科斯携强势总统的声望，以及表现出来的支持美国加强援越的态度，使其访美取得了丰硕成果，除了稳定信用（Stabilization Credit）议题遭到美国财政部和国务院的联合强力抵制，其他军援、经援等要求都基本上得到了满足，特别是军事基地有效期限实现了缩短至 25 年的成就，为马科斯打造出一个维护菲律宾主权和独立地位的成功民族主义政治家的形象。即便是美政府已在 1959 年明确表示关闭谈判的菲籍二战老兵权益主张问题（Omnibus Claims），约翰逊也最终做出让步，并于 9 月 30 日签署关于菲律宾老兵福利的两个众议院议案（H. R. 16330 和 H. R. 17367），与在 10 月 11 日签字承认 1946 年时误扣菲籍老兵保险福利的错误。

美菲《联合公报》的 26 条内容充分显示出马科斯此次访美的丰硕成果。

---

① "Memorandum From the President's Special Assistant（Rostow）to President Johnson", September 12, 1966, FRUS 1964 – 1968, Volume XXVI, No. 332.

马科斯的访美成功，令其返菲受到了空前的热烈欢迎，这种热烈程度"可以与麦克阿瑟重返菲律宾的热度相媲美"，马科斯在机场表示，他"为国家和地区获得了安全，重建菲的国际信用，获得美日投资 10 亿美元及维护主权是访美的成就"①，他在菲人气高涨，也受到媒体的广泛宣传。

二 美国约翰逊政府加大对菲援助，助推了马科斯第一任期取得执政成绩

美国约翰逊政府对马科斯的鼎力支持，政治上，强化了后者在菲律宾总统席位上的稳定地位；经济上，约翰逊政府提供的资金、技术和项目支持，为马科斯政府调整经济政策，改善国内经济形势创造了良好基础；军事上，提高了菲军事装备水平和军队战斗力，而且军队、军备民事应用，也为菲改善基础设施建设和农村发展及教育发展发挥了作用；在外交政策调整中，约翰逊政府支持马科斯的区域主义政策，支持其成为东南亚地区领导人，提高了马科斯在地区事务中的声望。

（一）约翰逊政府对马科斯的支持，稳固了马科斯的执政地位

一个得到美国政府背书的马科斯政府，不仅很好抵消掉马科斯在总统大选前换党的负面影响，反而成就其以一个全民的、超党派利益的身份执政。其既是带领国民党胜选的党派领袖，努力争取党内部的团结与支持，又是资深的自由党领导人，在自由党内有着老朋友的信任，从而可以理顺两党党派纷争，并推动国会与行政部门间更为融洽顺畅的合作。国会先后顺利通过了马科斯政府提出的预算案、反走私法案、粮食生产补贴法案、公用事业建设法案等，提高了执政效率。1967 年年底举行的菲律宾中期选举中，马科斯所在执政党国民党获得压倒性胜利，国民党获得 65 个省级选举中的 48 个地方领导人职位，获得 8 个参议员议席的 6 个，亲政府的独立候选人获得 1 个，自由党只获得一个席位，被政治新星打拉省省长阿基诺获得。该结果改变了参议院的党派势力格局，在 24 名参议员中，国民党籍参议员达到 15 个，自由党 7 个，国家市民党（NCP）1 个，独立候选人 1 个，实际上，亲马科斯的参议员达到 17 个。中央情报局对此评估，"这一选举胜利让马科斯处于更强势的政治地位，增加了其在全国和省级层面的控制，使其能够在改革和发

---

① "Marcos Returns to the Philippines, Greeted by Enthusiastic Crowd and Favorable Press", October 4, 1966, DNSA, PH00168.

展方面取得更大的进步"①。马科斯在遇到反对派阻挠其施政时，也长袖善舞，借助美政府的影响力来施压国内政治势力。譬如 1968 年 4 月，马科斯在参议院推动继续援越拨款问题时，遇到 3 名参议员反对，马科斯主动寻求美驻菲大使馆对相关人员进行施压，经报请国务院批准，美驻菲大使馆官员出面分别对此 3 人进行工作，扭转他们对马科斯政府提案的态度。②

（二）马科斯推动系列经济改革措施，得到美资金、技术方面大力支持

马科斯第一任期内，菲政府采取一系列经济发展改革举措。菲加大投资激励政策，1967 年 9 月出台了《投资奖励法》（Investment Incentives Act），有效吸引外资，特别是美资加大在菲投入，刺激菲国内制造业等工业生产；菲还执行鼓励出口的政策，推动菲经济发展模式向出口导向型转变；加大道路建设、灌溉工程、农村电气化发展等基础设施建设。

马科斯政府实施上述的经济改革举措，亟待解决长期制约菲律宾经济发展的资金短缺问题，其通过 1966 年的成功访美，获得美国政府部门、国际金融机构的经济援助、贷款和私人投资支持。其坚持反对外汇统制，出台《投资奖励法》等保障外资的法规与政策，也进一步吸引了以美资为主的外资流入。

1946 年到 1964 年，美对菲经济援助总额达到 138.76 亿美元。在马科斯执政第一任期内（1966 年到 1969 年），美对菲经济援助的赠款（Grants）分别是 366 万、457 万、596 万和 559 万美元，远高于对马卡帕加尔政府的 375 万、271 万、320 万和 297 万美元的数据；1968 年和 1969 年两年还分别给予 670 万和 310 万美元的贷款；此外，在公法 480 之下的援助，也分别达到 2796 万美元、610 万、631 万和 1030 万美元。马科斯政府将美方赠款和贷款主要集中应用在灌溉工程、农村电气化等菲律宾农村发展急需的基础设施建设方面，弥补了菲财政收入不足的缺陷。为了解决菲人口的快速增长与粮食短缺之间的矛盾，美在菲创建了国际水稻研究所（the International Rice Research Institute，IRRI），该所在 1967 年培育出了轰动性的高产水稻——IR8 水稻（奇迹稻），美方出资并鼓励菲扩大该水稻种植面积，冀将菲从稻米进

① "Philippine President Marcos Problems at Midterm"，December 7，1967，DNSA，PH00183.

② "Information Memorandum From the President's Special Assistant（Rostow）to President Johnson"，April 10，1968，FRUS 1964 – 1968，Volume XXVI，No. 364.

口国发展成为稻米出口国。

在马科斯的第一任期，菲国内经济发展取得显著成绩。1969 年菲国民生产总值达到 84.08 亿美元，而 1965 年仅有 57.84 亿美元。外贸总额从 15.76 亿美元增长约 27%，达到 19.8 亿美元，由于各行业进口设备、原材料和半加工产品造成进口增长率远高于出口增长水平，但贸易不平衡结构也逐步改善。在外资参与下，菲 1968 年矿产量比 1965 年增长了 73%，1969 年总产值达到 140.5 亿比索。在基础设施建设方面成绩更为突出，4 年期间新修大约 8560 千米的各类道路，耗资 6.23 亿比索修建了 21.77 千米的桥梁；在全国建造了 57000 余间教室；防洪工程建设土坝 26 千米，疏浚堤防 327.4 万立方米；新安装了 4837 台抽水设备，使 12.8 万多公顷的稻田受益。①

（三）美对菲巨额军事援助，客观效果上提升了菲的军事发展及应对国内安全问题的能力

首先，美评估菲并无严重国内外安全威胁。按照美方对菲面临的国内外威胁评估，在 1967—1971 年期间，虽然菲律宾受到来自苏联、中国和印尼的安全威胁，但威胁度并不高：苏联威胁方面，除非发生美苏大战，苏联将美驻菲军事基地作为核导弹或轰炸的目标，否则来自苏联的军事威胁可能性极低；中国威胁方面，"虽然'中共'是菲律宾安全的最大潜在威胁来源，但是目前'中共'的威胁依靠的只有弱小的空中打击能力和有限的潜艇战水平，且美菲之间的《共同防御条约》也能在短期内威慑任何可能的'中共'公开袭击"；印尼威胁方面，虽然印尼拥有 33.8 万部队人员这样西南太平洋地区最大的军力，25 架能覆盖整个菲律宾的轰炸机，具备对菲的公开威胁能力，但是公开进攻可能性不大，不具备同时对马来西亚和菲律宾作战的能力，且美国对菲的防卫义务也会威慑来自印尼方面的任何公开敌对活动。②菲律宾政府面临的最大安全威胁还是在于国内，其中包括受到外国支持的国内颠覆、破坏活动，以及违法行为和暴力活动。国外支持的颠覆、破坏活动主要是印尼恐支持菲律宾南部 150 万穆斯林民众，这是菲律宾政府严重威胁。国内的违法和暴力活动虽然暂时没有对民主政府构成直接威胁，但影响了社会和经济发展，已经构成对民主政府稳定的潜在根本性威胁。胡克运动

---

① 有关数据引自世界银行网站，以及菲律宾政府公报网 https：//www. officialgazette. gov. ph/1970/01/26/ferdinand－e－marcos－fifth－state－of－the－nation－address－january－26－1970/。

② "Defense Military Assistance Reappraisal, Report. DEPARTMENT OF DEFENSE", Jun 30, 1965, DDRS, CK3100433912.

在遭受到政府军的打击之后，目前规模只有 200 人，以及大概 10000 名农村支持者，主要存在于中吕宋的 4 个省份。因为菲地方警力孱弱，无力应对日增的暴力事件，菲军方深度参与到维持法治活动之中。

作为拥有 3100 万人口的国家，菲在 1965 年时总军力只有 47400 人，其中总部 3600 人，保安军（Constabulary）15400 人，陆军 14700 人，海军 5400 人，空军 8300 人。菲军存在严重的人员不足、装备维护差、供应程序复杂等问题，因此美方评估菲军事能力只能"有能力维持内部安全，没有外部支持的话，根本无力抵挡大规模外来进攻"①。

其次，美在菲军事存在及对菲军事援助重在满足美应对地区军事冲突的需要。1965 年时，美军在菲主要运行下列 6 个重要基地及其他一些小型军事设施：克拉克空军基地支撑美国在南越的行动和支持在东南亚其他行动，华莱士空军站（Wallace Air Station）是美在菲防空预警主要单位，桑莱岬（Sangley Point）海军基地是弹药库所在，Cubi 海军航空站是美海军开展侦查、反潜战（ASW）、空中布雷的主要基地，苏比克海军基地是美军在东南亚、印度洋及中东行动的后勤援助主要基地，位于宿务中部的麦克坦（Mactan）空军基地旨在缓解克拉克基地的不足。美军在菲拥有 1 艘航空母舰，1 艘巡洋舰，1 艘潜艇，1 艘驱逐舰，4 艘两栖作战舰，5 艘布雷舰，34 架巡逻机。共编制 4 个战术战斗机中队，1 个截击机中队（FIS），1 个运输中队，2 个装备 B-57 轰炸机的轰炸机中队。② 这些驻菲军事力量，虽然不能参与菲国内安全事务，但是承担了菲国防的主要防御任务和发挥军事威慑作用。

第三，美对菲军事援助是菲战后军事发展的主要资金来源。1946 年至 1964 年，对菲军事援助项目合计高达 4.483 亿美元，年均约 2300 万美元。在 3 个美菲军事同盟条约及《东南亚地区条约》框架下，美承担了对菲国防安全的防御义务，美在菲的军事存在和庞大的军援项目，大幅度降低了菲国防建设的需要，菲军事建设无需考虑建设进攻型军事力量，甚至在美军庇护下，都无需考虑发展一支应对大规模军事入侵的防御型军事力量，仅需将有限的国防预算投入应对国内安全事务方面。1964 年时，菲律宾的国防开支约为其政府总预算的 12%，仅占其国民生产总值的 1.5%，相较于泰国的

① "Defense Military Assistance Reappraisal, Report. DEPARTMENT OF DEFENSE", Jun 30, 1965, DDRS, CK3100433912.

② "Defense Military Assistance Reappraisal, Report. DEPARTMENT OF DEFENSE", Jun 30, 1965, DDRS, CK3100433912.

2.5%，印度的4.8%的比例，菲国防开支所占比例极低。约翰逊政府增加对马科斯政府的军事援助，进一步降低了菲国防开支比例，有助于马科斯政府将有限的预算投入国内经济发展事务方面。约翰逊政府先后兑现对菲10个工程营的装备承诺，这些对菲军方的装备配备，在菲发挥援越作用之余，更多应用于菲国内的道路、港口、机场等基础设施建设、农村建设和学校校舍建设。在1967年之后，受到美国会的拨款制约，约翰逊政府被迫在全球范围内削减军事援助支出，但在此大背景下，约翰逊认识到"虽然菲律宾在援越方面贡献很小"，但还是坚持对菲在1968财年2100万美元的军事援助数额，以"避免损害我们长期使用基地，以及确保菲持续参加我们在东南亚的安全项目"①。

（四）在外交政策方面，推动菲在地区事务中代言美利益，发挥更大作用

美国乐见"菲能够充当东南亚地区主义发展的领导人作用"②，推动菲马科斯政府走到台前，在地区事务方面积极发声和作为，服务美利益。1966年10月，马科斯邀请援越国家领导人在马尼拉举行7国峰会，将此定位为"亚洲会议"并拟名"和平会议"来体现菲在解决越南问题方案方面的贡献。美约翰逊政府大力支持马科斯出面举办该会议，助推马科斯"希望借此来首次展示其作为一流亚洲国家领导人，有能力在解决地区性问题方面发挥关键作用的形象"③，也拟通过约翰逊参会进一步证明美对马科斯政府及其努力解决国内问题的支持态度。马科斯借首次举行主场外交，分享菲在解决胡克问题中的成功经验，提出暂停对越轰炸的提议，马科斯"享受这种万众瞩目，似乎被簇拥为亚洲领导人的感觉"④。

美方也乐见马科斯政府在地区主义之下的外交活动，支持菲参与1967年8月8日成立的"东南亚国家联盟"（ASEAN，简称"东盟"）。美自1963年开始，积极参与亚洲开发银行（ADB）的筹建工作，属意将银行总部落在

---

①　"Meeting with Governor G. Mennen Williams", May 1, 1968, DNSA, PH00196.

②　"Telegram from the Embassy in the Philippines to the Department of State", December 13, 1968, FRUS 1964 – 1968, Volume XXVI, No. 373.

③　"Visit of President Johnson to the Republic of the Philippines, Paper. DEPARTMENT OF STATE", Oct 6, 1966, DDRS, CK3100419829.

④　Claude Albert Buss, *The United States and the Philippines: Background for Policy*, Washington, D. C.: American Enterprise Institute for Public Research, 1977.

菲律宾首都马尼拉，并于 1966 年马科斯任期内正式启动。作为 31 个创始成员国之一，美国也是亚洲开发银行的最大出资国（与日本并列），美通过驻行代表（executive director）参与审批会员国的贷款和技术援助申请。美方冀望借此多边发展平台，促进成员国内发展中国家的经济发展，也减轻美国在该地区的过重负担。

美约翰逊政府对马科斯政府不遗余力的支持，推高了马科斯在国内外的地位，也促进了其在第一任期内的执政成绩，菲经济发展成效较为显著，为其顺利胜选连任创造了良好基础。

三　约翰逊政府时期，美菲之间一些问题未得到解决

美菲之间"要得太多"与"给得太少"之间的结构性问题无法根本性解决。菲方总觉得在美菲关系中，菲处于不被充分尊重的不利一端，菲的同盟价值、战略地位价值、军事价值、经济价值、民众对美友好度或者被美方低估，或者被美方视为理所应当，均没有得到美方足额的认可和物质补偿。1968 年，阿基诺参议员在《外交事务》杂志刊文，称菲律宾希望得到尊严，以及美国其他同盟国家的同等待遇。痛恨日本这样的前敌国居然从美国得到的更多，西班牙这样的集权国家在与美国的军事基地条约中更有利。① 阿基诺参议员表露的不满观点是菲超越政治党派和各个不同界别的各方普遍态度，加之《军事基地协定》谈判中的司法管辖权等问题一直没有得到妥善解决，以及《劳雷尔—兰利协定》中关税安排及相关的菲出口蔗糖配额等问题也没有得到有效解决，成为随时影响美菲关系发展的隐忧。

美虽然支持菲的地区主义政策，但是在沙巴（Sabah）问题②方面未支持菲方诉求。1968 年 3 月，马科斯政府在菲组织科雷吉多尔岛秘密培训营（Corregidor Clandestine Camp），密谋对沙巴进行渗透派遣一事曝光，马方对菲进行外交抗议，并在沙巴抓捕 20 名受训抵达沙巴的菲方武装人员。马来

---

① Benigno S. Aquino Jr., "What's Wrong with the Philippines?" *Foreign Affairs*, Vol. 46, No. 4, 1968, pp. 770 – 779.

② 苏禄苏丹国成立于 1457 年，领土包括菲律宾南部苏禄海附近区域。因在历史上协助文莱苏丹平息叛乱，文莱苏丹于 1658 年将北婆罗洲（1963 年以后称为沙巴，马来语：Sabah）割让给苏禄苏丹国。英国北婆罗洲公司 1878 年从苏禄苏丹手中取得北婆罗洲，并在 1888 年将其交给英国政府。1963 年，马来西亚联邦成立时，沙巴加入马来西亚。但菲律宾马卡帕加尔政府提出，英国当年只是租借沙巴，因此对沙巴提出主权声索，沙巴问题渐成为影响菲马关系发展的重大障碍。——笔者注

西亚方面对于正式建交国，也是新成立的东盟成员国的敌对破坏行动表达愤慨，并提出拟将此事报告给联合国秘书长。菲方则指责马方抓捕有关人员的行为，辩称组建该培训营是为了应对与沙巴穆斯林有关的对菲渗透破坏活动。在该争端中，马科斯政府希望美方能支持菲方行动，但是美国务院做出避免介入此事的内部决定，"菲律宾领导人要学会自己承担自己所犯错误的后果"①，一方面坚决避免介入沙巴争端，避免与相关方主动触及该议题，将该事宜留给东盟去内部解决；另一方面，不引导或影响菲律宾，担心"将鼓励菲将我们拖入他们事务，以及考虑让我们为该形势负责"②。美方还非正式通知菲方，希望尽快平息此事。

1968 年 7 月，美国副国务卿邦迪（William Bundy）访菲会晤马科斯，明确表达美政府意见：首先，美国不介入沙巴争端，在此争端中不持立场；其次，菲马两国如果不结束争端，恐给美国民众支持美国的东南亚政策带来影响，东盟成员、友邦之间的冲突将给美国民众及国会意见带来严重的负面后果；第三，倘就此发生军事行动，后果将是灾难性的；最后，希望泰国或其他菲马两国的共同亚洲朋友可以发挥斡旋作用。邦迪还婉转表达了腊斯克国务卿"如果菲马就沙巴问题发生冲突，不要指望我们（美国）"③的意见，暗示菲与东盟成员国之间的冲突不能援引美菲《共同防御条约》进行解决。10 月 8 日，在联合国会议期间，美国务卿腊斯克亲自向菲外长拉莫斯（Narciso Ramos）解释美方立场，称美国在保持现状及在领土争端中选边有所区别，并警告拉莫斯"别把我们拖进来了，我们已经有太多事了"④。美约翰逊政府认为马科斯政府的单方面举措干扰了新成立的东盟的互信及菲地区主义政策的良好开端，不利于美方利益，其在沙巴问题上的态度抑制了马科斯政府在菲马争端中采取进一步举措的可能性，但是菲方普遍认为美方选边站队，偏袒马方而背叛了菲律宾利益，介怀于心。

---

① "Action Memorandum from the Assistant Secretary of State for East Asian and Pacific Affairs（Bundy）to Secretary of State Rusk", May 20, 1968, FRUS 1964 – 1968, Volume XXVI, No. 367.

② "Action Memorandum from the Assistant Secretary of State for East Asian and Pacific Affairs（Bundy）to Secretary of State Rusk", May 20, 1968, FRUS 1964 – 1968, Volume XXVI, No. 367.

③ "Telegram from the Embassy in the Philippines to the Department of State", July 25, 1968, FRUS 1964 – 1968, Volume XXVI, No. 369.

④ "Telegram from the Embassy in the Philippines to the Department of State", October 2, 1968, FRUS 1964 – 1968, Volume XXVI, No. 370.

小　结

　　美约翰逊政府对马科斯政府的政策，充分体现了美菲双方在同盟框架下如何具体履行同盟义务的问题。初登总统宝座的马科斯，对于增兵援越体现出矛盾心理，其既想体现出一个与马卡帕加尔迥乎不同民族主义者的外交政策，证明菲律宾不是美国外交政策的全盘接受者和追随者，也不愿被牵连进战争的泥淖中去，为菲律宾埋下安全的祸根，又希望借美国有求于菲律宾的优渥谈判地位争取美国更多的军援和经援。

　　而约翰逊政府准确把握马科斯当局矛盾心理，恩威并施，既加大对菲补偿力度，又表示出奖惩分明，促使马科斯最终支持美国并派出军队直接支援美国。虽然2200人的援越部队人数显得微不足道，但表明菲律宾履行了同盟义务，向外界宣告了美菲同盟的紧密团结。而菲方虽然派出军队援越，但马科斯政府实则不愿意被牵连进美越战争，菲律宾更多希望从美菲同盟中得到安全保护和援助，而非被牵连进于自身无益，甚至有损自身利益的战争中去。此外，这也是马科斯加强对美谈判能力，强调自主外交的试水期，结果表明马科斯的外交策略是有效的，这也刺激了马科斯在后来的美菲同盟关系中更加大胆地推行自主外交战略。

第五章

尼克松时期美对菲马科斯政府政策

随着美国在越战的泥潭中越陷越深，约翰逊宣布无意参加 1969 年美国总统大选。在竞选中明确提出结束越战主张的共和党候选人尼克松（Richard M. Nixon）搭档福特（Gerald R. Ford）获得了美国选民的支持，赢得了 1969 年美国总统大选。尼克松就任之初，改革美国国家安全委员会（NSC，简称国安会）并对其进行机制化运作，基辛格出任其国家安全事务助理，协助开展以白宫主导的外交转型。在 1969 年 7 月出访亚洲经停关岛之时，尼克松于 25 日发表了历史闻名的"关岛宣言"，强调美国仍然会恪守有关条约义务，但是亚洲各国需要自行承担安全义务，该讲话初步阐述了尼克松的新亚洲政策，成为"尼克松主义"的雏形。该宣言造成菲律宾等美国亚洲盟友对美国撤出越南、撤出亚洲的"被抛弃"担心。与此同时，美国国会的赛明顿听证会（Symington Hearings）举行，主要讨论美国参与越战问题，9 月份讨论了菲律宾及其他国家对美国支持的问题，其中涉及美菲关系的交换条件。听证会中，美方对菲援越军队"雇佣军（Mercenary force）"的提法刺激了马科斯政府和菲律宾民众的神经，马科斯做出从越南撤军的决定。1972 年马科斯为了实现长期执政的政治目标，毅然在菲实施《军管法》，尼克松政府对此进行默许、纵容，冀包容民主倒退的马科斯政权能更好维护美在菲利益。

第一节　尼克松主义的提出及在菲律宾的应用

1969 年 1 月，尼克松宣誓就任美国总统。其对约翰逊时期主要通过"星期二午餐会"来议定政策，置国家安全委员会于被架空位置的做法进行改革，将国安会的定位从一个临时性危机管理机构改为长期战略规划机构，使之成为国家安全事务决策的核心。尼克松邀约基辛格出任其国家安全事务助理，负责国安会 6 个核心部门的工作。1 月 20 日，基辛格即按照尼克松指示签批"第 1 号国家安全决定备忘录"（National Security Decision Memorandum 1，NSDM1），对原有的国安会工作机制进行改革，废止肯尼迪与约翰逊时期传达总统指令的"国家安全行动备忘录"（NSAM），改为通过"国家安全决定备忘录"（NSDM）与"国家安全研究备忘录"（NSSM）来下达指示和传达总统关注。其中"国家安全研究备忘录"用于总统指示国安会组成部门开展专题研究，形成初步研究报告后，征求组成部门意见和反馈，修订后提交国安会审议，再由总统签批形成"国家安全决定备忘录"，下发各部门执行。

一　美尼克松政府涉菲政策"九问九答"，凸显对菲形势分析与战略关心

（一）对菲"九问"清晰显示出美对菲关注重点所在

1 月 20 日，尼克松指示基辛格，由国安会牵头协调各政府部门，编写一份截至 1969 年 1 月 20 日的国际局势"清单"（Inventory），希望该报告能"对当时的政治、经济、安全形势以及与美国安全利益和美国双边、多边关系有关的主要问题做出评估"。按照尼克松指示，基辛格牵头细化了该国际局势报告的要求，1 月 23 日制定形成"第 9 号国家安全研究备忘录"（NSSM9），分发给国务卿、国防部长、财政部部长及中央情报局局长。[①] 基辛格要求上述部门负责人根据备忘录列出的研究提纲，回答备忘录中针对不同国家、地区及北约等重要组织，和裁军、军事援助项目（MAP）及国际开发援助等事宜提出的一系列问题，并附上必要的相关材料，在 2 月 20 日之前上报尼克松总统。该研究提纲覆盖东南亚地区，其中马来西亚和新加坡合计 5 问题，印尼 5 问题，柬埔寨 5 问题，泰国 9 问题，老挝 8 问题。针对菲律宾，该备忘录提出涉及美国安全利益的"八问"，后来又补充涉及援助的一个问题，合计"九问"。单纯从关注问题数目，就显示出尼克松政府对菲律宾和泰国两个盟国的重视（1969 年 1 月 21 日的 NSSM1，就是对越南问题的专题研究备忘录，因此越南不在 NSSM9 之列）。对菲"九问"包括：

第一，菲律宾的民族主义有无发展到背离同盟程度的可能性？民族主义在多大程度上是独立于亚洲其他事务的一种动力？美国的同盟存废是否取决

---

① "Review of the International Situation, NSSM9", January 23, 1969, https：//www.nixonlibrary. gov/sites/default/files/virtuallibrary/documents/nssm/nssm_ 009.pdf.

于这些事务的结果？

第二，菲律宾会否与苏联、"中共"扩大贸易，甚至缔结外交关系？

第三，在今后的 1 年、3 年、5 年期内，菲律宾会否在重大的亚洲事务方面继续支持美国？

第四，诸如知识分子、学生、劳工等关键群体对美国的态度如何？

第五，马科斯和其他菲律宾领导人的民族主义趋势是否可能发展成一种不可控的势头？这种民族主义热情对美国基地的影响如何？桑莱岬基地（Sangley Point）是否必须交还菲律宾？如果是，应该在什么时间？类似的压力会否施加到克拉克基地或苏比克基地的交还问题上？美国应如何缓解这种压力？就亚洲安全问题进行进一步磋商是否可取？可否考虑联合基地问题？

第六，以美元方式估计美军基地价值，能否考虑替代的基地方案？如果如此估值，美国援助的价格多少为宜？

第七，在未来的 1 到 3 年到 5 年内，菲律宾胡克（HUK）叛乱对政府是否构成严重威胁？菲武装部队战斗力如何？警方呢？主要问题何在？腐败？装备问题？士气？政府如何应对农村的动荡，城市的不满？

第八，菲律宾经济的主要不足是什么？菲政府有没有采取有效措施来应对这些经济困难？

第九，涉及菲接受外援的情况：菲律宾正接受何种外国援助？需要什么额外的外部资源？在何种条件下？①

尼克松政府上台伊始提出的对菲"九问"，涵盖了美菲同盟的稳定性及走向评估，美对菲外交、经济、内部安全形势方面的评估需求。

（二）"九答"突出菲作为美国盟友的重要性，以及美在军事基地安排中的有利地位

在国防部、财政部等各部门提交研究报告后，美"九答"综合分析评估认为：

1. 美菲同盟具有稳定性，菲政治、外交走向维持亲美的总体方向

首先，亲美是基础，美菲同盟仍是菲外交政策基石。菲律宾独立 20 多年后，菲律宾民众亲美支持度高于 70%，亲美政府和亲美政策具有强大、坚实的民意基础作为支撑。美菲同盟得到菲普遍认可，并一直是菲外交政策的

---

① "Review of the International Situation, NSSM9", January 23, 1969, https：//www.nixonlibrary. gov/sites/default/files/virtuallibrary/documents/nssm/nssm_ 009. pdf.

基石，美菲在反对东南亚共产党扩张方面的共同利益和特殊的经济、军事关系，基本确保菲今后几年继续对美地区政策的支持。

其次，对美地区作用的疑虑和担心在增长。在亚洲地区事务中，菲律宾政府对后越战时代美国在西太平洋地区作用的质疑与担心，严重影响了菲外交政策的考虑。马科斯等菲领导人近期关于外交政策调整的言论，显示菲拟对与美国关系进行重估，但此举也可能是试图为1969年菲律宾总统大选获取政治利益，也可以被视为是对美方在满足菲方更多需求的让步程度和在同盟关系中发挥更多作用程度的测试。今后，菲也会在美菲同盟框架内不断要求美方做出让步，以换取对菲方在国际及地区事务方面的支持。如果菲方索求超过美方愿意付出的代价数额，那么菲方将扮演越来越独立的角色。美政府涉及对"中共"的遏制、承认等事务都将会遭到菲挑战。

第三，民族主义与独立自主外交有所发展。菲律宾正处于一个强烈民族主义驱动为特征的国内动荡期，菲政府的民族主义情绪不会达到失控的程度。菲国家认同（national identity）体现在更加自信和独立的外交政策，减少对与美国联系的过度重视，与其他亚洲国家建立更紧密的关系。菲已与中苏等社会主义阵营国家扩大贸易关系，但初步的外交联系将会限定在与东欧社会主义国家，与中苏建立联系需要菲更加深思熟虑，短期内不会有外交突破。

第四，反美萌芽值得高度关注。菲国内一小部分左翼记者和专栏作家利用反美主题来做宣传，也有一部分大中院校的教师属于左派，工会组织中也有多个团体较为激进。作为民族主义的极端表现形式，反美成为菲民族狂热的焦点，但反对美军基地的示威暂时依然可控。

2. 美在菲军事基地发挥重要战略和军事作用，目前军事基地安排对美更加有利

军事基地是美菲关系的一个核心问题，军事基地价值包括有形资产和无形资产，对驻在国菲律宾和驻军国美国来说，都难以有一个行之有效的标准来衡量整个军事基地体系的军事、经济和政治的重要性，难以用美元价值来准确量化衡量。美在目前16个军事基地的投资总额超过6亿美元，基地产生的在菲消费也有1.5亿美元（1967财年），其中苏比克海军基地和克拉克空军基地是规模最大、最为重要、对于变化最为敏感和动迁成本最高的两个基地。如果动迁苏比克海军基地，仅以实现保持美在亚洲水域航母舰队支持能力为目标，动迁成本就约需最少1.4亿至最高70亿美元，且迁入新基地

后 10 年内新增开支约需 108 亿美元，这些数额会因拟迁入新基地所在地是亚洲其他地区，或者美国托管地，或是美国本土而有霄壤之别。

相较而言，1950—1967 年，美对菲军援开支约 3.8 亿美元，年均约 2000 万美元，年度性军事援助（MAP）可被视为对使用驻菲军事基地的"租金"。因此，单纯从算经济账来看，当前基地使用安排对美方绝对有利。但是美方也认识到，当前的军援水平不能保证美方继续享有该基地的使用安排，菲方恐因地区形势变化而提高要价甚至要求美军撤出。

3. 菲律宾经济发展存在严重缺陷，对美经济援助高度依赖

菲律宾自然资源丰富，拥工业厂房不断增加和普及型教育水平相对较高等优势，但是菲律宾仍然受到严重的经济衰退困扰，包括对农业部门高度依赖，经常性贸易赤字造成外汇短缺，缺乏投资资金，高失业率等。过去十几年中，菲粮食生产取得一定发展，主要源于开垦新农业用地和开始种植"奇迹稻（Miracle rice）"，但是目前菲可开发农业用地几近用殆，菲如果再寻求增产增收则必须提高作物产量，需要菲政府在灌溉、改良品种、改进种植方法方面，特别是根本性的土地改革方面有所作为。但是菲目前水稻亩产量水平低下，大约是韩国的三分之一，中国台湾地区的四成水平。菲尚未实现粮食自给自足，今后几年也难以实现此目标。

菲近年来工业发展增速放缓，其生产成本高企妨碍了在国际市场的成功竞争，工业过于集中于需要大量进口零部件的装配行业，国内市场缺乏购买力。此外，菲官僚体制的腐败加剧泛滥的走私现象，冲击了旨在保障本地工业的关税制度的有效性。

菲政府拟在经济领域开展改革，受到两党制政府、行政与立法机构之间激烈政治争拗的严重限制，也受到普遍贪腐的严重影响。菲难以取得远超人口增长率（约 3.5%）的经济增长率。在此情况下，菲如果想实现较高增长水平，就需要更多的外部资源和援助。菲的外国经济援助主要来自日本和美国，1963—1967 财年，菲年均从日本获得 3200 万美元的经济援助，其中主要是二战赔偿款，美国方面年均 2600 万美元，这些缓解了菲资金短缺的不足。但是受到使用条件分散、管理不善和腐败等限制，菲政府并未发挥经援的最大化效用。外国投资者对不利的投资环境望而却步，近期甚至出现资本流出超过资本流入现象。美方认为，菲对外部资源的利用能力和程度取决于国内经济改革的实现程度，譬如修改不必要的复杂的、高度倒退的税收结构，修改对经常性支出的限制措施，减少走私，刺激出口，营造更有利的投

资环境，实施土地改革等。

尼克松政府执政之初，授权基辛格主持进行包括第 9 号《国家安全研究备忘录》在内的系列评估，全面分析了美苏争霸、越战、中国等国际和地区形势，为尼克松政府进一步制定全球性政策，抽身越战、调整东南亚政策提供了决策依据。这份对菲马科斯政府的全面评估报告，分析了马科斯政权面临的经济和国内安全问题现状，权衡了美对菲军援、经援与使用驻菲基地之间的利弊关系，预估了菲政治发展与外交调整趋势，明确了其任期内对菲马科斯政权的定位，从中可以解释美随后应对马科斯外交调整、处理马科斯实施军管法的态度的决策逻辑。

二　《关岛宣言》及"赛明顿听证会"冲击美菲关系，菲从越南撤军

（一）尼克松向马科斯阐释《关岛宣言》，消除后者疑惑

尼克松于 1969 年 7 月出访亚洲，25 日经停关岛会见记者之时，其发表了历史闻名的"关岛宣言"，阐述其"亚洲在本世纪末之前仍将是世界和平的最大威胁"展望，强调美国仍然会恪守有关条约义务，但是"就军事防御问题而言，除了涉及核武器的大国的威胁之外，美国将继续鼓励并有权期望这个问题将由亚洲国家自己来处理和承担责任"[1]。

在尼克松的回忆录中，其解释关岛宣言被误解为美国要退出亚洲和世界其他地区，但其本意"不是让美国离开亚洲的方案，而是为美国留在亚洲并继续帮助非共产主义国家、中立国家以及我们亚洲盟友捍卫他们的独立而发挥负责任作用提供唯一坚实的基础"[2]。但是，该言论在出台以后普遍被理解为美国领导人提出要亚洲各国自行承担安全义务，该讲话初步阐述了尼克松的新亚洲政策，成为"尼克松主义"的雏形。

在发表"关岛宣言"的次日，尼克松开始对菲律宾、印尼、泰国、南越、印度、巴基斯坦等国的访问。马科斯在会晤来访的尼克松时，坦言对尼克松关岛讲话引发"美国从地区撤出的极度担心"[3]。尼克松承诺，虽然美

---

①　"Editorial Note", FRUS 1969 – 1976, Volume I, FOUNDATIONS OF FOREIGN POLICY, No. 29.

②　Richard Milhous Nixon, *RN: the Memoirs of Richard Nixon*, New York: Grosset & Dunlap, 1978, p. 395.

③　"Telegram from the Embassy in the Philippines to the Department of State", August 4, 1969, FRUS 1969 – 1976, Volume XX, Southeast Asia, No. 192.

国已经开始从越南撤军，下来也会撤出更多美军。但是，越战的结束不能损害美国未来在亚洲的作用，美国作为一个太平洋国家，必须在一个在未来具有重要作用的区域——亚洲继续发挥主要作用。马科斯接受尼克松的解释，表示"明白了美国的困境，对美国的困难有了新认知"，美方承诺令其"深受鼓舞"①。

美菲两国领导人分析了国际和地区形势后，马科斯评估菲应该进一步着手应对内部颠覆而不是外部威胁的危险，进一步提升应对该危险的能力。他向尼克松提出"需要美国的物质援助，但不是美国军队"的请求，尼克松敦促其要认识到"经济稳定是防止国内颠覆的一个基本因素"。之后，尼克松就马科斯关心的美菲经贸关系、基地问题、军事援助表态：首先，对美菲经贸关系的重视，指出菲过度依赖单一市场的内在风险（美国占了菲出口的44%的比重），美方乐见菲自力更生及建立更广泛关系，特别是通过例如东盟这样的地区组织来发展经济。对于马科斯关注的《劳雷尔—兰利协定》谈判问题未做承诺，并清楚表示美菲经济关系的最终目标将是没有优惠关税的热烈的、友好的关系。其次，军事基地问题。美方有意削减美国在外国的军事存在，愿意与菲方一起研定友好解决分歧的方案，保留使用这些基地来防卫美菲安全的安排。第三，军援。美方重视马科斯提出的国内安全问题，将菲方提出的进一步援助请求转给各分管部门考虑。针对马科斯因为美方表示《共同防御条约》不适用于菲马沙巴争端而不满，提出对《共同防御条约》修订，增加"自动防卫义务（automatic defense commitment）"条款等要求，尼克松表示任何对《共同防御条约》的修订，都需要充分考虑美菲安全需要以及地区需要等问题，委婉回避此议题。②

尼克松1969年7月访菲，暂时或者说表面上打消了马科斯政府对"关岛讲话"的误解与担心，维系了马科斯政府顶住国内压力，继续获取国会支持与拨款，确保菲部队轮替援越，巩固了越战战略调整下对菲律宾的盟国关系稳定。对马科斯而言，美国新任领导人在1969年菲律宾大选年访菲，向菲选民证明了美对其政府的支持，其获得了与自由党总统候选人奥斯敏纳（Sergio Osmena Jr.）选战中的政治优势，连选连任胜算大增。

---

① "Telegram from the Embassy in the Philippines to the Department of State", August 4, 1969, FRUS 1969 – 1976, Volume XX, Southeast Asia, No. 192.

② "Memorandum from the President's Assistant for National Security Affairs (Kissinger) to President Nixon", July 17, 1969, FRUS 1969 – 1976, Volume XX, Southeast Asia, No. 191.

（二）美国会举行赛明顿听证会，美菲补偿安排曝光，冲击美菲关系

美行政部门虽然努力重申承诺，希望消弭马科斯政府对"关岛讲话"及从越战撤军带来的对美国撤出东南亚地区，重回美洲堡垒（Fortress America，指退守美国的孤立主义主张——笔者注）的担心，希望能稳定菲马科斯政权对美政策的支持，但是立法部门围绕美国海外义务的系列听证会，却给美力图"求稳"的对菲局面带来不可挽回的冲击。

1969 年 9 月 30 日开始，由曾担任过美国空军部长，持反对越战立场的资深民主党参议员赛明顿（Stuart Symington）任主席的美国参议院外交关系委员会（Committee on Foreign Relations）美国安全协定与海外义务小组（Subcommittee on U. S. Security Agreement and Commitment Abroad），举行了一次关于美国在海外军事与安全义务对美国政策影响的系列闭门听证会，9 月 30 日率先从对菲听证会开始，随后逐国举行了对老挝、泰国等远东国家的听证会。国会拟借此监督、检查、约束行政部门在美国外交政策制定中的作用和责任。参议院外交关系委员会主席富布莱特（J. W. Fulbright）与赛明顿都认为，在美政府经济窘迫的背景下，削减政府支出的一项主要措施在于减少过于宽泛的美海外义务，其中包括军事援助项目（MAP）和军事基地。两人认为，随着洲际弹道导弹（ICBM missiles）和潜艇、北极星火箭（Polaris submarine rockets）等现代军事武器的出现，美方原有的海外军事存在和军事威慑手段等传统模式应该随之而变，开支高昂的美国在国外驻扎常规力量变得不再需要。

1. 听证会小组派员赴菲调研，通知涉菲工作人员参加听证会

听证会小组专门派遣工作人员资深媒体人平卡斯（Walter H. Pincus），与有美国防部工作经历的保罗（Roland A. Paul）律师于 1969 年 6 月 25 日开始到菲律宾等几国开展实地调研，搜集信息，筹备听证会资料。

9 月 2 日，赛明顿参议员致函国务卿罗杰斯（William P. Rogers）和国防部长梅尔文·莱尔德（Melvin R. Laird），要求国务院安排总部负责官员及驻菲使团负责人威尔逊（James Wilson Jr.）准备参加听证会，并提供 9 方面书面材料：与安全事项有关的具有历史或道德性质的条约、声明、其他协议和承诺；美国在菲律宾的军事设施、部队和使团，包括今后的计划；军事援助方案；菲境内的叛乱和美国机构针对此的应对方案；针对在菲美国人员和财产的贪腐与犯罪行为；美菲之间的联合军事计划、演习、行动，包括防空安排；菲律宾对越战的贡献，特别是菲律宾民事行动组（PHILCAG）。（注：

需求 5 与 6 未解密——笔者注）小组要求国防部安排驻菲克拉克空军基地的第十三航空队司令吉迪昂（Francis C. Gideon）中将，驻菲海军司令考夫曼（Draper L. Kauffman）少将，驻菲克拉克空军基地第六师指挥官佩特（Ernest W. Pate）上校参加听证会。[①]

美行政部门评估，该小组一项主要任务是实现美国海外军事存在的收缩，降低美官方开支，以及避免特定条约并未包括的任何实际的或暗示的安全或其他补偿性义务（例如 MAP）。为防范国会借此给既定外交政策和今后制订外交政策带来障碍，尼克松任命成立白宫工作组（White House Working Group）来协调行政部门参加听证会，9 月 22 日，白宫工作组组建跨部门协调组（Interdepartmental Coordinating Group），由国务院代表麦克林托克（Robert McClintock）大使担任组长。9 月 24 日，麦克林托克大使给白宫代表比利欧（Kenneth BeLieu，也是工作组成员）备忘录，划定了"在任何情况下都不应泄露给小组委员会"的八种材料或信息，包括有关核储存、军事应急计划、国家元首或政府首脑之间私下通信的信息。此外，白宫工作组确定可以提交给听证会的四类材料（针对在菲美国人员和财产的贪腐与犯罪行为；针对反叛乱事项的计划；美菲之间的防空安排；菲律宾援越民事行动队的谈判事宜），也需要做好有关脱密处理（in sanitized version）。

2. 听证会质疑行政部门超安全义务行动，抨击对菲高额补偿等做法

听证会进行中，赛明顿及富布莱特对有关证人证言的犀利质询，还是远远超出了白宫、国务院、国防部等行政部门的准备。

第一，听证会质疑美政府对菲律宾的安全承诺超出美国义务。1964 年10 月 6 日，在约翰逊总统与当时的菲律宾总统马卡帕加尔会谈后，白宫发表公报称："在这方面，他们审查了菲律宾与美国之间的《共同防御条约》在维护两国安全方面的重要性，并重申了他们承诺应对可能对其安全造成的任何威胁。约翰逊总统明确表示，根据这些现有的同盟及其下的部署与安排，对菲律宾的任何武装攻击都将被视为对驻扎在菲的美国部队的攻击，并将立即被击退。"[②] 国会质疑约翰逊的安全承诺超出美对缔约同盟的

---

① "United States Security Agreements and Commitments Abroad：The Republic of the Philippines"，September 30，1969，DNSA，PH00287.

② "United States Security Agreements and Commitments Abroad：The Republic of the Philippines"，September 30，1969，DNSA，PH00287.

安全义务，并"试图推断本届政府，也已经向外国政府做出远远超过参议院批准的基本防务协议的承诺"。国务院也承认约翰逊政府的声明超出了美方对菲安全条约义务，但现政府寻求回归到参议院批准同意的条约范围内，不会扩大。

第二，听证会质疑菲在协助实现美国军事目标方面的态度与能力，与美国提供过高补偿之间存在巨大不对等。富布莱特在听证会上质问"为什么我们付出那么多，得到那么少？"在证人证言表示菲甚至拒绝派遣民事行动队（CAG）赴越，直至美承诺装备 3 个工程营及给赴越人员按日付酬。参加听证会的参议员对此表示愤然，"我们投入数百万美元给菲，而即使涉及东南亚条约组织盟友，菲政府连一个象征性的小分队都不愿意派，除非小费都要提前给了"①。

第三，听证会的质询也暴露出美菲秘密交易、菲高官乃至马科斯本人及家庭的腐败丑闻。听证会上，威尔逊（James Wilson Jr.）的证言和国防部提交报告都明确表示"马科斯总统接受了与援越部队直接相关的装备、高于正常酬劳的特殊海外补贴……"② 美国审计署（GAO）甚至发现，美方缺乏对提供给援越部队人员的合计 390 万美元的每日补贴及海外补贴的监管，美方甚至直接将涉及海外补贴的美元支票直接交给菲国防部长处置，而这些资金的实际支出用途和数量不明。③ 空军基地上校曝光了直至菲政府高层的腐败问题，富布莱特参议员指出，"克拉克基地实际上就是对偷窃和腐败的积极鼓励"④。听证会上还报告"马科斯在任职总统期间，约敛财 1 亿美元财富"的贪腐行为。

（三）美行政部门争取国会配合删减文本，推迟公布，减少对美菲关系冲击

1. 如实、按期发布报告恐带来无可估量负面影响

原本，赛明顿听证会只是美国国会与行政机构之间对于外交事务主导权

---

① "United States Security Agreements and Commitments Abroad：The Republic of the Philippines"，September 30，1969，DNSA，PH00287.

② "United States Security Agreements and Commitments Abroad：The Republic of the Philippines"，September 30，1969，DNSA，PH00287.

③ "Review of U. S. Assistance to the Philippine Government in Support of the Philippine Action Group"，June 1，1970，DNSA，PH00348.

④ "United States Security Agreements and Commitments Abroad：The Republic of the Philippines"，September 30，1969，DNSA，PH00287.

的内部纷争，是美国反对越战呼声高涨之下，对美国军事扩张政策的反思，旨在通过缩减海外军事安全义务和军事存在，而降低庞大海外开支，减少越战和海外军事负担带来的巨大政经资源损耗。但是，如果听证会着手准备的听证报告如期和如实发布，曝光援越"补偿"及涉菲弊病，美行政部门担心此举将给美菲同盟关系及菲律宾国内政局稳定、1969 年总统大选选情带来无可估量的冲击：

首先，听证会报告预计在 1969 年 11 月中旬发布，此时正值菲总统大选（11 月 11 日举行）的关键阶段，听证会对马科斯当局的不利内容，势必会冲击马科斯选情。而即使是在选后发布报告，无论是马科斯连任或者是奥斯敏纳胜选，新一届政府也会质疑与美秘密协定的保密性和有效性，从而严重破坏美菲同盟互信基础，会对美国在菲利益及今后美菲关系带来严峻的灾难。菲援越本身就欠缺坚定立场，且援越部队规模已降到约 1500 人，面对尼克松新政府的结束越战的考虑及菲国内的反对声音，马科斯或其他领导人都有从越南撤出的动力，听证会报告势必会推动菲坚决撤出，以及撤回在其他地区问题上对美方的有效支持。

其次，美菲即将开展一系列军事关系、经贸关系谈判，美行政部门长期以来希望借此正常化和改善美菲同盟关系。听证会报告发布将影响谈判局面，给亲美的谈判人员带来压力，助长反美情绪，恐造成菲国内亲美势力减弱，甚至美可能失去驻菲军事基地。美国在菲有约 10 亿美元私人投资，听证会报告恐会带来菲政府对待美资方面的政策调整的不确定性，损害在菲美资利益。

再次，菲民众对外界的批评高度敏感，对来自前殖民宗主国的批评尤甚。目前美驻菲机构正忙于处理美国海军士兵射杀菲民众事件，听证会报告一旦发布，对菲汹涌民情的影响难以估量。

最后，多名驻菲在职军政官员参加赛明顿听证会并作出不利于菲方的证言，一旦曝光，恐影响这些人员在菲继续履职，并殃及其他在菲美方工作人员的工作，甚至人身安全等。

总部位于美国纽约的菲律宾—美国商会（Philippine American Chamber of Commerce）主席比普拉特（Tristan Beplat）专门致函国务卿罗杰斯，介绍菲律宾人非常情绪化，即使在美国国内很正常的报告都会在菲引发轩然大波，发布此报告恐影响美菲经贸关系，"提请国务院权衡利弊"，尽力推迟报告的发布时间。①

2. 美各部门协调补救，美菲也紧急磋商，力图减少影响

美行政部门与赛明顿小组之间就报告发布时间与内容问题进行艰难谈判，美行政部门内部白宫与国务院间，国务院与驻菲大使馆之间，美行政部门与马科斯政府之间也为此开展沟通协调，力求减小负面冲击。

10月23日，白宫获悉麦克林托克违反白宫指示，擅自与赛明顿参议员达成交易，同意不会大幅削减报告内容，换取听证会删除某些证人的某些不符合政策的证言，以及推迟听证会报告直至菲律宾选举之后。白宫对此震怒，尼克松总统的顾问兼国内事务助理埃利曼（John D. Erlichman）知会国务卿罗杰斯，白宫对麦克林托克出任跨部门工作组（Interdepartmental Group）主席一职的不满，并宣布11月14日正式将其解职。②

白宫方面抓紧对此进行补救，11月10日，助理国务卿格林（Green）被委派与赛明顿参议员就具体如何删减脱密进行谈判，赛明顿最终同意删除4方面内容：可能引发美日矛盾的关于日本冲绳基地来菲的B-52轰炸机问题；关于克拉克基地的20页材料；影响美军政人员在菲开展活动有效性方面的证言；过早泄露美内部拟定的参与菲突发事件的计划。格林还指出，听证会相关参议员的言辞恐对菲民众产生负面影响，提请赛明顿参议员在出台报告时斟酌用词。白宫工作组11月11日举行会议，权衡利弊之后，进一步批准国务院同意向听证会提供美国对菲援越部队支持的确切数额，以交换删除报告中"涉及腐败的更令人尴尬的部分"。这部分待删除内容显示马科斯政府高官的贪腐丑闻，包括"马科斯夫妇已经花了相当长的时间来丰富他们的个人基础。估计他们在总统府任期内累积了大约1亿美元财富"等内容。③ 在发布时间方面，赛明顿参议员同意推迟至11月15日发布，即菲律宾大选（11月11日）结束4天后进行。

① "Letter to Secretary of State William Rogers from Tristan Beplat, president of the Philippine American Chamber of Commerce, Department of State", Nov 7, 1969, DDRS, CK3100564369.

② "Telegram from the Department of State to the Embassy in the Philippines", November 11, 1969, FRUS 1969 – 1976, Volume XX, Southeast Asia, No. 197.

③ "Telegram from the Department of State to the Embassy in the Philippines", November 11, 1969, FRUS 1969 – 1976, Volume XX, Southeast Asia, No. 197.

（四）马科斯连选连任，借对听证会报告的不满而从越撤军

1. 为表示对美方听证会报告的不满，马科斯宣布撤出援越的菲民事行动组

1969 年 11 月 11 日，菲总统大选如期举行，马科斯取得 61. 47% 的得票率，以逾 200 万张选票的压倒性优势击败自由党候选人奥斯敏纳（38. 51%），副总统洛佩斯（Fernando Lopez）也获得62. 8%的选票，击败获得 37. 2%得票率的自由党候选人麦格赛赛（Genaro Magsaysay）。① 马科斯在自由党的势力范围宿务（Cebu）与三描礼士省（Zambales）都取得了胜利，这对自由党构成严重冲击。马科斯成为菲历史上第一位成功连任的总统，也成为菲律宾第三共和国历史上唯一一位连任总统。

11 月 14 日，美驻菲拜罗德大使（Byroade）紧急约见马科斯，就如何应对赛明顿听证会报告一事进行商量。拜罗德表示，国务院拟抢在听证会的委员会报告正式发布之前公开承认美国给菲援越部队发放补贴问题。马科斯接受拜罗德大使建议，会同时（15 日）发声明呼应国务院，称美国的补贴是用于菲国内发展迫切需要的项目。但是拜罗德大使向国务院汇报时表示，其担心马科斯不按照美菲商定的方案发布，马科斯可能会自行其是宣称其在和平解决越南问题方面的努力、密使外交（访问巴黎和河内）以及在南越和越共等联系，甚至妄称秘密联系北越的活动是得到尼克松同意的，再或者给马科斯支持菲援越部队的资金被用于个人政治活动或其他目的，这些都会让美方陷入被动尴尬。②

当赛明顿听证会报告发布后，马科斯发言人声明"菲律宾没有收到任何给予菲民事行动队费用或者报酬，或者为菲考虑向越南派遣该行动队而提供了赠款"③。随后，马科斯还矢口否认美方提供的资金是作为其派兵的交换，其承认 1965 年 4 月开始（其就任总统之前），菲收到美方一些特殊资金，用于太涉密而不能公开透露的国家安全及情报行动方面。但是马科斯未表示使用这些经费用于斡旋美与越共关系方面。马科斯政府的表态令美方陷入被

---

① 参见菲律宾总统府网站http：//malacanang. gov. ph/74706 - elections - of - 1969/。

② "Memorandum from John H. Holdridge of the National Security Council Staff to the President's Assistant for National Security Affairs（Kissinger）"，November 14，1969，FRUS 1969 - 1976，Volume XX，Southeast Asia，No. 198.

③ "Review of U. S. Assistance to the Philippine Government in Support of the Philippine Action Group"，June 1，1970，DNSA，PH00348.

动，国务卿罗杰斯指示拜罗德"让马科斯不要再重申与听证会报告矛盾的这些声明"，还提议将美国的款项描述为"抵销型资金（offset-type funds）"，即：美国确实给菲政府提供了菲援越部队海外补贴的开支，这些资金使菲政府能在不削减重要国内项目开支的情况下而给该队伍提供。① 罗杰斯还敦促马科斯政府与美方统一口径应对媒体和公众。

此时，美行政部门在考虑如何应对听证会人员对于国务院与菲政府说法不一的质疑，但在菲国内民意沸腾之下，菲政府及民众的关注焦点已经不是菲有无接受美方提供的海外补贴的问题，"菲民事行动组问题不是钱的数字问题，或者怎么使用了的问题，而是两个参议员，特别是富布莱特参议员在报告中提出的'菲民事行动组就是雇佣军（the PHILCAG was nothing but hired mercenaries）'"，这种典型的"权力的傲慢（The Arrogance of Power）"刺激了敏感的菲政府及民众神经。② 菲众议院多数党领袖维罗索（Marcelino Veloso）称"在这种严重歪曲和极度污蔑的情况下，是时候考虑废除美在菲军事基地了"③。

按照马科斯指示，菲外交部长罗慕洛照会美驻菲大使馆，通知菲政府已决定从越南撤出菲民事行动组。马科斯随即宣布，要自 1969 年 11 月底开始逐步撤出援越菲军，在圣诞节之前完成撤军，以作为对美赛明顿听证会的回应。12 月 13 日，菲民事行动组开始从越南撤出，圣诞节前，菲民事行动组仅留下少许人员负责最后的收尾工作，其余人员全部撤回菲国内。

2. 菲政府追随美国参加援越的贡献及撤军影响

菲马卡帕加尔与马科斯两任政府在美国"自由世界"的"更多旗帜"框架下的援越活动就此结束，菲方发挥了一定的贡献和作用，但突然撤军也造成负面影响。

首先，菲政府克服国内国会、政府反对派和民间存在的各种阻力和困难，派遣 2000 余人组成的民事行动组（PHILCAG）援越，这是菲在朝鲜战争之后的首次派兵出国参战，菲方体现出对美菲同盟的"履约"义务，援越

---

① "Telegram from the Embassy in the Philippines to the Department of State", December 1, 1969, FRUS 1969 – 1976, Volume XX, Southeast Asia, No. 201.

② "Telegram from the Embassy in the Philippines to the Department of State", December 1, 1969, FRUS 1969 – 1976, Volume XX, Southeast Asia, No. 201.

③ "Review of U. S. Assistance to the Philippine Government in Support of the Philippine Action Group", June 1, 1970, DNSA, PH00348.

行动也体现出美越南政策得到盟国和东南亚区内国家的支持，有效支持了美国的越南政策的正当性。

其次，菲民事行动组在援越期间，承担了一定的建设任务，取得一些成绩。其承担的民事行动项目任务（Engineering Civic Action Program）中，建造了116.4千米的道路，11座桥梁，169座建筑物，10座塔楼，194个涵洞和54个难民中心。还清理了7.78公顷的林地，将2225公顷的土地改建为社区项目，10公顷的土地变成示范农场。根据杂项环境改善计划（Miscellaneous Environmental Improvement Program），菲开展了一系列修复、修理工作或小型建筑工程，涉及2条简易跑道，94千米的道路，47栋建筑物，12个哨所，245口水井；培训了32人使用和维护设备，对138人进行卫生培训，对217人提供职业培训，重新安置了1065个家庭，分发了162623磅食品盒。在医疗民事行动项目（Medical Civic Action Program）中，菲方执行了724715次医疗任务，218609次牙科治疗，35844次外科手术。在讨论菲律宾公民行动小组在南越逗留期间的价值时，阮文绍（Thieu）总统评论说："菲援越民事行动组为越南共和国的革命发展计划做出了巨大贡献。他们不懈的努力也帮助政府控制了许多以前生活在共产党统治下的人……（给）他们对国家事业的信心。"①

最后，菲方撤军打乱了美方结束越战的部署，带来一定负面效果。菲方猝不及防的宣布撤军，以及快速撤出援越部队之举给其他援越国家带来冲击，泰国外长他纳·科曼（Thanat Khoman）将军专门询问美驻泰邦克（Ellsworth Bunker）大使，美方是否提前知悉菲拟撤军一事，为何菲方不就此与其他盟国进行商议，担心引起自由世界盟友的效仿。12月，澳大利亚也提出考虑撤出援越部队，美国"更多旗帜"之下诸盟国援越行动逐步分崩离析。

3. 马科斯从越南撤军的原因分析

笔者不认为赛明顿听证会报告的出台是造成马科斯决定从越南撤军的主要原因。马科斯一直担心美国越南政策、亚洲政策的调整，也预先思考一旦美国厌倦了亚洲的战争，想退回美洲堡垒，菲律宾将采取何样的替代性政策。在越战进行期间，其就一直关注着美国本土对美国政策的严厉批

① Stanley Robert Larsen and James Lawton Collins, Jr., *Allied Participation in Vietnam*, Washington: Department of The Army, 1985, p. 72.

评。其还于 1967 年 7 月亲赴南越视察了菲民事行动组，并借此对实地掌握的第一手信息进行评估。1967 年阮文绍（Nguyen Van Thieu）选情堪忧，马科斯关注到该因素可能会影响菲律宾的舆情及菲民众对其政府越战政策的态度。

　　1968 年 3 月 31 日，约翰逊总统在全国电视讲话中宣布，美国部分停止对越南北方的轰炸，并呼吁北越领导人参加和平谈判。约翰逊还在讲话中正式宣布，其本人不寻求，也不再接受下届总统竞选提名。约翰逊淡出美国政坛的动向，加上美国人对于越战的挫折感及国内"反战"呼声高涨，总统候选人尼克松的选战口号体现出美亚洲政策调整迹象，以及菲国内在继续轮替援越部队方面困难重重，都促使马科斯未雨绸缪着手准备应对预案。1968 年底，马科斯就首度公开讨论了美国在亚洲军事存在撤出的可能性以及菲需要做好准备，并重新启用资深外交官罗慕洛（Carlos Romulo）出任外长，着手对一些社会主义国家进行经济领域的调研和初步接触。尼克松上任后，马科斯在 1969 年 4 月赴美参加艾森豪威尔总统葬礼时，约见了国家安全事务助理基辛格，了解美新政府政策调整动向。马科斯询问美方有无从越南撤军的考虑后，即向基辛格表示菲援越民事行动组开支巨大，菲方恐难以为继，探讨"如果撤回这个改而协助南越发展有效的警察力量（constabulary force）将更加有效，其表示菲有丰富的相关经验。……对南越的警力培训项目可以放在菲开展"的新方案，含蓄表示菲方拟撤出援越部队。① 因此，菲马科斯政府从越南撤军是既定政策，赛明顿听证会报告的出台只是令马科斯政府脸上无光，借机加速执行撤军行动。

第二节　美调整在菲存在与马科斯政府
出台"发展外交"

一　尼克松政府提出减少在菲及亚洲地区军事存在

　　在赛明顿听证会报告 363 页正文被菲律宾本地报纸《纪事报》（Chronicle）连续几周全文登载，及随后马科斯撤出援越部队影响的余震中，美国副总统阿格纽（Spiro Agnew）1969 年 12 月底赴菲参加马科斯的第二任期就职

① "Memorandum of Conversation", April 2, 1969, FRUS 1969 - 1976, Volume XX, Southeast Asia, No. 186.

典礼，遭遇了空前的学生反美示威，只是表面上维系乃至小幅修复了撤军事件对美菲同盟关系的创伤。国务院官员私下书信往来中对此表示，幸亏在最后时刻删除一些听证会报告中不堪曝光的内容，才得以维持这样的一个局面，让美菲关系面对马科斯的第二任期。①

（一）尼克松提出秘密推行削减在菲存在计划

在泥足深陷难以自拔的越南战场，尼克松先是尝试"越南化"（Vietnamization）替代方案，即逐步从印支半岛撤出美军，但同时维持以南越武装力量为主的越战持续，冀能够实现维持南越政府、赢得战争、实现和平、维护美国"信誉"的多重胜利。按照尼克松指示，美国安会做出了 1971 年 6 月 30 日前将在越美军减少至 26 万人，1973 年 6 月 30 日前全面停止参战的军力态势规划，力求将 1971—1975 年的军事预算维持在 710 亿—750 亿美元范围内。

与此同时，尼克松虽然公开否认不会从亚洲撤出，但是指示白宫通过国务院秘密通知驻菲机构，着手缩减在菲律宾的军事存在，要求将在菲军事人员总额减少 25%，将在克拉克空军基地的军事人员减员 50%。据国务院统计，当时登记在册的美在菲总军事存在为 50863 人，其中包括 27423 军事人员，1443 名民事人员及 21997 名家属。在克拉克基地有 32916 人，其中 16968 名军事人员，737 名民事人员以及 15211 名家属。美方这种幅度的军力缩减，将使美方减少在菲的开支，从年均 1.4 亿美元降至 8300 万美元的标准，但此举会给菲经济带来约年均 1.71 亿美元的损失（美方简单测算方式是美方在菲开支数额的 3 倍），大概是菲 1969 年国民生产总值（约 85 亿美元）的 2%。②

尼克松的决定受到国务院等部门的反对。驻菲大使拜罗德对此提出反对意见，认为总统提出削减驻菲军事存在问题不是国务院的事权范围，任务应该交给国防部开展，国务院系统的职能是评估削减对菲经济、政治影响及美菲关系的影响。而且，削减军事存在一事至少应该先行开展军事评估工作，因为此事一定会带来政治和经济方面的负面影响，当地领导人会误认为"尼

---

① "Just where the new Marcos administration will go now remains the big question", January 13, 1970, DNSA, PH00321.

② "Backchannel Message from the Ambassador to the Philippines（Byroade）to the Assistant Secretary of State for East Asian and Pacific Affairs（Green）", January 2, 1970, FRUS 1969 – 1976, Volume XX, Southeast Asia, No. 204.

克松主义"只是一个削减和撤离的政策。① 虽然招致驻菲大使的反对，但经过美政府内部磋商，国防部长莱尔德按照尼克松指示，表示会在 1970 年 4 月 20 日前完成削减在克拉克的三分之一军力的任务。3 月 10 日，莱尔德表示时间紧迫，需要到 9 月底才能完成人员削减。即使尼克松的高级军事顾问黑格（Alexander Meigs Haig, Jr.）也怒批该行动计划"荒谬（ridiculous）"，认为该削减方案全然忽视了在菲军事设施及存在与美方在南越行动的关联性。在菲律宾这种幅度的削减，在韩国接近 50% 的削减，在南越和泰国的锐减，全志愿军的策略……以及今年以来已完成的全球削减 10% 海外军事存在的工作，会让最业余的观察家也不会信任美国政府在说什么，而是认为美在贯行"美国堡垒观（Fortress America Concept）"这一精心安排。② 黑格还提出请基辛格开展国家安全决定备忘录（NSDM）研究的建议，评估削减对越战、太平洋舰队、空中行动，以及对一个令人头疼但却是长期同盟（指菲律宾）的经济稳定性的影响。

但是各方意见都未能扭转尼克松的坚决态度，3 月 25 日，基辛格指示国安会副部长委员会主席（Chairman of the National Security Council's Under Secretaries Committee）理查森（Elliot Richardson），坚决完成尼克松关于在菲克拉克基地削减三分之一军事存在的指示。此外，还要尽快（不迟于 1971 年 6 月 30 日）削减军事部门在内的美驻菲各部门与机构 25% 的总人员。美白宫主导的驻菲人员削减方案是秘密沟通和制订的，在 4 月份时，美军方已通知驻菲军事基地方面该削减计划和削减比例，但并没有解释削减原因，造成了基地谣言满天飞，人心惶惶。

（二）美削减动向引发马科斯对于美调整亚洲政策的忧虑

1970 年 6 月底，国务卿罗杰斯赴马尼拉参加东南亚条约组织（SEATO）第 15 次理事会会议，对马科斯阐述美在太平洋地区减少军力部署的考虑。罗杰斯提出如果条件允许，美拟把军力部署减少至东京湾事件之前的水平，并泛泛介绍拟在不同国家和地区减少军事存在的设想，他并未具体谈及在菲

① "Backchannel Message from the Ambassador to the Philippines（Byroade）to the Assistant Secretary of State for East Asian and Pacific Affairs（Green）", January 2, 1970, FRUS 1969 – 1976, Volume XX, Southeast Asia, No. 204.

② "Memorandum From the Senior Military Assistant（Haig）to the President's Assistant for National Security Affairs（Kissinger）", March 4, 1970, FRUS 1969 – 1976, Volume XX, Southeast Asia, No. 212.

削减计划，留待驻菲大使会后与马科斯处理此议题。罗杰斯国务卿也表达，在目前环境下暂时无限期推迟原定马科斯 8 月份对美国事访问的计划，对于马科斯关心的《劳雷尔—兰利协定》及保障蔗糖配额问题、增加对菲军事援助问题、开展军事基地谈判问题，罗杰斯也都以国会程序、预算严格等理由予以搪塞，也没有就援助数量及类型进行回应，① 这些都进一步增加了马科斯政府对美国亚洲政策调整的忧虑。

7 月 13 日，基辛格向尼克松报告了罗杰斯访菲情况，以及国安会做出的削减在菲人员的计划及影响评估，客观分析削减行动确实会带来一些负面影响：首先，对美国太平洋战略地位有影响。此举会降低美国应对东南亚及西太地区军事突发事件的能力和灵活性，但削减不会影响美国驻菲基地的年限，并由于驻菲军事基地的独特地理位置而将在今后日益重要。其次，对美菲关系有冲击。虽然从长远来看利于菲实现经济自力更生，减少对美高度依赖，这有助于美菲关系。但从短期来看，此举引发重重危机，削减存在将影响到基地直接雇用的 3000 至 5000 名菲当地雇员，以及最多达 11000 人的签约工人就业问题，将导致菲工会组织的罢工及抗议；在菲严重的国际收支危机期间，菲每年损失 3000 万到 4000 万美元的外汇收入，会造成菲经济雪上加霜。最后，会增加菲律宾政治不确定性。大多数菲人视美国基地为有利可图的好事，他们可能将人员削减视为美国从菲撤出，可能会强化目前菲政局的不确定性；削减人员之举也可能被解读为美不喜欢马科斯以及对其领导没信心的信号，使其政治局面更困难。②

（三）美对菲解释工作没有取得积极成效

美方做出上述影响评估后，乐观分析认为可以妥善解决上述困难，提出向马科斯政府进行解释，称削减缘于从越南撤军以及世界范围内的预算及人力收缩，提请菲方予以理解和支持；强调美在双边军事协定、条约背景下的对菲的持续安全承诺；承诺会尽可能在多边方式下采取新项目援菲，减轻对菲经济影响。美方计划在 1971 年 6 月 30 日前分批次完成驻克拉克军力三分之一的削减，其他军事人员削减 25%，将驻菲军事存在恢复到越战前水平，

① "Telegram from the Embassy in the Philippines to the Department of State", July 2, 1970, FRUS 1969 – 1976, Volume XX, Southeast Asia, No. 224.

② "Memorandum from the President's Assistant for National Security Affairs (Kissinger) to President Nixon", July 13, 1970, FRUS 1969 – 1976, Volume XX, Southeast Asia, No. 225.

驻菲总体人员减少32%，尼克松总统对此方案予以批准。①

　　按照国务院指示，拜罗德大使7月22日向马科斯正式通知削减方案。虽然马科斯对此心有预期，但还是感到震动。他担心外汇收入损失对菲不稳定的经济形势和目前的经济计划的影响，大规模的菲律宾人失去工作岗位的结果，如何公开应对此事和向菲民众进行合理解释。马科斯更为担心的是，这种削减是不是美国多轮削减计划的第一波，美方究竟有着怎样的真实意图；美方的削减会否影响《共同防御条约》的条约义务？是不是英美私下密谋的安排，美方要完全撤出菲律宾？② 拜罗德大使本身就是削减方案的坚定抵制者，曾经越级致信尼克松试图劝说其改变意见，也曾上书副国务卿，抨击削减方案是"唬人的空谈（whistling Dixie）"，因此其虽然按照国务院的指示对马科斯进行解释，承诺《共同防御条约》有效，美方也不会撤出菲，但是一个对上司指示心存抵触的大使受命开展的解释安抚工作，成效如何可想而知。

二　菲"发展外交"政策出台及外交实践

　　在"尼克松主义"出台前后，菲国内政治氛围及舆论环境随之出现变化。参议员迪奥克诺（Jose Diokno）指责美国的基地协定、施压菲方派兵援越、反对菲经济民族主义等举措都是美国对菲抱负与理想的敌意。曾任马卡帕加尔政府外交部长的洛佩斯（Salvador P. Lopez）也提出，既然美国准备撤出亚洲，菲律宾这个美在二战及冷战中忠诚的盟友，也要考虑与中苏构建关系（building bridge）。如果美国撤回堡垒美洲，所有的亚洲非社会主义国家都会面临抉择，实际上，赤化好过灭亡（better to be red than dead）。"菲律宾政客们开始了民族主义的反美调门，抱怨美国的个人主义弱化了菲律宾的家庭观念，物质主义和新教侵蚀了传统的天主教会，美国的恣意放任侵蚀了公众士气，美国的短视行为造成菲律宾在土改、工业化及民主体系方面的失败。马尼拉的传媒更是为反美舆论煽风点火。"③

---

　　①　"Memorandum from the President's Assistant for National Security Affairs（Kissinger）to President Nixon"，July 13，1970，FRUS 1969 - 1976，Volume XX，Southeast Asia，No. 225.

　　②　"Telegram from the Embassy in the Philippines to the Department of State"，July 22，1970，FRUS 1969 - 1976，Volume XX，Southeast Asia，No. 226.

　　③　Claude Albert Buss，*The United States and the Philippines：Background for Policy*，Washington，D. C. ：American Enterprise Institute for Public Research，1977，p. 54 - 55.

（一）"发展外交"理念与马科斯4点外交新政策出台

马科斯政府也开始了一系列的民族主义内外政治政策调整，应对美政策调整，也呼应国内的政治呼声，特别是"发展外交"的出台，标志着马科斯当局对菲独立后外交政策的一次重大调整。

1968年，马科斯政府外交政策彷徨徘徊在十字路口，也是马科斯"发展外交"的酝酿之年。这一年，马科斯不确定美国的越战态度变化趋势，美会加强在越南的努力，还是会做出政策调整，寻求和平解决越南问题。其也不确定候选人中，究竟是汉弗莱（Humphrey）还是尼克松会胜选总统，以及胜出一方对东南亚对菲律宾会意味着什么。因此马科斯考虑外交政策向民族主义转向，"任何新政策的根源都只能是民族主义，其需要大众支持来赢得1969年选举，而民族主义正是必能成功的吸票机（vote-getter）。马科斯开始淡化政府的反共意识，转而强调菲律宾国民由共同传统——同一片土地、同一份血缘、同一个梦想而维系的共同意识"①。马科斯还在1968年年底重邀资深外交官罗慕洛主政外交事务，协助其进行外交政策调整。1969年1月2日，外长罗慕洛在演讲中阐述了马科斯新任期外交新理念，其宣布"菲律宾已不再是个需要父母提供指导的孩子，而是独立追求安全和幸福的成年人。菲律宾不想成为任何国家的前哨，或者任何国家、集团的政治棋子。菲律宾虽然会继续承认维持与美国、日本、澳新美条约（ANZUS）、东南亚条约组织的关系是正确和友好的，但菲律宾会基于本国国家利益，以一个拥有自由、主权的亚洲国家身份和任何国家交往"②。罗慕洛的演讲被冠以"发展外交（Developmental Diplomacy）"之名，体现出马科斯政府在身份认同、发展经济及社会、减少对美国的过度依赖方面的调整意愿。

在1970年1月26日马科斯第二任期的第一份国情咨文（SONA）中，马科斯阐述了其外交及安全政策转向的背景，分析了英国计划从东南亚撤军，美国在越南战争后在该地区的军事紧缩政策的前景，他不点名抨击现存美菲关系，称菲律宾发现"特殊关系"并不令人满意，将寻求充分承认主权和充分发展经济独立，不会容忍经济关系削弱菲方的自决权和自治权。其还提出菲律宾对东盟的重视及地区合作有所抬升，表示出有兴趣利

---

① Claude Albert Buss, *The United States and the Philippines*: *Background for Policy*, Washington, D. C.: American Enterprise Institute for Public Research, 1977, p. 55.

② Claude Albert Buss, *The United States and the Philippines*: *Background for Policy*, Washington, D. C.: American Enterprise Institute for Public Research, 1977, p. 52.

用东盟作为一个地区安全体系核心的可能性。马科斯进一步具体提出了4点菲律宾外交新政策：首先，全面审查与美国的现有协议，从而实现废止1947年《军事基地协定》中的"不平等条款"和其他有损菲律宾主权的条款，以及建立新的经济关系基础，以取代将于1974年终止的《劳雷尔——兰利协定》的两点目标；其次，加强经济和社会领域的区域合作；再次，继续探索采用全亚洲成员参与的亚洲论坛形式（form of an Asian Forum）缓解政治紧张局势的方案；最后，缓和与社会主义国家的关系，促进商贸往来及文化交流。①

（二）马科斯政府执行"发展外交"新实践

在4点菲"外交新政"框架下，菲政府调整美菲同盟关系，强化地区主义之下的东盟框架下合作，建立并扩大与社会主义国家间关系。

1. 调整美菲同盟关系

随着尼克松政府在越南战场不断失利及逐步撤出，马科斯政府视之为美国在亚洲及西太地区实力降低的征兆，对美态度开始趋硬。罗慕洛向国会提出修订美菲《共同防御条约》，重新提出要按照已故参议员雷克多的方案对此进行修订，即按照北大西洋公约（NATO）模式增加"自动反应"条款。此外，罗慕洛也提出重新审查美菲《军事基地协定》，一方面要密切研究相关的司法裁判权、税收、关税、移民权等问题，就此与美方谈判，另一方面要考虑缩短该条约的有效期问题。

2. 调整与地区国家关系，积极参与东盟事务

菲主动调整恢复与马来西亚的关系。如前文所论述，菲律宾与马来西亚存在沙巴主权争端这一历史性问题，并在马卡帕加尔政府时期有所激化。马科斯上台后曾缓和在沙巴主权方面的争端，但1968年3月，马科斯政府在菲组织科雷吉多尔岛秘密培训营密谋对沙巴进行渗透派遣一事，严重冲击了菲马外交关系，破坏了新成立的东盟5国内部的互信与团结，马科斯政府冀借美菲《共同防御条约》在争端中应用的设想也被美方坚决拒绝，造成菲外交被动局面。马科斯试图邀约马来西亚时任首相东姑·拉赫曼（Tunku Abdul Rahman）就此进行双边磋商，遭到马方拒绝。在1969年马科斯宣布菲

---

① 参见菲律宾政府公报网站"Ferdinand E. Marcos, Fifth State of the Nation Address", January 26, 1970, https://www.officialgazette.gov.ph/1970/01/26/ferdinand-e-marcos-fifth-state-of-the-nation-address-january-26-1970/。

从越南撤军的同时，菲方进一步向马方缓和态度，做出愿意搁置沙巴主权争端的承诺。12月，菲马两国外长举行会谈，双方同意恢复互派大使，恢复两国外交关系。

菲律宾作为1967年8月成立的东南亚国家联盟的成员国，不仅积极参与东盟的成立，还广泛参与东盟成员国之间的互信与合作。1971年11月27日，东盟外交部长会议（ASEAN Foreign Minister Meeting）在吉隆坡举行，马来西亚首倡成立和平、自由与中立区（Zone of Peace，Freedom and Neutrality（ZOPFAN））的构想，旨在实现"东南亚免于外部势力的干涉，以及拓宽有助于加强、巩固更紧密成员国关系的合作领域"。菲律宾作为盟国的同盟国，对马来西亚的立场表示支持，罗慕洛外长代表菲政府签署《吉隆坡宣言》。①

马科斯政府将发展地区主义、强化与东盟国家合作不仅作为反共的工具，还视为解决对美过度依赖的方案。如果获得其他外部资金，就提高了与美国的议价能力；如果能与邻国进行资源及技术合作，就减少了对美国的期待。总之，如果菲律宾能创造一个可行的地区安全系统，就不需要任何外来军事基地、军援以及其他与美国的特殊安排。

3. 发展与社会主义国家间关系

菲律宾独立后的1946到1966年间，菲政府与苏联等社会主义国家保持交恶状态，菲政府对于菲国民前往社会主义国家有严格限制。但是这种情况到了20世纪60年代末开始发生变化。1966年，马科斯就废止了菲国民赴社会主义国家旅游的禁令。1968年11月，其在马尼拉海外记者俱乐部（Manila Overseas Press Club）演讲时就提出，"我们亚洲人必须努力与红色中国建立一种妥协（modus vivendi）"。1969年1月27日，在马科斯第一任期的最后一次国情咨文（SONA）中，其进一步表示"我们对与社会主义国家，特别是东欧国家，建立关系方面持开放态度"，"我们必须准备与共产党中国和平共处，我们必须为这一天做好准备"②。11月，马科斯在关于菲律宾外

---

① 参见东盟网站https：//asean. org/? static_ post = joint – press – statement – special – asean – foreign – ministers – meeting – to – issue – the – declaration – of – zone – of – peace – freedom – and – neutrality – kuala – lumpur – 25 – 26 – november – 1971。

② 参见菲律宾政府公报网站"Ferdinand E. Marcos，Fourth State of the Nation Address"，January 27，1969，https：//www. officialgazette. gov. ph/1969/01/27/ferdinand – e – marcos – fourth – state – of – the – nation – address – january – 27 – 1969/。

交政策的一次公开演讲中又提出，"重要的是美国外交政策开始远离亚洲，我预测本区域的人民为了生存将被迫与中共建立外交关系，美军在本区域逐渐减退所留下来的真空，将会被共产主义的力量所闯入"①。1970 年 10 月，菲国会两院一致通过关于菲与社会主义国家开展贸易关系的众议院 443 号议案（House Bill 443），这体现出菲行政部门与立法部门在发展与社会主义阵营关系方面的共识。菲先后向东欧及中苏派遣商务考察团，开展市场调研和贸易磋商，并逐步与匈牙利、波兰、东德、捷克斯洛伐克等国建交。1972 年 3 月 11 日，马科斯总统颁布第 384 号行政令（EO.384），提出"尽早发展与包括社会主义和共产主义国家在内的所有国家的贸易和其他关系符合国家利益"②，正式宣布开放菲律宾与所有社会主义国家的贸易。

截至 1972 年 4 月，菲律宾已与全部东欧社会主义国家建交，但是马科斯政权在与中国、苏联两国发展正式外交关系方面依然异常谨慎，暂时限定在经贸领域和有限的官方代表团接触方面。譬如与中国关系方面，一方面，菲律宾国会在 1971 年 5 月就组织了一个包括 20 名成员的代表团访问北京，成为菲律宾首次向"红色中国"派出的官方代表团。1972 年 2 月，马科斯派总统代表罗慕尔德斯（即罗穆尔亚德斯，译法不同）访华，受到中国周恩来总理接见③，并在其后作为菲谈判代表与中方代表柯华进行建交谈判。但在另一方面，马科斯政府还是顾忌其美国同盟身份以及菲国内民众的"恐华"心理，在重大国际事件方面仍然保持对美亦步亦趋态度。1971 年 10 月 25 日，第 26 届联合国大会就恢复中华人民共和国在联合国组织中的合法权利问题的提案进行投票表决，经表决，联合国大会顺利通过联大第 2758 号决议，解决了中国在联合国的代表权问题。在投票表决中，菲律宾仍然坚决随美反对，成为亚洲仅有的 4 个投反对票的国家之一。

菲律宾与社会主义阵营快速发展经贸关系，截至 1974 年 3 月，菲与东欧社会主义国家及中苏的贸易总额达到 8040 万美元，其中出口达 4638 万美元，进口约 3402 万美元，其中约 49% 是与中国的贸易额。④ 虽然菲与社会主

---

① 怀静如：《菲律宾外交政策：1946—1984》，台湾商务印书馆 1987 年版，第 155 页。

② 参见菲律宾政府公报网站"Executive Order No. 384 s. 1972"，March 11，1972，https：//www. officialgazette. gov. ph/1972/03/11/executive - order - no - 384 - s - 1972/。

③ 力平等主编，熊华源等撰，中共中央文献研究室编：《周恩来年谱：一九四九——九七六》，中央文献出版社 1998 年版，第 1354 页。

④ "RP-Red Trade Surplus：$ 12. 3 M"，*Philippine Daily Express*，September 21，1974.

义国家的经贸往来数额并不算大，但是颇具意义。菲律宾适应形势发展，主
动建立和加强与社会主义阵营的联系，是对美苏两大阵营冷战对抗和中美关
系走向缓和趋势的准确预判和主动作为，既有效缓和了其追随美国政策与社
会主义国家被动为敌的安全压力，又呼应国内外交政策调整的政治需求和民
意诉求，舒缓了其面对的国内政治压力，并在经济利益方面有效缓解石油进
口过于单一的问题，椰油与蔗糖出口受制于美国市场的瓶颈问题，减轻了对
美国的经济依赖，从而取得了安全、外交、国内政治及经济等各个方面的收
益，对马科斯政权今后与中苏建交、参加不结盟运动、在中东及国际事务中
进一步背离美国政策，以更加独立自主决定该国发展道路和外交活动开启了
序幕。

第三节　马科斯实施军管法及美方的反应

一　马科斯政府突然实施军管法

1966 年 6 月 1 日，美国国务院与国防部联合研究小组（Special State-De-
fense Study Group）在一份对未来 10 年的地区形势的研究报告中，专门分析
了菲律宾政府的现状及前景，以及提出美应该关注应对的重点所在。报告预
测"菲律宾最主要可能出现的突发事情就是独裁，而且会是'右'而不是
'左'。在这种情况下，美菲安全关系将会得到维持，但是美菲合作会因为独
裁政权损害与美国有关的民主体制而受到损害"①，该报告还提出，美在今后
10 年，除了关注军事领域的谈判问题外，更应该关注另一个根本性问题，就
是菲律宾充满不确定性的政体（Polity）问题。1968 年，美国《纽约时报》
记者米德尔顿（Drew Middleton）在其《美国在亚洲的利益》（*America's Stake
in Asia*）一书中，描述了诸多菲律宾的困难及美国在菲律宾的失败，提出只
有一个大独裁者才能整治这种混乱的预言。

1972 年 9 月 21 日，马科斯以"将国家从共产党的颠覆中拯救出来"为
由签署了总统 1081 号法令，宣布全国处于紧急状态，实行军事管制，全国
范围内禁止一切罢工、集会和示威游行，菲武装部队迅速采取行动，接管新
闻机构和重要的公用事业部门，查封 8 家大报，禁止电台、电视台播放未经

---

① "'Volume I, Communist China-Long Range Study'. Report, DEPARTMENT OF STATE", Jun 1,
1966, DDRS, CK3100271278.

官方批准的评论，逮捕了 50 多名被指控企图以暴力和颠覆活动推翻政权的反对派政治家和新闻记者。一夜之间，菲律宾政坛和社会出现万马齐喑的局面。关于马科斯实施军管法的动因及国内政治局势变动、安全形势恶化研究已经多不胜数，本书不拟赘述其实施军管法的国内原因及国内影响等，而更多从美菲同盟关系角度进行分析。

二　马科斯在实施军管法前与美国政府保持沟通，得到美方默认乃至纵容

以往研究所采信的是，在马科斯实施军管法之前，包括美国驻菲大使馆在内的美国尼克松政府对马科斯的图谋是毫不知情的，如《依我塑造：美国在菲律宾的帝国》一书中，著者就有时任驻菲大使拜罗德（Henry Byroade）多次劝阻马科斯不要实施军管法的论述①。拜罗德大使在 1986 年接受采访时，仍坚称表示自己在马科斯实施军管法之前毫不知情，事后也极力劝阻马科斯云云。②

但在美国解密档案中，我们看到事实与之前有关研究及口述历史内容不符，不仅美国政府提前预见到马科斯政府采取极端行动的可能性，而且马科斯也通过驻菲大使馆提前向尼克松通报了有关情况。

1970 年 2 月，马科斯就曾试探拜罗德大使，能否考虑推迟原定在 1971 年举行的制宪会议（the Constitutional Convention），以及美方有无可能加速提供军事援助项目（MAP）下的军火和直升机。马科斯还询问如果他被迫采取军管法来应对菲危局，拜罗德会否支持他。拜罗德小心翼翼避免被拖进该事务，也确实对马科斯提出开展社会项目及土地改革的建议，希望其不要采取军管法之类的过激行为。尼克松对于拜罗德对马科斯会谈中提出的建议效果都表示存疑，提出"我怀疑这点的有效性"③。这是笔者能发现的最早载有关于马科斯可能实施军管法的美官方文件，尼克松、基辛格以及驻菲拜罗德大使早在 1970 年 2 月就接收到马科斯发出的"实施军管法"的信号，尼克

---

①　Stanley Karnow, *In Our Image：America's Empire in the Philippines*, New York：Random House, 1989.

②　Niel M. Johnson, "Oral History Interview with Henry Byroade", September 19, 1988 and September 21, 1988, https：//www.trumanlibrary.org/oralhist/byroade.htm.

③　"Memorandum from the President's Assistant for National Security Affairs（Kissinger）to President Nixon", February 7, 1970, FRUS 1969 – 1976, Volume XX, Southeast Asia, No. 207.

松也对美方劝阻表示出消极态度。

1971 年 1 月 15 日，尼克松总统在华盛顿接见返美述职的拜罗德大使，拜罗德向尼克松转述马科斯的请求。马科斯提出，有必要暂停《人身保护令》（Writ of Habeas Corpus），以及在马尼拉实施军管，马科斯想知道"美国会支持还是反对"，大使承诺会带回尼克松的私人答复。尼克松表示将"绝对"及在"最大程度上"支持马科斯，① 只要其所做的是对抗以自由的名义来破坏这种制度的。"我们不会支持任何自我定义为军事独裁者的人，但我们会支持试图维护制度运转和维持秩序的人。我们知道马科斯不会完全是国家利益驱动的，但这也是我们从亚洲领导人身上理所应当想到的。我们应防止菲崩塌，因为我们在菲体制成败方面有着重要利益。"② 尼克松毫不讳言对马科斯个人野心驱使冒险的理解，也对马科斯能维持对菲的有效管治及与美国关系持期待态度。当拜罗德向马科斯带回尼克松的"个人口信"后，马科斯开始迅速采取行动，1971 年 8 月就借米兰达爆炸案（Plaza Miranda bombing）暂停《人身保护令》。

1972 年 6 月 2 日，马科斯更是明确向拜罗德大使表示，其深受国内政治困扰，"可能必须实施军管法"，再次试探询问美方会否支持他，至少不反对他。拜罗德大使表示美方态度没有变，但是"不认为此举甚为必要，认为此举会撕裂国家，造成对立"③。进入 9 月份，9 月 14 日拜罗德大使主动询问马科斯是否会让美方没做好准备就宣布军管法。马科斯表示，目前菲国内治安形势恶化，如果菲国内恐怖分子加速活动，达到一个新阶段，其会毫不犹豫实施。其还列举，如果马尼拉部分被焚，菲政府高官或者外国驻菲大使被暗杀或者绑架，其都会立刻行动。直至宣布军管法前两日，马科斯还向大使馆官员表示"如果他不得不宣布军管法而得不到盟友美国支持的话，这将是个悲剧"④。拜罗德大使与马科斯还就如何合宪宣布军管法进行讨论。

以上解密档案中的内容，揭示出马科斯在宣布实施军管法之前与美方进

---

① "Memorandum of Conversation", January 15, 1971, FRUS 1969 – 1976, Volume XX, Southeast Asia, No. 233.

② "Memorandum of Conversation", January 15, 1971, FRUS 1969 – 1976, Volume XX, Southeast Asia, No. 233.

③ "Telegram from the Embassy in the Philippines to the Department of State", July 6, 1972, FRUS 1969 – 1976, Volume XX, Southeast Asia, No. 255.

④ "Telegram From the Embassy in the Philippines to the Department of State", September 21, 1972, FRUS 1969 – 1976, Volume XX, Southeast Asia, No. 258.

行了充分的沟通，也得到了美方的默许甚至纵容和指导，美菲双方也充分研究了马科斯实施军管法带来的益处与弊端。

三　美政府纵容马科斯实施军管法的原因剖析

虽然马科斯通过美国驻菲大使馆沟通其实施军管法的计划，但是 1972年 9 月 22 日其签署实施军管法的行政令还是给美国朝野带来了巨大的震撼。"美国对于菲律宾政治转向到威权主义，如同教师最优秀的学生退学所带来的冲击一样。"① 一个美国鼎力培育了 70 年的亚洲民主橱窗轰然坍塌，这种突发事件给美国国民带来的挫折感不亚于美国在越南战场的失利带来的效果。但是美国行政部门依然维持了克制的公开立场，以及私下沟通中的纵容态度。剖析美政府政策考量的原因包括：

（一）马科斯实施军管法，是菲马科斯政府合宪的政治行动，也不过是一个菲政治中"狼来了"场景的真实呈现而已

1972 年实行的 1935 年菲律宾宪法中，有"在公共安全要求的情况下，如果发生入侵、叛乱或迫在眉睫的危险，其（指总统）可以暂停实施人身保护令，或在菲律宾全境或部分区域实施军管法"②。马科斯第二任期开始后，菲国内经济发展停滞，社会治安问题严重，尤其是北部地区的"菲共（CPP）"及军事武装组织"新人民军（NPA）"和南部穆斯林分离运动在1971 到 1972 年不断加剧，构成菲政府实施军管法的前提条件与基础。马科斯援引《宪法》授权实施军管法，并无违宪之处。此后，菲高院也驳回政治反对派的申诉，裁决马科斯实施军管法之举不构成违宪。

在独立后的菲律宾政坛，实施军管法一贯是执政政权的选项之一，反对派也善于挑动民意施压执政政权约束使用紧急权力。1952 年 12 月，美国务院就分析过菲季里诺总统为寻求连选连任总统，恐实施军管法、囚禁反对派的动向。1965 年 12 月，美驻菲大使馆也掌握并上报菲马卡帕加尔总统因为副总统候选人罗哈斯选票问题而拟在北吕宋等地实施军管法的情况，美驻菲军事基地还进行了应对突发事件的准备。

---

① Peter R. Kann，"The Philippines without Democracy"，*Foreign Affairs*，Vol. 52，No. 3，1974，pp. 612 – 632.

② 菲律宾 1935 年宪法。详见："1935 Constitution of the Republic of the Philippines"，https：//lawphil. net/consti/cons1935. html。

（二）美政府评估马科斯实施军管法仅为"有限独裁"，乐观预判菲将尽快实现民主回归

马科斯在实施军管法后次日即宣布，他不会实施军事统治，仍会保持民选政府。基辛格向尼克松总统报告菲律宾局势时，也认同美驻菲大使馆的评估意见，即认为马科斯不会长期维持军管法，马科斯政权或者会回归正常宪政统治（normal constitutional rule），或者转向更加独裁的方式（authoritarian forms），美政府倾向于认可前一种方式的可能性，乐观预判1973年年底前就可能结束军管法统治。①

（三）马科斯实施军管法体现了菲政治派别在解决国内安全问题的共识

美驻菲使领馆官员在马科斯实施军管法前后，与菲政界、商界等广泛接触，获取菲各方对菲安全形势及马科斯实施军管法的真实态度，美官方在军管法初期得出的结论是，马科斯此举受到除了个别媒体及部分自由党领导人以外菲各界的普遍接受。作为1973年菲总统大选的自由党热门候选人，阿基诺参议员向美方表明与其公开抨击马科斯实施军管法截然不同的真实态度，"如果我是总统，我也会实施军管法。如果马科斯采取这一举措，我会支持他"②。作为一名亲美的技术型官员，菲农业部长坦科（Arturo Tanco）发表的"失去民主并无遗憾，将会便利于改革"③的观点很有菲政府官员的代表性，"政府官员明显感觉最近的举措不仅为改革打开了道路，也为政府机构重组和焕发活力创造了条件"。实施军管法后，美方观察到因为菲政府打击罪案以及严格清缴私人武器，菲各地治安形势立竿见影好转，菲民众"是令人意想不到程度的接受甚至赞同军管法"，欢呼表示"早都应该实施了"④。

（四）最为关键的原因是马科斯已成为一个无可替代的美国利益维护者

首先，在政治关系方面，维持一个亲美且有管治能力的政府是美国对菲长期目标之一。

---

①　"Memorandum from the President's Assistant for National Security Affairs（Kissinger）to President Nixon", September 23, 1972, FRUS 1969 - 1976, Volume XX, Southeast Asia, No. 260.

②　"Senator Aquino Reacts to Martial Law Rumors", September 15, 1972, DNSA, PH00520.

③　"Preliminary Reactions to Martial Law", September 28, 1972, DNSA, PH00559.

④　"Preliminary Reactions to Martial Law", September 28, 1972, DNSA, PH00559.

马科斯在第一任期显示出的总体亲美立场令美方放心，菲实施军管法之初，菲武装部队（AFP）表示出对马科斯政权的效忠支持，反对派陷入混乱，民众总体上对军管法持支持态度，都为马科斯维持统治提供了保障。此外，马科斯实施军管法后，为维护法治，实现国内安全及经济、社会改革方面的目标，其对美的军事援助以及美国商界的依赖度更高，这将确保其政权的亲美立场，符合美方的利益。

其次，在军事基地问题方面，美菲谈判取得进展利于美消除地区盟友疑虑。

美菲在 1972 年 2 月时已取得双方谈判的阶段性成果，一些司法管辖权、关税方面的分歧有待更高层面进行谈判沟通。由于菲国内治安问题严重，马科斯表示"自己目前至少有 20 件事情需要处理"①，根本无暇顾及谈判事宜，需要推至 1973 年甚至更晚才能予以考虑。但是，随着"尼克松主义"提出及实施，加之美在越南逐步撤军的动向，都加剧了日本、韩国、泰国、中国台湾等美亚太同盟对美同盟义务的疑虑，美亟待与菲政府谈判、修订有关军事协定，巩固美驻菲军事基地地位及期限，明确美方亚太战略调整情况，消除盟友们的疑虑。稳定国内形势、稳定马科斯政权成为稳定美菲军事关系的前提。

最后，在经贸关系方面，马科斯成为美资利益的唯一保护者。

如前文所述，早在菲律宾独立进程中，如何妥善处理在菲美资地位问题就成为美菲双方交锋的一个焦点。菲律宾独立后，有关给予或者废止美资在菲"平等权"之争在美菲关系及菲政府内部都长期存在，时有尖锐，时有缓和。菲律宾 1935 年宪法的存废、菲立法机构是否接受修宪、菲最高法院如何援引宪法进行判决，成为彻底圆满解决相关问题的关键。

1972 年 8 月 17 日，菲最高法院裁决的曲奥沙（Quasha）案成为极为触动美对在菲美资保护问题的标志性事件。该案件是菲政府与在菲美国商人曲奥沙（William H. Quasha）之间关于在菲美资"平等权"问题的一个案件。早在 1969 年时就开始由菲地方法院开始审理，美驻菲大使馆多次提请美国务院及司法部就此问题向菲政府表明立场，国务院也认为此案意义重大，是关乎在菲美资地位的"里程碑式的案件"，但美司法部担心此举招致菲媒体

---

① "Telegram From the Embassy in the Philippines to the Department of State", July 6, 1972, FRUS 1969 – 1976, Volume XX, Southeast Asia, No. 255.

借机攻击美干涉菲司法独立而作罢。① 该案件层层上诉，最终在 1972 年 8 月 17 日由菲高院做出裁决，裁决之一是 1947 年菲律宾宪法修正案中允许美国人在菲购买和拥有土地的有关条款，仅仅适用于公用土地，而不适用于私人土地。另一个是 1946 年菲律宾宪法修正案中规定的所有其他给在菲美国公民的特殊权利，将在 1974 年 7 月 3 日过期。而据美国国务院统计，1946 年以来，美国人在菲获得了约 37000 公顷土地，超过四分之三是在私人手中，美在菲投资总额约 10 亿美元。菲高院的裁决就等于是裁定在菲美国公民和美资企业要将在菲的财产权限期转交给符合菲法律的菲公司企业，在菲美资将受到重创。美国务院分析，只能依靠马科斯才能扭转菲高院的判决，譬如马科斯操控制宪会议在菲改行议会制政体，马科斯以总理身份实现无限期任职，美方可施压其掌控制定保护美资利益的新宪法。②

当拜罗德大使就此与马科斯交涉时，马科斯表示出对高院裁决的不同态度及保护美资方面的坚定立场，并拓展到其对于外国人士进入企业董事会或高管领域的开明态度，其愿意照顾美资石油公司和医药企业利益的零售贸易问题等一系列美方关心的经贸问题，并以此为筹码争取美方对其执政的支持。③

1972 年 11 月 15 日，马科斯主导的新宪法草案最终完成，美驻菲大使馆专门就此向国务院报告，评价马科斯推动的新宪法草案"确定了总体利于外资，特别是美资的态度"④。随后马科斯通过颁布总统令（PD）的方式来进行军管法期间的行政管理，继续出台保护外资的具体举措。1969 年时，美国在菲投资的 1/5 是在油气市场和炼化行业，美在第三世界国家推动石油行业立法的专家利维（Walter J. Levy）曾建议马科斯开放市场，允许美国资金进入该行业，但菲国会拒绝通过新的石油立法。马科斯军管法期间，1973 年即颁布第 87 号总统令（PD87），规定外资可以以服务合同（Service Contract）方式参与菲律宾油气行业。此举对美资大举进入菲石化及上游油气勘探开

---

① "Text of Bureau of Economic Affairs（BEA）E-Staff Minutes presided over by Assistant Secretary of State Anthony Solomon, Minutes, DEPARTMENT OF STATE", Jan 7, 1969, DDRS, CK3100583134.

② "NSSM-155: Philippine Policy—Annex on the Quasha Decision", September 21, 1972, DNSA, PH00527.

③ "Telegram From the Embassy in the Philippines to the Department of State", September 22, 1972, FRUS 1969–1976, Volume XX, Southeast Asia, No. 259.

④ "Third and Final Working Draft of Philippine Constitution Completed", November 17, 1972, DNSA, PH00584.

采市场打开了大门。1973 年菲规定银行资本提高到 1 亿比索，并允许外资进入银行金融领域，此后引发银行并购潮，美资成为菲律宾几家大型商业银行的股东。1973 年，菲第 218 号总统令（PD218）鼓励跨国企业在菲律宾设立地区总部，实施一年后，13 家美国大型跨国公司在菲设立地区总部。

此外，马科斯实施军管法后，实行劳资纠纷强制仲裁解决，此后还进一步简化了劳动仲裁程序，禁止罢工，取消节假日工作限制，允许企业自由雇用妇幼等，这些举措都受到商界的欢迎。

马科斯保护美资的言行得到美商业机构的认可，1972 年 9 月 27 日，菲律宾美国商会专门致函马科斯，表态支持马科斯通过实施军管法来恢复法治，希望马科斯在恢复法治、商界信心及经济发展方面取得成功，并表达商会的信心和合作态度。菲律宾美国商会还专门抄送此信函给在华盛顿的美国商会主席劳（W. S. Lowe），希望美商会能理解和支持马科斯总统的举措。[①]美国在菲商会组织及企业对马科斯政权的支持态度推动了美行政部门、立法机构对马科斯军管法统治的认知，成为政府作出继续承认马科斯当局的决策依据。

四　美尼克松政府在应对马科斯军管法统治方面的政策

第一，暂缓马科斯访美计划，低调应对军管法事宜。

马科斯曾提出在 1972 年 11 月，即美国总统大选前对美国进行国事访问的想法，并借此推动军事基地及经贸协定的修订谈判，尼克松政府也对此表示赞同并着手准备。但是马科斯实施军管法，美不得不提出希望马科斯访美行程暂缓。基辛格对马科斯实施军管法做出"至少在短期内对美国与菲安全及经济关系没有直接严重影响，商业活动气氛甚至会改善"的评估，向尼克松总统提出，美方应该克制对马科斯行动的评论，将其作为菲内部事务处理的建议。虽然尼克松总统明白克制的立场很可能被解释为心照不宣地支持马科斯，导致各界对美政府的批评，但其依然对基辛格提出的策略表示认可，并指示基辛格"低调应对（Low key it）"[②]。

---

① "American Chamber of Commerce Wishes Philippines President Ferdinand Marcos Success in His Attempts to Restore Peace and Order", September 27, 1972, DNSA, PH00554.

② "Memorandum From the President's Assistant for National Security Affairs (Kissinger) to President Nixon", September 23, 1972, FRUS 1969 – 1976, Volume XX, Southeast Asia, No. 260.

　　第二，立即补充修订美菲关系现状及走向研究，评估实施军管法带来的影响。

　　1972 年 6 月 28 日，基辛格按照尼克松总统要求签署"第 155 号国家安全研究备忘录"（NSSM155），指示国安会牵头研究美国在菲的利益，目前菲形势对美国根本利益、对 1972 至 1977 年美在菲目标的影响，分析美国在这一时期的对菲政策选项，具体由国安会的东亚及太平洋事务跨部门工作组（IG-EA）负责准备，7 月 31 日前提交给高级评估组（SRG）审议。跨部门工作组项目报告经延期后于 8 月 28 日完成，报告提出美在菲三大利益：考虑到菲作为亚洲国家"外环（Outer Ring）"组成部分的战略重要性，应最大程度维持美使用驻菲军事基地；美资企业顺利过渡到后《劳雷尔—兰利协定》时代，维持一个美国贸易商及投资者能在条约到期后继续自由进入菲律宾的环境；保障一个自立及独立的菲律宾。① 报告分析了通常带有反美偏见的民族主义易被马科斯政府及反对派利用，菲对美菲同盟关系的依赖依旧是菲外交关系的基石，马科斯政府此前在军事基地谈判问题方面较持合作立场，菲政府在 1974 年终止《劳雷尔—兰利协定》后还想保持贸易优惠待遇，马科斯恋栈总统权位恐在今后 1 到 3 年内增加菲政治纷争，这些因素都对美在菲利益具有影响。美方担心菲立法机构进一步限制外资活动，或者制宪会议制定一部更加限制外资作用的宪法。

　　在马科斯实施军管法后，基辛格要求跨部门工作组尽快在该报告中补充此事影响，10 月 17 日，跨部门工作组以 NSSM155 附件形式补充报告军管法对美国对菲政策的影响，评估认为马科斯此举是"豪赌（serious gamble）"，如果实施失败，菲总体经济、社会和政治局势都会恶化到混乱及革命的边缘地步，而马科斯成功实现其目标是符合美方利益的。② 保持对马科斯军管法的克制态度是出于避免菲崩塌混乱以及保障美军事及商业利益的考虑。马科斯更加具备影响制宪会议起草菲新宪法工作的能力。

　　国安会高级评估组（SRG）于 1972 年 11 月 30 日对该评估报告及涉及军管法的附件进行审议修订，报请尼克松总统同意后，基辛格于 1973 年 3 月 27 日签批《第 209 号美国国家安全决策备忘录》（NSDM209），成为美对菲 5 年政策的最高指导文件。该文件考虑了马科斯实施军管法对美菲关系的有限

---

① "NSSM-155：U. S. Policy toward the Philippines"，August 28，1972，DNSA，PH00510.

② "NSSM-155：Philippine Policy—Annex on Martial Law"，October 17，1972，DNSA，PH00568.

影响，确定"继续将马科斯当局视为菲律宾有效政府"①。"考虑到菲律宾得以改善的长期稳定符合美方利益，如果马科斯当局能作为有效施政的政府，并且表现出与美方继续合作的态度，我们美国政府将在其为我们实现在菲基本利益及采取实现菲长期稳定措施的基础上，继续向菲律宾提供安全和经济援助"，"军事援助应与其他政府项目共同确保我们使用驻菲军事基地，军事援助项目数额应在每年2000万至2500万"②。美最高决策层的决定体现出经过半年的审慎观望，美国尼克松政府承认了马科斯军管法政府的合法性，以及继续对菲提供军事援助及其他援助，旨在维持马科斯治下菲律宾国内安全环境，维护美菲经贸、安全关系，维护美在菲各项利益。

　　第三，继续对菲提供经援、军援以及其他必要的支持。1972年夏天，菲律宾中吕宋地区遭受洪水灾害袭击，马科斯政府向美方提出紧急援助申请。美行政部门向国会申请临时拨款，美国会批准拨款5000万美元用于防洪及灌溉系统重建和改善，兴建1000间防台风学校校舍，重建受灾地区道路系统等。在马科斯宣布实施军管法后，美行政部门与国会就是否继续落实该专项救济重建资金产生分歧，国务院力主继续提供支援，而参议院拨款委员会质疑在"菲律宾政局不稳定情况下"该资金的划拨与使用效果问题，国安会提出，对菲援助资金是人道主义救援，加之国会是在知悉马科斯当局实施军管法的情况下批准的该专项资金，因此应继续划拨。③ 该款项的划拨为马科斯政府开展救灾及灾后重建解了燃眉之急，助力其军管法实施初期的社会稳定局面。

　　马科斯实施军管法之初，菲文官长（Executive Secretary）梅尔乔（Alejandro Melchor）向美方提出增加对菲军事援助的请求，以期镇压国内暴力颠覆活动，恢复社会治安。菲方援助请求重点在于索取直升机、C-130大型运输机、OV-10s型野马攻击机、F-5s战斗机等美国新型飞机，一方面旨在提升羸弱的菲空军的军事战斗力，另一方面在于通过获得美国新型战机，证明美方对马科斯政权的信任和支持，从而更加维护菲武装部队对马科斯政权的效忠。美方在全球军事援助支出缩减的大背景下，反而增加了对菲军事援助

---

① "National Security Decision Memoranda 209, U. S. Policy toward the Philippines", March 27, 1973, https: //fas. org/irp/offdocs/nsdm - nixon/nsdm_ 209. pdf.

② "National Security Decision Memoranda 209, U. S. Policy toward the Philippines", March 27, 1973, https: //fas. org/irp/offdocs/nsdm - nixon/nsdm_ 209. pdf.

③ "NSSM-155：Philippine Policy—Annex on Martial Law", October 17, 1972, DNSA, PH00568.

的预算, 从 1972 年的 1400 万美元大幅增加到 1973 年的 2200 万美元, 以及在此后几年均维持在 2000 万到 2500 万美元的高位。[①]

美政府还加大对菲国内治安管理机构整合与强化方面的支持, 提升马科斯政府维护国内安全的能力。作为菲律宾的首都, 马尼拉地区 (Manila) 的警察管理职能分散在 17 个不同部门, 组织涣散, 设施落后, 能力低下。应马科斯政府请求, 1973 年 4 月, 美国际开发署 (USAID) 初步提出在 1974 年财年拨款 50 万美元, 且以后连续 4 年维持该标准, 援助重组大马尼拉地区警察管理机构。美方负责提供警察培训专家及警用装备, 指导马尼拉地区 17 个分散部门整合为一体化机构。针对国务院提出此举 "虽然有助于改善马尼拉地区安全, 但是会被反对派视为支持马科斯军管法" 的意见, 基辛格提出 "考虑到项目的重要性, 以及乐见马科斯政府改善长期稳定的前景的利益, 我认为值得冒险" 的意见, 该项目方案在尼克松批准后得以执行。[②]

在官方经济援助及美政府主导的国际金融机构 (IFI) 对菲援助方面, 美政府援助资金从 1969 年至 1972 年的 1.54 亿美元增加到 1973 年至 1976 年的 3.27 亿美元, 而进出口银行 (Export Import Bank)、海外私人投资 (Overseas Private Investment Corp) 等机构的信贷从 5.09 亿美元增加到 10.97 亿美元。美国主导的世界银行 (World Bank) 及其附属的国际发展协会 (IDA) 在 1946 年至 1973 年对菲贷款总额仅为 3.01 亿美元, 而 1973 年至 1976 年对菲贷款就达到 13.88 亿美元。1972 年至 1975 年间, 外国私人资金涌入约 5 亿美元。据不完全统计, 在马科斯实施军管法的前四年, 菲律宾共计获得大概 30 亿美元外部资金, 其中主要来自美国及美把持下的国际金融机构。[③]

第四, 美政府也做好控制马科斯军管法统治的必要准备。在马科斯实施军管法之初, 美国务院就与驻菲商界代表及 30 家有对菲业务的银行代表紧急磋商。虽然与会各方总体评估马科斯政权不会排斥外资, 但是商界代表敦促国务院要准备预案以防不测。美国助理副国务卿巴吉尔 (Herman Barger) 列举了美政府制约马科斯当局的有效武器, 其中最为有效的就是停止对菲援助或者暂停对菲提供的 925000 吨出口到美的蔗糖配额等方式。巴吉尔还承

① "NSSM-155: Philippine Policy—Annex on Martial Law", October 17, 1972, DNSA, PH00568.

② "Memorandum From the President's Assistant for National Security Affairs (Kissinger) to President Nixon", April 18, 1973, FRUS 1969 – 1976, Volume E – 12, No. 322.

③ William Crowther, "Philippine Authoritarianism and the International Economy", *Comparative Politics*, Vol. 18, No. 3, 1986, pp. 339 – 356.

诺，一旦马科斯当局侵犯美资利益，就会触发美对菲法律制裁机制，例如援引 1961 年《对外援助法》的希肯卢珀（Hickenlooper）修正案、冈萨雷斯（Gonzalez）修正案。① 巴吉尔还建议参会人员可以通过各种渠道向菲政府传递上述信息，提醒马科斯当局"不要期望通过榨取美资来逼迫美政府做出新的让步，这种情势不符合任何一方的利益"②。

五　菲马科斯军管法当局与尼克松政府形成新相互依赖关系

在尼克松政府的纵容与大力扶持之下，马科斯政府在军管法初期取得经济快速增长，国民生产总值从 1971 年的 74.08 亿美元增长到 1972 年的 80.17 亿美元，1973 年的 100.83 亿美元，1974 年的 137.81 亿美元。

美在菲律宾政坛中无法找出马科斯的替代领导人，美政府接受军管法政府的合法性地位，相信并支持马科斯军管法下对政局及国内安全形势的有效控制。美政府担心，假如马科斯军管法统治在短期内失败，美方将不得不面对一个更加难以预测的对手、更加复杂的菲局势及更加难以驾驭的美菲同盟关系。马科斯的继任者可能将撕毁马科斯推动出台的 1973 年宪法，推出一个更加体现民族主义的对外国利益不够友好的宪法。美方也担心，由于马科斯当局对传统政党制度和反对派势力的"肢解"，能以民选方式接手马科斯政权的传统政党政治已受损殆尽，一旦马科斯政权崩塌，菲将进入混乱状态，最终结果会是独大的军方势力接管政权，菲从军管法统治恶化到军政府统治，那将是对美在菲缔造的民主政治的毁灭性打击。

美方冀望在与马科斯军政府合作中实现并维持双赢局面。马科斯实施军管法统治，极大提高了其对政府和国家的控制，造成对美方更加无可替代、无可摆脱的依赖。马科斯期待美方提供重要的政治支持，这对马科斯政权的稳定性至关重要，也是其打破原有国会、司法机构制约、推行改革的关键，并关系到马科斯的政治未来。而美方继续与一个持对美合作态度的马科斯政权打交道，通过合作实现在菲根本利益，也乐见马科斯通过军管法和彻底的经济政治改革，成功稳定菲局面。

---

① 为保护美国海外投资而对有关侵犯美资利益的国家实施援助制裁的修正案，均在 1994 年废止。——笔者注

② "Memorandum of Conversation"，September 26，1972，FRUS 1969 – 1976，Volume XX，Southeast Asia，No. 261.

小　结

　　在非对称性同盟中，强国管理同盟的意愿和支付管理成本的能力降低时，同盟关系的凝聚力也会随之下降。越战将美国拖入战争泥淖已久，导致了美国在两极争霸中渐处下风，美国急需从越战中撤出止损。在竞选中明确提出结束越战的共和党候选人尼克松上台后不久，就发表了"关岛讲话"，一方面，和苏联暂时缓和剑拔弩张之势，酝酿同中国调整关系，减轻其在亚洲的安全威胁；另一方面，强调美国仍然会恪守与盟友的各项条约义务，以此试图安抚包括菲律宾在内的亚洲盟友的不安情绪，但同时强调要亚洲各国自行承担安全义务，以此降低美国管理同盟的成本和被牵连进一般战争的风险。该宣言造成菲律宾等美国亚洲盟友对美国撤出越南、退出亚洲的极大担心。与此同时，美国国会举行赛明顿听证会（Symington Hearings），质疑在共同防御方面，美国方面做得太多，而菲律宾做得太少，美国在抵御外来威胁方面已经超出《共同防御条约》规定的条约承诺，甚至已经介入菲内部镇压国内暴乱事务。此次听证会进一步刺激了马科斯政府和菲律宾民众的神经，马科斯毅然做出从越南撤军的决定，并要求在 1969 年圣诞节前完成。

　　尼克松政府评估从越南撤军会引起菲律宾的惶恐和不满，但他们做了大量调研工作后确认这样做不会触及美菲同盟的红线，即菲律宾抛弃美国，美菲同盟破裂。首先，马科斯政府在安全问题上依然需要美国这张"虎皮"，抛弃美国将使其内外处于被动局面，就连最基本的军事装备和军费支出都将带给马科斯政府巨大负担，其政治外交上也会处于内外交困的局面，维持同盟关系则有利于菲律宾在这些问题上掌握一定主动。其次，菲律宾在经济上原本就严重依赖于美国，马科斯政府期间这一依赖关系更加凸显，若菲律宾贸然主动抛弃美国，美对菲律宾的经济援助就会立即终止，美国对菲律宾的订单也会被收回，菲律宾甚至将面临美国的经济封锁，这对马科斯政府而言是致命打击，如果经济停止增长，马科斯政府执政合法性将受到极大质疑。因此，美国认为菲律宾虽然会有反弹，但不至于直接单方面解除盟约。

　　当强国出于某种考虑而调低管理同盟和支付同盟管理成本的意愿时，即便弱国使出浑身解数极力推动，同盟关系也难以照常维系，同盟信任感也会随之下降。马科斯政府对"尼克松主义"表示深深不满，此事促其更加坚定地认为，将安全系于他人之手，不如牢牢掌握在自己手中。于是，马科斯政府借此机会对内实施军管法，强化自身权力，加强对国内局势的威权管理，压制国内反对力量的安全威胁，确保政权稳定。对外实施"新发展外交"政策，积极与苏中及相关域内国家缓和关系，为日后建交打下基础，也减少了外部安全风险。

第六章

福特时期美对菲马科斯政府政策

1974 年 8 月 9 日，尼克松总统因"水门事件"为避免被弹劾而宣布辞职，副总统福特（Gerald R. Ford, Jr.）宣誓就职，成为美国第 38 任总统。1974 年的美国众议院中期选举在福特上任后三个月即举行，深受"水门事件"影响的共和党难以短期内走出事件阴影，因此民主党大获全胜，从共和党手中赢取了 49 个席位，民主党在众议院 435 席的总议席中增加到 291 席。在同年举行的参议院选举中，民主党候选人也赢得 100 个议席中的 70 席。民主党在国会中不仅占据多数地位，而且该多数地位是足以压倒总统否决权所需要的 2/3 多数的绝对优势地位。民主党在国会的绝对优势地位，造成福特政府受到民主党掌控下国会的掣肘，福特共和党政府的内外政策调整空间有限。在其 895 天的短暂总统任期内（1974 年 8 月 9 日至 1977 年 1 月 20 日），福特总统总体上萧规曹随，沿用以基辛格为核心的外交事务决策人员，继续执行"尼克松主义"的亚太政策，并进一步形成福特主义（或曰，新太平洋主义）。

这一时期，福特政府同盟管理手段受到束缚，而在越战画上句号的背景下，马科斯政府进一步开展独立自主外交，积极参与东盟成长与建设，并进一步拓展与社会主义阵营关系，先后与中国、苏联于 1975 年和 1976 年建交，以及以发展中国家身份参加不结盟运动等国际事务，外交政策进一步体现出以国家利益为遵循的原则。马科斯的外交政策与美国外交的不同步性逐步体现，尤其是在对待中东地区阿以冲突、海洋法大会有关原则方面分歧明显。美菲同盟不信任感增强，双边关系呈渐趋疏远之势。

第一节 马科斯独立自主外交政策的逐渐发展

1975 年 5 月 23 日，马科斯在前期实施"发展外交"的基础上，进一步宣布外交新指引，按重要性对菲律宾外交重点重新排序，其提出的六大外交重点依次是与东盟成员国关系、与社会主义国家特别是中苏关系、与第三世界国家关系、与日本关系、支持中东的阿拉伯国家，最后才是寻求符合亚洲形势的与美国持续健康关系。①

一 菲马科斯政府以更加独立自主的姿态开展外交活动

（一）强化东盟内的合作与发展，首倡并积极参与东盟领导人峰会

作为东盟创始国，菲律宾马科斯政府一直积极参与东盟框架下的团结与合作。1975 年，在越战临近结束的背景下，菲与泰国倡导区域主义和亚洲身份认同理念，提出终止东南亚条约组织（SEATO）这一集体安全机制的倡议，转而强化以经济发展与合作为主的东盟内合作及东南亚区域内合作。1975 年 3 月，马科斯夫人出访美国时，就在纽约转达马科斯的外交理念，称"理念或可改变，结盟或可改变，国际政策抑或可改变，但是有一件是永不可改变且永不能改变的，那便是地理"②。

5 月 23 日，马科斯不仅宣布将与东盟国家发展关系列为菲外交的首要重点，还表示菲将支持东盟（ASEAN）提出的建立和平自由中立区（ZOPFNA）的目标，以及倡导东盟及成员国同印度支那几国的新政权和平共处，并提出向印度支那国家伸出友谊之手，帮助这些国家完成国内重建重任。"在这个各国越来越相互信赖的世界上，我们东南亚国家要生活在一个稳定的大家庭中，我们相互间就一定都对彼此有需要"③，体现出马科斯依托东盟机制来解决印度支那问题，乃至今后将东盟扩大至更广阔范围的构想。

1. 主动调整菲马关系，维护东盟框架下的地区团结

作为东盟创始国及成员国，菲马关于沙巴问题的主权争议阻滞了两国的互信建设，也影响了东盟的成长。继 1969 年年底马科斯主动示好，菲马借

---

① 《马科斯就印支人民胜利谈菲对外政策》，《参考消息》1975 年 5 月 25 日第 1 版。

② 《马科斯夫人说菲今后外交政策偏重于加强同包括中国的第三世界的关系》，《参考消息》1975 年 3 月 30 日第 3 版。

③ 《马科斯就印支人民胜利谈菲对外政策》，《参考消息》1975 年 5 月 25 日第 1 版。

第三次东盟部长级会议之机于 12 月 16 日恢复外交关系之后，马科斯在 1976 年 2 月东盟首次领导人峰会之前再次表态菲方不再试图对沙巴主权提出声索，此举为东盟峰会的顺利举行营造了良好氛围。在峰会之后，由于时任沙巴州首席部长的穆斯塔法（Tun Datu Mustapha）领导的沙巴联合国家组织（USNO，常简称"沙统"）在 1976 年 4 月的选举中落败，联合沙烈（Datuk Harris Salleh）组建沙巴人民联合阵线（BERJAYA）的斯蒂芬斯（Tun Fuad Stephens）胜选，出任沙巴州首席部长（chief minister of the state），他及继任的沙烈不再积极支持菲南部穆斯林分离主义运动组织——摩洛民族解放阵线（MNLF），缓和了菲马关系。

2. 首倡并参与东盟领导人峰会，提升东盟内合作

1975 年 4 月，马科斯首倡举行东盟领导人峰会，得到印尼等其他 4 个成员国的积极响应。1976 年 2 月，东盟历史上首次领导人会议在印尼巴厘岛举行，会议通过了《东南亚友好合作条约》（The Treaty of Amity and Coopera-tion in Southeast Asia，TAC）和《东盟协调一致宣言》（Declaration of Asean Concord），印尼总统苏哈托、菲律宾总统马科斯、新加坡总理李光耀、泰国总理巴莫（Kukrit Pramoj）、马来西亚首相胡先翁（Dr Husein Onn）参加会议并签署上述文件。

《东南亚友好合作条约》进一步确立东盟国家间关系原则，确立和平争端解决原则和建立争端解决机制。《和约》提出处理国与国之间关系应遵循的 6 点原则：成员国相互尊重独立、主权、平等、领土完整和民族特性；各国拥有维护民族生存，免受外来干涉、颠覆及强制的权利；各国互不干涉内政；以和平方式解决分歧与争端；放弃采用威胁或者武力的手段；缔约国之间开展有效合作。该条约还确立和平解决争端的原则及机制，提出由各缔约国建立一个部长级高级理事会（High Council）来解决有关地区争端的东盟内部程序与机制，当争端无法通过当事国之间直接磋商解决时，由该高级理事会受理争端，可以向有争议的各方提出斡旋、调停、调查等解决方案，也可以直接开展斡旋，或者在争议各方同意的前提下建立调停、调解委员会（committee），以及在必要时采取适当的措施来阻止争端或情况的恶化。[①] 虽然会议因为存在分歧而未能通过菲律宾和新加坡关于降低关税，逐步将东盟

---

① 参见东盟网站 https：//asean. org/treaty – amity – cooperation – southeast – asia – indonesia – 24 – february – 1976/。

建为自贸区的提议，但大会通过的《东盟协调一致宣言》还是纳入"促进特惠贸易安排（preferential trading arrangements）"设想，将此作为"一项长期目标"①。此次首脑峰会还批准了当年 2 月东盟经济部长会议关于建立 5 个"东盟企业"的方案，由日本与东盟成员国合资建设一批东盟生产企业，包括菲律宾的过磷酸钙厂、印尼和马来西亚的尿素厂以及新加坡的柴油机厂等。1977 年 2 月，东盟外长特别会议签署了《特惠贸易安排协定》，制定了扩大东盟国家间贸易的具体措施，并对东盟国家之间基本商品、工业企业等产品的特惠贸易做出安排。

菲马科斯政府通过加入东盟及参加首次东盟领导人峰会和签署上述两个文件，强化了菲律宾政府在区域主义理念下开展的东盟及东南亚地区合作。东盟以和平解决争端的原则及机制的建立，为缓和及解决菲马沙巴主权争议，以及消除菲对于印尼、马来西亚等伊斯兰国家对其南部分离主义运动支持的担心发挥了积极作用。东盟内部加强经济合作，促进区内贸易发展，也利于菲调整投资与贸易出口对美过度依赖的不利局面，进一步促进了菲摆脱外交政策的对美依附，继续开展外交政策调整。

（二）菲律宾实现与中苏等社会主义阵营国家建交

在马科斯第二任期开始前后，菲已开展和逐步扩大与社会主义阵营国家的交往，并在 1972 年即实现与中苏以外全部社会主义国家缔结外交关系。但马科斯政府在处理与中苏关系时甚为谨慎，一方面是追随美外交政策的需要，恐操之过急引发美与台及"自由世界"阵营的不满，另一方面也是菲马科斯政府对于中苏与菲国内共产党势力关系的担心，冀中苏能在此问题方面做出承诺。因此，菲马科斯政府在与中苏发展关系先限定在经贸和文化领域，逐步观察和推动关系进展。

1974 年 9 月 20 日，马科斯夫人作为马科斯总统特别代表访华，中菲继续重点洽谈贸易合作事项，消弭双边关系分歧，为建交创造条件。9 月 27 日，毛泽东与马科斯夫人会面，马科斯夫人主动表态中菲是应该友好的近邻，"我回去后，要提出尽快建立外交关系。……我要诚心诚意地提出尽快建立外交关系。我盼望同你们有友好的联系和关系"。中方并未敦促菲方加速建交谈判，反而表示对菲面临建交压力的体谅，提出"外交关系以你们的

---

① 参见东盟网站https：//asean.org/？static_post = declaration – of – asean – concord – indonesia – 24 – february – 1976。

方便为主"① 的理解与等待态度。在双方的共同努力下，1975 年 6 月 7 日，马科斯率团访华向中国领导人毛泽东提出"实现两国关系的正常化"，毛泽东提出"我们两国人民团结起来！"，承诺"我们不搞阴谋诡计去推翻你们，你们也不搞阴谋诡计推翻我们，相互都不搞阴谋诡计。小吵架，大团结，总有些吵架，一点。总之大团结"②。1975 年 6 月 9 日，中菲两国正式建交。

1972 年 3 月时，马科斯就派马科斯夫人访问苏联，探讨建立外交、贸易和文化关系。之后，菲苏两国经贸关系发展迅速，菲向苏联大量出口本国干椰子制品、马尼拉麻和椰子油等，1974 年至 1975 年苏联还购置了菲律宾 40 万吨的蔗糖，极大促进了菲蔗糖的生产与出口。经贸关系也促进了外交关系的进展，1976 年 6 月 2 日，马科斯访问苏联期间，两国宣布正式建立外交关系。

一如马科斯在中菲建交后所言，"同中华人民共和国建立正常关系的决定，是我们目前为在政治上、经济上和文化上取得完全独立和实现完全自力更生的努力的一部分"③。亲睹得到美扶持和大力援助而仍难免覆亡的南越政权的兴衰，马科斯较为敏锐地把握中美关系缓和的冷战格局调整时机，通过与中苏等社会主义国家全部缔结外交关系，消除了其国内菲共问题的外来支持，平衡了菲外交政策过于依赖美国的"一边倒"不利局面，以本国利益为出发点来制定和实施外交政策更加利于菲发展。而且马科斯政府外交政策调整，也为其在同盟关系中扭转不利地位赢得筹码，如军管法期间流亡美国的菲前外长曼格拉普斯参议员（Raul S. Manglapus）所言，"马科斯示好中苏是巧妙的行为，从而赢得美国持续的军援和对其军管法政府的支持"④。

（三）菲以发展中国家代言人的姿态寻求与第三世界国家的合作

在菲律宾"发展外交"的实践中，马科斯政府明晰了菲律宾属于发展中国家的定位，积极寻求参加第三世界合作，加入七十七国集团，努力加入不结盟运动组织。

---

① 逄先知等主编，中共中央文献研究室编：《毛泽东年谱：1949—1976》，中央文献出版社 2013 年版，第 547 页。

② 逄先知等主编，中共中央文献研究室编：《毛泽东年谱：1949—1976》，中央文献出版社 2013 年版，第 589 页。

③ 《马科斯就印支人民胜利谈菲对外政策》，《参考消息》1975 年 5 月 25 日第 1 版。

④ Laura Jeanne Henze，"U. S. -Philippine Economic Relations and Trade Negotiations"，*Asian Survey*，Vol. 16，No. 4，1976，pp. 319 – 337.

1964 年 6 月 15 日，在日内瓦举行的联合国贸易与发展会议（UNCTAD）第一次会议结束时，七十七个发展中国家签署《七十七个发展中国家联合声明》（Joint Declaration of the Seventy-Seven Developing Countries），宣布成立"77 国集团（Group of 77，G77）"。1967 年 10 月 10 日至 25 日，在阿尔及利亚首都阿尔及尔举行的 77 国集团部长级会议通过了《阿尔及尔宪章》（Charter of Algiers），确立了 77 国集团这一体制结构。1976 年 2 月，77 国集团代表在马尼拉举行会议，会议选派马科斯向即将于 5 月份在内罗毕举行的联合国贸发会议第四次大会提交 77 国集团建议（即《马尼拉宪章》草案）。马科斯宣布提供 5000 万美元（约占 1975 年菲律宾出口贸易额的四分之一），用以设立共同基金来支持《马尼拉宪章》中关于市场调节的条款。基辛格作为首位参加贸发会议的美国国务卿参会，其反对 77 国集团提出建立一个有管制的国际市场的提议，强调自由企业的重要性。此外，在共同基金问题上，由于"欧洲经济共同体国家分裂为共同基金的支持者和反对者，而美国持更为坚定的反对立场"[1]，77 国集团拒绝谈判，内罗毕会议并未取得任何成果。菲律宾还被允许以"特邀代表"身份出席 8 月 16 至 19 日在斯里兰卡首都科伦坡举行的不结盟运动（Non-Aligned Movement，NAM）第五次首脑会议。

菲律宾虽然积极跻身第三世界活动，马科斯不遗余力承诺提供资金来设立贸发会议共同基金和开展合作，以及主张第三世界国家构建经济新秩序，与工业国家竞争，但是囿于其美国同盟的特殊身份，菲律宾未被不结盟运动的科伦坡会议纳为观察员，只是被给予了嘉宾国（guest status）。马科斯作为发展中国家积极代言人的角色也遭到质疑和抵制，肯尼亚就表态因为马科斯拟出席而抵制联合国贸发会议。1976 年斯里兰卡总理班达拉奈克夫人（Mrs. Bandaranaike）在对菲国事访问时断言，"只要美在菲还保留军事基地，菲成为不结盟国家会议成员国的愿望就难以实现"[2]。

二　菲独立自主外交活动增加了美菲在国际事务中的歧见

在 20 世纪 70 年代前，"菲律宾的外交政策与美国的外交政策高度一致，

---

[1] 联合国：《联合国贸易和发展 50 年简史》，https://unctad. org/en/PublicationsLibrary/osg2014d1_ ch. pdf，2014 年。

[2] Robert L. Youngblood, "Philippine-American Relations under the 'New Society'", *Pacific Affairs*, Vol. 50, No. 1, 1977, pp. 45 – 63.

菲律宾是按照美国政策的得失来看待国际政治。菲律宾没有自己的外交导向，以至于在国际社会上，菲律宾人被视为'棕色皮肤的小美国人'"①。之后马科斯政府更加独立自主的外交活动，改变了外交政策中对美的高度依附，其基于国家利益而进行的外交政策抉择增加了美菲在国际事务中的分歧，甚至是尖锐的矛盾。1974—1976 年三年中，美菲两国在联合国 202 次投票表决中，意见相同的仅31％，46％的意见不一致（主要是美国弃权而菲律宾投赞同），美国投反对票时，20％情况下菲律宾投了赞同票，美菲从未一致投反对票。不一致（菲律宾赞同，美国反对）的情况主要是：利于发展中国家的政治、经济议案；阿以冲突；一些地区的地方殖民主义问题等。②

（一）美菲两国在中东政策方面存在分歧及分歧成因探析

菲律宾对中东事务的关心主要是基于两方面原因，一方面，菲律宾政府对南部棉兰老岛地区分离主义运动的处理，引起中东地区利比亚等国对南部分离主义运动的支持，给菲律宾政府制造了国际压力；另一方面，菲律宾作为原油进口国，中东地区是其主要石油来源，1973 年的石油危机进一步加剧了菲对中东石油的依赖。

菲律宾南部棉兰老岛地区的分离主义运动具有历史原因和宗教原因。伊斯兰教最早约在 13 世纪便从苏禄群岛传入菲律宾，后来逐步传播到棉兰老岛，并有向菲律宾中部扩张的趋势。16 世纪西班牙入侵并统治菲律宾后，在菲律宾实行天主教与政治统治政教合一的殖民统治模式，菲律宾在宗教信仰地图中出现中部、北部天主教与南部伊斯兰教两大板块，西班牙统治者向南部传播天主教的行动引发南部穆斯林的强烈不满，造成当地天主教徒与穆斯林之间长达数百年的矛盾。菲律宾独立后，菲律宾南部不同信仰的菲律宾民众之间的隔阂和矛盾没有得到根本解决，并由于穆斯林寻求区域自治，特别是少数极端分子寻求建立独立的伊斯兰国而出现激化。1972 年，马科斯实施军管法后，下令在全国收缴私人非法留存的武器，此举造成南部穆斯林地区民众的猜忌，担心政府借清缴武器来削弱当地的武装抵抗，从而实施对穆斯

---

① Estrella D. Solidum, "Philippine Perceptions of Crucial Issues Affecting Southeast Asia", *Asian Survey*, Vol. 22, No. 6, 1982, pp. 536 – 547.

② 笔者结合以下资料进行分析：Robert L. Youngblood, "Philippine-American Relations under the 'New Society'", *Pacific Affairs*, Vol. 50, No. 1, 1977, pp. 45 – 63；联合国网站投票结果进行的数据统计https://digitallibrary. un. org.

林地区的征服，于是激起了当地穆斯林的武装反抗。其中，以密苏阿里（Nur Misuari）为首，成立于1971年（美方解密档案说法是1971年，但也有研究成果认为是1968年成立）的摩洛民族解放阵线（Muslim National Liberation Front，MNLF，简称"摩解"）成为最具规模和影响力的武装反抗组织。该组织对内武装对抗马科斯政府的武装清剿，对外争取外交支持，得到沙巴时任首席部长穆斯塔法（Tun Mustapha）以及利比亚卡扎菲政府的资金支持，以及受到伊斯兰会议组织（Conference of Islamic Foreign Ministers，OIC）的关注，该组织还成功派团于1974年6月赴吉隆坡参加第五次伊斯兰外长会议。代表团的"呼吁信"及独立建国诉求虽然未得到此次会议接受，但会议"通过了第18号决议，督促菲律宾政府与'摩解'领导人通过政治与和平手段解决摩洛问题"①。马科斯政府强调要在菲律宾主权范围内和平磋商解决该问题，但由于受到军事行动压力及中东伊斯兰输油国制裁威胁，马科斯政府被迫采取一些措施来缓和与该组织关系。

1976年11月，马科斯夫人专门赴利比亚，与"摩解"代表及伊斯兰会议磋商，在12月23日达成停火及和平解决南部穆斯林地区地位的《的黎波里协定》（Tripoli Agreement）。"摩解"同意放弃独立建国的纲领，马科斯政府同意在菲律宾南部覆盖600万人口的13个省实施自治。利比亚、沙特、塞内加尔、索马里代表组成的四国委员会及"摩解"和菲政府三方共同监督停火及协定的执行。

在马科斯政府解决南部穆斯林分离运动的努力中，美政府并没有向菲政府提供菲方所期待的支持。虽然美方评估，菲南部穆斯林分离运动会动摇马科斯的政治地位，恐弱化菲武装部队遏制菲共的态度和能力，也会影响菲与马来西亚及印尼的关系，从而影响东盟的发展，损害美国在菲在东南亚利益。但是，如果菲借此寻求美方进一步的军事援助，会损害美马甚至美与印尼关系。② 因此，美方在此问题上并不介入，并明确向马科斯政府表示南部穆斯林分离活动不适用美菲《共同防御条约》，美向菲及东盟都表达希望政治方式解决的立场，实现穆斯林与基督徒和平共处。马科斯政府对美方在菲应对1972年以来的南部穆斯林问题方面的态度，以及不愿加大提供军事装

---

① 孟庆顺：《阿拉伯国家在菲南和平进程中的作用》，《东南亚研究》2010年第6期。

② "Special National Intelligence Estimate（SNIE）entitled：'The Muslim Insurrection in the Southern Philippines-Implications for the United States.'，Report，CENTRAL INTELLIGENCE AGENCY"，Mar 28，1973，DDRS，CK3100605247.

备方面不满，并借此质疑美方在菲未来应对危机时的可靠性。①

此外，由于菲律宾石油进口高度依赖中东阿拉伯国家，约90%的菲石油进口都来自中东地区，1973年石油危机进一步加剧了菲律宾的石油依赖，石油禁运也成为伊斯兰会议等成员国施压马科斯政府的有效武器。这些都造成马科斯政府在中东问题方面与美国出现分歧。

1967年，以色列与埃及、约旦、叙利亚等国交战，以色列占领了西奈半岛、加沙地带、约旦河西岸（包括东耶路撒冷、叙利亚戈兰高地的一部分），联合国于1967年通过242号决议，敦促"以色列军队撤离其于最近冲突所占领之领土"②。1973年，在以色列与埃及、叙利亚之间的战争后，联合国安理会通过了第338（1973）号决议，重申了对上述242（1967）号决议所提出的原则，并呼吁各方进行协商，以便取得"公正与持久的和平"，坚持1967年决议仍然是全面解决中东问题的基础。美国坚定支持以色列，但是作为美国同盟，菲律宾受压于南岛穆斯林问题和中东对亲以色列国家的石油禁运压力，菲马科斯政府在此问题上并没有追随美国，反而从在阿以冲突的中立立场转而为亲阿拉伯立场。在相关问题的联合国投票中，美菲也出现不同的投票，譬如1974年11月29日，在联合国关于调查以色列在占领区域侵犯人权的报告的投票中，菲律宾政府对此表示支持，美方投票表示反对。③

（二）美菲在第三次联合国海洋法会议方面的分歧

1955年以来，菲律宾就与印尼等国家积极推动群岛原则（Archipelago Doctrine），并在1958年、1960年的联合国海洋法会议上推动该原则。马科斯政府时期，菲律宾在1973年宪法中对1935年宪法中的国家领土定义进行修改，提出"国家领土包括菲律宾群岛的全部岛屿和围抱这些岛屿的海域，以及根据历史权利或法律名义属于菲律宾的全部其他领土，包括领海、领空、底土、海床、岛屿架和其他菲律宾对其享有主权或管辖权的海底区域。

---

① "Memorandum from Thomas J. Barnes of the National Security Council Staff to the President's Assistant for National Security Affairs（Scowcroft）"，August 6，1976，FRUS 1969 – 1976，Volume E – 12，No. 349.

② 参见联合国网站 http：//www. un. org/zh/documents/view_ doc. asp？symbol = S/RES/242 （1967）。

③ "Report of the Special Committee to Investigate Israeli Practices Affecting the Human Rights of the Population of the Occupied Territories：resolution /adopted by the General Assembly"，November 29，1974，https：//digitallibrary. un. org/record/652367？ ln = zh_ CN.

群岛各岛屿周围、之间和连接群岛岛屿的海域，不论其宽度与面积，皆为菲律宾内部海域的组成部分"①。

　　按照联合国大会 1970 年 12 月批准的 2750 号决议（GA Resolution No. 2750），1974 年 6 月 20 日至 8 月 29 日，第三次联合国海洋法大会首次会议在委内瑞拉首都加拉加斯（Caracas）进行，随后又先后于 1975 年 3 月 17 日至 5 月 10 日在日内瓦，1976 年 3 月 15 日至 5 月 7 日以及 8 月 2 日至 9 月 17 日于美国纽约举行会议。在 1974 至 1976 年大会系列会议期间，美菲在领海概念等海洋法相关问题方面产生重大分歧。按照菲方坚持的群岛原则，菲律宾领海可以向东西两侧分别多扩张 270 海里和 145 海里，领海面积可达到约 52.07 万平方海里。而按照 12 海里原则，会损失 23 万平方海里领海。美方参加海洋法大会最为关注领海宽度问题、"过境通过（transit passage）"问题、沿岸国家对大陆架的矿产资源的权利等问题。美方坚决反对菲方的"群岛原则"，在会议初期坚持 3 海里领海的主张。美方代表在会议上甚至表示，1898 年美西《巴黎条约》只是移交陆地主权，菲律宾对 3 海里以外领海并没有主权。菲律宾代表特伦蒂诺大使（Arturo M. Tolentino）坚持"主权不可让步"的立场，并反驳美方观点，称美对菲统治时期通过的 1932 年渔业法和 1935 年宪法都规定了菲律宾领海，美国统治时期的地图也标示了界限。菲律宾的主张得到印尼、斐济、毛里求斯等国的支持，菲方也积极寻求东盟国家及广大第三世界国家的支持，而美方的立场得到英国、日本等国的支持。②

　　马科斯政府在独立自主外交方面取得巨大进展，积极加强与东盟国家的关系，实现与社会主义阵营国家的外交关系全覆盖，并尝试在第三世界中发挥一定的领导作用。与此同时，菲调整外交政策以美国利益为外交决策考量标准的做法，转而以国家利益为出发点来审视外交形势，研定外交政策，并不惜在国际事务中显露出美菲同盟的矛盾。按照美国参议院多数党领袖曼斯菲尔德（Mike Mansfield）的理解，看似是印支问题导致菲外交政策大转折，

① 北京大学法律系宪法教研室编译：《东南亚国家联盟各国宪法》，商务印书馆 1979 年版。
② 美福特政府对于联合国海洋法会议的立场，参见："NSDM288"，March 24，1975，https：//www. fordlibrarymuseum. gov/library/document/0310/nsdm288. pdf；以及 "Report to the Congress，Results of The Third Law of The Sea Conference 1974 to 1976"，June 3，1977，https：//www. gao. gov/assets/120/118883. pdf. 菲方立场与美菲分歧参见：Jose Victor Villarino Chan-Gonzaga，"UNCLOS and the Philippine Territorial Seas：Problems，Perspectives and Options"，*Ateneo Law Journal*，Vol. 42，No. 1，1997，pp. 1–51。

实际上在印支陷落前菲马科斯政府就已开始了外交政策调整，因为菲律宾民族主义和亚洲身份已存在至少 10 年了。"目前不是菲律宾人对美国失去信心，而是获得了对自己的信心。这一转变加上尼克松主义的宣传，可以解释目前菲外交政策的动议。"①

第二节　美菲《共同防御条约》的适用性之辩

尼克松政府奉行"尼克松主义"，改变美国前任政府既往亚太政策，转而逐步从越战中抽身，以及减少在亚太地区的军事存在，减少对地区盟国的安全义务。1973 年 1 月 27 日，参加关于越南问题的巴黎会议四方代表在法国首都巴黎正式签署了《关于在越南结束战争、恢复和平的协定》。协定签署后两个月内，美军陆续撤出越南。同时，美国会大幅削减对南越的军事援助，南越与北越的军事力量对比逐步体现出北强南弱的局面。福特政府继任后，也继续执行尼克松政府的越战政策。1975 年，越南北方军队发起著名的春季攻势，势如破竹击溃丧失美国军事庇护的南越军队，4 月 30 日攻克南越首府西贡。次年 7 月 2 日，南北越实现统一，新的越南社会主义共和国宣告成立并定都河内。越战是美国历史上海外作战时间最久的战争，也是第一次以彻底失败而结束的战争。越战结束宣告"美国神话"破灭，这场战争彻底改变了冷战时期美苏争霸两极体系下的强弱格局优势，美国转为战略守势，而苏联则处于战略攻势地位。

一　菲马科斯政府主动提出就《军事基地协定》进行谈判

在美苏强弱格局变化的背景下，加之中美关系缓和，马科斯政府担心美国将从该地区抽身，造成东南亚地区权力真空局面出现。1975 年 4 月 10 日，福特总统在澳大利亚发表演讲，阐述其外交政策，重申"美国将与同盟国家在一起，以及会尊重安全义务"，呼吁"任何盟友都不要怀疑美国国防战略的决心"②，福特总统一一列举了南越、韩国、日本等地区同盟国家在美国外

---

① "Report by Majority Leader Mike Mansfield, U. S. Senate, on Burma, Thailand and the Republic of the Philippines, Report, Congress", Sep 1, 1975, DDRS, CK3100115105.

② 福特总统演讲，参见："Address by President Gerald R. Ford Before a Joint Session of the Congress Reporting on United States Foreign Policy", April 10, 1975, https：//www.fordlibrarymuseum.gov/library/speeches/750179. Asp。

交战略中的重要性，但是对菲律宾却只字未提。随后，美国防部长史莱辛格（James R. Schlesinger）在纽约演讲时，专门重申美国对日本及韩国的防务义务，也没有提及菲律宾。这种或者有心或者无意的忽视在菲引起强烈反响，军管法之下被政府严密控制的各大媒体均以"来自政府高层"的来源方式，表示"考虑到美国抛弃了同样与美国具有同盟关系的南越和柬埔寨，……菲政府将对美国的安全安排进行重新评估"①。美国《纽约时报》（*New York Times*）则直接刊载了《马科斯促重新评估美菲关系》的新闻。美驻菲大使沙利文（William H. Sullivan）急切致函国家安全事务副助理斯考克罗夫特（Brent Scowcroft），提请国务院及国安会对此进行重视，尽快采取补救措施对马科斯进行安抚，避免马科斯政府出现误解，以及借题发挥，利用美驻菲军事基地存废问题向美方发难。沙利文还评估，如果福特总统年内访华时能顺访菲律宾，将会是最理想的补救方案。

　　果不其然，马科斯于1975年5月23日宣布外交新指引，按重要性对菲律宾外交重点重新排序，依次是与东盟成员国关系，与社会主义国家、特别是中苏关系，与第三世界国家关系，与日本关系、支持中东的阿拉伯国家，最后才是寻求符合亚洲形势的与美国持续健康关系。7月26日，美国的东南亚地区两大盟国——菲律宾与泰国，宣布将逐步废除东南亚条约组织（SEATO），减少美国在该地区的军事存在。泰国提出要求美军撤出在泰国的军事基地，菲律宾也明确提出要求解释、修订甚至考虑废止美菲同盟的法律保障——《共同防御条约》与《军事基地协定》。马科斯直言，将国家的生死存亡寄托在被反复无常和随意解释的安全条约和安全保证上，如果不是完全，那也是一个致命的错误。"美国国会的这种态度，使我觉得如果菲律宾卷入因美国在菲军事基地引起的冲突，在关键时刻，菲律宾很可能会被美国抛弃，就像它前不久在越南的行为一样。"②

　　遭遇越战失败，又遭到美菲同盟弱实力一方的咄咄施压，美政府甚为不满。在马科斯提出要修订甚至废止双边军事同盟条约的要求后，基辛格在6月23日讲话中强硬表态，不点名回应马科斯政府的要求："没有国家应该认为作为美国的同盟是在给我们提供好处，也没有同盟可以通过威胁终止（同

　　① "Telegram 4661 From the Embassy in the Philippines to the Department of State"，April 14，1975，FRUS 1969 – 1976，Volume E – 12，No. 334.

　　② "New Direction for the new Society"，*Far Eastern Economic Review*，June 13，1975，p. 9.

盟）来给我们施压。我们不接受所谓的它给美国带来的安全重要过它自己的观点。我们认为，我们的朋友应视他们与我们的关系服务于他们自己的国家目的，而不应拿授予或者取消同盟地位作为给我们施压的特权。这将不是我们的共同理念。"①

菲马科斯政府主动提出要恢复在 1972 年即告终止的美菲《军事基地协定》的谈判，这是其在越战结束背景下重新评估和定位美菲关系的一大举措，也是西班牙、土耳其借军事基地使用问题向美方施压增加军事援助的"成功经验"对其的鼓励，更是其评估越战结束后，美国从越南、泰国撤出军事基地后，美在菲驻军成为美国在该地区的仅存军事力量，驻菲克拉克空军基地及苏比克海军基地的军事意义及向盟国证明维持军事存在的重要性远胜从前。美国福特政府也确实需要采取有效行动来消除亚太地区同盟对其地区调整政策的误解和担心，1975 年 5 月，马来西亚首相敦拉萨与美国副国务卿哈比卜（Philip Habib）会谈时，就明确提出"由于越南问题，目前美国在东南亚的可信度非常低"②，哈比卜副国务卿重申美国没有打算从东南亚撤出，有意发挥全面作用，但是这些表态难以消除东南亚国家的担心。在此背景下，虽然基辛格等美政府高层发表强硬对菲讲话，但福特于 1975 年 12 月访华返美时经停菲律宾，接受菲政府提出的谈判要求，表示美菲《共同防御条约》及美军基地在维护美在西太平洋存在方面的重要意义，两国领导人发表声明称将尽快恢复既有机制下的军事基地谈判，且谈判必须在明确菲对基地拥有主权的基础上进行。1976 年 4 月 12 日，美政府在华盛顿启动与菲马科斯政府的《军事基地协定》修订谈判工作开幕式，美方负责人是国务卿基辛格，菲方负责人是外长罗慕洛，具体谈判工作于 6 月第一周在菲律宾马尼拉开始，由美驻菲大使沙利文与菲方谈判人员进行。

二　美菲《共同防御条约》在南海争议区域的适用性之辩

按照 1951 年美菲双方签订的《共同防御条约》条文规定，美国承诺具有协助军事同盟菲律宾抵抗外来威胁（武装进攻）的安全义务，"武装进攻

---

① Claude Albert Buss, *The United States and the Philippines: Background for Policy*, Washington: American Enterprise Institute for Public Research, 1977, pp. 120 - 121.

② National Security Adviser/Secretary of State Henry Kissinger summarizes Malaysian Prime Minister Tun Abdul Razak's New York City (NYC) meeting with Assistant Secretary of State Philip Habib, Cable, Department of State, May 6, 1975, DDRS, CK3100643861.

应包括对缔约国任何一方的本土或对在它的管辖之下的太平洋岛屿领土或对它在太平洋的军队、公共船只、飞机的武装进攻”，“缔约国每一方面将依照它的宪法手续采取行动以对付共同的危险”①。美方曾先后澄清过该条约不能应用于菲律宾与马来西亚之间的沙巴主权争端，不可援引该条约将美军事力量用于菲国内安全问题。但是在 20 世纪 70 年代前，菲未向美方提出该条约在南海争议区域的适用性问题。在尼克松政府后期，由于南海西沙地区发生军事冲突，加之军管法治下的菲律宾政府允许外资在南海区域开展海洋油气勘探工作，菲在南海地区的安全利益与经济利益有所增加，美菲《共同防御条约》适用性问题便呈现在美菲政府面前。

（一）尼克松时期，基辛格掌握《共同防御条约》在南海争议区域适用性问题的“释约”主导权

1974 年 1 月，中国与南越部队发生西沙海战后，26 日，菲外长罗慕洛紧急向美驻菲大使沙利文转交菲驻联合国代表与中国代表会谈的备忘录，中方在会谈中关于“准备维护包括西沙和南沙岛礁领土的主权”的表态令菲方感知到威胁，特向美方通报情况。菲方此举虽然有求援的目的，暗示是否可以援引《共同防御条约》或者《东南亚集体防务条约》而得到美方直接军事协助，但是菲方并未口头或者书面提出援引的明确要求。沙利文大使担心美方欠缺对中国在西沙、南沙军事行动的监控与情报预警，请示国务院授权其向菲方作出三点回复：如果菲律宾人员在南沙地区遭到攻击，则对美国的“行动”义务进行解释；保证美方将进行必要的监控，防止发生突然袭击；向中国进行警告，中方对于菲律宾部队采取的军事行动将引发美方在《共同防御条约》规定的义务。② 时任国务卿基辛格 1 月 31 日对此逐条答复：美方正在研究应对立场；美方具备监控情势的能力；中国尚未有在南沙地区采取行动的意图，加之缺乏时间等因素，美方立场仍待定；暂待美方立场明确后才得授权与菲官员磋商。③

国务院给驻菲大使馆发出指引后，基辛格在 1 月 31 日召开的国务院院

---

① 世界知识出版社编：《国际条约集（1950—1952）》，世界知识出版社 1959 年版，第 324—326 页。

② “Telegram 998 from the Embassy in the Philippines to the Department of State”, January 26, 1974, FRUS 1969 – 1976, Volume E – 12, No. 325.

③ “Telegram 020401 from the Department of State to the Embassy in the Philippines”, January 31, 1974, FRUS 1969 – 1976, Volume E – 12, No. 326.

务会议（Staff Meeting）上就此问题进行专题研究。负责东亚事务的助理副国务卿哈穆尔（Arthur W, Hummel）率先汇报初步情况，称目前暂时还没有收到中央情报局（CIA）涉此问题的情报，但美方初步观察，暂未发现中国军队有向南沙地区进一步行动的意图。即便如此，日本、菲律宾以及南越方面还是表现出不安。哈穆尔提出，如果菲军方知悉其在南沙地区遭遇中方行动，是否会因此触发美方与菲的《共同防御条约》被援引（invoked）？国务院法律事务负责人莫（Carlyle E. Maw）指出，《共同防御条约》较为笼统，但是覆盖范围广泛，美方完全可以将这些争议岛礁纳入菲律宾群岛范围之内，但是其提出模糊立场（waffly position）的应对建议，希望可以供沙利文大使应对菲方。

对此，基辛格敏锐发现适用性问题恐对美方不利，询问与会人员是否已将上述立场告知菲方。哈穆尔报告，只是沙利文大使提出条约的适用性问题，菲方并未援引《共同防御条约》应用于有关岛礁争端（But Filipinos have not cited the Mutual Security Treaty as being applicable in the dispute over these islands）。① 基辛格重复询问，究竟是美方或是菲方主动提出该（适用性）问题？"究竟是我们主动提出不希望他们援引该条约，还是菲方先询问我方，是否我们将该问题置于条约覆盖范围之内？"基辛格向与会代表阐述其对此问题的理解，认为谁主动提出适用性问题"会带来心理差异（make a psychological difference）"。本次会议最终达成共识，美方在该问题上执行内外有别的立场，对内要明确美方确实不同意将《共同防御条约》适用于南海岛礁争端；对外不主动触碰该议题，立场表示出一定的"模糊性（ambiguity）"，既不鼓励菲方认为可以无约束进行军事行动，也不希望鼓励美有关同盟认为美方是无助的惶恐。②

在5月份的国务院部务会议上，负责东亚事务的副国务卿哈比卜（Philip C. Habib）再次提出，因为菲担心越南会对菲占有的岛礁提出主权声索，该事宜牵涉到美在南海争端中的条约义务问题，因此菲方提出能否援引《东南亚集体防务条约》或美菲双边安全条约。哈比卜认为美方自然不希望有关安全条约适用于南海岛礁争端中，合理的方式应该是寻求国际法院（Interna-

① "Minutes of the Secretary of State's Staff Meeting, Washington", January 31, 1974, FRUS 1969 – 1976, Volume E – 12, No. 327.

② "Minutes of the Secretary of State's Staff Meeting, Washington", January 31, 1974, FRUS 1969 – 1976, Volume E – 12, No. 327.

tional Court）进行解决。对此，基辛格表示，与美国缔结有军事同盟条约的菲律宾，鉴于很多情况还充满不确定性，还没有想清楚美在南海争议岛礁的法律义务问题，还有待进一步研究，目前应该让驻菲大使沙利文"闭嘴"，避免其不听指令擅自向菲政府妄言美方的防务义务问题。①

尼克松政府时期，美在中、越、菲涉及南海主权的争端中，采用了基辛格确定的上述方案，即美国不率先主动触碰《共同防御条约》及《东南亚集体防务条约》的适用性议题。如果菲方提出该问题，美则以"模糊性（ambiguity）"原则予以应对。

（二）福特政府时期，基辛格沿用"模糊性"原则，避免安全义务"被牵连"用于南海争端

1. 美军事基地谈判立场不明朗，在谈判初期处于被动地位

在福特时期的军事基地谈判中，马科斯政府的谈判策略之一就是"议题联系"，即继续将基地谈判问题与《共同防御条约》的适用性问题挂钩进行。1975 年 9 月 2 日，美国国安会便提出考虑研究美国对在菲军事基地的政策。总统国家安全事务副助理斯考克罗夫特（Brent Scowcroft）传达了基辛格的意见，要求分析评估不应局限在美的菲军事基地政策，也不仅仅是东南亚地区，而应放眼评估整个太平洋态势和利益。在福特访菲确定将与菲恢复军事基地谈判后，福特总统即批准国安会（NSC）签发《第 235 号国家安全研究备忘录》，责成国安会牵头协调中央情报局（CIA）和国务院、国防部，共同评估在同菲军事基地谈判背景下的美国在亚太地区的利益和安全目标，2 月 4 日前提交报告。② 但是国安会东亚事务跨部门小组（NSC Interdepartmental Group for East Asia）负责准备的该研究报告迟至 6 月 4 日才提交到国安会高级评估组（SRG）审议。评估组仅对报告的第一部分，即未来 3 至 5 年美国在亚太地区的利益和目标进行了评估，并由国家安全事务副助理斯考克罗夫特于 11 月 5 日将最终版本向有关部门签发。评估报告的第二部分，即美国驻菲军事基地及在菲利益评估，具体包括评估美在菲空军、海军及情报部门的作用，以及在即将进行的美菲军事基地谈判中的应对策略和选项，由于报告的出台已经远远滞后于谈判的进行和形势的发展而失去意义。

①　"Minutes of the Secretary of State's Staff Meeting, Washington", May 9, 1974, FRUS 1969 – 1976, Volume E – 12, No. 330.

②　"NSSM235", January 15, 1976, https：//www. fordlibrarymuseum. gov/library/ document/0310/ nssm235. pdf.

《第235号国家安全研究备忘录》（NSSM235）报告的迟到，从侧面反映出美自越南撤军后地区政策不够明朗，应对美菲军事基地谈判时准备不足的被动局面。相对而言，菲马科斯政府这边充分占据了菲前几届政府从未有过的政治优势和心理优势：实施军管法后，马科斯政权对自由党等反对派的压制及对媒体的钳制，减少了其在美菲基地谈判中受到的国内政治压力及舆论压力；美方急需保留菲军事基地，应对地区军事斗争需要，以及向地区盟友证明其不会撤出的意愿；菲近年来实施的"发展外交"，则有效拓展了与东盟、社会主义阵营经贸关系，也通过与东欧社会主义国家成功建交，与中国、苏联积极进行建交谈判，进一步降低了其遭受外来威胁的安全风险。这些都降低了菲对美国的安全与经济依赖，提升了其在基地谈判中的议价地位。

4月12日，在美菲军事基地恢复谈判的开幕式上，菲外交部长罗慕洛坦率表露对美菲军事关系的不满，以及调整美菲军事关系的意愿。他表示过去十年来世界发生的彻底改变，已经大大改变了美菲在30年前首次签订基地协议的条件，称美国的军事援助和美国的安全保障从未完全令菲律宾方面满意。鉴于东盟承诺奉行和平，愿尽量减少与超级大国的关系，因此菲政府现在必须设法调整其与美国的关系。

美方为恢复谈判准备了《军事基地协定》修订意见稿，原本以为菲会在大谈美菲友好的言辞掩盖下，针对修订意见的条文向美方抛出延续军事基地的报价条件。但是，与美方的期望相反，外长罗慕洛没有阐述美国在菲律宾持续存在的任何原则或条件。措手不及的美方负责人基辛格主动提到"租金"问题，阐述美方坚决反对"租金"的总原则，"一旦向某一国支付租金，美方将必须向所有类似国家支付"，以及"支付租金会造成我们不是共同进行安全合作的印象"①，但是也表示美国会探讨采取多年拨款等一揽子安全援助方案来代替租金的做法。罗慕洛强硬表示菲政府不是索取"救济金或者赠款"，而是希望收到"使用军事基地的公正补偿"②。在开幕式的交锋

---

①   "Memorandum from Thomas J. Barnes of the National Security Council Staff to the President's Assistant for National Security Affairs（Scowcroft）", April 12, 1976, FRUS 1969 – 1976, Volume E – 12, No. 345.

②   "Memorandum from Thomas J. Barnes of the National Security Council Staff to the President's Assistant for National Security Affairs（Scowcroft）", April 12, 1976, FRUS 1969 – 1976, Volume E – 12, No. 345.

中，美方对菲方谈判策略出现误判，导致主动亮出谈判底牌，而菲方却坐拥谈判优势，表态务虚大于务实，冀能把握谈判的主动权，争取最大化谈判成果。开幕式上，双方同意 1975 年 6 月第一周在马尼拉复会，届时菲方将提出对应修改意见。美方希望双方能在 7 月底前完成谈判，这样基辛格可以在结束 8 月 3 至 4 日的堪培拉的澳新美安全条约（ANZUS）理事会会议后经停马尼拉签署。

马科斯政府并不急着与福特政府完成《军事基地协定》修订谈判，这让美方尽快完成谈判的愿望无法实现。6 月份美菲恢复谈判后，菲政府谈判代表提出一份被美方视为"敲诈性草稿（extortionate draft）"的草案，并采取"拖延策略"应对美方，① 加上美国务院与驻菲大使馆之间沟通不畅，沙利文大使无法及时得到总部指示和反馈，谈判恢复一个月后毫无进展，令沙利文深感挫败与无奈，认为在 8 月份之前完成谈判（以便预留时间与国会方面协商）已基本无望。

2. 美菲关于《共同防御条约》在礼乐滩的适用性之争

自美菲 1951 年签署《共同防御条约》以来，菲历届政府都希望美方能修改该条约，在条文中增加"自动启动"的强制条款，以及明确该条约的适用范围。马科斯政府也不例外，但在其知晓对《共同防御条约》的修改都很难得到美国国会通过的现实困难后，马科斯政府退而求其次，不求"改约"，而是敦促美方"释约"，其曾先后敦促约翰逊政府明确在沙巴主权争端中的适用性问题，敦促尼克松政府明确该条约在南沙争端中的适用性问题。在美菲关于《军事基地协定》谈判的进程中，马科斯政府向福特政府提出《共同防御条约》在礼乐滩（Reed Bank）的适用性问题。

礼乐滩位于距离菲律宾巴拉望岛约 250 千米的南海海域，菲律宾声称礼乐滩是其从巴拉望岛延伸的大陆架的构成部分。1974 年，瑞典的塞伦集团（Salen Group）被批准与菲油气企业合作在礼乐滩地区进行近海石油的地震勘测活动，初步发现油气资源。1976 年菲律宾政府向美资阿莫克石油公司（Amoco Corporation）提供特许权，批准该公司在礼乐滩海域进行后续勘探活动。菲律宾加强该区域军事力量，武装护卫勘探活动，并增加了在南沙群岛的空中和海上巡逻。菲方行为引发该区域紧张升级，越南某岛礁驻军向一架

---

① "Telegram 9671 From the Embassy in the Philippines to the Department of State", July 3, 1976. FRUS 1969 – 1976, Volume E – 12, No. 347.

菲律宾巡逻机开火，中国政府也对菲方单边加剧紧张局势的行为进行了私下及公开抗议。承受军事及外交施压的马科斯政府冀借《共同防御条约》邀美方对其提供安全保护。

8月6日，马科斯与到访的美副国务卿罗宾逊（Charles W. Robinson）会晤，施压美方明晰表达《共同防御条约》中规定的对菲防御义务，特别是对于菲声索礼乐滩主权问题的态度及条约适用性问题。马科斯政府重提1969年的赛明顿听证会报告，引用其中驻菲使团负责人威尔逊（James Wilson）关于"美方仅仅会在外来袭击危及美驻菲军事基地时才会做出反应"的证词，驻菲沙利文大使的有关声明，以及1972年以来美方未协助菲应对南部穆斯林叛乱等"事实"，表示对"未来菲律宾面对危机时美方是否会提供积极援助"的怀疑。① 马科斯提请美方重申"保卫菲律宾的承诺，并进一步澄清美方对于针对与礼乐滩争端有关的菲律宾领土或悬挂菲国旗船只袭击行为的具体反应"，马科斯虽然不要求美方提供书面承诺，但提出需要福特总统或者国务卿（基辛格）向其个人做出保证。"只要美方在解决防卫义务的模糊性问题方面给出一个令人满意的回复"，马科斯承诺"可能会在一个月内完成《军事基地条约》修订谈判工作"②。当美菲谈判受阻，亟待基辛格与罗慕洛在更高层面进行谈判破局的关键时刻，马科斯提出，在美方就此问题给出答复前，不授权罗慕洛与美方进行谈判，以此胁迫美方妥协。国安会据此评估，马科斯当局并不急于在1975年年内完成谈判，加之国务院及国防部对于澄清在南沙和礼乐滩的条约责任都持谨慎立场，因此做出暂不回应马科斯要求的决定。

国家安全事务顾问斯考克罗夫特（Brent Scowcroft）专门就此向福特总统汇报，分析美方在该问题上的政策选择与利弊。马科斯要求美方向其做出将在礼乐滩地区保护菲武装部队的保证，造成令美方两难的"释约"困境。《共同防御条约》规定启动双方安全义务的情形包括"对缔约国任何一方的本土或对在它的管辖之下的太平洋岛屿领土或对它在太平洋的军队、公共船

---

① "Memorandum from Thomas J. Barnes of the National Security Council Staff to the President's Assistant for National Security Affairs（Scowcroft）", August 6, 1976, FRUS 1969 – 1976, Volume E – 12, No. 349.

② "Memorandum from Thomas J. Barnes of the National Security Council Staff to the President's Assistant for National Security Affairs（Scowcroft）", August 6, 1976, FRUS 1969 – 1976, Volume E – 12, No. 349.

只、飞机的武装进攻",作为有争议的地区,南沙群岛和礼乐滩可以被定义为条约不适用的区域。然而,《共同防御条约》中提到"在太平洋的军队,公共船只、飞机",则可以解释为涵盖在南沙群岛或礼乐滩区域遭到袭击的菲律宾武装部队。美方提出三种政策选择,供福特总统选择批准后向马科斯政府答复:

首先,肯定性(affirmative)答复,即明确将美对菲防御义务覆盖到在礼乐滩受袭的菲军。这种选项会增加菲与中越紧张局面的风险,美国会和民众可能将此视为美方对同盟防务义务的不必要扩大,还会鼓励马科斯当局更积极推动声索,以及动用军力来保护声索。

其次,否定性(negative)答复,即明确将该区域从美对菲防御义务中排除。但在目前美菲《军事基地谈判》遭遇菲方设置障碍的困难阶段,美方拒绝承担防御义务的回应,将使谈判更加困难,也导致美方今后使用基地更为困难。

第三,模糊性(ambiguous)答复,即模糊重申美对菲的总体防御义务,但是不明确回答美方是否对该区域菲军受袭做出反应。国务院和国防部建议该政策选项,提议先向菲方表示,只要菲军事存在与《共同防御条约》内容,特别是第一条提出的和平手段解决争端和不诉诸使用武力等规定[1]相一致,美方会考虑将菲军在礼乐滩的行动置于《共同防御条约》覆盖范围内。这样的回应,既给美方在做出针对菲飞机威胁的应对反应留下必要的灵活性,又没有扩大或者缩小美方防御条约义务,还避免另两个选项给美方带来的重大风险。

经审慎考虑,福特总统批准了该"模糊性答复"选项。[2]

10月6日,基辛格与罗慕洛在美国纽约会谈。按照福特总统指示,基辛格本着"模糊性原则"阐述了美方对于《共同防御条约》的适用性问题,"澄清该条约不仅适用于防御美军基地,而且防御菲律宾的本国领土(metropolitan territory)",但是美方担心"会因为菲在礼乐滩及南沙地区的行动而

---

① 《共同防御条约》第一条规定:缔约国保证依照联合国宪章中的规定,用和平方法解决它们可能被牵涉在内的任何国际纠纷,俾使国际和平、安全、正义不致遭受威胁,并且保证他们在国际关系上不采取与联合国宗旨不符的任何方式的威胁手段或使用武力。世界知识出版社编:《国际条约集(1950—1952)》,世界知识出版社1959年版,第324页。

② "Memorandum from the President's Assistant for National Security Affairs (Scowcroft) to President Ford", FRUS 1969–1976, Volume E–12, No. 353.

将我们卷入军事冲突中"，"如果菲政府坚持条约要覆盖南沙，我们就必须形成复杂的方案（complicated formulations）和免责条款（escape clauses），这将制造问题而非解决问题"①。基辛格也承诺在涉及启动防御义务的宪法程序问题方面，鉴于现存的军事条约和军事基地，"难以想象会在因防御菲律宾而获得国会支持方面存在任何问题"②，表示会争取到国会的批准的乐观态度。

罗慕洛不得不回复，菲政府已经诉诸和平协商方式来解决与亚洲邻国的任何争议，也并未面临外部攻击的危险，只是希望美方对《共同防御条约》第五条进行解释。其也按照马科斯授权表示"菲政府无意将美国卷入南沙问题，因为菲政府认为能与有关各方在相互理解的基础上解决好该事宜，无须美国的援助"③。

第三节　美菲《军事基地协定》修订
谈判流产及原因

鉴于施压美方"释约"，将《共同防御条约》适用于南海岛礁已无望，罗慕洛在明确表示菲政府无意将美方卷入礼乐滩等南沙岛礁争端后，转而强调菲方希望在美方的坚定承诺与支持下，尽快提升自卫能力，将谈判的重心重新回到争取"租金"或者其他方式的补偿方面。

一　美政府被迫接受马科斯政府突破性"租金"方案，但谈判最终流产

1972 年马科斯实施军管法之前，美菲军事基地的技术性谈判（Technical talks）已经先后在 1971 年及 1972 年基本完成，但是有待进一步谈判解决的司法管辖权、税收、海关、移民等关键问题，则由于菲国内安全形势动荡而被马科斯提议推迟进行。马科斯与福特政府恢复《军事基地协定》修订谈判后，美驻菲沙利文大使提出马科斯当局最为关心的 9 个领域谈判要点：使用

---

①　"Telegram 250861 From the Department of State to the Embassy in the Philippines", October 8, 1976, FRUS 1969 – 1976, Volume E – 12, No. 354.

②　"Telegram 250861 From the Department of State to the Embassy in the Philippines", October 8, 1976, FRUS 1969 – 1976, Volume E – 12, No. 354.

③　"Telegram 250861 From the Department of State to the Embassy in the Philippines", October 8, 1976, FRUS 1969 – 1976, Volume E – 12, No. 354.

条款、国家安全策略的延续性、菲律宾基地司令官的权限、防御支持或补偿、将基地改为民用、司法管辖权、协议期限及其他两点尚未解密的谈判内容。虽然范围广泛，但是美国安会分析马科斯当局最为关心的无非就是美方为使用基地支付费用问题。如前文所述，基辛格在谈判开幕式上表达了美方坚决反对"租金"的立场。但菲国防部长恩里莱（Juan Ponce Enrile）坚持"租金"方案，美方谈判代表沙利文也提请国务院考虑菲方方案，并评估可以得到国会的支持。国防部长拉姆斯菲尔德（Donald Rumsfeld）专门致函基辛格，反对"给盟国领土上的基地付租金"，称"如果菲总统将两国防御关系建于金钱基础之上，其将通过伤害美国国会和美国人民而损害共同防御关系。而且，公开答复该主题将给我们在全世界的防御安排带来麻烦……出于美菲的长远利益，马科斯应该被予以警告"①。

国务院与国防部立场出现分歧，在基辛格的主导下，美方还是坚持用灵活变通的方式来取代"租金"方案，即避免直接支付"租金"，而采用经济援助与军事援助相结合的方式对菲方进行经济补偿，替代"租金"的做法。

在军事援助项目方面，国务院及国防部达成初步意见，先行向菲方提出5年合计5.64亿的军事援助的首次报价（其中3000万美元赠款，3400万美元信贷）。如果有必要，行政部门还要求获得授权在谈判期间提高这一数额，每年最多1亿美元补偿，其中不超过4000万美元用于赠款。此外，为了获得满意的谈判结果，可能有必要确定一个更高的数额。

美管理预算局（OMB）则认为，国务院及国防部方案太过慷慨，尤其是赠款方面，拟议的报价大大超过了美政府在过去五年中为菲律宾提供的水平（最大的赠款和信贷总额为3700万美元）。而且在1978年和未来几年美国对政府支出收紧，以及国会在1977财政年度逐步削减军事赠款的大背景下，该方案不可取。管理预算局提出可以考虑在军援总额不变的情况下降低赠款与信贷的比重（即减少赠款，增加信贷）。

国安会（NSC）则担心福特总统认为国务院/国防部赠款数额过大，提出折中方案，从国务院/国防部方案开始，逐年减少赠款，同时提高整体援助金额。经几部门陈述己见，福特总统最终批准方案1作为美菲谈判军事援

---

① "Letter from Secretary of Defense Rumsfeld to Secretary of State Kissinger", December 29, 1976, FRUS 1969–1976, Volume E–12, No. 362.

助方案。① 详情见表6–1：

表6–1　　美政府不同部门对1976年美菲军事基地谈判提出的补偿方案

		年份					总额
		1978	1979	1980	1981	1982	
方案1 国务院/ 国防部	赠款（Grant）	3000—4000	3000—4000	3000—4000	3000—4000	3000—4000	15000—20000
	信贷（Credit）	3400—6000	3400—6000	3400—6000	3400—6000	3400—6000	170—300
	总额	6400—10000	6400—10000	6400—10000	6400—10000	6400—10000	32000—50000
方案2 OMB	赠款（Grant）	2000	1500	1000	1000	—	5500
	信贷（Credit）	4400—8000	4900—8500	5400—9000	5400—9000	6400—10000	26500—44500
	总额	6400—10000	6400—10000	6400—10000	6400—10000	6400—10000	32000—50000
方案3 国安会	赠款（Grant）	3000—4000	2500—3500	2000—3000	1500—2500	1000—2000	10000—15000
	信贷（Credit）	3400—6000	4400—7000	5400—8000	6400—9000	7400—10000	27000—40000
	总额	6400—10000	6900—10500	7400—11000	7900—11500	8400—12000	37000—55000

备注：单位为万美元。

　　10月6日，基辛格按照福特总统批准的方案与罗慕洛谈判，罗慕洛在《共同防御条约》适用性问题受挫后，转而提出菲部队现代化问题，并列出军购清单。基辛格向其转告“国会要求我们在提供援助时现实一点”，警告菲方不要狮子张口，随意报价。菲国防部长恩里莱列出5年的援助项目，仅第一年就大概5亿美元。基辛格愤而表示菲方的要求“完全不现实（totally unrealistic）”，提醒菲方不要高估驻菲军事基地的重要性，“虽然我们认为基地在应对周边涉及印度洋、东南亚或中国在该区域的活动时相当重要，但即使是爆发全面战争，我们也可以在没有这些基地的情况下应对”②。请菲列出优先领域，美方尽量予以满足。

　　11月23日，基辛格与罗慕洛再次晤谈，罗慕洛正式提交备忘录，其中表态同意美方继续使用军事基地，但是提出5年总额20亿美元的一揽子经济补偿要求。而美方的“经援＋军援”方案中，军事援助的上限约为5年5亿美元，经援包括发展援助、480号公法（PL480）下的援助以及进出口银

---

　　①　“Brent Scowcroft outlines key issues in U. S. base negotiations with the Philippines. Memo, White House”，DDRS，CK3100077199.

　　②　“Telegram 250861 from the Department of State to the Embassy in the Philippines”，October 8，1976，FRUS 1969–1976，Volume E–12，No. 354.

行（EXIM）贷款项目，总额约 5 年 5 亿美元，两者相加也不过 10 亿美元，与菲方要求差距过大。基辛格再次予以拒绝，"20 亿美元的补偿安排毫无可能，只能将此问题留待下一届政府解决"①。

12 月 1 日，基辛格与罗慕洛在墨西哥城会见，菲方表示接受美方方案，同意短期内完成基地谈判，罗慕洛表态将于 12 月 4 日去华盛顿，共同发布谈判结果联合声明。美方双方还共同拟定了声明，提出自 1976 年 4 月 12 日以来的谈判基本上达成一致，今后 5 年美方将向菲方提供共计 10 亿美元的拨款和贷款，其中军援和经援各半，美国将使用在菲基地（见表 6 - 2）。12 月 3 日，基辛格在与福特总统及国安顾问举行会议时汇报谈判进展，乐观表态做好了在周六（12 月 4 日）宣布声明的准备。随后，国务院准备向国会核心参众议员简报有关情况，国防部负责向参众议院军事委员会有关成员通报情况。正在基辛格做好新闻发布时，罗慕洛紧急通知美政府，马科斯总统不同意美菲两国外长在墨西哥城达成的一致，坚持仅军事援助就要 10 亿美元，其中 7.5 亿美元是赠款，2.5 亿美元是军售信贷。基辛格通知菲方，12 月 4 日联合声明发布会取消，福特时期美菲军事基地谈判以流产告终。

表 6 - 2　　　　　　　　1976 年美菲拟达成的基地使用补偿情况

援助项目		数额	合计
军事援助	军事赠款	2 亿美元	5 亿美元
	军售信贷	3 亿美元	
经济援助	发展援助	2.5 亿美元	5 亿美元
	480 公法贷款	1.25 亿美元	
	考虑进出口银行贷款	1.25 亿美元	
总计			10 亿美元

二　福特政府时期美菲《军事基地协定》修订谈判流产原因分析

1974 年至 1976 年的美菲《军事基地协定》谈判，是菲方试图主导以修订《军事基地协定》为名义，而对美菲军事同盟关系进行调整的一次不成功尝试。虽然双方自始至终均以《军事基地协定》谈判为名进行交锋，但是谈

---

①　"Telegram 267549 from the Department of State to the Embassy in the Philippines", November 24, 1976, FRUS 1969 - 1976, Volume E - 12, No. 356.

判并未聚焦于该协定的具体条文，而是扩大到美对菲的防御有效性问题、《共同防御条约》的适用性问题、美对菲军事援助政策甚至经济援助项目领域。马科斯政府的谈判策略，就是在军事基地价值因为"被需要"而不断提高的情况下，以军事基地的存废为筹码，将《军事基地协定》的谈判问题与《共同防御条约》的适用性问题挂钩进行，并且希望以菲方可以更加灵活支配的"租金"来取代受制于美国国会及行政部门双重制约的年度军事援助项目拨款。马科斯的谈判策略取得了阶段性成果，逼迫美方做出了重大让步，美对菲军事援助金额承诺远超约翰逊、尼克松政府在越战时期对菲援助数额，年均 2 亿美元的援助数额达到菲 1977 年国民生产总值（170.98 亿美元）的 1.17%。仅就此而言，这成为非对称同盟关系中，弱实力一方以弱胜强的成功博弈。

此外，菲马科斯政府在推动与东盟关系发展及与中苏建交过程中，美驻菲军事基地问题并未成为影响菲独立自主外交政策实施的障碍，特别是中菲建交后，马科斯特意在 1975 年 12 月告诉福特总统"中国人没有通过任何方式迫使其搬迁基地"①，基地在菲留存不成问题，这成为马科斯与福特在 12 月达成重启基地谈判的一个重要原因，也使马科斯获得更好的谈判筹码，敢于提高对美谈判报价。

但是，为何马科斯在谈判即将完成之时选择提高报价，造成最终谈判流产？笔者以为，马科斯当局对美政局更替产生过高期望，造成其对形势的严重误判。在美菲谈判进入尾声时，美国内正进行着总统大选，卡特总统选情逐步明朗，并最终顺利当选美国总统。马科斯当局与福特政府进行的《军事基地协定》谈判，最终成果并未满足马科斯的过高期望（20 亿美元），且还有待民主党把持下国会的审批，最终方案还不甚明朗。既然如此，马科斯政府就考虑，如果将《军事基地协定》谈判拖入下一届美国政府，是否可以取得更大的利益？在 1976 年一份美国国安会报告中，美方称据可靠来源情报反映，菲谈判组高官佩莱斯（Emmanuel Pelaez）表示，卡特获胜可能更利于谈判，菲代表团认为卡特是"鹰派"人物，会更加重视美国基地的价值。因此菲在共和党大会前不会认真谈判。此外，佩莱斯和马科斯认为强硬的反美立场将帮助其在即将举行的内罗毕不结盟峰

---

① "Talking points in preparation for President Gerald Ford's meeting with the National Security Council (NSC), Memo, WHITE HOUSE", Dec 10, 1975, DDRS, CK3100651667.

会上获得有利地位。①

美国安会还研判，马科斯的最终目标是拖到 1977 年，"马科斯认为从卡特政府可以得到更好的条件"，"其无疑自认为其处于稳赢地位（no-lose proposition），如果其能刺激我们的不耐烦和榨取额外的让步，其将自视胜利；如果本届政府不能满足他，他会把耽误的责任怪到我们身上"②。

据此可见，福特政府与马科斯政府未能就军事基地协定修订达成谈判结果，主要是马科斯政府对自身谈判地位的高估，以及对美国政府更替和外交政策走向的误判。正如在美菲谈判的最后阶段，基辛格给罗慕洛所说"好的，去和卡特谈吧。卡特将在人权等事务方面胁迫（badger）你们"③。

小　结

非对称性同盟中，弱国对强国安全政策的敏感性和脆弱性更强，加之菲律宾对美国有着严重的依赖关系，菲律宾更加在意美国的安全政策动向。福特接任美国总统后，在亚太政策上继续执行"尼克松主义"，从越南撤军的行为促使菲律宾恼羞成怒。菲律宾自认为在美越战争中对美菲同盟的贡献较大，为履行军事同盟义务而不惜与邻国树敌，美国的撤出让菲律宾顿时感觉到安全压力。同时，菲律宾对美国在亚洲的战略意志产生大量怀疑，并因担心被美国"抛弃"而感到忧虑和愤怒，尽管福特曾在经停菲律宾时高调宣称了美菲《共同防御条约》及美军基地在"维护在西太平洋存在"的重要性。不过，当菲律宾需要美国支持的时候，比如菲律宾南部穆斯林分离运动愈演愈烈，美国并未给予菲律宾应有的支持，而是以"南部穆斯林分离运动不适用《共同防御条约》"为由拒绝增加军事装备支持。福特政府的空头承诺进一步激化菲律宾的民族情绪，菲律宾对美国的不信任感骤增，客观上促使马科斯政府加快了摆脱美国控制，深入开展独立外交的进程，美菲同盟的裂缝

---

① "Memorandum from Thomas J. Barnes of the National Security Council Staff to the President's Assistant for National Security Affairs（Scowcroft）", August 6, 1976, FRUS 1969 – 1976, Volume E – 12, No. 349.

② " Memorandum from William Gleysteen of the National Security Council Staff to the President's Assistant for National Security Affairs（Scowcroft）", September 2, 1976, FRUS 1969 – 1976, Volume E – 12, No. 351.

③ "Telegram 293490 from the Department of State to the Embassy in the Philippines", December 2, 1976, FRUS 1969 – 1976, Volume E – 12, No. 358.

继续扩大。从与中苏等社会主义国家建交，到退出美国主导的东南亚条约组织，转而强化以经济发展与合作为主的东盟内合作及东南亚区域内合作，再到降低诸如中东、海洋法及多项国际事务方面与美方的协同性，以及以发展中国家身份参加不结盟运动等国际事务，菲律宾的外交政策进一步体现出以国家利益为准则的多元化外交。这些举措进一步降低了菲律宾遭受外来威胁的安全风险，以及菲律宾对美国的安全与经济依赖，提升了其在基地谈判中的议价地位。

这一时期内，美菲进行同盟管理的另一焦点是安全问题的谈判。第一，美菲关于《共同防御条约》在南海争议区域的适用性谈判。随着在南海区域安全利益和经济利益的增大，菲律宾希望能将此地区的安全归于美菲同盟框架下，但美国结合尼克松后期以来南海范围内发生的冲突情况，不愿被菲律宾牵连进此类冲突中，因此，美国给予菲律宾模糊性的答复，只是重申对菲律宾的总体防御义务，并未明确菲律宾在南海遭袭后的协防措施。第二，美菲关于军事基地谈判。菲律宾计划将军事基地谈判和《共同防御条约》问题绑定谈判，并多次对两国之间的同盟制度保障——《共同防御条约》《军事基地协定》提出解释、修订甚至是废止要求，希望从中最大限度争取于己有利的结果。美国虽然已经失去了对菲律宾的绝对掌控，但面对马科斯政府的过高要价，福特政府并未予以理会，而且以没有在菲军事基地，美国依然可以应对该区域内出现的安全问题的抛弃盟友的言论做威胁。

总体上，这一阶段，由于美国在亚洲的撤守政策，以及马科斯政府独立自主地"发展外交"，两国战略分歧越来越大，菲律宾对美国的依赖进一步降低，导致美菲同盟的凝聚力骤然下降。但这并不意味着美菲同盟走到了解体的时刻，美国的对外安全体系仍离不开菲律宾这块在亚洲的安全基石，菲律宾也需要美国的安全支持和援助，只是较之此前，美菲同盟关系的重要性在各自的外交安全体系中暂时降级。

第七章

卡特时期美对菲马科斯政府政策

在 1976 年美国总统竞选期间，民主党候选人卡特（Jimmy Carter）对阵竞选对手执政总统福特，卡特把握选民在"水门事件"后对领导人的道德偶像需要心态，抨击共和党政府对伊朗、尼加拉瓜、智利等独裁政权的放纵与支持而丧失了美国的传统价值观，突出选战中的"人权牌"，强调美国政策，特别是外交政策中的道德传统，表态将与国会保持合作，向独裁政府提出"尊重人权"的警告，否则就会对相关政府削减乃至停止援助。1976 年 11 月，卡特携手蒙代尔（Walter Mondale），击败了寻求连任的福特总统，取得选举胜利。卡特总统作为首个将人权问题引入外交政策决策的美国总统，其任内高度重视人权事务，在对菲政策中数度援引《对外援助法》中关于人权制裁的条款，施压菲马科斯政府改善人权状况，并以援助奖励与援助制裁为工具，施压马科斯政府接受美方关于修改《军事基地协定》及相关军事安排的提议。

第一节　美国会《对外援助法》修正案
及在菲初步应用

一　美国会围绕《对外援助法》出台系列修正案，将援助与人权问题挂钩

美国现代意义上的对外援助始于二战后推出的 1947 年马歇尔计划。此后，美国国会通过出台一系列涉及对外援助的法案，形成了以 1961 年《对外援助法》（Foreign Assistance Act）为主导，其他对外援助授权法案为补充，对外援助拨款法案为执行基础的比较完备的法律体系。1961 年的《对外援助法》是美国政府对外援助的法律依据，随着该法的通过和国际开发署（USAID）这一机构的成立，美拥有了第一部对外援助的基本法与第一个执行对外援助的专职机构，奠定了美国对外援助法制化和机制化的基础。

20世纪70年代中后期，美国国会先后通过了一系列对《对外援助法》的修正案，要求对外经济援助与人权状况挂钩。1974年，国会通过了《对外援助法》修正案，制定了该法的第116节（Sec.116），提出"不得向一贯严重违犯国际公认的人权的政府提供（经济）援助"（备注，没有"国会意见"，即"sense of Congress"字眼——笔者注）。1975年，国会又通过了汤姆·哈金众议员（Tom Harkin）提出的修正案，成为《对外援助法》的第701节，它把对双边援助规定的人权条件扩大到了国际金融组织（IFI），包括国际复兴开发银行（IRDB）、美洲开发银行（IADB）和亚洲开发银行（ADB）。该条款要求美国财政部指示美国驻上述国际金融机构代表使用投票权，阻止向"那些其政府一贯严重侵犯国际公认的人权的国家"提供援助，"除非这类援助直接造福于该国有需要的人民"[1]。

在对外安全援助领域，国会立法也将援助与人权的挂钩。1974年增加了第502B条款，提出"国会意见（sense of Congress）……应对一贯严重违犯国际公认的人权的国家削减或停止安全援助"，并列明"严重违犯（gross violations）"包括的几种具体情形。1978年国会对1961年的《对外援助法》第502B条款通过一个修正案："除非总统向国会提交书面报告，证明存在着给予这类援助的例外情况。"[2]

（一）国会通过听证会等方式介入美国外交决策程序

1973—1976年期间（尼克松政府后期及福特政府时期），出于对共和党政府在国际人权事务方面淡漠态度的不满，以及国会认为国务院并不情愿追求人权目标，国会认为有机会将人权作为国会在美国外交政策中发挥更大作用的一个焦点。1973年，由于对狷狯侵犯人权的担心，以及认为需要美国和世界各国对此做出更积极的回应，时任众议院外交事务委员会（Committee on Foreign Affairs）国际组织与活动小组（International Organizations and Movements subcommittee）主席的民主党众议员弗雷泽（Donald M. Fraser，来自明

---

① David P. Forsythe, *Human Rights and U. S. Foreign Policy*, *Congress Reconsidered*, Gainesville: University of Florida Press, 1988, p. 133.

② David P. Forsythe, *Human Rights and U. S. Foreign Policy*, *Congress Reconsidered*, Gainesville: University of Florida Press, 1988, p. 175.

尼苏达州），牵头组织了一系列听证会活动。仅在第 94 届国会期间，弗雷泽便针对智利、韩国、苏联、菲律宾、南非、罗德西亚、巴拉圭、印尼、伊朗、古巴、朝鲜、尼加拉瓜、乌拉圭等 18 个国家的人权状况问题举行了 40 场听证会。在弗雷泽组织的第一轮 15 场听证会（1973 年 8 月 1 日至 12 月 7 日）结束后，小组在 1974 年 3 月 27 日出台了长达 54 页的题为《人权与世界社会：召唤美国的领导》（*Human Rights and the World Community：A Call for U. S. Leadership*）的报告，该报告得出"人权与其在我们国家外交政策中应得的优先度不符"的结论，并提出美国采取行动方面的 29 项建议，包括第一条建议提出国务院应在外交决策中将人权因素纳入例常内容；第二条建议提出国务院应对严重侵犯人权的政府采取私下磋商、撤出军援和军售、撤出一定的经济援助项目等措施；第三条提出国务院应采取客观方式回应各国人权状况，无论该国政府是友好国家、中立国家或非友好国家；第五条提出国务院应强化其在人权领域的机构建设，包括在国际组织事务局增设人权事务办公室，在国务院有关司局任命人权事务官员，专司对所在地区国家的人权状况进行观察与分析，并提供政策建议和评价；第七条提出国会应该依法拓展美国民权委员会（Civil Rights Commission）的功能，将国际人权事务囊括其中。[1] 国会及国务院采纳了该报告的部分建议，国务院在 5 个地区分管司局和法律顾问办公室增设了人道主义事务协调员和人权官员，并对美国外交政策方向做出了调整。"这些听证会及听证会报告开启了美国关于人权外交政策的新时代。"[2]

在国会推动下，1974 年 4 月，国务院通知包括所有接受军事援助和经济援助在内的 68 个驻在国使领馆，要求评估该国因政治原因拘留（internment）或监禁（imprisonment）该国公民的情况，随后还通知所有驻外使领馆向驻在国政府通知和解释美政府态度。

弗雷泽等听证会模式"代表了美国政府采取官方方式关注人权侵犯的态度，暗含国会可以利用所获信息对人权侵犯者实施援助制裁、贸易制裁或者其他制裁的一种威胁。这种实施调查机制与隐含的制裁威胁相结合的做法，逐步使听证会模式成为在行政部门拒绝积极就人权事务采取行动时期，美国

① U. S. Government Printing Office, *Human Rights and the World Community：A Call for U. S. Leadership*, March 27, 1974.

② David Weissbrodt, "Human Rights Legislation and U. S. Foreign Policy", 1977, http：//scholarship. law. umn. edu/faculty_ articles/340.

政府（国会）人权武器库中最有力的武器之一"①。

（二）共和党政府在对菲外交实践中与国会存在分歧

尼克松与福特这两届共和党政府并未将人权事务置于外交决策的优先领域，特别是两届政府的外交政策主要制定者基辛格，提出外交政策要"结合我们美国理想主义和实用主义的传统（idealistic and pragmatic traditions）"，列举"美国在维护人权和尊严之前还有其他两项更重要的挑战要予以应对"，即"维护安全和公正的和平"以及"创造一个合作和互惠的国际秩序"的两大目标，"人权关注一定要从属于美国在维护和平和世界秩序的利益"②。

在福特政府时期，国会即试图通过人权议题敦促行政部门向菲马科斯政府施压，希望马科斯政府尽快停止执行军管法，以及采取有效措施改善恶劣的人权状况。1975年6月，弗雷泽众议员拟组织美众议院国际关系委员会（Committee on International Relations）国际组织小组（Subcommittee on International Organization）对韩国和菲律宾的人权问题听证会，其中在6月3日、5日及17日举行涉及菲律宾部分听证会，国会通知国务院派代表——助理国务卿哈比卜（Philip C. Habib）于6月24日参会作证。听证会还邀请了流亡在美的菲前外长曼格拉普斯（Raul Manglapus）、菲律宾前高官——媒体顾问委员会主席米哈雷斯（Primitivo Mijares）、菲律宾制宪会议（Constitutional Convention）代表阿尔瓦雷斯（Heherson Alvarez）出席作证。其后，同为明尼苏达州民主党成员的汉弗莱（Hubert Humphrey）参议员，于7月23日组织参议院外国援助和经济政策小组（Subcommittee on Foreign Assistance and Economic Policies）关于对菲人权及援助问题的听证会。

但是因越战结束，美亟待巩固美菲同盟，维护在菲军事基地及向盟国展示美坚持在东亚地区军事存在的决心，福特政府以此为由反对借人权议题强硬施压菲马科斯政府。菲马科斯政府也通过给美国会致函解释情况、派员赴美通报情况、邀约有关议员赴菲实地调研等方式应对有关听证会，听证会并未做出削减援助方面的意见，也未能实质性影响美菲同盟关系。

---

① David Weissbrodt, "Human Rights Legislation and U. S. Foreign Policy", 1977, http://scholarship. law. umn. edu/faculty_ articles/340.

② 1976年10月19日基辛格在美国犹太人大会上发表题为《道义承诺与现实需要（Moral Promise and Practical Needs）》演讲，见 Secretary Kissinger, "Moral Promise and Practical Needs", November 15, 1976, https://www. fordlibrarymuseum. gov/ library/document/dosb/1951. pdf#page =3。

1. 菲政府就听证会向美国务院、国会进行解释

在听证会前，菲国防部长恩里莱（Juan Ponce Enrile）和菲司法部长门多萨（Estelito P. Mendoza）即向美国会提交备忘录或书面材料，介绍菲国内情况，并表示对阿尔瓦雷斯出庭作证的反对，指责该人系菲律宾共产党（CCP）下设"菲律宾民族主义青年组织"（Kabataang Makabayan，KM）的领导人，曾参加反美集会及反政府活动。菲前驻美大使马塔克（Amelito Matuc）专门赴美向国会及行政部门进行情况说明，"澄清"马科斯军管法统治并非违犯人权的独裁统治，菲实施军管法得到宪法授权，这和他国践踏宪法的独裁统治有根本性不同。此外，菲实施军管法有效改善了菲国内的安全状况，促进了经济发展和外资增长，取得了受民众广泛拥护的成效。①

听证会后，菲政府于7月17日正式通过美驻菲大使馆表示对美方听证会的反对立场，称"多数参加听证会的人员的证言远不可信"②。菲司法部长门多萨致函弗雷泽众议员，驳斥米哈雷斯在听证会中关于"菲律宾高院不是独立机构"的证言，以及有关"高院判决是菲总统法律事务办公室准备，并得到菲司法部长协助"的证言纯属"虚假（false）"。菲防长恩里莱也再次通过驻美大使致信弗雷泽小组表示"关于菲有严重违犯人权的指控毫无根据"，并在信中援引美国佐治亚州麦克唐纳众议员（Lawrence McDonald）关于"停止对菲援助的举动旨在推翻当前菲政府"的论述，力阻听证会对菲削减或者停止援助。③

2. 美菲政府加强沟通，协调应对听证会的态度立场

在美国会举行有关众议院、参议院涉菲人权事务听证会前后，美菲两国行政部门联系紧密，菲马科斯政府通过美驻菲大使馆以及菲驻美大使馆掌握听证会进展情况，准备拟提交给国会有关文件材料，协调派员赴美参加听证活动，以期阻止听证会得出不利于马科斯政府的人权报告评价，以及采取任何制裁措施。菲政府的措施取得美驻菲大使馆的理解，驻菲大使馆专门致电国务院，提请国务院官员在听证时以"菲内部事务为由"避免评论军管法统

---

① "Visit of Former Ambassador Amelito Matuc", June 12, 1975, DNSA, PH00795.

② "Philippine Embassy Response to Congressional Hearings on the Philippines—All Witnesses at Hearings Are Accused of Not Being Credible or Competent", July 17, 1975, DNSA, PH00806.

③ U. S. Government Printing Office, *Human Rights in South Korea and the Philippines: Implications for U. S. Policy*, 94th Congress, First Session, 1975.

治，防止被菲方指责干涉菲内政，影响美菲同盟关系发展。①

6 月 20 日，即将参会作证的美助理国务卿哈比卜专门邀请菲律宾司法部长门多萨（Estelito P. Mendoza）、美驻菲大使罗穆亚尔德斯（Eduardo Romualdez）会商如何应对弗雷泽听证会一事。门多萨向哈比卜通报其 19 日拜会弗雷泽众议员的情况，就弗雷泽关于"菲最高法院在马科斯手中控制"以及"军管法就是军方掌控一切"的"错误认识"进行了解释，② 表示菲高院是独立司法部门，与马科斯总统的意见常有不一致之处，甚至裁决有违政府意愿。门多萨还向哈比卜介绍，关于美国会关注的菲虐待罪犯问题，国际红十字会已两次派员予以调查，但是并未批评菲政府该方面的记录，说明各国都会有孤立案件，菲政府不会容忍这种现象存在。门多萨批评听证会带有偏见，证人都是曼格拉普斯安排的，马科斯政府也不会正式回复这些对其的污蔑来抬举（dignify）听证会。经过沟通，菲方立场也得到哈比卜的理解和支持。

3. 美行政部门向国会通报有关菲国内情况，为菲政府进行背书

在听证会举行前，美驻菲大使馆向国务院及国会听证会小组汇报了菲实施军管法 3 年多来的人权状况，以"菲律宾没有法律定义的政治犯概念，马科斯总统也公开表示菲律宾并不存在政治犯，所有被拘留的人员或者被指控了刑事罪名，或者在等待审判"为菲开脱。③

在听证会上，国务院代表哈比卜为菲人权状况进行辩护，"菲律宾作为我们的紧密与宝贵盟友，……其政府的民主形式是效仿我们的，自然我们也希望看到这种形式继续。但是，我们强烈认为菲律宾以及菲律宾政府的形式的未来应该由菲律宾人民，而不是我们决定"。哈比卜坚称"关于虐待犯人问题，我们只听说过这种指控。我们没有任何关于虐待犯人是菲政府的政策，或者是普遍现象的证据"。对于弗雷泽众议员提出"国务院是否考虑在今后对菲军事援助中应用《对外援助法》502B 条款"的问题，哈比卜提请听证会认识到"菲一向是我们在东亚地区最亲密和最重要的缔约同盟（treaty ally）"，以及"我们在菲的军事基地的存在对菲国防及美国广泛的安全利益至关重要"的现实，并以"国务院还在研究在整个国际关系中对 502B 条

---

①　"Congressional Interest：Human Rights Hearings"，June 18，1975，DNSA，PH00796.

②　"Human Rights in the Philippines"，June 20，1975. DNSA，PH00797.

③　"Congressional Interest：Human Rights Hearings"，June 18，1975，DNSA，PH00796.

款的应用问题"，委婉表示拒绝弗雷泽对菲援引《对外援助法》502B 条款予以施压的提议。①

美驻菲大使馆也对此进行再次背书，称"对美国个别人持续歪曲菲真实情况表示遗憾"，并作出 5 点情况说明：第一，军管法统治得到民众强烈支持；第二，该政权是合宪政权；第三，目前政府是负责任和呼应民众的政府；第四，在军管法之下，政府权力并非无限；第五，菲律宾没有独裁统治。②

4. 美福特总统及国会高层出访，也就军管法治下的菲局势作出积极评价

1975 年 8 月，美参议院多数党领袖曼斯菲尔德（Mike Mansfield）率团访问葡萄牙、沙特、缅甸、泰国、中国香港及菲律宾，其返菲后提交报告，对菲马科斯政府实施军管法的成效大为称赞，夸奖此举给全菲带来的秩序感，不似以往那样随处可见持枪歹徒；军管法也促进了菲的经济进步，特别是首都马尼拉经济取得发展，吸引诸多游客，成为各行各业的地区枢纽；马科斯政府也破解了国会与行政部门争斗的困局，高效解决了以前长期困扰菲发展的制约难题，特别是土地改革取得成效，对于解决农村地区动荡发挥了稳定作用。1975 年 12 月，福特访菲后，在白宫会议上盛赞"马科斯是坚定亲美盟友"，"菲律宾人民是优秀的同盟"，对菲实施的军管法统治冠以"菲律宾式民主（Philippine Democracy）"③ 的美称，为军管法遮羞。基辛格也附和福特总统的观点，表示现政府将印尼和菲律宾视为东盟的支柱，东盟对东南亚的稳定非常重要。同时，菲律宾与印尼两国也信任美国，"在我们从越南时代步入亚洲的新时代转型之际，我们与他们的关系至关重要"④。基辛格提出各政府部门应该采取措施加强与菲律宾等国的关系，而不是破坏这种关系的存在与发展。

马科斯政府派员赴美开展危机公关，以及美国务院等行政部门的竭力粉饰和背书努力，共同阻止了弗雷泽听证会及汉弗莱听证会进一步援引《对外

---

① U. S. Government Printing Office, *Human Rights in South Korea and the Philippines：Implications for U. S. Policy*, 94th Congress, First Session, 1975, p. 321.

② "Philippine Embassy Response to Congressional Hearings on the Philippines—All Witnesses at Hearings Are Accused of Not Being Credible or Competent", July 17, 1975, DNSA, PH00806.

③ "Summary of White House meeting, Memo, NATIONAL SECURITY COUNCIL", Dec 10, 1975, DDRS, CK3100651518.

④ "Summary of White House meeting, Memo, NATIONAL SECURITY COUNCIL", Dec 10, 1975, DDRS, CK3100651518.

援助法》及新修订的有关条款对菲采取制裁措施。在此表象之下，更深层次的原因还是在于共和党福特政府在内外政策方面的实用主义原则，在对菲外交政策制定及实践中没有将人权问题放到比美菲安全同盟等安全利益、现实利益更优先的位置上。再者，由于前文所述，在美菲《劳雷尔—兰利协定》到期、美国结束越战后减少地区存在的背景下，福特政府对菲律宾配合美地区军事存在及军事活动的依赖度提升，缺乏对菲同盟管理的有效手段而不敢轻易借人权问题向菲施压，顾忌干扰即将于 1976 年 3 至 4 月先后举行的美菲经贸谈判及《军事基地协定》修订谈判。

第二节　卡特政府人权外交政策及在
菲律宾的应用与调适

卡特总统在竞选期间就大打人权外交牌，批评前任尼克松、福特政府罔顾美国的传统价值观，放纵与支持世界各独裁政权。在 1977 年 1 月 20 日的就职演说中，卡特进一步强调其新政府政策中的人权内容是美国的使命，"因为我们是自由的，我们永远不能对其他地方自由的命运漠不关心。我们的道德感要求我们对这些与我们共同享有尊重人权的社会有明确的偏爱。我们不寻求恫吓，但很明显，一个由其他人可以不受惩罚地支配的世界将是对道德的不尊重，并对所有人民的福祉构成威胁"，并郑重承诺"美国人权承诺的绝对性"①。

在尼克松和福特政府时期，民主党议员占优的国会参众议院已通过几次修正案而将人权原则增加到《对外援助法》，这些新条款使对外援助成为美国在国外促进人权的合法化工具。而在行政部门方面，福特政府时期也初步在国务院系统增设人权事务负责部门。1976 年，国会已正式确认了人权和人道主义事务协调员这一岗位。卡特政府时期，其进一步建立健全人权政策执行机构的架构，其于 1977 年 3 月正式任命帕特里夏·德里安（Patricia Derian）作为协调员，并将此职位升格为助理国务卿层级的"人权和人道主义事务办公室"。1977 年 2 月 8 日，新任国务卿万斯即在国务院会议上强调"人权问题对新政府的重要性以及新政府对于人权问题的承诺"，提出"国务院

---

① 卡特总统就职演说，参见"Inaugural Address of President Jimmy Carter", January 20, 1977, https：//www.jimmycarterlibrary.gov/assets/documents/speeches/inaugadd.phtml。

必须采取行动协助落实政府外交政策的该目标"，① 随后国务院即提出在外交工作中落实卡特人权思想的三点举措：首先，尽快行动，汇集我们对具有人权影响的未决决策的共识；其次，着手将人权问题纳入各种外交政策问题，并准备牵头国安会领导下的关于人权问题的"总统评估会议（PRM）"；第三，尽可能有序地建立处理人权问题的程序。② 卡特政府还于 1977 年 2 月主动削减对阿根廷和乌拉圭的军事援助，从而在拟推动立法实施对上述国家进行制裁的国会行动之前，率先向这些违反人权的国家施压。此举改变了福特政府时期国会与行政部门在涉及人权问题的外交工作中长期存在的分歧局面，也向包括菲律宾马科斯政府在内的国际社会发出卡特新政府人权外交的明确信号。

一　阐述立场，敦促马科斯政府采取措施改善人权状况

按照国会要求，1977 年 3 月，国务院人权和人道主义事务办公室向国会参众议院提交 1977 年菲人权状况报告。报告引述自由之家（Freedom House）将菲律宾人权状况列为"部分自由（Partly Free）"等级，也采信国际人权机构——大赦国际（Amnesty International）在 1976 年 9 月出版的菲人权状况报告中的有关人权侵犯案例，质疑菲 1973 年宪法的合法地位，抨击菲在军管法统治下缺乏传统意义上的政治活动，从而将菲律宾等 6 国列为"系统性违反人权国家"③。

此举经媒体报道后在菲引起轩然大波，菲外长罗慕洛在 3 月 20 日驳斥该报告，称这是"院外游说集团寻求黑暗利益推动下的选择性政策"④，并反驳美国国内也有严重的人权侵犯问题。菲当地媒体对卡特政府人权政策及国务院报告进行抨击，指斥这些人权政策是"虚伪、不切实际及徒劳的（hypocritical，unrealistic，unproductive）"以及"干涉主权国家内部事务"⑤。

---

① "Memorandum From Secretary of State Vance to All Assistant Secretaries of State"，February 11，1977，FRUS 1977 - 1980，Volume II，No. 14.

② "Memorandum From Secretary of State Vance to All Assistant Secretaries of State"，February 11，1977，FRUS 1977 - 1980，Volume II，No. 14.

③ "Human Rights Reports"，March 1977，DNSA，PH00747.

④ "Philippine Press Reaction to President Carters Human Rights Policy"，April 11，1977，DNSA，PH00955.

⑤ "Philippine Press Reaction to President Carters Human Rights Policy"，April 11，1977，DNSA，PH00955.

美驻菲大使馆认为当地受到政府管控的媒体报道立场从侧面反映出菲政府的态度，即原则上支持一定的人权标准，但是对于将这些标准落实在菲人权状况中有所愤恨。

为了平抑菲马科斯政府的不满，消除菲对美国新政府地区战略调整的担心，巩固美菲同盟关系，美国务院于3月22日代拟了卡特总统致马科斯的信。4月2日，卡特签批该信函，经美驻菲大使馆交给马科斯。卡特在信中表达其对维护积极的美菲关系的信心，但也委婉提出对菲人权问题的关心："我个人十分重视促进人权，特别是个人自由和正当程序。我打算改善我们在美国的记录，我希望你也将亲自考虑菲律宾在这方面可能采取的行动。"①

4月17日，美副国务卿霍尔布鲁克（Richard C. A. Holbrooke）与沃尔夫众议员（Lester Wolff）率领国会代表团出访菲律宾。在霍尔布鲁克与马科斯夫妇私下会晤时，其提出有一事阻碍美菲最紧密的关系，就是华盛顿新政府将人权问题放在前所未有的高度（premium）。卡特新政府实施人权外交政策以来，先后对南美洲和非洲个别国家进行制裁，但是截至目前还没有专门挑选出一个亚洲国家作为制裁对象，卡特总统保持沉默（reticent）是有限度的，他将不得不在某个时间表明立场。卡特总统强烈认为马科斯政权足够强大，可以在人权领域采取积极举措表示诚意。霍尔布鲁克提出马科斯政府应该把握机会改善人权，这"对于卡特总统个人非常重要，也将强化美国国会和美国民众对菲的支持"②。马科斯让他转告其理解卡特总统的观点，"菲律宾人不是空口应承（paying lip service）"，"将在人权方面有所推进，将这作为改善美菲关系的个人努力"。沃尔夫众议员一行也就人权等广泛议题与马科斯进行交流，敦促其知悉美国国会在援助问题与人权状况联系考虑的情况，此外还广泛接触美驻菲商业机构等。此次访问是卡特新政府成立后，美方访菲的最高层级官员，美方当面向马科斯阐释新政府的人权外交政策，"进一步让菲政府认识到美方对人权事务的关心"③。

1977年10月，马科斯夫人访美期间与卡特进行会晤。马科斯夫人极力为菲实施和维持军管法统治进行开脱，称菲律宾地处困境的地理位置，一个奉行美国的舶来制度和意识形态的菲律宾，占据了东西方交通要道的十字路

---

①　"Presidential Letter to President Marcos", DNSA, PH00954.

②　"Visit of CODEL Wolff", April 20, 1977, DNSA, PH00960.

③　"Visit of CODEL Wolff", April 20, 1977, DNSA, PH00960.

口，以及基督教和伊斯兰教不同文明之间，在这种情况下，菲律宾需要强有力的领导，如果没有像马科斯这样强人领导，菲律宾早就分崩离析了。卡特总统请马科斯夫人要认识到，"横亘在美菲之间的一个问题，就是国会和公众对菲律宾人权状况的认知"①，其虽然关注到马科斯近期就人权问题做出公开表态，但是在很多美国人的认识里菲人权状况依然是未解难题。其建议菲官方及媒体加大宣传在这一领域的成就，使大家广泛了解马科斯的改善措施，这对菲大有裨益。

此外，卡特政府还通过白宫特别助理博恩（Peter Bourne）访菲商谈联合国儿童基金会活动之际、国安会高级官员阿马科斯特（Mike Armacost）访菲之机，先后向马科斯夫妇及政府高层施压，敦促菲方采取措施改进人权。这些举措都促使马科斯政府认识到卡特政府在人权问题方面的严肃性，承压之下逐步采取一些措施来因应美方要求。

二 围绕相关议题，动用援助奖励或制裁，取得一定成效

（一）在援助奖励方面，鼓励马科斯政府举行临时国民议会选举，启动恢复菲政治正常化的举措

1972 年马科斯宣布实施军管法后，其操控制宪会议制定 1973 年菲律宾宪法，并于 1973 年 1 月 15 日举行公投活动通过该宪法，宣布改革菲政治体制，将菲律宾从总统制改为议会制政体，总统作为国家的象征性元首存在，实际权力由立法机构国民议会（Batasang Pambansa，BP）选举产生的内阁总理负责。但是，马科斯政府也规定了过渡性条款，即"临时国民议会（Interim Batasang Pambansa，IBP）应继续存在直至正式国民议会议员由临时议会举行的选举选出并就职为止"，"菲律宾现任总统召集临时国民议会并主持议会会议，……其应该继续行使在 1935 年宪法下的权力和特权，以及本宪法赋予的总统和总理的权力，直到其请求临时国民议会选出临时总统和临时总理为止"②。1973 年宪法及有关公投活动均未确定举行临时国民议会的具体时间和召开条件，因此马科斯在临时国民议会举行前，可以无限制地继续暂行权力。

①　"Memorandum of Conversation", October 5, 1977, FRUS 1977 – 1980, Volume XXII, No. 305.

②　北京大学法律系宪法教研室编译：《东南亚国家联盟各国宪法》，商务印书馆 1979 年版，第192 页。

　　1977 年的美国务院人权状况报告对菲律宾缺乏立法机构及传统意义上的政治活动提出批评，在沃尔夫众议员 4 月访菲期间，马科斯便做出在不久的将来召开临时国民议会的承诺，并随后再次提出逐步实现菲律宾政治"正常化（Normalization）"的考虑。

　　马科斯承诺召开临时国民议会后，于 1978 年 1 月宣布将在 4 月初举行临时国民议会选举。虽然菲政治反对派初步表示抵制马科斯当局的政治伎俩，不会参加此次选举，但美官方称赞此举是马科斯履行改善人权状况的具体行动，"是重建民主的有价值的一步"，① 并在 1 月 31 日国际复兴开发银行（IBRD）审议对菲律宾私人开发银行（Private Development Bank of the Philippines，PDBP）的一笔开发援助贷款时，国务卿万斯支持美代表（Executive Director）投下同意票，一方面是因为该贷款符合《对外援助法》规定的"基本人类需要（Basic Human Needs，BHN）"条款，而更重要的一方面就是"我认为即将在 4 月份举行的菲临时国民议会将成为改进菲人权状况的举措的证据……我们需要对此进行鼓励"②。

　　由于马科斯政府与自由党等政党团体在投票程序方面存在分歧，自由党宣布不以党派名义参加此次选举，但允许党员以个人身份参加选举。自军管法实施以来一直被马科斯政府关押的自由党领导人阿基诺，宣布将以在狱中新成立的战斗党（LABAN）代表的身份参加此次选举，竞选马尼拉地区议席。马科斯也宣称在选后将不再通过发布总统令（Presidential Decree）方式代行立法职能，恢复临时国民议会的立法权。卡特政府肯定这些表态和有关动向，并初步考虑安排副总统蒙代尔于选后访菲，以示对菲重建民主的鼓励。4 月 6 日，菲临时国民议会选举举行，马科斯领导的新社会运动党（KBL）大获胜利，阿基诺在竞选马尼拉地区 21 个议席的努力失败，21 个议席全部被新社会运动党候选人获得，特别是马科斯夫人以最高票当选马尼拉地区议员，阿基诺获得 575227 张选票，距离第 21 名还差 233537 张选票。③虽然一众军管法之前的菲众议员群体和一些制宪会议代表们抨击马科斯当局严重舞弊，谴责选举结果，但是在批评声中，菲律宾临时国民议会还是如期在 1978 年 6 月 12 日正式召开，实现了马科斯当局在形式上部分回归政治

---

　　① "Opposition Non-Participation in April Election"，January 19，1978，DNSA，PH01092.

　　② "IFI Loans to the Philippines and Human Rights"，February 2，1978，DNSA，PH01109.

　　③ "Election Summary：KBL Declared Winner in Metro Manila"，April 18，1978，DNSA，PH01245.

"正常化"。

（二）在援助制裁方面，施压马科斯政府处理阿基诺案件，促成阿基诺赴美流亡

阿基诺（Benigno "Ninoy" Aquino），1932 年 11 月 27 日出生于菲律宾吕宋岛的打拉省（Tarlac），1954 年踏入政坛，之后先后担任打拉省副省长及省长，1965 年高票当选为参议员。阿基诺于 1954 年与许寰哥家族的科拉松·许寰哥（Corazon Cojuangco）结婚，实现政治家族的联姻。1972 年 9 月，马科斯实施军管法后，抓捕了时任自由党秘书长的阿基诺参议员，并将其长期关押于博尼法西奥军营（Fort Bonifacio）。受到长期羁押的阿基诺被视为菲马科斯政府迫害政治犯的典型事件，受到美政府、国会、媒体、人权组织及民众的高度关注，1975 年 4 月，弗雷泽众议员就专程赴菲探视在押的阿基诺，了解菲监狱情况与马科斯当局侵犯人权的状况。为抗议马科斯拟通过军事法庭进行审判的阿基诺进行绝食抗议，阿基诺向弗雷泽众议员表示"非常感谢能见到美国国会议员探视"，反映了马科斯"攫取权力和财富"情况，并表示其"宁死也不会向马科斯屈服"。弗雷泽众议员返美后即表示"无论审判结果如何，至少阿基诺受到了不公正对待（unfair treatment）"①。弗雷泽联系哈佛大学法学院为阿基诺提供职位，供阿基诺考虑，但是阿基诺以暂时不想寻求外国庇护为由婉拒，并提出在狱中能发挥更好的象征作用，更加能团结反对派。阿基诺家人还专门致信福特总统，反映马科斯政府迫害反对派人士，请求福特总统干预此事，此举经媒体曝光后给美菲两国政府都造成一定舆论压力。此后，美国会众议员弗雷泽、科赫（Edward Koch）、参议员滕尼（John V. Tunney）先后致函白宫或者国务院，表示对阿基诺案件的关心。虽然马科斯政府视阿基诺案件为烫手山芋，但也不愿轻易释放阿基诺或者让其到美流亡，担心其在美国进行不利的政治煽动，而是倾向于让阿基诺选择流亡澳大利亚。在美国前众议员加拉格尔（Cornelius Gallagher）的居间安排下，阿基诺表示愿意接受流亡。

在卡特政府时期，敦促菲马科斯政府公正公开处理阿基诺案件，更成为卡特政府对菲实施人权外交的一大焦点。1977 年 4 月，副国务卿霍尔布鲁克访菲会见马科斯夫妇时，其专门敦促马科斯尽快处理好阿基诺事件，提出阿基诺等人已被羁押逾五载，目前其也接受流亡的安排。"菲政府快速和怜悯

---

① "CODEL Fraser Visits Aquino", April 7, 1975, DNSA, PH00761.

解决此事，将被视为菲政府关于人权事务的最大诚意。"① 但是马科斯出于对美国将会把阿基诺奉为座上宾（lionized），从而制造更强大的政治对手的担心，并没有在阿基诺问题上匆忙行动。1977 年 11 月 25 日，正值美菲《军事基地协定》谈判进行之际，马科斯通过军事法庭指控阿基诺从事颠覆活动，宣判其死刑。这一审判结果震惊了美政府、国会及美国社会。国务院指派时任驻菲大使纽森（David D. Newsom）代表美国卡特总统及国务卿面见马科斯表示强烈抗议，表示这对菲政府形象造成严重的误解和损害。目前阿基诺已收到哈佛大学的邀约，美政府也承诺不会将其奉为座上宾，希望马科斯政府评估羁押与流亡阿基诺的利弊，尽快妥善处理此事。美方还提醒马科斯关注1977 年 8 月 3 日卡特总统签署的《国际开发与粮食援助法》（International Development and Food Assistance Act），其中 112 条款规定"任意拘留（arbitrary detention）"行为属于"一贯严重违犯人权"的内容。② 此法律要求美国反对或放弃通过国际金融机构（如国际复兴开发银行、亚洲开发银行）向一国提供贷款，并在国会和政府考虑军事和经济援助水平时予以着重考虑。美政府还提醒马科斯，亚洲开发银行目前正准备审议菲律宾的三笔贷款申请，以此向马科斯政府施压。

与此同时，卡特政府直接指示驻亚洲开发银行（ADB）的美国代表（executive director）在该行董事会审议菲发展银行 3500 万美元贷款项目申请时投弃权票，并指示驻菲大使馆明确告知马科斯，此举"是对马科斯政府包括并不仅限于阿基诺死刑宣判等人权侵犯事件的抗议"③，且随着国会近期通过《对外援助法》701A 条款，美方今后会更加援引相关规定以投"反对票"方式对菲实施制裁。仅自 1977 年起，美国政府就动用人权方面条款，否决掉菲律宾政府 48 笔向国际金融机构（IFI）贷款申请中的 10 笔，④ 给马科斯政府带来巨大的经济压力和舆论压力。这些援助制裁手段影响了马科斯当局在处理阿基诺案件的态度，马科斯宣布重新审理阿基诺案件，并最终于 1980 年 5 月，准许阿基诺假释赴美接受心脏手术，之后在美流亡。

---

① "Holbrooke Discussions with President and Mrs. Marcos", April 20, 1977, DNSA, PH00961.

② "Telegram from the Department of State to the Embassy in the Philippines", November 26, 1977, FRUS 1977–1980, Volume XXII, No. 309.

③ "ADB Board Consideration of Development Bank of the Philippines 35 Million Dollar Loan", November 28, 1977, DNSA. PH01048.

④ "Diplomatic Measures against Philippine Government for Human Rights Violations", January 29, 1980, DNSA. PH01590.

三　美对菲人权外交逐步调适，转为视情灵活执行

卡特政府过于倚重人权政策的外交行为并没有达到预期的效果。在处理美苏关系方面，其咄咄逼人的人权攻势被视为对苏联内政的干涉，激化了美苏两国关系，也破坏了尼克松—福特时期从现实主义原则出发所构建的缓和国际格局。而其在对待埃及、菲律宾、韩国的独裁政权时，又没有采取统一标准，甚至在对待同一国的政策方面都出现前后矛盾，难以达到实现安全、经济利益与追求人权目标的平衡。

卡特政府对菲实行人权外交，虽然在初期阶段和个别事务方面取得上述成效，但这种政策造成马科斯政府对美的离心离德，尤其在国际与地区形势发生变化时，马科斯政府在军事合作、《军事基地协定》谈判方面的不合作态度即变得更加明显，更趋强硬。而菲政治反对派也因为对卡特政府人权政策存有较高预期，从而一方面希望美国政府继续施压马科斯取消军管法，放松政治打压，另一方面则试图通过合宪选举方式动摇马科斯政治基础，实现政权更迭。卡特政府却未能实现对反对派的有力支持，反而进一步造成马科斯政权对卡特政府的怀疑态度。卡特政府频频举起经济援助制裁、安全援助制裁的大棒，也影响了美资与外资对马科斯政权稳定性及在菲投资环境的信心。这样的菲律宾政治格局、经济局面及趋于动荡的安全形势，并不符合美国利益。美政府通过援助制裁施压马科斯政府改善人权的做法，不仅受到马科斯当局和菲媒体、社会的不满，认为是美粗暴干涉菲内政，还受到驻美大使纽森的质疑，认为效果远低于预期目标。

（一）美方逐步认识到能改变菲律宾人权状况的只有马科斯一人，美方通过投弃权票或者否决票的做法会激起马科斯的对抗态度，妨碍新建立的美大使馆与菲政府每周人权对话会机制与成效

如前文所述，美政府乐见阿基诺参加临时国民议会选举，施压马科斯当局妥善处理阿基诺案件，敦促其允许阿基诺流亡赴美。马科斯当局通过操控的国内媒体，炒作美国中央情报局（CIA）在秘密行动影响国际舆情，旨在努力树立阿基诺在美国及他国的杰出形象。马科斯借此既透露出美国干涉菲内政的阴谋，又给阿基诺在以往"与新人民军有联系"的罪名之外，增加了一个1954年即接受中情局培训的中情局在菲"线人"的不利身份。[1] 菲司法

---

[1]　"Aquino Trial", August 17, 1976, DNSA, PH00881.

部长门多萨也宣称菲律宾是司法独立的国家，总统也不能干涉法院裁决，美国一方面抨击菲司法系统听命于马科斯总统，同时却又让马科斯改变法院的裁决，美国务院妄加评判菲审判结果令人遗憾。马科斯当局玩弄"外国干涉"议题是有效的选举策略和政治手腕，煽动了国内民族主义乃至反美主义情绪，打压了冀借美国势力提升政治影响力的国内反对派的势力，也给其在军事基地谈判、经贸问题谈判获取了谈判筹码。

（二）美方在亚洲开发银行（ADB）的董事会代表投票反对贷款，影响了美国代表在国际金融机构的凝聚力，且不保证能决定贷款审批结果，甚至出现美方投弃权票，但是未得到其他国家支持而最终照样通过贷款审批的尴尬结果，反而造成美在国际金融机构的孤立

譬如在亚洲开发银行审议菲修建阿古斯（Agus）水电站贷款申请时，美方代表按照指示投了弃权票，韩国和印尼方面为美方因为人权侵犯而"政治化"投票一事表示遗憾。① 美国务院在争取丹麦驻亚洲开发银行代表支持美方投票行动，联合应对菲贷款申请时，丹麦代表也表示出对美方行为的不解。②

（三）开发援助贷款多涉及菲基本人民需要（BHN），美方支持这样的贷款会得到菲政府技术型官员们的欢迎，并反制菲国内的反美声音，而美方否决这样的贷款则造成菲政府官员和广大民众的不满

菲外交部长罗慕洛与财政部部长维拉塔（Cesar Virata）就公开指责美方此举是为了妨碍外资投入，阻止菲律宾的发展。

美卡特政府在对待马科斯政府人权问题时，逐步从初期的强硬施压，转为灵活执行。早在万斯国务卿 1977 年 4 月底在佐治亚大学法学院演讲时，其就提出"如果我们决心采取行动，可用的手段包括安静外交、发表公开声明、停止提供援助。只要有可能，我们就会采取积极的鼓励和诱导措施"。万斯也明确表示"干涉别国内政不是我们的目的"③。

美国内媒体曾专门引用万斯国务卿在国会关于菲律宾和韩国人权事务听

---

① "ADB Board Consideration of Agus V Hydropower Loan for Philippines", December 10, 1977, DNSA, PH01065.

② "Human Rights—U. S. Abstention on Vote for ADB Loan for Philippines", September 28, 1979, DNSA, PH01519.

③ Cyrus Vance, *Human Rights and Foreign Policy*, Department of State Bulletin, April 30, 1977, p. 505 – 508.

证会的证言，称其表示"无论菲人权状况如何，援助都不能削减，这是'压倒一切的考虑'"。万斯虽然专门对此进行解释，称此系其关于韩国人权问题的证言，并不是对菲人权政策。但其也承认美人权外交政策在实施中"很难在对人权的政治考虑，与经济或安全目标之间实现平衡"，因为毕竟美国外交政策的目标，不仅仅是促进人权，还包括基辛格曾经指出的"维护安全和公正的和平"以及"创造一个合作和互惠的国际秩序"。

随着美对菲人权外交政策实施效果未尽理想，加之遭到驻菲大使馆、美资企业的不满，以及由于地区形势变化导致菲马科斯政府在基地谈判中赢得较为有利地位，国务院人权与外援跨机构委员会（Inter-Agency Committee on Human Rights and Foreign Assistance，IAC）在研究对菲人权及援助问题时态度趋于温和，谨慎评估在国际金融机构投反对票和弃权票的成效，美驻国际金融机构代表在 1978 年 10 次涉菲贷款申请审议的投票中仅 4 次投弃权票，1979 年在 18 次投票中也弃权 4 次，总体呈现态度渐趋温和的审慎投票趋势。①

第三节　卡特时期美菲《军事基地协定》修订谈判

卡特政府时期，又是菲马科斯政府首先提出重启《军事基地协定》修订谈判的建议，经过美菲一年多的谈判磋商，最终取得较为理想的谈判结果。

一　菲马科斯政府主动提议恢复谈判

根据原有美国官方解密档案，1977 年 3 月 22 日，美国务院提请卡特致信马科斯，解释美国新政府的地区政策，冀打消菲律宾及东南亚盟国领导人对美国卡特新政府抛弃"老朋友们"的担忧，也向马科斯强调对人权和基地问题的重视。② 卡特接受此建议，在 4 月 2 日致信马科斯总统，信中高度评价美菲同盟关系，称美国在太平洋地区没有比菲律宾更年久忠贞的朋友，并

---

① "Diplomatic Measures against Philippine Government for Human Rights Violations", January 29, 1980, DNSA, PH01590.

② "Presidential Message to President Marcos of the Philippines", March 22, 1977, DNSA, PH00952.

重申其对于积极的美菲关系和军事基地谈判的兴趣。① 这看似是卡特政府率先向马科斯政府伸出了恢复基地谈判的橄榄枝。

但根据 2017 年年底新解密的《美国对外关系文件集》（FRUS）档案，当卡特政府上台后，马科斯政府并没有如其期待的那样等到"鹰派"政府急于在福特政府谈判基础上的报价加码，反倒是马科斯对于卡特政府在基地谈判问题上的缄默焦急难耐，希望美国能给出确切消息②。2 月初，马科斯就派出文官长梅尔乔（Alejandro Melchor）访美，旨在了解卡特新政府对基地及基地谈判的立场。时任美驻菲大使沙利文认为菲律宾操之过急，称卡特政府的当务之急是考虑韩国问题，而不是驻菲军事基地问题③。4 月，美副国务卿霍尔布鲁克（Richard C. A. Holbrooke）访菲，马科斯夫妇与其会谈，霍尔布鲁克仍表示不认为要急于谈判基地问题，这一问题应放在全面修好的（revitalized）美菲关系大背景下进行。马科斯对此表示接受，并承诺在 1978 年举行临时国民议会（Interim Batasang Pambansa，IBP）选举等，实现 1972 年军管法以来的菲律宾政治正常化。④ 马科斯政府于 8 月 17 日通过驻美大使罗穆亚尔德斯（Eduardo Z. Romualdez）正式向国务院助理副国务卿欧克利（Robert B. Oakley）递交照会，提出立即恢复基地谈判。⑤

美国并没有接受菲律宾提出的尽快恢复谈判的照会要求，表示恢复谈判前要澄清诸如程序在内的诸多事宜；其次，副国务卿霍尔布鲁克当时正考虑在 9 月中旬访问菲律宾及其他亚洲国家，最早届时才能和马科斯就军事基地谈判和其他问题初步交换意见；第三，沙利文大使已转任驻伊朗大使，当时驻菲律宾大使空缺，美国拟在 10 月初才委任新驻菲大使，而菲律宾提出基地谈判地点设在马尼拉，美国认为新大使纽森（David Newsom）就任前很难重启谈判。⑥

---

① "Letter from President Carter to Philippine President Marcos", April 2, 1977, FRUS 1977－1980, Volume XXII, No. 295.

② "Study Prepared by the Interagency Group on Philippine Base Negotiations", March 7, 1977, FRUS 1977－1980, Volume XXII, No. 293.

③ "Travel of Alejandro Melchor to U. S." February 5, 1977, DNSA, PH00943.

④ "Holbrooke Discussions with President and Mrs. Marcos", April 20, 1977, DNSA, PH00961.

⑤ "Paper Prepared by the Interagency Group on Philippine Base Negotiations", October 22, 1977, FRUS 1977－1980, Volume XXII, No. 307.

⑥ "GOP Initiative to Reopen Military Base and Continue Economic Treaty Negotiations", August 19, 1977, DNSA, PH01004.

二　美国谈判准备阶段存在的内部分歧与逐步统一立场的过程

美国虽然向菲律宾做出不急于恢复军事基地谈判的表态，但在内部却紧锣密鼓开展谈判筹备工作。卡特就任总统之初，就指示国家安全事务顾问布热津斯基（Zbigniew Brzezinski）于 1 月 26 日以国安会名义下发通知，要求政策评估委员会（PRC）在国防部领导下，于 3 月 7 日前完成驻菲基地谈判的评估工作，评估内容包括四方面内容：1. 简要评估当前谈判状况；2. 确定美国在基地谈判中的利益，着重分析这些基地在美菲安全关系以及地区和全球利益中的重要性，以及如果放弃一定军事设施对美国在太平洋、印度洋及其他地方的影响；3. 菲政府的谈判目标；4. 其他方面内容，包括美国今后驻军水平，结束协定和交还基地的选项、共同防御关系的适用范围、经济补偿、主要的基地权利、恢复谈判的时机和方式等。①

3 月 7 日，国安会的跨部门专责小组（Interagency Task Force）按时完成该评估报告，国安会代理秘书长霍恩布洛（Acting Staff Secretary Michael Hornblow）向成员单位负责人提交报告。该报告分为谈判情况与菲律宾目标、基地和能力与美国的地区利益关系、美国谈判的四种选项三个部分，全面回答了卡特要求回答的问题。在第一部分，美国评判了马科斯政权的稳定性，但质疑马科斯恢复谈判的诚意，认为马科斯对于美国经济补偿方面有过高期望，高估了美国的妥协空间，美国认为已基本用完了谈判空间。或者马科斯降低需求，或者美国找到新路径，美菲才有可能完成谈判。在第二部分，美国论证了军事基地的价值，美国累计为基地建设投入了逾 10 亿美元，这些基地设施是临近亚洲大陆的唯一不易受到苏联从其远东基地进行海空袭击的美国基地，美国使用这些基地可维持封锁亚洲周边海空行动，以及向整个西太和印度洋地区以及中国和亚洲大陆投射军力的能力。在当时环境下，美对驻菲军事基地的选项包括有限加强现有基地、菲律宾化（Filipinization）、大幅削减空军作用、近乎于撤出的交还基地但是维持进驻使用权四种。美国如果考虑替代驻菲军事基地的方案，地点可选择日本、韩国、关岛及太平洋托管地，但是转移基地具有极大难度，需要考虑新的驻在国（地）的政治环境，此外还有至少 5 年的建设成本及更加高额的运行成本。第三部

---

①　"Presidential Review Memorandum/NSC – 14", January 26, 1977, FRUS 1977 – 1980, Volume XXII, No. 291.

分分别根据第二部分的针对基地的选项，详细分析每一选项下的军事存在的变动、基地权利事宜、经济补偿、《共同防御条约》的约束力及适用范围等，论证了的各种选项的利弊，对马科斯政府的谈判策略，以及是否能得到国会支持问题。分析报告也指出，美国正拟发布从韩国撤出地面部队的声明，以及进一步落实中美《上海公报》，改变与台湾军事关系，在此时如果宣布减少在菲律宾的军事存在，会被东南亚国家及中日视为非常的不稳定，以及证明美国改变政策时罔顾友邦及盟国的利益。4月21日下午，美国国安会专门就此举行政策评估委员会（PRC）会议，会议同意评估报告中对马科斯政府谈判心态的分析结论，认为马科斯无意迫使美国近期内撤出基地，其主要目的是最大化经济补偿，以及美国重申对菲的坚定防卫承诺。对于如何看待驻菲军事基地问题，会议指出，苏比克基地对美国在西南太平洋和印度洋投射军力重要，克拉克基地也是非常必要，除军事目的外，考虑到卡特政府拟宣布将从韩国撤出地面部队，包括中日在内亚洲国家普遍对美国的未来意图表示疑惑，因此，此时保留军事基地，避免大幅削减驻菲军事存在具有政治重要性。美国可考虑通过转给菲律宾部分行动控制权，例如工厂仓库维护，以及其他基地服务功能，一定程度上实现美菲防务关系菲律宾化。[1] 会议责成美国防部具体开展削减基地规模和驻军规模的效果评估。对于马科斯希望的"租金协定"这种经济补偿方式，美国内部存在分歧，国防部认为给盟国支付租金这个做法，有悖于同盟安全关系的利益互惠基础；但是国务院并未坚决反对该要求，认为可以成为一个可能选项。在美国的条约义务方面，会议反对向马科斯做出"自动反应"的承诺，也反对用更加明确的条款来将《共同防御条约》应用到礼乐滩或者南沙这样的争议区域，此举不符合美国利益。但是，美国有必要向马科斯强调，即使不能给予启动防御义务的"自动性"，也不能扩大应用范围，美国现有条约义务依然有效。卡特总统对于该会议纪要予以认可，批示"都同意"。[2]

在由国防部直接领导政策评估委员会（PRC）准备评估报告的过程中，也有美政府内部对美国继续保持驻菲军事基地的尖锐批评声，其中时任美驻马来西亚大使昂德希尔（Francis T. Underhill，1968年曾任驻菲政务参赞）

---

① "Record of a Policy Review Committee Meeting Washington", April 21, 1977, FRUS 1977 - 1980, Volume XXII, No. 296.

② "Record of a Policy Review Committee Meeting Washington", April 21, 1977, FRUS 1977 - 1980, Volume XXII, No. 296.

的报告最具代表性。昂德希尔大使认为保留基地无非五种理由：1. 美国需要在东南亚大陆及邻近区域投射军力；2. 在该地区有政治和军事方面的稳定因素，证明美国真心恪守对东南亚的安全承诺；3. 对中苏冒险主义的威慑；4. 服务于美国全球均势战略政策；5. 中苏已经做出应对美驻菲的战备。其对此逐条批驳，认为都是难以成立的自欺欺人，只要基地存在，美菲关系就永远不会正常，而且美国在此安排中付出了高额的政治和经济成本，收益却在不断减少。① 但这些声音没有成为美政府的主流声音，昂德希尔意见未被采纳。

8 月 22 日，跨部门专责小组完成关于补偿问题研究方案；8 月 25 日，国防部长布朗（Harold Brown）向布热津斯基提交军力削减等方面的基地谈判备忘录。9 月，国务院等部门也向国安会就上述两份报告进行书面表态。国防部认为，在不提高对菲律宾军援的前提下谈判，美国确应考虑增加新内容，"菲律宾化"是一个重要选项。支付基地租金是马科斯政府最喜欢的补偿方式，因为不附带美国条件，对菲律宾如何开支也会失控，此举会对美国全球基地谈判开一个不利的先河，也降低了美菲关系中的互惠性，给美国国会在《对外援助法》的立法限制方面带来不利。国防部接受安全援助（SSA，Security Support Assistant）的做法，认为该方案既满足了菲律宾的经济补偿要求，又避免了租金风险，这也在美国与西班牙基地谈判中有过先例，并在美菲关系中保留了互惠的概念，美国国会对此概念也并不陌生。对于经济补偿的总额，国防部认为应在 5 年合计 4.9 亿至 6.2 亿美元之间。国防部接受军力削减和基地菲律宾化方案，在未来三年内预计削减 5% 驻菲海军和 25% 空军。国务院对两个报告都表示赞同，称副国务卿霍尔布鲁克拟于 9 月份访菲律宾，届时可以与马科斯当面探讨基地"菲律宾化"提议。对于削减军力问题，国务院认为，过去十年里，美国削减了部署在菲律宾的 50% 的军力，都没有发表任何公开声明，这次即使有所削减，也不应该大张旗鼓，建议分散、降调进行。此外，国防部对于驻菲军事存在只是进行了短期评估，应该再就长期存在进行一个评估。国际开发署（USAID）不同意在谈判中提出安全援助（SSA），认为与该署在菲律宾其他项目发生冲突，以及该署需要向国会证明这些涉及项目的军事性。②

---

① "Telegram from the Embassy in Malaysia to the Department of State", February 9, 1977, FRUS 1977 – 1980, Volume XXII, No. 292.

② "Memorandum From the Executive Secretary of the Department of State（Tarnoff）to the President's Assistant for National Security Affairs（Brzezinski）", September 13, 1977, FRUS 1977 – 1980, Volume XXII, No. 299.

到 9 月中旬，卡特政府已就重新启动与菲军事基地谈判做好了充分准备，初步达成延续驻菲基地，小幅缩减驻菲军力，并对基地实行"菲律宾化"的决定。在对菲律宾经济补偿标准上，卡特政府决定维持福特政府的水平，但考虑以安全援助（SSA）取代菲律宾期待的"租金"方式。此外，卡特政府将重申对菲律宾安全防卫义务，但不扩大《共同防御条约》的适用范围。

三　美国通过综合应用人权外交等策略重获基地谈判主动权

美国对马科斯政府军事基地谈判考虑进行了全面、准确的分析，并着手在恢复与菲律宾谈判时采取重申安全防务承诺、给予援助奖励的"胡萝卜政策"，但与此前各届政府相比，卡特在对菲政策的工具箱中多了一种有力工具，即人权外交政策下的援助限制等惩罚性"大棒政策"。

9 月 22 日，赴菲律宾访问的副国务卿霍尔布鲁克在马尼拉与马科斯会晤，这是双方为重启基地谈判进行的首次高层直接接触，会晤议题庞杂。霍尔布鲁克掌握到马科斯在基地问题方面的一些考虑：希望能在 1977 年启动谈判，在 1978 年菲律宾政治正常化之前完成谈判；针对美国明确表示很难达到福特政府的报价标准，马科斯并未回应，反而强调主权问题和司法管辖权问题；马科斯担心美《战争权力法案》出台后，美总统权力受制，过往美政府所宣称的对同盟的防御条约义务已受损，此外，《共同防御条约》在解决非因基地而招致的外来攻击方面全然无用。霍尔布鲁克还总结认为，经过 8 个月的拖延，马科斯政府已经降低了期望值，足见美国的战略是有效的。[①]之后，借马科斯夫人赴美参加联合国大会之机，马科斯夫人与卡特总统及万斯国务卿等会晤，马科斯夫人还转交卡特一封马科斯的亲笔信，直接表达对于美菲关系发展的看法与对基地谈判的态度。马科斯声称："菲律宾无意从美政府寻求大量资金作为维持在我们领土基地的代价。……我们是想构建一个可靠、可行的美菲阻止侵略的防御态势，阻止公开和潜在的侵略。"马科斯也保证："菲律宾的基本国策就是任何外国军队都不应卷入应对我们内部安全威胁，或镇压实际的叛乱或叛乱。"[②]借此，马科斯向美国表示无意将

---

①　"Telegram from the Department of State to the Embassy in Indonesia, the White House, Department of Defense, and Commander in Chief, Pacific", September 22, 1977. No. 300, FRUS 1977 - 1980, Volume XXII.

②　"Letter from Philippine President Marcos to President Carter", September 25, 1977. No. 303, FRUS 1977 - 1980, Volume XXII.

《共同防御条约》的适用范围扩大到菲律宾内部安全事务方面，但是冀望美菲共同制定一体化的防御计划，以及美国加强对菲律宾发展自主国防能力方面的支持。在 9 月 29 日国务卿万斯与马科斯夫人一行会晤，征询菲律宾涉及基地谈判的需求，消弭双方分歧之后，卡特总统于 10 月 5 日与马科斯夫人会晤。卡特重申"我们认为《共同防御条约》对美国有约束力，菲政府无须担心我们会违反条款"，① 以化解菲律宾长期以来，以及国会出台《战争权力法案》之后对美国防御义务的担心。针对美国询问菲律宾的安全威胁来自何处，菲国防部长恩里莱称内部威胁就是南方的穆斯林分离运动和北方的菲共活动，两者虽然是国内安全问题，但是都有外部势力插手；菲律宾的外部威胁主要是统一后的越南对临近菲律宾巴拉望的岛礁提出主权声索。令菲律宾失望的是，美国并未就《共同防御条约》适用领域进行表态。美国也敦促菲政府要认识到基地谈判的两个困难，一个是时机问题，另一个是美国国会的支持与否问题。②

在美菲两国政府就基地谈判陷入僵局之时，美方动用人权外交的援助制裁予以施压菲马科斯政府，降低其谈判心理预期。自 1977 年起，美国政府就频频援引人权方面条款，否决掉菲律宾政府 48 笔贷款申请中的 10 笔，③ 并在其他部分贷款申请中以弃权票方式表达不满，这给马科斯政府带来巨大的经济压力和舆论压力，迫使后者改变谈判态度，调低谈判心理预期，美菲谈判分歧逐步缩小。

四　美苏对峙下东南亚地区形势的变化及美特使斡旋加速基地谈判完成

在卡特政府重申安全义务的保障下，经过美国两任驻菲大使——纽森及继任的墨菲（Richard Murphy）的长期谈判，以及人权外交下的"援助制裁"手段施压，马科斯政府逐步失去对美谈判优势地位和优势心理，基地谈判加速完成。

越南战争结束以后，美国从亚洲收缩力量，苏联则趁机加强海军力量，不断扩充太平洋舰队的实力，提升在东亚地区的军事活动能力。1978 年，苏联建立远东高级指挥部。同年，越南加入苏联主导的社会主义国家经济互助

---

①　"Memorandum of Conversation", October 5, 1977, FRUS 1977–1980, Volume XXII, No. 305.

②　"Memorandum of Conversation", October 5, 1977, FRUS 1977–1980, Volume XXII, No. 305.

③　"Diplomatic Measures against Philippine Government for Human Rights Violations", January 29, 1980, DNSA, PH01590.

组织（经互会）。11 月，苏联与越南签署《苏越友好合作条约》，苏联获得了对越南金兰湾军事基地的使用权。金兰湾背靠中南半岛，面临南海，扼守从太平洋到印度洋的重要海上通道。苏联军事力量进驻金兰湾对美国在亚太地区的军事战略造成威胁，也妨碍了美国在印度洋的军事战略的实施，这使得美驻菲军事基地的战略重要性进一步提升，卡特政府盼尽快完成基地谈判相关事宜。

　　1978 年 10 月，卡特政府派出日裔参议员井上健（Senator Daniel Inouye）作为特使访菲，充分利用其易受菲律宾接受的亚裔身份优势，长期在美国国会对菲友好的在菲良好声望，以及与马科斯夫妇关系交好的人脉优势，游说马科斯尽快批准完成谈判。卡特专门与其进行了行前谈话，井上健返美后也及时向卡特报告访问菲律宾情况。马科斯认为菲律宾人权状况好于伊朗和以色列这些美国盟国，但是美国国会和政府并未就此指责这两个国家。井上健聆听了马科斯对于美国指责菲律宾人权记录不佳的抱怨，并就美国人权外交政策进行解释。井上健游说马科斯认清谈判现状，美菲如果要达成军事基地协定，就必须在当年（1978 年）年底前完成，以便将对菲律宾各类援助经费申请纳入美政府 1980 财年的预算申请中。即将到来的 1979 年是美国选举年，行政部门向国会成功申请经费会更加困难。这促使马科斯对谈判局势有所清醒认识，遂向井上健表态"将马上采取行动"。① 12 月 29 日，马科斯致电井上健参议员，表示经过深思熟虑，他基本接受美提出的谈判报价，但其不甘心全盘接受美方制定的补偿方案，做出最后的提高补偿额申请尝试，称如果美愿意在 5 年内共增加 5000 万美元的安全支持援助（SSA），其愿意在 1979 年 1 月 2 日缔约。收到马科斯信息后，井上健和格伦（John Glenn）参议员联合督促万斯国务卿尽快接受马科斯条件，结束谈判。国务院、国防部、国际开发署、国安会及管理预算局（OMB）都表示同意接受此条件，随后，卡特批准了国务院上报的方案，通知驻菲大使与菲律宾政府代表缔约。② 1979 年 1 月 4 日，卡特致信马科斯，感谢马科斯在基地谈判中的努力，承诺今后 5 年美国对菲律宾 5 亿美元的援助总额，其中包括军事援助 5000 万美元，军购贷款 2.5 亿美元，安全支持援助 2 亿美元，并表态"将尽最大努力

---

① "Memorandum of Conversation", November 17, 1978, FRUS 1977 – 1980, Volume XXII, No. 324.

② "Memorandum From the Deputy Assistant to the President for National Security Affairs（Aaron）to President Carter, undated", FRUS 1977 – 1980, Volume XXII, No. 325.

获得拨款"。①

1月7日，美菲正式完成对1947年美菲《军事基地协定》的修订，新协定正式确认菲律宾对基地拥有主权，将美国军事基地改称为菲律宾武装部队基地，基地悬挂菲律宾国旗；在基地根据基地内外位置及分工不同分设美国司令官和菲律宾司令官（PBCs）；军事基地面积缩减，苏比克海军基地面积从62000公顷减少47000公顷，克拉克空军基地面积从130000公顷减少119000公顷。新协定还规定此后每五年对协定进行一次复审（review）。

美国在此次协定修订谈判中，使用了"安全援助（SSA）"的概念，利用军援对驻菲军事基地毗邻非军事区域予以经济发展援助，是美国对亚洲盟国军事援助的创造性尝试，变通解决了美菲长期争执的"租金"问题。此次修订谈判，还做出了今后每5年美菲双方就此复审一次的机制化安排，为今后里根政府据此顺利续约奠定基础。但是，此次谈判的协定还是没有解决对基地的管理权，和对美国在菲军事人员以及军事基地的司法管辖权等涉及菲律宾实际行使主权等问题，② 也没有突破1966年马科斯访美与约翰逊政府签订有约束力的行政协定——《腊斯克—拉莫斯协定》（Rusk-Ramos Agreement）中，关于美菲军事基地协定的时限从99年缩短到25年的内容，因此并没能根本性改变美在菲军事基地将在1991年终止的时间表。

小　　结

民主党卡特政府在美国历史上首次将人权问题正式纳入外交政策的制定与实施中，这为美国在美菲同盟管理中提供了新的管理工具，并在敦促菲马科斯政府恢复政治正常化、改善人权状况方面发挥了一定作用。但随着国际及地区形势的发展变化，卡特政府对菲人权外交也体现出双重标准、前后矛盾，重新提升对现实政治、安全利益的重视程度，从而在使用与人权事务有关的援助制裁方面有所克制，效果也大幅弱化。

卡特政府时期，美苏在全球和东亚地区的军事对峙加剧。卡特政府和菲律宾的安全威胁骤然上升，于是，两国加紧谈判，并在1979年就《军事基

---

① "Letter from President Carter to Philippine President Marcos", January 4, 1979, FRUS 1977 – 1980, Volume XXII, No. 326.

② Fred Greene, *The Philippine Bases: Negotiating for the Future American and Philippine Perspectives*, New York: Council on Foreign Relations, 1988, pp. 147 – 148.

地协定》修订完成谈判，这对美菲两国具有重大的政治安全战略意义。对强实力一方美国而言，美国有效遏制了越战后菲律宾在美菲同盟关系方面的离心趋势，巩固了美菲同盟，向地区盟国和友邦证明了美国在该地区坚定存在的态度，一定程度上消除了这些国家自 1969 年以来 10 年间对"美国撤出"的安全忧虑。顺利解决军事基地问题，为美国在 1979 年应对伊朗伊斯兰革命及苏联入侵阿富汗等做出了军事准备，驻菲军事基地的战略意义从亚洲"南锚"扩展到应对印度洋地区事务以及维持海上通道（SLOC）安全领域。对马科斯政府来说，通过修订协定及获得美国再次重申安全承诺，减轻了其对于基地是"招致苏联核打击的'磁石'"的担心，并为其应对南海岛礁争端及国内安全危机提供了信心，以及通过美国背书的方式暂时化解了美菲及国际社会对菲律宾人权状况的抨击之压，维持了其政权稳定。

　　同时，这一时期的美菲军事基地谈判表现出了不对称性同盟中同盟管理的特点。美国作为强实力的一方，既要兑现对同盟国的安全义务，又存在"被牵连"的安全顾虑，这充分体现在美国不愿意扩大《共同防御条约》的适用范围、绝不承诺卷入南海争端及国内安全事务等方面；菲律宾作为弱实力的一方，不仅存在着不对称同盟中常见的弱实力一方"被抛弃"的对美国安全依赖心理，同时也存在着在美苏加剧冲突时"被牵连"的安全顾虑心理，面临的是一种"被抛弃"和"被牵连"的双重风险。在谈判技巧方面，美国把握谈判主导权，在正式启动前用好"拖字诀"，做好谈判前的准备工作，对马科斯政府的谈判心理、谈判目标、谈判策略分析准确，并做好了内部的立场统一；在谈判中，美国根据地区及菲律宾国内形势的发展变化，将人权外交和对外援助挂钩，将此作为同盟管理的新手段。灵活运用了援助奖励、援助惩罚的两手策略，借菲律宾正进入战后最长的一轮经济下行周期，对美国援助和经贸合作重新形成严重的依赖关系，卡特政府再次掌握谈判主动，主导了谈判的进程和总体成果，促使马科斯政府接受了卡特政府远低于福特政府报价的条件，完成《军事基地协定》的修订谈判工作。马科斯政府也尝试在不利的谈判环境中予以"反制"，争取到了卡特政府的高额经济补偿承诺，以及设置基地菲律宾司令，在驻菲军事基地首次升起菲律宾国旗等彰显主权的"胜利"，从而表现出不依附美国的民族主义领导人姿态，既维护了其在国内的有效施政，又利于其拓展与发展中国家的关系和提升在国际及东盟中的地位。

第八章

里根时期美对菲马科斯政府政策

1980 年 11 月，共和党保守派候选人里根（Ronald Reagan）击败寻求连任的卡特总统，于 1981 年 1 月正式就任美国第 40 任总统，布什（George W. Bush）当选副总统。里根接任时的美国面临内外交困的局面，在国内，1980 年美国国内的通货膨胀率高达 13.5%，失业人数增加到 800 万，如里根在就职演说中所言"美国面临着巨大的经济困境。我们遭受了我们国家历史上最长和最严重的持续通胀之一"①。而在国际上，继 1979 年入侵阿富汗，苏联先后通过与 10 余个国家签订《友好合作条约》而在全球构建同盟网络，继续维持咄咄逼人的进攻态势，而亲美的伊朗、尼加拉瓜政权相继被推翻，美国驻伊朗大使馆的 52 名人质问题也尚未得到解决，美国际地位与国际声望均产生危机，苏攻美守局面有进一步强化发展趋势。里根政府提出"重振美国精神"的口号，并调整制定集"现实主义""实力"与"对话"于一体的对苏联政策，遏制、对抗苏联扩张势力态势，逐步扭转了之前"苏攻美守"的力量对比。此外，其依然高度重视和因循人权外交，但采取了与卡特政府有别的外交实践，在对菲外交中得到充分体现。

菲律宾马科斯政府依然维持着军管法统治，反对派领导人阿基诺流亡在美，与之前已流亡美国的前参议员曼格拉普斯（Raul S. Manglapus）、前参议员萨隆加（Jovito Salonga，1981 年 3 月流亡美国）等反对党领导人一起，积极在美国建立反对马科斯政权的海外阵地，并寻求得到美国政府支持。与此同时，在军管法统治下，除了马科斯旗下的新社会运动党（KBL）以外，菲合法的政党活动消失殆尽。菲基督教，特别是天主教机构发挥了准政党的社

---

① 里根总统就职演说，参见https：//www.reaganlibrary.gov/archives/speech/inaugural–address–1981。

会动员等作用，受到美政府的关注与支持。1983 年，阿基诺自美返菲试图参加选举，但甫一落地则惨遭枪杀。此后菲政治、经济、社会形势急转直下，马科斯遭遇前所未有的执政危机。

1983 年阿基诺遇刺身亡后，里根政府行政部门及国会先后多次对菲政局走向进行评估，但是评估结果不一，令里根政府莫衷一是，难以决断。里根坚持对菲马科斯政权的支持立场。但随着菲政治反对派逐步统一，菲政治发展渐趋明朗，"人民力量革命"行将推翻马科斯独裁统治时，里根政府最终因势调整，选择"切割"与马科斯政权关系，敦促其放弃抵抗和流亡赴美，确保了菲政权的平稳过渡和政治回归，确保了美在菲利益在继任阿基诺夫人政府时期得到维护，确保了美菲同盟关系的发展。

第一节　从"说教外交"到"安静外交"
——美对菲人权外交政策的转向

一　独裁与双重标准，美人权外交理念的新发展

1979 年 11 月，珍妮·柯克帕特里克（Jeane J. Kirkpatrick）在《评论》（*Commentary*）杂志发表了著名的《独裁与双重标准》（Dictatorships and Double Standards）一文。文章严厉抨击了卡特政府的人权外交政策，指责其就任总统三十多个月以来，外交政策的最大成就就是奠定了将巴拿马运河从美国手中转到一个狂热的拉丁独裁者手中的基础。同时，苏联军力急速发展，影响力拓展到非洲之角、阿富汗、非洲南部和加勒比地区。与之对应，美国军力停滞不前，在上述区域的地位不断下降。美国前所未有地难以在第三世界结交朋友和维护朋友。柯克帕特里克将外交政策失败的根本原因归结于实施人权外交时的双重标准。其将苏联及社会主义国家定义为"极权政权（Totalitarian Regimes）"，将亲西方的独裁国家称为"专制政权（Authoritarian Regimes）"，认为专制政权比极权政权更稳定和可以长期发展，并具有向更加民主政体演变的可能性，极权政权则仇恨美国式的资本主义体制，也根本不可能产生民主。卡特政府在实施人权外交时采取双重标准，通过要求传统专制政权的快速自由化，造成将这些国家拱手赠送给反美的反对派，而这些反对派比他们推翻的政府更具镇压性。与此同时，卡特政府却从来没有将同

样的论调用于对待苏联等"极权政权"。① 柯克帕特里克的观点就是卡特政府不能出于实现民主和人权目的，去损害亲美"专制政权"的稳定性；建议美国为了实现其目的，可以容忍专制政权，甚至与专制政权进行合作。在此文的基础上，柯克帕特里克进一步丰富了其观点，并于1982年出版了《独裁与双重标准：政治中的理性主义与理性》（*Dictatorships and Double Standards: Rationalism and Reason in Politics*）一书，成为新保守主义思想的里程碑。

柯克帕特里克的观点为里根所接纳与采用，加之为感谢其在总统竞选中发挥的作用，里根在就任总统后委任其为美国常驻联合国代表。柯克帕特里克关于应区别对待"专制政权"和"极权政权"的观点极大影响了里根政府的人权外交政策。1981年3月3日，里根接受哥伦比亚广播公司（CBC）著名主持人克朗凯特（Walter Cronkite）采访，当回答关于"人权与美国外交政策的关系"，以及"我们对军事盟友和基地的要求是否应优先于人权考虑"时，里根在就任后首次公开发表其关于人权外交的观点。其称，人权是美国理想主义的重要组成，发挥着重要的作用，但是前几年美国政府在处理人权问题方面存在选择性错误。美国选取了一些亲西方的专制政府执政的国家，这些国家确实没有符合美人权标准，美方对其予以惩罚。与此同时，美方却与一些根本没有人权可言的极权政府国家寻求"缓和（Detente）"。② 苏联是当今世界上侵犯人权最严重的国家，古巴紧随其后，美却一方面与别国执行人权政策，一方面大谈与卡斯特罗的古巴建立更好关系。"对于未能完全满足我们标准的同盟国家，我们应该在保持朋友方面持更好立场，劝说他们更好理解我们的人权观念，而不是我们之前在一些地方做的，突然将该政权推翻，然后纵容一个完全拒绝人权的极权体制来接管。"③ 不难看出，里根言论与柯克帕特里克理念如出一辙，该学说得以登堂入室，成为里根政府人权政策的基本理论依据，并随后在对菲人权外交中也得以体现。

---

① Jeane J. Kirkpatrick, "Dictatorships and Double Standards", November 1979, https://www.commentarymagazine.com/articles/dictatorships-double-standards/.

② "Excerpts from an Interview With Walter Cronkite of CBS News", March 3, 1981, https://www.reaganlibrary.gov/research/speeches/30381c.

③ "Excerpts from an Interview With Walter Cronkite of CBS News", March 3, 1981, https://www.reaganlibrary.gov/research/speeches/30381c.

二　美对菲人权外交，从"说教外交"到"安静外交"的演变

（一）马科斯政府废止军管法，做出改善人权状况的积极姿态

马科斯政府在 1980 年准许反对派领导人阿基诺赴美就医，舒缓了美及国际社会在 1972 年菲实施军管法以来在此事方面施加的压力。1980 年下半年，马科斯也表示考虑在来年取消实施军管法。美驻菲大使馆更是通过与各方人士接触，准确预测出马科斯将在 1981 年 1 月 17 日宣布取消军管法，因为该日期是马科斯批准 1973 年宪法生效的纪念日，再者，"7"是马科斯一直钟爱的"幸运数字（Lucky Number）"。[①] 果不其然，在即将迎来新当选里根总统首次访菲，以及随后的教皇保罗二世（Pope John Paul II）访菲前夕，马科斯在 1 月 17 日发布第 2045 号公告（Proclamation No. 2045）宣布废止军管法统治。

在 8 年多的马科斯军管法统治时期，菲通过调整产业发展定位，成为东盟内最早开始制造业出口改革的国家。菲律宾的低工资、高比例的识字熟练劳动力供应都是菲律宾吸引外资的优势所在。马科斯在军管法期间颁布一系列总统令、总统公告（Presidential Proclamations）和指令信（The Letters of Instructions），代替原有的立法程序和行政令（Executive Order），制定保护外资的措施，向外资开放商业银行、允许资本和利润汇出，加上军管法下政府政策的连续性与稳定性都增加了菲对美资和其他外资的吸引力。外资进入菲着重发展的电器、电子设备和纺织业等劳动密集型工业领域，菲经济发展模式从进口替代型向出口导向型转变，较好解决了菲独立以来的国际收支平衡问题。而出口销售增加，外汇营收就能提供资金来偿还债务，增加税收又进一步支持菲政府在国内基础设施建设和石油勘探开发等能源资源的发展，良性循环的经济机制催生了菲较为突出的经济成就。这一期间的国民生产总值从 1972 年的 5553 万比索增加到 1979 年的 1.930 亿比索，保持了年均 6% 至 7% 的水平，远高于 20 世纪 60 年代年均不到 5% 的发展速度，同期人均收入也从 214 美元增加到 755 美元；菲律宾实现了粮食自给自足，从一个粮食净进口国（1974 年最后一次进口 5 亿美元稻米）转变为稻米出口国；菲律宾出口总额从 1972 年的 11.06 亿美元增加到 1980 年的 59.35 亿美元，且实现出口商品多样化发展，降低原来四种传统出口商品的比重（指蔗糖、椰子产

---

① "Date for Lifting of Martial Law", January 7, 1981, DNSA, PH01828.

品、木制品和矿石，1966 年之前约占菲商品出口总值的 80%，1979 年降到 45%），出口商品拓展到电子产品、半加工食品、原材料、服装和家庭手工业产品等；马科斯任内着重推行电气化计划，将农村家庭用电量增长约 15 倍；1972 年与 1980 年相对比，国民存款从 54.02 亿比索增加到 491.16 亿比索，最低工资从每日 4.75 比索增加到 23.30 至 24.70 比索，国内投资总额从 1157.3 亿比索增加到 7898 亿比索，而国民储蓄总额从 1167.9 亿比索增加到 6239.5 亿比索，外汇储备从 2.82 亿美元增加到 31 亿美元。①

但是，在马科斯军管法时期取得经济成就的同时，其过于依赖裙带关系下的密友来把控蔗糖、椰子产品等垄断行业，侵害了菲经济健康发展，也增加了菲国内商界人士的不满。此外，诸如通胀和贸易逆差、外债等问题没有得到根本性解决，这些也成为菲经济发展的隐忧，埋下 20 世纪 80 年代中期经济危机的隐患。

阿基诺的释放与否问题与军管法的存废问题是美及国际社会对马科斯政府人权问题最为关心的两个领域，里根正式宣誓就职前，马科斯已经先后妥善解决了这两个问题。而对于其他仍被关押的犯人（特别是政治犯）以及恢复民主程序和政党的政治参与等问题，马科斯也做出积极回应。在军管法实施之初，菲国内有约 5 万人被抓捕，1975 年马科斯在接受大赦国际（AI）赴菲调查团询问时，回答被关押的人员人数已降至 6000 人左右，而到了里根总统就任前，马科斯政府进一步释放被关押人员，在押人员人数进一步降至 980 人，到 1981 年 7 月时，更减少到 749 人。

在恢复民主政治方面，马科斯在废止军管法后，于当年 2 月召开临时国民议会（IBP），并以此为修宪大会，通过了对 1973 年宪法的修正案。4 月 7 日，菲政府组织的公投高票通过了临时国民议会的宪法修正案，对 1973 年宪法第 7 条（总统）、第 8 条（国民议会）和第 9 条（内阁总理和内阁）条文做出修订，确立菲律宾实施法国式总统议会制，菲总统是国家元首及行政长官，任期六年，可连选连任，总统有权任命总理和一个由 14 名成员组成的行政委员会（executive committee），并有权通过总统令（Presidential Decrees）来履行立法功能，以及有权解散国民议会（BP）。6 月 16 日，菲律宾自 1969 年总统大选 12 年后再次举行总统大选，在反对派联盟组织"统一民

---

① 有关数据参见菲律宾政府公报网站：http：//www.officialgazette.gov.ph/1981/01/17/proclamation - no - 2045 - s - 1981/。

族民主组织"（United Nationalists Democratic Organizations，UNIDO）以及自由党（LP）、战斗党（LABAN）抵制此次选举的情况下，马科斯轻松击败国民党（NP）候选人——前国防部长桑托斯将军（Alejo Santos），以及联邦党（Federal Party）候选人卡邦邦（Bartolome Cabangbang），获得 1800 万张选票，以 88.02% 的得票率高票当选总统。① 6 月 30 日，马科斯宣布就任总统，7 月 27 日，其任命技术官僚——菲财政部部长维拉塔（Cesar Virata）担任总理。

（二）里根政府以"安静外交"减弱对菲人权施压

1. 美调整借国际金融机构贷款审批事宜施压菲政府的做法

菲马科斯政权采取改革措施，至少是在形式上恢复了菲律宾的民主政体，也举行了"有代表性"的政党选举，此举得到里根政府的认可。布什副总统赴菲参加马科斯的就职典礼，表态"我们热爱你对民主原则和民主进程的坚持，我们不会把你孤立起来……如果我们这样做就等于背弃历史"②。在随后的国际金融机构审批菲政府贷款申请时，国务院也改变卡特政府时期的强硬立场，提出给菲律宾及阿根廷、巴拉圭、智利、乌拉圭五个"专制国家"贷款申请投"赞成票"，认为以前美国基于国会"一贯严重违反人权"的标准，反对给有人权问题的这五国贷款的事宜，在投票时采取反对和弃权的做法值得反思，现在应对有关国家关乎基本人民需要（BHN）的贷款申请予以积极支持（positive vote）。

8 月 14 日，美驻菲大使馆专门向国务院提交题为《美国在国际金融机构对菲贷款中的政策：人权报告》的报告，报告表示"大使馆未发现菲律宾政府在 1981 年有'一贯严重违犯人权'的情况"③，虽然报告也表示在过去 2 至 3 年内有一些程度不一的个案，但是多数都发生在叛乱频仍的偏远农村地区。报告也称赞了菲马科斯政府废止军管法、宪改规范了政治制度、放松媒体管控、恢复罢工权、减少羁押人数（仅剩下 749 人）等"积极发展"。④

①　选举结果见菲律宾总统府网站：http：//malacanang. gov. ph/74710 – elections – of – 1981/。

②　SYLVANA FOA，"Bush backs Marcos' rule"，June 30，1981，https：//www. upi. com/Archives/1981/06/30/Bush – backs – Marcos – rule/2602362721600/.

③　"U. S. Policy in IFI Loans to RP：The Human Rights Situation"，August 14，1981，DNSA，PH01985.

④　"U. S. Policy in IFI Loans to RP：The Human Rights Situation"，August 14，1981，DNSA，PH01985.

大使馆提供的报告为里根政府积极呼吁国会支持新型人权外交政策在菲实践提供了证据支撑，国务院据此进一步争取放弃对菲律宾等专制政府的制裁，维持援助。

2. 行政部门为菲人权改善进行背书，争得国会支持

此后，国务院还多次指示驻菲大使在和马科斯政府交往时，要采取"安静外交"来私下规劝提醒马科斯政府人权侵犯对美国国民和国会的负面影响。针对国会对于里根政府纵容、默许马科斯独裁政府的批评，国务院等行政部门主动为菲背书和开脱，争取国会理解与支持。

国务院专门致函众议院人权与国际组织小组主席邦克（Don Bonker）众议员予以解释，称里根政府人权政策将支持国际金融机构（IFI）对证明人权状况有所改善的独裁政府的贷款，将投票支持开发银行贷款给菲律宾等国，因为他们努力改善人权。国务院也先后于 1982 年 9 月致信肯尼迪参议员（Edward M. Kennedy），解释里根政府维持"安静对话（quiet dialogue）"，[①] 鼓励马科斯政府尊重人权。1983 年 9 月 12 日，国务院致函沃尔夫（Frank Wolf）众议员，为国务院维持对菲援助政策辩护，称没有证据显示是美对菲援助导致菲的人权劣迹，美对菲的援助半数以上是经济援助，是直接造福菲民众的项目。军援也是为了促进菲军方国防现代化努力。里根政府对菲采取"安静对话（quiet dialogue）"方式，相较减少经援等方式的效果而言，是督促菲在人权领域取得进步的最有效的方式。[②]

3. 弱化施压，美菲关系迅速回温

1981 年 11 月 19 日，访菲的美国副国务卿斯托塞尔（Walter J. Stoessel, Jr.）专门会见菲国防部长恩里莱，恩里莱介绍了菲在取消军管法后在人权领域取得的成就，表示欢迎和接受人权监督，但是反对人权议题被公开说教（be lectured to on the subject）。恩里莱表示菲政府认可里根政府在监督人权侵犯问题方面的"安静监督"，而不是以前那样当众说教（public lecturing）。斯托塞尔副国务卿也阐述了里根政府人权外交政策的变化，并承诺"那个（当众说教人权的）阶段过去了，目前美国寻求与同盟

---

①　"Response to September 13, 1982 Letter on Upcoming Marcos Visit", September 30, 1982, DNSA, PH02208.

②　"Department of State Defends Policies toward Philippines", September 12, 1983, DNSA, PH02597.

的更好的关系"①。12 月 19 日，访菲的助理副国务卿奥多诺霍（Daniel A. O'Donohue）会见司法部长门多萨，双方都表示乐见美菲关系的良好局面，门多萨积极介绍马科斯政府举措，也将美菲关系转圜归因于里根政府"安静外交（quiet diplomacy）的人权政策"②。

出于对菲国内反对派势力不满的安抚，美政府也对反对派、教会等领导人阐释美政府人权政策调整的考虑。1983 年 4 月，美国务院助理国务卿沃尔夫维茨（Paul D. Wolfowitz）会见菲天主教海梅·辛主教时，也表示里根政府一如既往关心菲的人权事务，"只是比前任政府采取更安静的外交方式（quieter diplomacy）"③。

第二节　美对菲温和政治反对派势力的渗透

在美政府对菲外交政策中，美将菲政治势力大致划分为马科斯政府和反对派，马科斯政府派主要是马科斯 1965 年转党前的自由党（LP）党内追随者、转党后的国民党（NP）追随者，他们支持马科斯在军管法后开展的"新社会运动"，大部分转至马科斯成立的"新社会运动党（KBL）"。反对派势力又分为极端反对派和温和反对派（Moderate Opposition）。其中，极端反对派包括极左势力和穆斯林分离主义运动组织。极左势力主要是菲律宾共产党（CPP）及其军事武装组织新人民军（NPA）以及其外围组织、学生团体、工会运动组织。这一派势力抨击美国以马科斯为工具维持对菲律宾的新殖民主义统治，对菲实施经济掠夺，提出的唯一的解决方案就是推翻亲美政府，建立社会主义政权，彻底废除美菲之间的不平等条约，立刻、彻底撤出美驻菲军事基地，实现经济自给自足等。这一派势力在美国也有海外组织网络，包括菲律宾爱国者国际联盟（The International Association of Filipino Patriots）等。这一派势力主张反对和推翻马科斯政权，追求的政治、军事目标也不利于美国在菲利益，因此受到美菲两国政府的共同压制，其在菲国内外的影响力有限。穆斯林分离主义运动组织主要是"摩解"（摩洛民族解放阵

---

① "Under Secretary Stoessel's Meeting with Defense Minister Enrile", November 25, 1981, DNSA, PH02032.

② "DAS O'Donohue Meeting with Solicitor General Mendoza", December 22, 1981, DNSA, PH02048.

③ "Wolfowitz Meeting with Cardinal Sin", April 20, 1983, DNSA, PH02393.

线，Moro National Liberation Front，MNLF）。在菲政府与摩解组织代表在利比亚签署《的黎波里协定》后不足半年，菲政府与摩解组织便重燃战火，菲南部问题分离主义运动极大牵涉了菲马科斯政权的军力部署。但美政府评估，这两方面势力虽对菲国内治安带来一定骚扰，但暂时仍不成气候，对马科斯政权的稳定性不构成过大威胁。

温和反对派主要是菲军管法之前的政府官员、参众议员。广义的温和反对派还包括以马卡蒂商业俱乐部（Makati Business Club，MBC）为代表的商界团体、菲基督教组织中的反对马科斯政府的派别。这一派别总体希望通过合法选举方式实现政府更迭，因此也被美政府称为"合法反对派（Legitimate Opposition）"。① 但反对派团体是一个由不同利益、跨越不同界别的人员组成的联盟，这一派别细分群体众多，政治、经济诉求各异，"反马"是这一派别的唯一共同诉求，除此无他，因此这一派别难言有组织和能凝聚团结。从地域上来划分，温和反对派又分为在菲温和反对派，以及以美国为主要阵地的在美反对派。军管法期间直至里根政府期间，美政府对这两派领导人都进行了"有限度的接触"。

一　美政府与菲国内政治反对派的接触

（一）美政府与菲国内反对派有限接触，平衡对朝野两派的掌控

1. 美政府长期保持与菲国内各派势力的接触与掌控

自菲律宾独立直至 20 世纪 80 年代前，"亲美"和"反共"两大主题都是菲律宾政治传统的政治正确，包括前文所述，美中央情报局在 20 世纪 60 年代中期关于"菲律宾总统候选人绝不会在反美平台上获胜"这样的"政治公理"都继续在菲政治中得到体现。在任何选举中，攻击竞争对手与"菲共"有联系都是行之有效的武器；同时，每个参选者都或真或假显示出自己得到美方的认可和背书，即使公开表示出一些民族主义的态度，私下也寻求美方的理解。作为对菲政局有巨大影响力的美菲同盟强实力一方，美官方在是否及何种程度与朝野两派发展和维护关系方面游刃有余。美政府通过与反对派的接触来获悉潜在政治领导人的政治态度，全面掌握菲政治势力博弈及局势走向；通过一定程度支持在野党（反对派）候

---

① "Mrs. Imelda Romualdez Marcos Meeting with Vice President-Elect George Bush", December 4, 1980, DNSA, PH01800.

选人或党派议题，从而给执政党施加压力；通过拒绝接触在野党候选人而向执政党示好，同时获得在野党对美的妥协让步。无论采取何种手段，目的均是最大化美国在菲利益。

1969年7月，新当选的尼克松总统即将访菲，而菲律宾将在年底迎来马科斯竞选连任总统，自由党候选人奥斯敏纳报名参选，挑战马科斯连任。马科斯力阻奥斯敏纳从尼克松访菲中获益，而奥斯敏纳作为总统候选人又迫切希望有机会与尼克松总统建立直接联系，获得美政府支持。见或者不见反对党候选人就成了摆在尼克松面前的难题。如果拒绝会见奥斯敏纳，访菲之行就会被视为美方有意让马科斯收获所有的访问红利（spin-off benefits），希望助推马科斯胜选。此外，选战刚开始，马科斯也尚不具备必胜的压倒性优势，选举结果鹿死谁手尚不得知。在美菲关系发展的关键时期，奥斯敏纳也可能当选，美方也不能忽视该可能性。但如果美方领导人会见奥斯敏纳，势必触怒马科斯，尼克松总统访菲原本是给其的"政治红包（political boon）"，效果就会大打折扣，恐马科斯政府在援越等问题方面不予配合。最终，基辛格向尼克松推荐了国务院的建议，即先行向马科斯通报尼克松拟会见奥斯敏纳的计划，称"美在和民主朋友们交往时，通常都会将会见反对党的领袖作为政治交往的正常内容"，这是"美国总统出访的传统"①，希望得到马科斯的理解。同时，基辛格通过百事公司总裁坎德尔（Donald Kendall）向奥斯敏纳转达美方对于菲总统大选的候选人没有倾向性，会保持中立态度的立场，并冀望与其保持紧密关系。尼克松访菲时，既保持了与马科斯的私人会晤，消除其对"关岛讲话"的担心，同时又在抵菲的当晚与反对派领导人集体会面，会面人员包括自由党主席罗哈斯、秘书长阿基诺和正副总统候选人奥斯敏纳及麦格赛赛（Genaro F. Magsaysay）。基辛格的巧妙安排化解了尼克松访菲的难题，成功维护了与朝野两党的关系，也避免向外界释放出美政府在菲大选中有倾向性的信号，避免了介入菲内部事务的指摘。②

马科斯实施军管法后，菲国内政党活动被严令禁止，报刊媒体被严格管

---

① "Backchannel Message from the Ambassador to the Philippines（Byroade）to the Assistant Secretary of State for East Asian and Pacific Affairs（Green）", December 17, 1969, FRUS 1969 - 1976, Volume XX, No. 202.

② "Backchannel Message from the Ambassador to the Philippines（Byroade）to the Assistant Secretary of State for East Asian and Pacific Affairs（Green）", December 17, 1969, FRUS 1969 - 1976, Volume XX, No. 202.

控，美驻菲大使馆就成为自由党等反对派唯一可以求援的目标。9 月 23 日，在马科斯实施军管法之初，菲自由党高层就专门派员赴美驻菲大使馆，指称马科斯此举主要是针对菲政治反对派，而不是所谓的共产党暴动，自由党代表还报告其下一步抗争的考虑，冀得到美方支持。① 1974 年 2 月 11 日，美大使馆向国务院报告近期两名菲参议员（DNSA 解密档案掩密处理了姓名）与美大使馆接触报告情况，参议员提出愿意在废止军管法、释放被捕人员、召开临时国民议会等前提下，有条件接受马科斯主导的 1973 年宪法。②

在强势实行"人权外交"的卡特政府时期，美政府更是加强了与在菲反对派的联系，以此作为施压马科斯改善人权的手段之一。1977 年 12 月，国务院向驻菲大使部署美在菲目标及实施方案时，明确提出要"适当维持和反对派组织成员及教会的广泛联系"③。在马科斯宣布将在 1978 年举行临时国民议会（IBP）选举后，菲反对派领导人看到了通过选举实现政权更替的微弱可能，阿基诺夫人专门携阿基诺亲笔信赴大使馆，争取得到美官方、美媒体对拟参加竞选的阿基诺的支持。④ 某反对派领导人（DNSA 解密档案文件中对人员姓名掩密处理——笔者注）也向驻菲大使馆分析阿基诺参选的利弊。⑤ 1978 年 1 月，负责人权事务的副国务卿德里安（Patricia Derian）访菲，空前广泛接触反对派人士和人权人士，先后与前总统马卡帕加尔、阿基诺夫人、天主教海梅·辛主教等人会谈，还单独看望了被关押的前参议员阿基诺。德里安副国务卿在菲刮起的"人权旋风"极大提升了当地反对派组织、教会机构的士气，马科斯、罗慕洛、恩里莱等完全被压制到处于"防守局面"。⑥ 卡特政府人权外交的凌厉攻势，不仅给马科斯政府制造出采取改革，避免被美行政部门和国会援助制裁的压力，也为美方在军事基地谈判中赢得了更好的谈判地位。

① "Liberal Party Inquires Re USG Attitude toward Martial Law Proclamation", September 23, 1972, DNSA, PH00533.

② "Senators ［Excised］ Shift Position on 1973 Constitution", February 11, 1974, DNSA, PH00649.

③ "U. S. Goals and Objectives in the Philippines", December 10, 1977, DNSA, PH01066.

④ "Aquino's Reaction to GOP Denial of Request for Release", February 27, 1978, DNSA, PH01179.

⑤ "Legislative Elections: ［Excised］Discusses Aquino and the Elections", February 24, 1978, DNSA, PH01174.

⑥ "Human Rights: Assistant Secretary Derians Visit to the Philippines: Contact with Opposition Personalities and Human Rights Activists", January 13, 1978, DNSA, PH01086.

2. 里根政府时期加强与反对派势力的接触

里根政府时期，在通过"安静外交""安静对话"方式对菲进行人权外交中，美方依然采取"保持与合法反对派之间长期广泛而中立谨慎的联系，以确保政府更迭下我们的应有位置"的立场。① 马科斯废止军管法后，美方既派布什副总统赴菲参加其 1981 年选举就职典礼，高调褒奖马科斯并强化与马科斯政权的关系，也安排政府高层或立法机构代表更加广泛接触反对派人士。8 月份，重量级参议员肯尼迪（Edward M. Kennedy）的外交政策顾问卡里奇（Jan Kalicki）访菲，向朝野两派都强调了肯尼迪参议员及国会在人权问题方面的一贯关注。其先后会见前参议员迪奥克诺（Jose Diokno）、前外长洛佩兹（S. P. Lopez）、阿基诺参议员的母亲，以及反对派政党组织棉兰老岛同盟（Mindanao Alliance，MA）领导人、宗教界人士，其关于"美在菲利益超过谁入主马拉卡南宫（Malacanang，菲总统府名称）"的表态给反对派"传递出信号"，提升了布什访菲给反对派打击造成的低落士气，平衡了美对执政党与反对派的掌控。②

（二）受制于马科斯政府的反制措施等因素，美与反对派"接触"成效有限

截至 1983 年 8 月阿基诺返菲遇刺前，美与在菲反对派的接触成效都较为有限，菲并没有形成一个团结统一的反对派联盟，更没有产生能挑战马科斯执政的反对派领导人。此中原因，既有马科斯反制措施取得效果的原因，也有反对派无法和美方关注的利益达成更多共识的原因，以及菲反对派势力利益诉求各异、缺乏凝聚力方面的原因。

1. 马科斯长期稳定执政符合美在菲利益，且马科斯成功反制美与反对派的接触

马科斯警惕和防范美与反对派的接触，通过指斥美国插手菲内部事务，抹黑反对派"通美"牺牲菲国家利益等方式予以反制。

卡特政府时期，针对美施压马科斯恢复国民议会选举、释放阿基诺的举措，马科斯宣称外国人支持政治反对派，显示出在选举中"持续和不同寻常的利益"③。马科斯抨击外国支持反对派是制造混乱（disorder），以削弱菲在

---

① "Mrs. Imelda Romualdez Marcos Meeting with Vice President-Elect George Bush on December 4, 1980"，DNSA，PH01800.

② "Staffdel Kalicki Visit to Philippines"，August 25，1981，DNSA，PH01994.

③ "Legislative Elections: Marcos Alleges Foreign Support of Opposition"，February 27，1978，DNSA，PH01180.

美菲军事基地和贸易谈判中的能力。马科斯政权将自身打造成菲利益守护者的形象，马科斯称只要其还是总统，就永远不会允许外国人影响内部事务，坚决反对这种新殖民主义行径。马科斯政权青年组织——青年运动（KB）发表声明，"所有接受外国指令和对外国势力效忠的候选人都应该被谴责"①，将争取美国支持的反对派描述成菲律宾利益的"叛徒"。马科斯称，反对派沦为外国利益的工具，其必须警示民众这个威胁。马科斯政府还发动6万人参加游行集会，抗议外国干涉菲内政事务，制造美国插手菲内政的舆论，并制约了反对派寻求美国支持的行为。

迫于马科斯要求美政府澄清对反对派、特别是阿基诺态度的压力，卡特政府时期，美副总统蒙代尔（Walter Mondale）、分管东亚事务的助理国务卿霍尔布鲁克、驻菲大使墨菲（Richard Murphy）先后澄清美国政府除了合法的菲律宾政府外，不会支持阿基诺或者任何其他人，明确向马科斯表态"我们无意破坏马科斯政权，更无意支持任何反对派"②。

2. 美方利益与菲反对派调整美菲同盟关系的纲领存在严重矛盾

马科斯统治时期的"合法反对派"在意识形态领域方面与执政政府并无根本性差异，但为了削弱美方对马科斯政权的支持，反对派人士普遍认为美对菲军事、经济援助和美菲军事关系维护了马科斯的统治，以及助长了马科斯政府对反对派势力的打压和其他人权侵犯，因此，调整美菲军事关系，撤出美驻菲军事基地成为反对派组织的普遍呼吁。反对派领导人萨隆加（Jovito Salonga）多次公开抨击美国政府，称美国政府与企业、美资补贴了"全世界最臭名昭著的独裁政府"，坚决要求美国基地撤出。③ 1978 年年底，美菲《军事基地协定》谈判行将顺利完成，菲前参议员萨隆加于 12 月 28 日约见美驻菲大使馆官员，明确表示反对派反对该协定，并会联合发表反对声明。反对派在驻菲军事基地方面的强硬立场，与美国在东南亚军事存在的安全利益需要存在根本性矛盾，反对派领导人不转变这一立场，双方则难以达成互信和深度合作。

3. 菲反对派势力过于支离破碎，口号化的模糊纲领缺乏民意支持

菲温和反对派领导人抨击马科斯保护外资的经济政策，明确期待商界的

---

① "Legislative Elections: Marcos Continues Foreign Meddling Theme", March 6, 1978, DNSA, PH01189.

② Richard J. Kessler, "Marcos and the Americans", *Foreign Policy*, Vol. 63, 1986, pp. 40 – 57.

③ "Former Senator Salonga Speaks out against Bases", March 1, 1979, DNSA, PH01439.

支持，经济政策上主张恢复军管法前的封闭的经济发展模式，工业生产商品供国内消费，通过关税限制来保护避免国外竞争。但重返军管法前的经济模式，恢复进口替代型和保护性发展只迎合了菲律宾商业精英的很小一部分诉求。绝大多数疏远马科斯政权的菲商界群体，只是出于对马科斯经济政策失败的不满，对马科斯裙带关系、垄断经营和腐败行径的不满，对菲经济竞争力低下的失望，虽然对马科斯经济政策不满，但更不会支持温和反对派开"倒车"的经济政策。

菲国内大众总体持亲美立场，并不反美或者反对军事基地的存在，反对派提出的废除《军事基地协定》之类的口号并不深得人心。反对派在反对基地存在问题上陷入尴尬境地，坚持该主张就难以进一步争取美方的信任和支持，调整该立场，则会流失选民及其组织内中坚力量。1978 年菲临时国民议会（IBP）选举，反对派候选人仅仅获得 13 个议席，连阿基诺都排在马尼拉选区的第 22 名（共 21 个席位），其中虽然有反对派不以党派团体参加选举以及马科斯政权舞弊等因素，但是也反映出反对派候选人缺乏对民众吸引力等明显不足。

1981 年布什访菲时，反对派在美国领导人眼中就是"人数众多却毫无组织（amorphous），缺乏明朗政治纲领，只会空喊口号和抵制选举，但一直被马科斯轻易击败（easily out-maneuvered）的一群无能之辈"①。直至 1982 年，美方依然认定"菲民主反对派是分崩离析的（fragmented），不能有效挑战马科斯的统治。马科斯很可能在身体允许情况下继续执政，至少完成直至 1987 年的当前任期"②。

二　美与在美反对派接触，旨在限制菲反对派极端化发展态势

根据美国国务院的统计数据，截至 1982 年 9 月，美籍菲律宾人员约 100 万之众，菲每年向美国移民约 35000 人，③ 冠盖全球。菲国内的政治争斗，也不可避免影响到大洋彼岸的美国菲律宾人群体，造成在美菲律宾人群体的分化。

---

① "The Vice President's Trip to Manila: June 28 - July 2, 1981", June 19, 1981, DNSA, PH01960.

② "For the State Visit of President Marcos to the United States", September 1, 1982, DNSA, PH02184.

③ "The Philippines: Background and Bilateral Issues", September 1982. DNSA, PH02179.

　　1980 年菲著名反对派领导人阿基诺以赴美就医方式流亡，在美的反对派领导人还包括在军管法前已流亡美国的前参议员曼格拉普斯（Raul S. Manglapus）、1981 年 3 月流亡美国的前参议员萨隆加等反对党领导人，以及曾支持马科斯竞选并两度出任副总统的洛佩斯（Fernando Lopez）家族成员等。反对派领导人与菲国内反对派势力遥相呼应，相互配合，并积极在美国建立反对马科斯政权的大本营，寻求得到美国政府支持。

　　在马科斯实施军管法期间，在美菲律宾反对派发起了反对军管法运动（Anti-Martial Law Movement，AMLM），先后成立了恢复菲律宾国民自由全国委员会（National Committee for the Restoration of Civil Liberties in the Philippines，NCRCLP），民主菲律宾人同盟（Katipunan ng mga Demokratikong Pilipino，KDP，意为 Union of Democratic Filipinos），菲律宾人民之友（Friends of the Filipino People，FFP），以及自由菲律宾运动（Movement for a Free Philippines，MFP）。反对派还拥有 1972 年在加利福尼亚州创办的报纸《菲律宾新闻》（*Philippine News*）作为宣传媒介。一批不满马科斯经济政策而出走美国的商界精英，与这些反对马科斯统治的政治群体，基于反对马科斯政权统治的共识结成同盟。该同盟连同一批年轻和激进的知识分子、传统的权贵，形成强大的对美国国会的游说集团。① 在菲国内媒体严格管治的时期，美国普通民众乃至立法机构人员获悉的很多关于菲律宾的信息，都是通过这些反马组织。这些组织揭露乃至夸大了菲人权事务、执政弊端、经济政策及实践的错误，完美迎合了美立法机构对菲事务的关心。②

　　（一）美国务院与反对派领导人阿基诺保持密切联系

　　虽然在美菲两国政府交涉阿基诺流亡美国问题时，美方再三承诺不会将阿基诺尊为座上宾（lionize），但是在阿基诺流亡美国期间，美国务院与阿基诺保持了密切的联系。笔者不完全统计，在可见的美政府解密档案中美国务院官员先后 26 次与阿基诺联系，时间跨度从 1980 年 6 月 17 日至 1983 年 4 月 10 日，其中卡特政府时期 16 次，里根政府时期 10 次。联系方式包括书信、电话、会面等方式，其中绝大多数是阿基诺主动致电美国务院远东及太平洋事务司菲律宾处（EA/PH）负责人。

---

　　① Robert Pringle, *Indonesia and the Philippines: American Interests in Island Southeast Asia*, New York: Columbia University Press, 1980, p.57.

　　② Gregor A. James, *Crisis in the Philippines: A Threat to US Interests*, Washington: Ethics and Public Policy Center, 1984, p.47.

在与美方的联系中，阿基诺改变了自己以往公开批评美国的态度，积极表明自己是一个美方利益合作者，而不是"反美人士"。他表示已不再反对美国在菲军事基地，称军事基地事宜不是问题。① 他主动向美方预警马科斯内阁调整考虑，马科斯派代表邀约他及其他在美反对派返菲动向，他与"摩解"领导人米苏阿里私下通信和会晤情况，赴德国会见菲主教海梅·辛及获得教皇对菲施压承诺动向，与在菲的反对派团体——统一民族民主组织（UNIDO）及领导人协调立场情况，并就美方如何理解东方文化和菲律宾形势，有效施压马科斯政府提供建议。

美国务院官员在和阿基诺接触中，保持谨慎观察的态度，一来是担心其与马科斯之间有政治交易，二来系对其反映情况半信半疑，甚至专门派员核实研判。美国务院官员在与他3年多的几十次接触中，对其评价并不高，具体包括：反映情况不准确，严重偏离事实；好大喜功，过于吹嘘个人作用；口心不一，履行承诺能力较差等诸多缺陷。例如1980年里根总统胜选后，阿基诺向媒体吹嘘其与里根竞选团队负责人米斯（Edwin Meese III）建立了良好关系，此举给时任卡特政府及候任里根政府均带来尴尬，也引起马科斯当局的不满。国务院查证该情况纯属虚构，阿基诺也专门致电美国务院菲律宾事务负责人认错，承认只是米斯办公室工作人员联系其提供一些关于菲律宾方面公开研究资料而已。美驻菲大使也专门就此向马科斯进行解释说明，马科斯做出"阿基诺说得越多，距离毁灭他自己就越近"的评价。②

（二）严明美方立场，出台举措，严防菲反对派势力的极端化发展

1979年后，特别是1980年7月至9月期间，菲律宾首都马尼拉地区发生系列爆炸案，菲警方抓捕了一批犯罪嫌疑人，其中包括美籍菲律宾人洛夫利（Victor B. Lovely）及其同伙，洛夫利供称受到在美反对派领导人阿基诺指使。而在随后破获的一些案件中，菲政府发现近年出现了"点火运动（Light-a-fire Movement）"、"四六解放运动（April Sixth Liberation Movement）"等新组织。这些组织人数不多，在意识形态方面反对共产主义，人员主要来自中产阶层，因不满传统反对派对马科斯政府和平抗争方式，认为马科斯当局只会屈服于暴力抗争，因此试图通过采取恐怖主义行动来颠覆政权。马科斯当局将这类组织定性为"城市恐怖分子（Urban Terrorists）"，发现其资金

---

① "Possible Cabinet Changes", June 20, 1980, DNSA, PH01687.

② "Aquino [No Contact with Edwin Meese]", November 20, 1980, DNSA, PH01792.

与武器来自美国及国外，是菲反对派组织的极端化发展新形式，提请美国政府合作应对。收到菲政府协查请求后，美政府也高度警惕菲温和反对派极端化发展的新趋势。

首先，国务院协调美联邦调查局（FBI）专门开展涉及菲马尼拉系列爆炸案的刑事调查工作，调查自由菲律宾运动（MFP）的组织架构、资金情况。美国联邦调查局还专门向自由菲律宾运动领导人曼格拉普斯调查该组织与菲国内事件的联系情况。美联邦调查局通知各地区分支机构，开展关于阿基诺、曼格拉普斯以及其他在美菲律宾人员与恐怖主义联系的调查工作。

其次，向阿基诺等反对派领导人表明美方在菲政治发展中的"和平过渡"立场。阿基诺在与前驻菲大使沙利文的会面中，毫不讳言自己与马尼拉爆炸案有关，称自己刚见过 5 名对爆炸案负责任组织的成员，并表示还将制造更多暗杀和爆炸，督促马科斯政府交出权力。[1] 此外，他先后在亚洲之家（Asia House）演讲中声称要使用绑架、犯罪和威胁等方式获取的经费在尼加拉瓜购买武器供国内武装行动，"如果马科斯不和平离任，将面临武装起义的强行驱逐"[2]，在自由菲律宾运动（MFP）的筹款晚宴上发表支持马尼拉爆炸恐怖活动的言论，以及暴力推翻马科斯政府的目标。这些鼓吹暴恐活动的言论引发美菲两国媒体哗然，美国务院官员专门就此向阿基诺交涉，助理国务卿霍尔布鲁克明确向阿基诺提出美方关于"和平过渡（peaceful transition）"的态度，"我们反对暴力……如果菲律宾要发生变化，我们希望变化和平产生"[3]。

1981 年 6 月，布什副总统赴菲参加马科斯宣誓就职典礼，其在菲表示"里根政府反对恐怖主义，更加反对利用美国来实现恐怖主义的目的。……如果证据充分，美方将采取必要行动"[4]。8 月，美肯尼迪参议员外交政策顾问卡里奇（Jan Kalicki）访菲，先后会见前参议员迪奥克诺（Jose Diokno）、前外长洛佩斯（S. P. Lopez）等反对派领导人，其也再次明确反对利用美国实施恐怖主义来实现政治目标是里根政府的坚决立场，也是两党的强烈共

---

① "Bombings［Benigno Aquino Meets with Group Claiming Responsibility］", September 9, 1980, DNSA, PH01744.

② "Senator Aquino's Speech at ASIA House", August 6, 1980, DNSA, PH01709.

③ "Various［Benigno S. Aquino Discusses Philippine Affairs with State Department Officials in Boston］", August 22, 1980, DNSA, PH01722.

④ "Your Visit to Manila", June 18, 1981, DNSA, PH01959.

识。① 美行政部门及立法机构先后向菲马科斯政府及反对派明确了美坚决反对以美为基地，策划、资助、推动在菲开展暴力恐怖行动的立场。

（三）积极回应马科斯《引渡条约》谈判请求，遏止反对派极端化活动

1980 年 4 月，菲国防部长恩里莱向美驻菲大使馆官员提出，希望引渡隐匿在美国的 4 名涉嫌参与马尼拉系列爆炸案的"点火运动"成员。1981 年 6 月，马科斯向访菲的美国国务卿黑格（Alexander M. Haig, Jr.）提出希望两国签订《引渡条约》，以便可以起诉受控恐怖主义分子和开展非法活动的在美菲人。② 1981 年 11 月，美菲双边签署《引渡条约》，美国务院虽然声称该条约是对等条约，不针对在美的菲政治反对派领导人，引渡人员也限定于涉及普通犯罪（common crime），不包括政治原因人员，但依然引发在美"反马"菲组织和国会内的反对声音，担心马科斯政府滥用该协定来引渡反对派人员。虽然该条约仍有待国会批准，但两国政府间签订《引渡条约》以及美政府表示的"和平过渡"要求，对在美反对派活动构成一定遏止威慑，防止了在美"反马"势力与菲国内反对派势力联合并逐步走向暴力化的趋势。

第三节　美里根政府对菲天主教组织的政策

16 世纪，伴随着西班牙殖民者对菲律宾的殖民侵略，天主教在菲律宾群岛逐步开始传播。1571 年，当西班牙殖民军占领马尼拉，确立对菲律宾的殖民统治之后，天主教会的力量也不断壮大，成为西班牙维持菲律宾殖民统治的重要支柱。在 300 多年的西班牙殖民统治时期，由于西班牙在菲律宾采取了政教合一的方式，因而，天主教会不但掌管宗教权力，而且享有广泛的政治、司法、文化、教育、经济等权力。西班牙殖民统治对该国最重要的影响就是菲律宾的天主教化，菲律宾也作为独特的亚洲唯一天主教国家而长期存在。在 19 世纪末的菲律宾革命时期，菲律宾民族资产阶级经过激烈辩论，通过了 1899 年宪法（也称为《马洛洛斯宪法》)③，其中明确规定了"宗教自由、宗教平等、政教分离"三大原则。但随后，菲律宾革命流于失败，菲

---

① "Staffdel Kalicki Visit to Philippines", August 25, 1981, DNSA, PH01994.

② "Marcos/Romulo Speak of Their Talks with Sec. Haig", June 22, 1981, DNSA, PH01961.

③ Philippine government website, "the 1899 constitution", http://www.gov.ph/constitutions/the - 1899 - malolos - constitution/.

律宾从西属时期进入美属时期。美国对菲律宾进行了约半个世纪的殖民统治，给菲律宾带来两党制和选举政治、英语普及等。虽然美国统治时期菲律宾通过的 1935 年宪法并未包括"政教分离"明确条文，但该时期的政治实践中"上帝的归上帝，恺撒的归恺撒"，继续践行了政教分离原则。

1946 年 7 月 4 日，菲律宾实现独立。该时期，在政教分离原则之下，菲律宾政府与该国基督教组织也保持了较为顺畅的合作关系。美国政府、菲律宾政府及菲律宾的基督教组织在仇视社会主义政权、坚定反共立场方面有着较为一致的态度。例如，菲律宾天主教会于 1945 年建立的天主教福利组织（Catholic Welfare Organization，CWO），在 1967 年 12 月 12 日被菲律宾天主教主教会议（Catholic Bishops' Conference of the Philippines，CBCP）取代之前，一直是菲律宾天主教会的最高机构，是一个亲政府而极端反共的教会领导机构。因此，这一时期的美菲关系及菲律宾的政教关系高度一致，共同反共。

1965 年年底，马科斯当选菲律宾总统。马科斯统治时期，菲基督教组织与马科斯政权的关系经历了从合作到对抗的三个阶段（分别是 1965—1972 年的教会"入世"阶段，1972—1979 年的教会对政权"批评性合作"阶段，1979—1986 年的非暴力抵抗阶段）。① 而美国政府与菲基督教组织的关系在这三个阶段也呈现出显著差异，这既缘于菲基督教组织的变化，菲国内政教关系的变化，也有美根据地区形势进行外交政策调整方面的因素。

一　1965—1972 年，美政府逐步关注菲律宾天主教组织

（一）美国政府评估菲基督教机构政治作用有限

1960 年菲律宾人口普查结果显示，83.8% 的菲律宾居民信奉罗马天主教，菲拥有 3239 名天主教神职人员，在行政管理方面分设 43 个"教会管辖区"，联系 1448 个教区，全国有 80 多名主教，地方教会通过马尼拉大主教同梵蒂冈取得联系，拥有 917 所初等和中等学校，将近 200 所专科学院和综合大学，学生总人数达 80.4 万人。② 此外，该国还有大约 3% 的民众信仰基督新教，但信众分属一度高达 200 多个派别，各派别的立场千差万别，难言

---

① 冯雷：《菲律宾天主教会同马科斯政权的关系》，《东南亚研究》2000 年第 4 期。
② ［苏］Л. Л. 泰凡著，施纯谋译：《菲律宾居民的宗教信仰》，《东南亚研究资料》1985 年第 3 期。

团结。虽然菲律宾的基督教组织有着广泛的群众基础和全国性组织机构、教育机构，但总体而言，教会还是主要作为精神力量作用于菲律宾社会，较少卷入政治，对社会事件的关心不够，也没有清晰一致表达教会的立场和反应。

美国国务院 1965 年 12 月 1 日出台的《菲律宾政策报告》中，提到"80%左右的民众信奉罗马天主教，天主教深深植根于菲律宾社会机构之中"，"由于天主教会的重要地位，其常常参与到国民生活的绝大多数层面中"，"在每一次选战中，都谣传教会卷入其中"。"但总体而言，虽然教会的政治影响力巨大，但教会领导层或普通神职人员在根本性政治问题方面几乎难以形成统一立场"。评估基督新教时，该报告也认为当时"基督新教政治重要性不大"①。

菲律宾自由党参议员阿基诺（Benigno S. Aquino Jr）在 1968 年的《外交》杂志发表《菲律宾怎么了?》的文章，文中毫不讳言对天主教会的失望之情，认为"天主教会长期忽视社会改革的需要，日益松弛，超然世外"，希望"新一代的菲律宾人能够唤醒天主教会发挥积极作用"②。

（二）菲律宾天主教会的变革与积极"入世"

1962 年 10 月，罗马教皇约翰二十三世召集召开了梵蒂冈第二届大公会议（简称"梵二会议"）。这次会议是罗马教廷在 20 世纪召开的第一次大公会议，也是其历史上规模最大、涉及内容最广泛的一次会议。本次会议的讨论主题是"教会的自我革新"和"基督徒的合一"，口号是"认清时代的征兆（signs of the times）"与"适应时代形势"。教会《宪章》明确提出"上帝子民"的观点，抛弃以往"圣统制"观点，确认教会不是一个等级的社会和一种世俗的统治，而是一种服务性的团体，一个为"上帝子民"工作的组织。因而原先金字塔式的体制将由以信徒为主的平面型结构来代替。这是会议文件的一个最根本变化，它一改历史上罗马天主教会一贯贬低人生和尘世的态度，转而十分突出地强调教会要关心世俗事物，积极参加尘世的建设。会议强调进行社会变革的正当性和必要性，强调主教、教士、俗人集体行动的重要性，以及具有帮助穷人的献身精神，对社会与政治结构做出相

---

① "National Policy Paper on the Republic of the Philippines—Part II［Details Factors Considered in Formulating Part I］", December 1, 1965, DNSA, PH00088.

② Benigno S. Aquino Jr. , "What's Wrong with the Philippines?", *Foreign Affairs*, Vol. 46, No. 4, 1968, pp. 770 – 779.

应变革，个人的权利等，要求教会为解决当代社会存在的问题做出积极的贡献。会议的这种"入世"思想，不仅要求教会人士去关心俗世，还要去改变俗世；不仅要主动的对普通社会现象作出判断，做出反应，"而且一旦因为维护基本人权……使得这种判断变成必要时，还可以对政治秩序中的事务做出这样的判断"①，这一点正是以后菲律宾教会积极介入政治发挥作用的一个重要指导理论。

菲律宾天主教会也因应出现变化，最高机构菲律宾天主教主教会议（CBCP）发给各个教区的教会信中明确指出"上帝不应该只关心人的精神生活，还应该包括人民的物质需要"②，提出教会要帮助穷人来摆脱贫困的境地的任务。教会还从教义中找到依据："对穷人不能只讲大道理，还应该为他们做实事。……这是教会及其教士的使命，也是修道的内容。"③ 在此思想指导下，菲国内一些教会新机构应运而生，其中最大的有两个组织机构，一是 1966 年建立的"全国社会活动秘书处（NASSA）"，其宗旨是在全国每个主教管区设立一个社会活动中心，负责发起和执行社会活动项目；另一个是 1967 年建立的"全国天主教农民代表大会"，该组织也是在菲律宾天主教主教会议的支持和赞助下建立的，重在激励和指导教徒参与社会活动。

（三）美政府对菲律宾天主教组织关注增多

随着菲天主教组织日益活跃，特别是积极参与政治事务之中，美政府加强了对这些组织的关注。1965 年菲总统选举期间，美驻菲大使馆定期向国务院汇报选情，报告中就包括天主教会及桑托斯（Santos）枢机主教等教会领导人的声明及动向，以及大使馆对教会活动给选情带来影响的分析。④ 由于当时菲天主教组织政治观点存在分歧，有极少部分教会人员对菲共活动持支持态度，马科斯政府抨击天主教组织存在"通共"行为。1970 年 9 月 22 日，马科斯夫人访美期间，专门就菲天主教组织与菲共存在勾连事宜与美国中央

---

① ［美］塞缪尔·亨廷顿：《第三波——二十世纪末的民主化浪潮》，刘军宁译，生活·读书·新知三联书店 1998 年版，第 89 页。

② CBCP, "Joint Pastoral Letter of the Philippine Hierarchy on Social Action and Rural Development", January 8, 1967, http://www.cbcpwebsite.com/1960s/1967_ 2. html.

③ ［美］冯德麦登：《宗教与东南亚现代化》，张世红译，今日中国出版社 1995 年版，第 111 页。

④ "Election Situation（Report No. 5）", October 28, 1965, PH00051, DNSA.

情报局（CIA）局长赫尔姆斯（Richard Helms）进行会谈，其夸大其词称"菲共产党活动得到天主教会，特别是耶稣会的支持"，"因1971年菲将举行制宪会议，如美国政府不协助菲律宾应对，菲政府恐将变色为共产党政权"①。马科斯夫人充分把握美政府对菲律宾共产党势力壮大的担心心理，夸大天主教会中激进左派的作用，目的在于敦促美国政府加大对马科斯政府的经援和军援，稳定制宪会议前的菲政局和经济局面。赫尔姆斯局长对此甚为重视，专题向时任尼克松总统进行汇报。

二　1972—1979年，军管法实施后，美政府对菲天主教组织日渐重视

1972年9月21日，马科斯在菲律宾全境实行军事管制。在这种局面下，天主教组织成为菲仅存的合法组织，特别是等级严密、组织结构完整、自有电台等宣传体系的天主教会成为一支强大的全国性力量，马科斯政府、政府反对派势力都对天主教组织予以争取，美政府也通过驻菲大使馆、国会议员等与其加强联系，掌握菲律宾政局走向。

（一）美政府密切关注菲政教关系变化

在军管法实施之初，菲律宾天主教组织都对此持观望态度，1972年9月26日，菲律宾天主教主教会议发表的声明对军管法采取了默许的立场，也有部分领导人对此表示支持。基督新教团体对军管法表达了支持的态度，基督新教与基督教会联合会（World Council of Churches，WCC）及美国基督教会联系密切，且在菲中产阶级中有着一定规模的信众，受到国际媒体等关注。基督新教对军管法的支持态度也体现了菲中产阶级对马科斯政府借军管法实现安全秩序及经济繁荣的期待。马科斯在实施军管法之前即通过美驻菲大使馆进行通报，军管法实施后，美国政府发表了措辞暧昧的声明，对马科斯军管表达了谨慎乐观的期待。

但马科斯军管法期间政教关系的蜜月期很快就戛然而止，天主教组织与军方、政府的冲突逐步增多，政教关系渐趋复杂。

1973—1974年，菲政府逮捕一些基督新教的人员，打破了基督新教对马科斯军管法的幻想，双方开始出现矛盾和对抗。1973年10月，代表浸信会等各派别的基督新教全国性联合组织——菲律宾教会全国委员会（National

---

① "Memorandum of Conversation: Conversation Between the Director of Central Intelligence and Madam Imelda", September 22, 1970, NO.227, FRUS（1969–1976）V20.

Council of Churches in the Philippines，NCCP）致信马科斯总统，呼吁恢复言论自由。1974 年，该组织步入反对军管法的阵列，明确提出取消军管的要求，并要求外交部长对菲律宾与日本签订菲日友好商业及航行条约情况进行说明，反对政府在美国安排下与二战敌国日本签署该条约。

在天主教会方面，鉴于其中保守派势力远超温和派和激进左派势力，天主教会对马科斯政权总体突出合作态度，即使出现军方冲击教会活动、关闭教堂和损害教会利益，以及不断出现拘捕教会人士的情况下，天主教会也未能团结一致发声反对，仅冀望通过 1973 年 11 月成立的"教会——军方联络委员会（Church-Military Liaison Committee，CMLC）"予以调解处理。但随着政教冲突的日益增加，特别是温和派领导人——著名的菲天主教领导人海梅·辛主教（Jaime L. Sin）1974 年升任马尼拉大主教，1976 年升任枢机主教，其在天主教会的权威不断树立，其"批判性合作"（Critical Collaboration）态度也得到教会以及反对派势力较为一致的支持，随着政教冲突的增多，其与政府的"合作"不断减少，而对政府的"批判"日益尖锐。

马科斯政府也意识到天主教组织在政治事务中趋于活跃的态度，感受到来自教会方面的压力，采取举措予以应对。在马科斯推动通过的 1973 年宪法中，明确做出了"政教分离不得侵犯"的规定。[①] 为防止美国、南美的宗教团体与本国宗教机构合作对政府施压，1975 年 11 月，马科斯出台总统823 号法令，针对外国修士、修女通过对各种团体、协会的介入而对政府行为进行干涉，禁止任何外国人（包括外侨）支持菲律宾的社会团体、协会、工会组织等。马科斯政府多次对"政教分离"的原则进行了重申，试图有效遏止当时教会日趋明显和深入卷入政治的趋势。

这一时期，美国政府对菲律宾的关注重点毋庸置疑是 1955 年签订、将于 1974 年到期的《劳雷尔—兰利协定》，以及越南战争结束后如何维持其在菲律宾的军事基地问题。但美国政府也关注到菲律宾的政教关系变化，担心天主教势力与菲共党力量接触合作。如 1974 年 12 月，美驻菲大使馆就军管法实施以来的菲政治经济情况向国务院进行专题报告，其中对于教会作用和前景着墨颇多，关注到"非同寻常勇敢和精明的海梅·辛大主教带领下的

---

① Philippine government website： "the 1973 constitution"，http：//www. gov. ph/constitutions/1973 – constitution – of – the – republic – of – the – philippines – 2/.

天主教会对马科斯政权的挑战"①，但评估认为"目前虽然菲律宾民众对海梅·辛表现出欣赏态度，但尚未发展到围绕其开展反政府活动的境地"，"如果天主教会的作用不断发展，有可能出现教会与反对派联合的情况"。美国驻菲大使馆密切向国务院报告菲律宾政教关系变动情况，包括《教会尖锐批评马科斯政权动向报告》②、《"教会——军方联络委员会"（CMLC）运作情况报告》③、《菲律宾天主教主教会议致信马科斯总统报告》④、《基督教组织对军管法的评论意见报告》⑤ 等。

（二）菲基督教组织寻求美支持其向马科斯政府施压

1977 年，吉米·卡特就任美国总统，宣布把承担对人权的责任作为其外交政策的核心，并声明"我们必须承担对人权的绝对责任……，（美国）渴望同那些尊重人权和促进民主理想的民族站在一起"⑥。"人权外交"受到卡特政府的高度重视，美国政府还声明，美国与盟国或者对手的关系都会受到人权因素的影响。

菲阿基诺参议员等反对派及基督教组织对此表示欢迎，希冀将菲国内政治冲突、政教冲突"国际化"，吁请美国和国际社会向马科斯政府施压，尽早废止军管法，保障人权。这一年，国际人权机构大赦国际（Amnesty International）、国际法学家委员会（International commission of jurists，ICJ）及美国国务院都出台了关于马科斯政府的人权报告，报告中对于天主教组织提供的政府侵犯人权、破坏政教关系等证据予以采信，指斥马科斯政府实施军管法以来出现人权状况倒退。美人权外交政策出台后，美国参议院还专门就菲律宾人权状况进行听证，将人权状况与军援、经援等挂钩的做法，给马科斯政府带来了一定压力。菲马科斯政府对大赦国际和教会发表人权报告，并试图通过美政府向菲施压大为光火，时任菲国防部长恩里莱抨击"大赦国际和菲律宾教会都是被共产党渗透的组织"，指斥"有教会领导人参与共产党阴

---

① "Martial Law II"，December 13，1974，PH00727，DNSA.

② "MSPC II：Church Report Critical of Government［The Second Mindanao – Sulu Pastoral Conference］"，May 15，1974，PH00676，DNSA.

③ "The Church-Military Liaison Committee System"，July 11，1974，PH00688，DNSA.

④ "CBCP Delivers Letter to President"，September 6，1974，PH00699，DNSA.

⑤ "Church Comments on Martial Law：CBCP Letter to President and MSCP Guidelines for Citizens"（该解密档案标题确实如此，中间以分号分隔，但是是同一篇 PH00707 文件），September 23，1974，PH00707，DNSA.

⑥ 周琪：《意识形态与美国外交》，上海人民出版社 2006 年版，第 355 页。

谋，旨在破坏民众对军方的信任和对政府的支持"①，并将教会列为菲律宾政府的"威胁"，② 菲政教关系走向更加紧张对立。美国政府愈加重视菲律宾天主教组织的作用，在 1978 年 1 月出台的题为《大主教与菲律宾政治格局》报告中，美政府关注海梅·辛"表达出迄今为止最清楚的政治态度"，"海梅·辛已经成为公开的重要政治影响力量"③。

三　1979—1986 年，美政府与菲天主教组织互动推进菲政治进程

1979 年成为菲律宾政教关系的分水岭，也成为美菲关系史上的重要节点，美政府与菲天主教组织关系也悄然发生深刻变化。1979 年，菲政教关系从"批评性合作"发展到"非暴力抵抗"阶段，天主教组织公开抨击马科斯政府施政，公开组织反政府示威集会，开始扮演起政治反对派的角色。而同时，由于 1978 年 11 月苏联与越南签署《友好合作条约》，次年越南允许苏联太平洋舰队进驻越南金兰湾，美苏在东南亚地区出现紧张的安全对峙局面。在此背景下，菲对美的战略重要性再次提升，美菲之间延宕 5 年未决的军事基地磋商快速取得成果，美对菲律宾的军援和经援激增，相应对菲的人权抨击降低了调门。此外，伊朗伊斯兰革命对美国"人权外交"造成重大打击，美政府出现"菲律宾成为下一个伊朗"的担心，通过驻菲大使馆、参众议院议员等渠道加强与菲律宾基督教组织的直接联系，敦促教会能坚持政教分离、坚定反共立场，引导信众批评政府但不出现反美的民情。菲天主教组织也对美政府影响马科斯政权存有期待，向美政府反映菲律宾政局走向，向美政府寻求通讯设备等支持，最终在 1986 年"人民力量革命"中发挥了关键性作用。

（一）美政府力促菲天主教组织协助维护菲政治的长期亲美立场

菲作为美国的盟友存在于美苏冷战格局中，美政府在菲律宾的最大利益就是维持"反共的亲美政府"，确保在菲的军事存在，支撑其亚洲安全战略。马科斯实施军管法之后，美参议院的报告就明确表示"美在菲的军事基地和亲美政府比菲律宾是否实行民主制度更重要"。④ 这种观点在这一时期依然适

---

① "Defense Secretary Hits Amnesty International, Church, Communists", December 5, 1977, PH01059, DNSA.

② "Enrile Lists Internal Threats and Reveals New Organization", July 3, 1978, PH01303, DNSA.

③ "The Cardinal and the Philippine Political Scene", January 19, 1978, PH01093, DNSA.

④ U. S. Senate, Committee on Foreign Relations, *Korea and the Philippines*: *November* 1972, *A Staff Report*, 93*rd* Congress, 1*st* Session, Washington D. C.: Government Printing Office, 1973, 2, 18, p. 45.

用,并因为苏联与越南密切同盟关系而更加凸显。在卡特政府后期,美对菲律宾人权批评几无作用,里根政府上台后,更是对原有的人权外交政策大幅修正,以新保守主义思想指导执行外交政策,将各人权状况不佳的国家分为专制政权和极权政权,按照双重标准异策应对。例如对菲的态度就是"专制统治的友邦应该得到美国的坚定支持,这是防止其变成敌对的极权政权的唯一可接受的替代选项"①。美国政府担心菲律宾共产党(CPP)及旗下武装组织新人民军(NPA)在菲推翻亲美的马科斯政权,建立社会主义政权。因此美政府一直非常忌惮拥有广泛信众的菲基督教组织与有着不断扩大的群众基础的菲共产党联合起来,反对执政政府,或者是菲天主教会在海梅·辛的领导下发动伊朗式革命,建立政教合一新政权。美驻菲大使馆积极评价菲律宾安东尼奥·马布塔斯(Antonio Mabutas)枢机主教对教会激进派势力的约束立场,特别是该枢机主教提出的"共产党是政府和教会的共同敌人"的论述,② 以及海梅·辛多次重申的"教会永远不会和菲共及新人民军结盟"③,美国政府认可和鼓励"菲天主教会是菲强有力的反共、反暴乱堡垒(strong bulwark)"的作用。④

1978—1979 年,伊朗发生伊斯兰革命,亲美国的巴列维领导的伊朗君主立宪政体在革命中被推翻,霍梅尼成立了政教合一的伊斯兰共和国。这一事件对美国卡特政府的"人权外交"打击重大,美国政府出现"谁失去了伊朗?"的质问和"菲律宾会否成为下一个伊朗"的担心。美国政府加大对菲律宾政府的直接军事援助、经济援助,以及通过世界银行、国际货币基金组织等对菲律宾予以经济援助,确保菲马科斯政权稳定和坚定的亲美立场,保障美在菲苏比克海军基地及克拉克空军基地及其他军事设施的顺利使用,美政府也敦促马科斯政权采取必要措施缓和国内政治矛盾,以及化解尖锐的政教冲突。1979 年,美国务院专门要求美驻菲大使馆报告菲政治情势,并强调要将天主教会在菲发挥的作用作为"优先关注"进行报告,分析教会与马科

---

① William J. Burns, "The Reagan Administration and the Philippines", *The World Today*, Vol. 38, No. 3, 1982, pp. 97 – 104.

② "Philippine Archbishop Gives Positive Assessment of Church-State Dialogue", January 7, 1983, PH02282, DNSA.

③ "Cardinal Sin Speaks out Again", July 23, 1981, PH01978, DNSA.

④ "Assessment of the Southern Philippines and Its View of the U. S. -RP Relationship—Part Four of Five [Catholic Church; Media; Social Justice and Education]", August 2, 1983, PH02468, DNSA.

斯政府"新社会运动"或反对派力量的关系变化情况。①

　　菲会否发生伊朗式的革命,海梅·辛会否成为菲律宾的霍梅尼,这是1979年甚为困扰美国政府的难题。1980年1月,美驻菲大使馆获取到阿基诺参议员写给海梅·辛枢机主教的信函,更是印证了美政府的担心不是无稽之谈。阿基诺在信中恳请海梅·辛发挥"精神与政治的双重作用",表示"请其接受反对派的领导权"的劝进之意。② 但是海梅·辛对此表示自己"知进退",更明确表示自己无法发挥霍梅尼式的作用,并以其惯常的幽默方式表示原因是"因为我没有大胡子"。③ 对于社会上纷纷扰扰的流言,海梅·辛公开表示自己坚定支持政教分离,认为"政教关系就是铁路的平行道轨,两条道轨相距太远太近都会脱轨。政教拥有着共同的目标:人类的发展。政府是聚焦于民众的世俗福利,而教会只负责参与保障信众的精神福利"④。海梅·辛还明确拒绝在任何政府设立的机构任职。

　　天主教组织的反共立场,以及坚定支持政教分离的立场是美政府与其合作互动的前提基础,美政府突出认可海梅·辛的作用,认为其是"菲律宾政治、经济、社会动荡的晴雨表,过往的纪录总是相当准确"⑤。

　　(二)美政府鼓励菲天主教组织在民主、人权事务方面发挥作用

　　1979年3月,美参议院举行关于人权与对菲援助听证会,美国务院官员面对给菲更多军援会否增加马科斯对国内镇压的质询时,公然为马科斯政权辩护,予以否定回答。国务院还专门致信积极推动在参议院听证中向行政部门施压的达马托参议员(D'Amatol),表示菲政府并未对天主教组织进行骚扰,政教关系正在向好发展。⑥ 这引发了菲天主教组织、反对派及广大民众的强烈不满,认为正是美政府以庞大的援助支撑马科斯政权才使其能够苟延残喘。菲国内反对马科斯的民情逐步与之前反美的民族主义情绪叠加,多地发生集会示威,打出反美旗号,引发美政府、美驻菲机构的担心。

　　1979年开始,美政府直接与菲律宾天主教组织接触,表达美政府与马科

---

①　"Substantive Reporting Plan", October 22, 1979, PH01542, DNSA.

②　"Aquino Letter to Cardinal Sin", October 25, 1979, PH01548, DNSA.

③　"Aquino Letter to Cardinal Sin", October 25, 1979, PH01548, DNSA.

④　"Martial Law, the Marcoses and Cardinal Sin", March 24, 1980, PH01631, DNSA.

⑤　"Martial Law, the Marcoses and Cardinal Sin", March 24, 1980, PH01631, DNSA.

⑥　"Department of State Disagrees with Constituent View That Philippine Government Engaged in a 'Consistent Harassment of the Church'", February 26, 1982, PH02083, DNSA.

斯独裁政府在保持"安全距离"，以及鼓励菲律宾天主教组织在民主、人权事务方面的推动作用。1979 年 5 月 12 日，著名的美国民权运动领导人，时任美驻联合国代表安德鲁·杨（Andrew Young）大使专程赴菲，了解菲律宾政治发展情况，与天主教组织不同派别的 Christine Tan，Emelina Villegas，Benigno Mayo，Ralph Salazar，Cirilo Rigos，George Rigos，George Castro 等 7 名领导人进行会晤（受邀的 Julio Labayen、Joachim Bernas、James Reuter 等其他几名宗教领袖拒绝与会），杨大使还专程与海梅·辛见面。菲天主教组织领导人表示美在菲律宾关注的人权利益正在受到不断侵犯，表达了对美政府对侵犯人权的马科斯独裁政府无所作为的不满，认为美在论及人权事务时的"可信度极低"和"令人失望"。① 杨大使表示其专门来菲听取教会人员对于形势的第一手意见，阐述了美在菲律宾的利益包括以军事基地为载体的安全利益，以及本届卡特政府高度重视的人权利益，虽然美国在保障这两方面利益的政策有时会出现矛盾，但美政府不会忽视在菲的人权利益。杨大使也坦言美政府在海外反对独裁，维护民主体制的努力也不尽成功，譬如在多米尼加就成功了，在尼加拉瓜就遭遇到失败。杨大使承诺，通过国会、国务院根据菲人权状况评估实施援助，以及教会组织及利益团体的工作，美政府会向马科斯政府施压来尽早结束军管。杨大使还就自己既往的民权运动经验与教会领导人进行交流，强调教会做事应该公开透明，防止被共产党"玷污"，并坚持以民权斗争方式推动非暴力变革，这得到与会教会人员的认可。② 11 月 1 日，正值马科斯宣布将于 18 个月内取消军管法，以及反对派呼吁海梅·辛充任反对派领导人之时，美驻菲大使馆官员与海梅·辛会晤，听取其对菲政局走向的看法，了解海梅·辛对"批评性合作"升级为菲天主教会统一立场的阐述，评估其有意与被羁押的阿基诺参议员保持一定距离，并向国务院汇报"会密切关注海梅·辛今后的言行"③。之后，美副国务卿保罗·沃尔福威茨（Paul Wolfowitz）于 1983 年 4 月专门在马尼拉与海梅·辛会晤，宣介里根政府人权外交与卡特政府的区别，并就菲律宾形势发展与其

---

① "Ambassador Young's Meeting with Opposition Politicians, Church Activists, and Cardinal Sin", May 14, 1979, PH01472, DNSA.

② "Ambassador Young's Meeting with Opposition Politicians, Church Activists, and Cardinal Sin", May 14, 1979, PH01472, DNSA.

③ "Meeting with Cardinal Sin", November 5, 1979, PH01556, DNSA.

交换意见。①

（三）美政府与菲天主教组织互动推进菲政治发展

美政府掌握并默许菲天主教组织与政府反对派的接触、合作。在马科斯统治时期，美政府密切关注着菲天主教组织与反对派力量的联系情况，特别是关注阿基诺及阿基诺夫人与教会的合作动向。1980 年 5 月，被马科斯政府羁押 8 年之久的阿基诺获准赴美就医。当年 8 月，他奔赴德国科隆与海梅·辛会面，并在返美后主动向美国国务院官员报告会面情况，表示自己虽然流亡在美，但依然得到菲天主教会的支持②。阿基诺认为菲反对派一盘散沙、群龙无首，其自认深得天主教组织的信任支持，这是阿基诺说服美国务院官员，毅然冒险回国的一个重要原因。但是 1983 年 8 月，阿基诺返菲拟参与政治选举活动，其甫一落地即遭枪杀，菲政局开始进入马科斯的严重危机时代。

第四节　美在阿基诺事件后对菲形势评估及"弃马"抉择

一　《军事基地协定》复审谈判顺利完成，美菲关系形成继续向好发展势头

按照美卡特政府与菲马科斯政府在 1979 年 1 月修订的《军事基地协定》，美菲两国做出了今后每 5 年就此复审（Review）一次的机制化安排。里根政府上台后，对菲外交的一大重点就是据此顺利续约，以确保对菲军事基地的使用。1981 年 6 月，黑格国务卿（Alexander Haig）将访菲。在国务院给其准备的出访材料中，明确阐述"目前良好的美菲关系中……美方最感兴趣的是确保 1983 年至 1984 年《军事基地协定》谈判期间及之后，美国对苏比克及克拉克两大基地的继续和畅通无阻使用"③。这是在美苏对抗及苏联咄咄逼人的进攻态势下，里根政府对在菲利益的现实考虑和明确阐述。军事基地的重要性提升，增加了里根政府对马科斯政府在亲美政策方面的倚重，也造成里根政府在人权、基地谈判补偿以及菲内部事务方面的妥协

---

① "Wolfowitz Meeting with Cardinal Sin", April 20, 1983, PH02393, DNSA.

② "Aquino's Consultations with Cardinal Sin in Germany", August 27, 1980, PH01731, DNSA.

③ "Representative Bonker Letter to Sec. Haig regarding Loans and Human Rights Abuses in the Philippines", June 26, 1981, DNSA, PH01966.

让步。

1982 年 4 月，美国防部长韦恩伯格（Caspar Weinberger）访菲，他认可美菲双方在落实 1979 年修订成果方面的举措，再次强调了苏比克、克拉克两个驻菲军事基地在支持美增加在印度洋及波斯湾地区军事准备中的重要作用，并表示美方愿意在 1983 年上半年开始原定的 5 年一度续约复审谈判。9 月，马科斯在时隔 16 年后再次踏上美国本土进行国事访问，在与里根总统会晤时，双方确定将在 1983 年 4 月举行续约复审谈判。菲驻美大使罗穆亚尔德斯（Benjamin Romualdez）及美驻菲大使阿马科斯特（Michael Armacost）在 1983 年 4 月 11 日至 6 月 1 日之间进行紧张但顺利的谈判，双方快速达成一致。美菲重申菲对军事基地拥有主权，但是强调"美方军事控制畅通无阻（unhampered military control）"；双方再次明确如需开展《共同防御条约》以外军事行动，需要"事前磋商（Prior consultation）"，①美方也同意在驻菲军事基地部署远程导弹之前会与菲方沟通；美方将及时向菲政府通报基地军力部署、武器系统及装备水平及变动情况；美方也承诺继续加强改善基地周边地区状况的努力，尽可能增加在菲货物及服务的采购。与 1979 年《军事基地协定》修订谈判模式类似，里根总统也致函马科斯总统，承诺将"尽最大努力"争取未来 5 年（1984—1988）对菲安全援助达到 9 亿美元的目标水平，其中包括军事援助（Military Assistance）1.25 亿美元，军售贷款（Foreign Military Sales Credits）3 亿美元，经济支持援助（Economic Support Fund Assistance）4.75 亿美元。与卡特政府时期达成的 1979 年谈判结果相比，里根政府将安全支持援助（SSA）改为用途类似的经济支持援助（ESFA），提供了更高水平的援助。②

二　阿基诺遇刺及对菲政局和经济形势造成冲击

（一）阿基诺返菲寻求政治参与，但遭遇暗杀

马科斯废止军管法之后，宣布将在 1984 年 5 月进行国民议会（BP）选举。1983 年，马科斯当局批准反对派联盟组织"统一民族民主组织（UNI-DO）"参加 1984 年国民议会选举，该组织领导人劳雷尔（Salvador Laurel）

①　William E. Berry, *U. S. Bases in the Philippines：The Evolution of the Special Relationship*, Boulder：Westview Press, 1989, pp. 280 – 282.

②　William E. Berry, *U. S. Bases in the Philippines：The Evolution of the Special Relationship*, Boulder：Westview Press, 1989, pp. 280 – 282.

专程赴美会见阿基诺，讨论其返菲及反对派团结合作参选事宜。阿基诺在
1983 年 4 月即向美国务院通报，目前劳雷尔的统一民族民主组织已经与 2 月
合并的民主民力党（PDP/LABAN）形成了反对派联盟，且确定了两派在国
内各有侧重的发展方向，统一民族民主组织重点在北部吕宋地区，民主民力
党着重在中部米沙鄢地区和南部棉兰老岛地区发展。他计划在美菲《军事基
地协定》复审谈判和 1984 年国民议会选举前返菲，以确保获得里根政府、
国会及媒体的最大关注。阿基诺也表示出对返菲前景忧心，不知道马科斯政
权会以什么样的方式应对其返菲，其提出可能会入狱、被软禁，甚至有"性
命之虞（fears for his life）"①。

　　一语成谶。由于遭遇办理返菲手续方面的拖延，阿基诺被迫推迟了返菲
日期，在《军事基地协定》复审完成后，其才于 1983 年 8 月 21 日持化名
"博尼法西奥（Marcial Bonifacio）"的护照乘机返菲，但是刚抵达马尼拉机场
即遭枪杀。

　　阿基诺遇刺后，美驻菲大使馆评估认为这一事件"明显不利（distinctly
unfavorable）"②，显然损害了菲重建民主的进程，给菲律宾未来政治稳定带
来了不确定性，对美国有重大影响。大使馆还担心菲共会借机指控美菲政
府，并很可能成为最大受益者；温和反对派也可能不参加 1984 年选举，甚
至可能转向极端化发展。国务院也向里根总统报告该事件的影响，马科斯短
期内仍能掌控局面，但菲政府公信力严重受损，部分反对党领导人也提议抵
制 1984 年国民议会选举。特别值得一提的是，菲律宾政府的短期偿债能力
（Liquidity）值得警惕，因为菲有约 90 至 130 亿美元的短期债务，一旦阿基
诺遇刺事件影响到该国财政状况，恐怕将造成更加严重的危机。③

　　（二）阿基诺遇刺事件造成严重经济危机

　　由于 20 世纪 80 年代初期国际经济形势不佳，主要工业国家的贸易政策
收紧，菲律宾的重要国际市场萎缩，菲律宾出口主要商品价格下跌，外债激
增。在此背景下，国际金融机构（IFI）督促菲政府加强对银行业及金融机
构的审计管理，对菲信贷也提出附带条件，诸如实施减少对菲国内工业关税
保护的改革、有效的金融控制、增加中央政府财政收入的能力等。1983 年年

---

① "Aquino's Possible Return to the Philippines", April 9, 1983, DNSA, PH02372.

② "Aquino Death—Implications", August 22, 1983, DNSA, PH02492.

③ "Assassination of Benigno Aquino in the Philippines", August 24, 1983, DNSA, PH02514.

初，随着国际经济形势回暖，菲经济数据也趋于好转。但是国际金融机构在向发展中国家借贷方面有所收缩，亚洲的发展中国家借贷艰难，菲律宾也不能幸免。国际评级机构"Institution Investor"将菲律宾的信誉度（creditworthiness）评为107个发展中国家的63位，在亚洲地区，该排名处于仅次于斯里兰卡、巴基斯坦、孟加拉国和朝鲜几国的倒数水平上。[①] 马科斯政府派维拉塔总理争取外部贷款，以求降低贸易赤字和国际收支问题，提振出口。但是阿基诺事件爆发对菲国际借贷局面造成直接冲击。

阿基诺生前曾说，"经济成为菲律宾的阿喀琉斯之踵（Achilles Heel）"[②]。1983年10月14日，马科斯政府被迫承认，无法按时偿付即将到期的5亿美元外债，申请推迟90天偿还。马科斯政府提出的债务延期偿付（debt moratorium）引爆了菲债务危机，菲成为亚洲第一个要求重新安排债务的国家。菲律宾的外债在1965年时仅有6亿美元，1985年菲外债超过250亿美元，其中37%是短期债务。1983年开始，菲政府与国际货币基金组织磋商，申请得到6.5亿美元信贷，但是由于菲律宾央行虚报6亿美元的外汇储备量，并少报货币供应量。据此，国际货币基金组织在1984年暂时搁置了放款计划。菲律宾的经济局势迅速恶化，1983年，比索贬值53%，通胀高达33%，失业率也不断攀升，国民生产总值出现连续负增长（见表8-1）。走在经济崩溃边缘的菲律宾马科斯政府，唯有将求援的手伸向美国里根政府。此时，"美国政府对国际货币基金组织（IMF）和世界银行的关键作用，决定了菲律宾的走向"[③]。

表8-1　　　　　　　　　1981—1986年菲律宾GDP数据

年份	国民生产总值
1981	356.46亿
1982	371.4亿
1983	332.12亿

---

① Gregor A. James, *Crisis in the Philippines: A Threat to US Interests*, Washington: Ethics and Public Policy Center, 1984, p. 53.

② Gregor A. James, *Crisis in the Philippines: A Threat to US Interests*, Washington: Ethics and Public Policy Center, 1984, p. 54.

③ Rene E. Ofreneo, "The Philippines: Debt Crisis and the Politics of Succession", *Philippine Sociological Review*, Vol. 32, No. 1/4, 1984, pp. 7-17.

续表

年份	国民生产总值
1984	314.08 亿
1985	307.34 亿
1986	298.68 亿

数据来源：世界银行https：//data.worldbank.org/country/Philippines.

二 美各方对菲形势的评估及里根政府对菲政策转变

（一）菲政治形势仍不明朗，里根政府对菲政策做出"维持稳定"决定

1. 里根政府提出对菲外交的"维持稳定"的短期目标

在美国众议院外交事务委员会亚太事务小组（HFAC Asia and Pacific Affairs Subcommittee）主席索拉兹（Stephen J. Solarz）的极力推动下，美众议院不顾国务院"会侵犯菲主权"的反对意见，在1983年10月25日通过关于菲律宾问题的决议，谴责阿基诺被暗杀事件，呼吁彻底、独立和公正的调查，以及呼吁国民议会选举自由和公平进行。[1]

1984年5月14日，菲律宾如期举行了国民议会选举，且被视为原定将于1986年进行的地方选举及1987年举行的总统大选的风向标。选举结果出炉，反对派得到了183个公开竞选议席（总共200个议席，其中183个议席由选举产生，另外17个席位由马科斯任命——笔者注）中的61席，相较1978年的13个议席有了大幅增长。在1978年阿基诺遭遇选举失败的马尼拉地区，反对派拿到21席位的15席。1984年国民议会选举这一结果对美里根政府以及菲朝野两派都具有正反不一的多重意义：

首先，对马科斯政府而言，选举结果造成了政治冲击。反对派各派势力借阿基诺遇刺而有所凝聚，在选举中初步体现出对其政权前所未有的挑战，而且马科斯阵营内部也开始出现分化瓦解，离心离德。但是，马科斯旗下的新社会运动党（KBL）依然保持在国民议会的优势地位，且以马科斯北伊洛戈省同乡为主的菲军方高层依然保持对马科斯政权的效忠。

其次，对反对派而言，选举结果提振了反对派继续通过民主参与方式实

---

[1] "Department of State Opposes House Resolution Urging an Impartial Tribunal to Investigate the Murder of Benigno S. Aquino, Jr.", October 19, 1983, DNSA, PH02660.

现政权更替的信心，进一步防止了温和反对派极端化发展的趋势。

第三，对美国里根政府，此次选举的高参与度，尤其是年轻人积极投票的热情，证明了民主深植于菲律宾，菲民众对选举政治的持续信念（continuing faith）没有消亡；极端民族主义者和共产党支持的抵制运动失败，温和派依然主导反对派，随着反对派议员人数增加，菲政治进程有望重启，也给今后选举提供了动力（momentum build），菲政治仍然有"民主回归"与政权和平过渡的可能性。① 选举结果总体相对反映出民众的真实态度和朝野双方此消彼长的实力对比与变化。此外，菲民间选举监督机构全国自由选举运动（NAMFREL）有效参与选举监督，较好维护了选举的公正透明。菲天主教会领导人海梅·辛主教称赞该组织监督成效，称"菲律宾人民打造了一个实施军管法以来，甚至是 1946 年独立以来，最自由、最干净、最诚实的选举"②。

鉴于菲政治形势仍不明朗，里根政府仍坚信马科斯是唯一能稳定形势的菲领导人。虽然里根总统取消了原定 1983 年 11 月的访菲安排，但驻菲大使阿马科斯特在菲演讲时传递出里根政府的态度，"我们在这个国家的政治和经济的稳定方面有重要利益，美国的立场不是协助马科斯下台，而是寻求稳定"③。

2. 加强对菲形势分析，确定"援菲""维稳"的外交决策

1984 年 8 月 10 日，里根总统签批题为《美国对菲政策》的《第 4—84 号国家安全研究指令》（National Security Study Directive No. 4 – 84）。指令提出近期菲律宾政治稳定面临挑战，经济和金融状况不断恶化，共产党及其新人民军势力在该国多个地区不断增加活动，在此背景下，责成国务院负责牵头跨部门小组（Interdepartmental Group），协调副总统办公室、财政部、国务院、国防部、国安会、中央情报局、国际开发署等机构，研究菲形势现状及未来走向，评估美施加对菲影响的现有工具，提出应对建议，最终制定一项直至 1988 年前有效指导美政府全面对菲政策的《国家安全决定指令》（National Security Decision Directive）。该指示并没有分析马科斯政权的政治危机及垮台的可能性，而是基于马科斯继续执政和维持政治稳定前提，筹谋

---

① "Parliamentary Election Assessment", June 5, 1984, DNSA, PH02851.

② "Parliamentary Election Assessment", June 5, 1984, DNSA, PH02851.

③ Charles W. Lindsey, "Economic Crisis in the Philippines", *Asian Survey*, Vol. 24, No. 12, 1984, pp. 1185 – 1208.

如何依靠美方援助及争取国际金融机构支持，"协助菲律宾处理自二战以来最为严重的经济危机和不断恶化的动乱形势"，认为此举"符合我们对加强菲律宾民主体制和政治稳定的利益"，是里根政府对于维护马科斯政权的一个援助设想。①

据此，1985 年 2 月 20 日，里根批准了题为《美国对菲政策》的《第163 号国家安全决定指令》，评估美国在菲的重大利益受到菲国内政治和经济发展的威胁，突出美在菲目标的几个层次：在政治上必须维护盟友的稳定和民主导向；在战略上继续和不受控制地使用基地，对抗苏联在整个地区的扩张，目前寻找替代军事基地的方案成本高昂且效果不佳；在经济层面，美方可以从目前优越的投资和贸易地位中受益；在地区层面，一个包括美国盟友在内的东盟是对共产党势力在东南亚威胁的缓冲（Buffer），也是经济自由和民主进步的典范。②

因此，里根政府反对破坏稳定的菲体制，对菲政局变动更多采取一种观望态度，担心尼加拉瓜索莫萨（Anastasio Somoza）独裁政权崩塌重现，提出"我们的目标不是取代菲目前的领导人，而是通过与菲政府及菲社会的温和人员一道维护一个关键盟友的稳定"，实现"有序稳定过渡的总目标"③，具体包括审慎而积极支持菲律宾各派别领导人（包括马科斯政党、商界和专业人士、天主教会、军方以及民主反对派等），实现：第一，复兴民主体制，确保一旦马科斯总统退出历史舞台，菲能实现顺利过渡（smooth transition）及长期稳定；第二，进一步将菲经济部门，特别是农业部门导入自由市场；第三，重建职业化、去政治化的菲律宾军队，确保有效应对日增的共产党暴动。

为实现上述目标，一方面美方将继续落实 1983 年基地谈判中的 9 亿美元一揽子援助项目（bases-related package），另一方面要制定紧急经济援助计划，包括与国际复兴开发银行（IBRD）、亚洲开发银行（ADB）等国际金融机构密切合作，以及通过新批贷款等方式进行援助：年度 3500 万至 4000

---

① "United States Policy towards the Philippines, NSSD4 – 84", August 10, 1984, https://fas. org/irp/offdocs/nssd/nssd – 4 – 84. pdf.

② "US Policy towards the Philippines, NSDD163", February 20, 1985, https://fas. org/irp/offdocs/nsdd/nsdd – 163. pdf.

③ "US Policy towards the Philippines, NSDD163", February 20, 1985, https://fas. org/irp/offdocs/nsdd/nsdd – 163. pdf.

万美元的发展援助（DA）；在新的480公法（PL480）框架下，1985年支持4000万美元项目，1986年支持3500万美元项目，并预留1500万美元额度；增加经济援助资金（Economic Support Funds）；在最惠国（MFN）基础上降低蔗糖关税；在双边层面援助方面，美方将带头提升到3亿至3.5亿的额度范围，预期双边援助总额将在目前的4.5亿美元水平上提升75%；在国际金融机构方面，美方支持菲政府申请世界银行和亚洲开发银行的额外信贷，预期能达到年均10亿美元的水平。①

里根政府对菲紧急援助计划开始后，国际货币基金组织恢复向菲政府的有条件信贷，1985年3月提供备用贷款8500万元，国际商业银行业从5月开始提供3亿美元新贷款。在“输血”措施援助下，菲经济恶化形势有所缓和，通胀率从1984年的50%逐步降低到1985年下半年的8%左右，利率也从60%降低到不到20%的水平，外汇储备逐步增加到15亿美元左右，外汇汇率也趋于稳定。

（二）四份评估报告及菲形势急剧变化，敦促里根政府对菲政策转变

美里根政府在上述1985年的《美国对菲政策》中，既提出“我们的目标不是取代菲目前的领导人”，同时又明确提出实现“有序稳定过渡的总目标”，这一略显矛盾的目标反映出里根政府在对待马科斯政权方面的犹疑、观望态度。这种矛盾选择体现在，如果不对马科斯政权进行安全和经济援助，恐造成菲经济立即崩溃，菲马科斯政权被日益发展的新人民军推翻，美在地区安全利益将严重受损；如果继续勉强支撑马科斯政权，马科斯危险的身体状况是影响菲政局的一大关键变数，而且美方恐失去对菲反对派势力的控制，一旦马科斯政权出现更替，新政府将在美菲关系方面带来麻烦。再者，无论是劳雷尔还是其他温和反对派领导人，他们坚持美国撤出驻菲军事基地的一贯强硬立场，难以让美政府妥协接受。

1984年10月至1985年11月期间，美国会及国务院、国防部先后出台4份对菲评估报告或口头及书面听证报告。同时，菲在1年多的时间内，经济表现喜忧参半，安全形势急剧恶化，马科斯于11月突然宣布将原定于1987年举行的总统大选提前至1986年年初进行，菲政治前景扑朔迷离。这些都敦促美国里根政府进一步协调国会与行政部门的对菲政策，采取更有针对性

---

① “US Policy towards the Philippines, NSDD163”, February 20, 1985, https：//fas. org/irp/offdocs/nsdd/nsdd－163. pdf.

地对菲举措。

1. 1984 年 10 月，美参议院出台《菲律宾形势报告》（*The Situation in the Philippines*）。该报告是参议院派员于 1984 年 5 月 30 日至 6 月 9 日，以及 7 月 13 日至 23 日两次赴菲实地考察的成果。参议院代表团在 19 天时间内走访了全菲 73 个省份中的 18 个省份，约谈了内阁成员、省市领导人、各行政部门人员、战区军官、政府的选举委员会（COMELEC）及民间选举监督组织"公民自由选举运动（NAMFREL）"成员、包括 10 多名新近当选的国民议会议员在内的执政党及反对派人士、天主教会及基督教会代表。鉴于实地考察活动发生在国民议会刚结束，该报告对选举着墨颇多，对菲形势分析较为乐观，认为 85% 的登记选民参加国民议会选举投票，充分显示了民主观念在菲深入人心，证明激进反对派人员的抵制运动遭到挫败，新人民军对选举的破坏活动也没有太大影响；选举结果为形成议会反对派提供可能性，但是反对派议员在策略和目标方面缺乏团结；虽然马科斯执政党在议会人数方面有 2：1 的优势，以及宪法第 6 修正案授予其的立法权，但是马科斯很难继续无视或者轻易否决国民议会中反对派的意见；虽然在军管法下缺失的政治选举和民主实践有所恢复，但是如果在 1986 年的地方选举及 1987 年的总统选举中不能继续沿着当前方向前行，此次选举恐成为政治挫败的象征，导致已严重分裂的菲社会更加极化（polarization）。该报告也分析了新人民军力量的发展状况（估计达到 12500 人），目前处于"战略防守"向"战略相持"阶段接近的时期，但认为只要不出现菲经济或马科斯政府的全面崩溃（total collapse）这种极端情况，新人民军不具备发动持续全国进攻的能力，加上菲民众对民主的认可也减少了出现共产党政权的可能性。报告认为马科斯维持对权力的控制以及菲武装部队的明确效忠，都维护了马科斯继续当权。①

2. 1985 年 11 月 1 日，美参议院出台《菲律宾：形势报告》（*The Philippine：A Situation Report*），报告同样是参议院派员于 8 月份赴菲及东盟几国的调研成果。②

该报告表示出对菲形势的担心，包括日益恶化的马科斯政府的权威，菲律宾武装部队处理快速增长的叛乱的能力不足，菲不断恶化的经济问题，政

---

① 　U. S. Senate, 98th Con. , 2d Sess. , *The Situation in the Philippines*, *Staff Report Prepared for the Committee on Foreign Relations*, Washington, D. C. : U. S. Government Printing Office, October 1984.

② 　该报告分密级版和公开版两个版本，笔者仅以公开版为参考。——笔者注

治权力的滥用，未来对美国在菲基地等利益的威胁。报告得出 "目前菲马科斯政府大约还有 3 年的时间来进行根本性改革。但 3 年阶段也可能因为突发事件而缩短" 的结论，同时悲观认为马科斯政府不太可能进行必要的改革，以停止经济失血，减缓或制止叛乱，或治愈正在影响政治进程的严重创伤。因此，报告做出 "不断恶化的经济条件和国内动乱很可能在叛乱的进展得到解决之前迫使发生政治变动（Political Change）" 这一准确预言。该报告分析温和反对派势力时，既指出其缺乏统一规划部署、缺乏组织团结的弊病，也关注到随着总统选举的临近，反对派在建立 "单一选票（single ticket）" 机制方面的努力，敏锐指出反对派能否在最后关键时刻团结起来支持一位主要的总统候选人是今后反对派与马科斯抗争分出胜负的关键所在。①

3. 1985 年 11 月 12 日美国众议院外交事务委员会亚太事务小组（HFAC Asia and Pacific Affairs Subcommittee）主席索拉兹（Stephen J. Solarz）举行题为 "菲律宾近期事件（Recent Events in the Philippines）" 的听证会

国务院分管东亚及太平洋事务的助理国务卿沃福威茨（Paul I. Wolfowitz），以及国防部负责国际安全事务的助理部长阿米蒂奇（Richard L. Armitage）参加听证，国务院和国防部还提供相关文件材料，反映两行政部门对菲局势发展的评估意见，就菲马科斯政府近期宣布提前至 1986 年早些时候举行总统大选进行分析评估：

沃尔福威茨代表国务院评估，菲经济困难加剧，各界普遍缺乏政治信心，共产党动乱肆虐，三者交织叠加，形势严峻。确保菲举行自由和公平的总统大选有重要利害关系，一旦此次选举未能做到自由和公平，将会进一步造成菲社会的极化，加剧目前危机和增加共产党动乱程度。他也表示，自由选举不是万能仙丹，无论哪一派别赢得选举，都将要继续面对困难的经济局势，以及进行必要的全面政治、经济改革。沃尔夫维茨也提出，美方具备控制菲局势的诸多工具：首先，可以使用双边、多边机制的工具，美方不能低估国际货币基金组织的作用，此外，美政府可以使用公法 480 项目（PL480），借小麦、面粉及化肥等条款施压菲方；其次，使用经济援助项目；第三，通过公开或者私下传递信息施压，譬如 10 月份拉克索尔特参议员

---

① U. S. Senate, 99th Cong. , 1st Sess. , *The Philippine*：*A Situation Report*, *Staff Report to the Senate Select Committee on Intelligence*, Washington, D. C.：U. S. Government Printing Office, November 1, 1985.

（Paul Laxalt）作为里根特使访菲，马科斯随后提出提前举行总统选举作为回应，就是这一措施有效性的体现。沃尔夫维茨称应吸取卡特政府时期参与伊朗政变的覆鉴，美不能在菲律宾事务中"过度作为（overplay）"。①

阿米蒂奇代表国防部分析了菲新人民军的发展对菲政权和美驻菲军事基地的双重威胁，反对停止对菲安全援助来施压马科斯政权的设想，认为此举无助于推动菲的军队改革，也不利于菲军方打击新人民军活动。而如果纵容新人民军势力继续发展，"菲共将在今后 3 至 5 年占据优势，成功掌握政权就会将我们驱离菲律宾，损害我们在亚洲和印度洋的利益，损害美菲两国的利益"。其称菲军方在 1984 年国民议会选举中保持中立，可预期在 1986 年总统选举中还能坚守中立态度，修复军方形象，利于选举的顺利进行。阿米蒂奇对在 1991 年《军事基地协定》有效期截止后继续使用军事基地的前景保持乐观，认为"可以与任何非共产党政府达成继续使用的安排"，其还敦促国会拨款，加大今后 5 年在菲的军事基地设施建设。②

菲政局在 1984 年至 1985 年的显著变化，以及上述 4 份来自参议院、行政部门的分析评估，促使里根政府采取超越政党分歧以及行政部门与立法机构分歧的对菲外交行动。

三　美方协调对菲外交行动，将确保自由与公开的菲总统选举为目标

上述几份对菲形势评估，以及以索拉兹众议员为代表的涉菲听证会的举行，暴露出美方对于菲形势发展的混乱看法，也激化了美行政部门与立法机构之间的巨大分歧与矛盾，前者秉承现实主义原则制定与实施对菲政策，后者以"马科斯政权破产"论调敦促行政部门采取干涉政策。截至 1986 年菲律宾总统大选前，里根政府并未下定"弃马"的决心，正如沃尔夫维茨在听证会所警告，以前卡特政府和国会联手，推翻了伊朗的巴列维政权，但是迎来了霍梅尼。面对这一前车之覆，"我们不能过度行动，像是我们要推翻马

---

① House of Representatives, Ninety-ninth Congress, first session on H. Con Res. 232, November 12 and 13, 1985, *Recent Events in the Philippines, Fall* 1985: *Hearings and Markup before the Committee on Foreign Affairs and its Subcommittee on Asian and Pacific Affairs*, Washington D. C.: U. S. Government Printing Office, 1985.

② House of Representatives, Ninety-ninth Congress, first session on H. Con Res. 232, November 12 and 13, 1985, *Recent Events in the Philippines, Fall* 1985: *Hearings and Markup before the Committee on Foreign Affairs and its Subcommittee on Asian and Pacific Affairs*, Washington D. C.: U. S. Government Printing Office, 1985.

科斯政权。我不想扳倒马科斯政权，我们想执行美国的外交政策来推动遍及全球的真正民主，这是我们应该推动的，不要使用我们美国的巨大实力去推翻一个政府领导人"①。里根政府的目标是通过维持一个自由、公平的选举，确保选举尽可能没有舞弊（as free of fraud as possible），"只要能实现之，无论谁赢，当选政府都会有更大的合法性。一个受到广泛支持的政府才可能采取必要改革措施去缓解政治和经济衰退，实现军方对共产党叛乱的打击"②。鉴于维持公正、自由的选举是美方的普遍共识，美国务院、国会以此为目标采取系列措施。

（一）保持与菲朝野两派的对话沟通，表达美方对选举的关注

一方面，美方对马科斯政府施加压力。里根总统亲派参议院拨款委员会共和党参议员拉克索尔特（Paul Laxalt）以特使身份访菲，向马科斯递交里根"关心菲政治、军事、经济发展走向"的亲笔信，当面阐述菲 1986 年总统选举对美的重要利害关系，关系到美树立的"民主橱窗"的成败，关系到美菲同盟关系存废，关系到美驻菲军事基地的去留及美在地区安全利益的维护能力，敦促马科斯政府确保选举的顺利进行。马科斯表示知悉美方的关注，会妥善处理关系两国利益的共同关心问题，也表示欢迎美方派观察员监督菲今后的选举。③ 马科斯承诺会给予菲民间选举监督机构——公民自由选举运动选举监督授权，并随后于 11 月 3 日在一个面对美国观众的美国电视节目中突然宣布将提前于 1986 年 1 月 17 日举行总统选举，以示对美方的回应。之后，美国务院霍尔布鲁克、驻菲大使馆临时代办卡普兰（Kaplan）多次会见马科斯，就总统大选包括选举副总统问题、选举时间确定、菲选举委员会人员构成及空缺问题进行磋商。国务院还指示卡普兰及时向马科斯私下通报国务院代表参加国会听证会的情况，供马科斯斟酌其竞选策略。美国参议院外交关系委员会主席卢格参议员（Richard G. Lugar）、佩尔参议员（Claiborne Pell），以及参议院东亚及太平洋事务小组主席穆尔科斯基参议员

① House of Representatives, Ninety-ninth Congress, first session on H. Con Res. 232, November 12 and 13, 1985, *Recent Events in the Philippines*, *Fall 1985*: *Hearings and Markup before the Committee on Foreign Affairs and its Subcommittee on Asian and Pacific Affairs*, Washington D. C.: U. S. Government Printing Office, 1985.

② "A U. S. Strategy for Philippine Snap Elections", November 5, 1985, DNSA, PH03047.

③ "White House Press Release on Senator Laxalt's Mission to Manila", October 23, 1985, DNSA, PH03031.

（Frank H. Murkowski）及克兰斯顿参议员（Alan Cranston）也联名致函马科斯，敦促其维护选举秩序。

另一方面，美方保持与菲反对派政党的密切沟通。美国务院关注到菲反对派的一个积极进展就是实现更大程度凝聚（coalescence），而马科斯关于提前举行大选的声明加速了这一进程。在统一民族民主组织（UNIDO）及民主民力党（PDP/LABAN）分别酝酿劳雷尔及阿基诺夫人参选时，两名候选人都及时与美方密切沟通。劳雷尔赴美向国务院菲律宾事务主管梅斯托（John Maisto）表示反对派将推选候选人参选，不会选择抵制。他还介绍反对派在团结推选候选人，以集中选票的进展。劳雷尔还反映反对派参选面临的困难，包括准备时间不足、公民自由选举运动获授权监督选举问题、平等使用媒体的障碍、军方能否严守中立，请美方予以重视和协助。① 当阿基诺夫人在 12 月 1 日通过"阿基诺夫人参选总统运动（Cory Aquino for President Movement，CAPM）"运动获得民众 100 万签名支持其参选后，她也转变对军事基地的态度，称虽然支持基地撤出，但是会尊重美菲《军事基地协定》在 1991 年之前的安排。12 月 11 日，在报名截止的最后期限，在海梅·辛主教的协调下，阿基诺夫人与劳雷尔同意联合在统一民族民主组织之下参选正副总统，不再坚持撤出在菲外国基地的主张。

（二）美方推动做出美菲两国有效选举监督的安排

首先，组建国际选举监督员代表团。美行政部门反对肯尼迪参议员关于组建美国官方监督委员会的提案（S1843），该提案提出组建两党成员参加的菲律宾选举监督委员会，并拟拨款 300 万美元给该委员会。国务院认为此举会引发马科斯政府及菲民众的反美心理，效果恐适得其反。但是在里根的坚持下，美国会还是派遣由卢格参议员及莫尔索（Murtha）众议员担任共同主席的国会选举观察团赴菲。

其次，美政府制定方案，由国际开发署（AID）出资 10 万美元，国务院具体协调落实两党旗下的美国国际事务民主协会（The National Democratic Institute，NDI）及美国国际共和研究所（The National Republic Institute，NRI），组建来自美国、秘鲁、肯尼亚、希腊及斯里兰卡等国的非官方监督员代表团赴菲，广泛会见菲朝野各界代表，特别是会晤菲当地公民自由选举运动、狮子会（Lions Club）、扶轮社（Rotary Clubs）等非政府组织，凸显美对

---

① "A U. S. Strategy for Philippine Snap Elections", November 5, 1985, DNSA, PH03047.

选举的关注，并在选举期间监督选举。①

第三，资助和支持菲当地民间选举监督机构。菲律宾选举委员会（COMLEC）隶属于马科斯政府，公信度无法得到菲社会各界的普遍信任。公民自由选举运动作为一个立场中立的菲律宾民间选举监督机构，得到菲反对派组织的信任，并在1984年临时国民议会选举中有效监督了选举进程。1984年，美国亚洲基金会（Asia Foundation）通过菲律宾天主教教育协会（Catholic Educational Association of the Philippines，CEAP）对其监督选举活动提供资金支持。为确保1986年菲总统选举的自由和公平进行，美国会提出应继续资助该组织，充分发挥该机构的监督作用。国务院也对此立场表示支持，认为符合1961年美国《对外援助法》116（e）条款的规定，协调国际开发署（USAID）继续通过亚洲基金会渠道向公民自由选举运动提供资助。②

第四，国会也重视公民自由选举运动在监督选举中的重要作用，索拉兹参议员（Stephen Solarz）专门邀请该组织主席康赛普西翁（Jose Concepcion）在1985年年底访美，并安排其与卢格参议员、井上健参议员等会面。此外，里根政府也通过1983年11月成立国家民主基金会（National Endowment for Democracy，NED）积极介入菲1986年总统选举。1985年11月12日，公民自由选举运动秘书长蒙索德（monsod）通过美驻菲大使馆向美国民主基金会求援，请求该基金会拨款解决其在选举监督中需要使用的通信设备问题，美驻菲大使馆专门通过国务院予以协调解决。③ 1985年12月底，美分管政治事务的副国务卿阿马科斯特（Michael H. Armacost）访菲专门会见公民自由选举运动负责人康赛普西翁，后者表示接受美方经费支持，严防选举中的舞弊行为。④ 虽然美方加大对公民自由选举运动的支持和资金投入，但是由于马科斯突然宣布提前举行选举，打乱了公民自由选举运动拟在1986年年中覆盖菲所有选区的计划部署，截至选举举行前，布局设点工作仅覆盖到60%—70%，这制约了公民自由选举运动在监督选举中的效力。

---

① "Democratic and Republican International Institutes Observers Proposal", December 21, 1985, DNSA, PH03152.

② "Governmental and Private Institutions That Will Be Focusing on the Philippine Elections", December 2, 1985, DNSA, PH03111.

③ "National Endowment for Democracy—Request for Assistance", November 13, 1985, DNSA, PH03065.

④ "Impressions of Manila", December 24, 1985, DNSA, PH03158.

（三）继续重视菲天主教会的作用

1983 年，当阿基诺参议员返菲被暗杀后，海梅·辛在其葬礼上严厉抨击了马科斯政府，在次年遇刺一周年纪念活动上，海梅·辛表示天主教组织与反对派是站在了"上帝这一方"，对抗邪恶的马科斯政府。①

美政府继续高度重视菲天主教会在菲政治、社会生活的独特作用，阿马科斯特访菲时专门与海梅·辛主教交换对菲形势的看法。美政府安排的非官方选举监督团赴菲后也保持与海梅·辛主教的密切沟通。美国政府还向菲天主教会提供经费和设备支持。在 1986 年菲律宾总统选举前，菲天主教人士詹姆斯·路透（James Reuter）在菲建立的亚洲天主教通信协会（UNDA/ASIA），专门通过美国驻菲大使馆向美国全国民主基金会（NED）提出经费支持申请，用于购置独立通信系统，防止总统选举时遇到政府采取非常手段封锁消息。美国务院专门致函敦促加快办理此事，予以 15 万美元的支持。② 教会独立的广播通信系统在 1986 年人民力量革命中发挥了重要的宣传、组织作用。

四　菲律宾 1986 年总统选举，美方施压政权和平交接

1986 年 2 月 7 日，菲律宾总统大选如期举行，马科斯总统携前外交部长瓦伦蒂诺（Arturo M. Tolentino）出选，反对派由阿基诺夫人搭档劳雷尔竞选。在计票过程中，政府的选举委员会与民间选举监督机构公民自由选举运动的统计结果出现巨大偏差，选举委员会统计马科斯大幅领先，公民自由选举运动则宣布阿基诺夫人以绝对优势超过对手。随后，在国民议会计票过程中，两派议员也对统计结果意见不一。2 月 16 日，国民议会宣布马科斯胜选，马科斯将于 2 月 25 日宣誓就职。而阿基诺夫人与反对派则坚称马科斯选举舞弊，拒绝接受选举结果，并在海梅·辛主教的支持下发动"人民力量革命（People's Power）"进行和平抗争。

（一）美里根政府试图继续"保马"，招致各方反对

美驻菲使领馆官员保持与菲天主教会及反对派的联系，准确掌握形势发展变化。2 月 10 日，美国驻菲大使馆官员专程拜访海梅·辛，辛主教表达了

---

① "Cardinal Sin Delivers Homily on the First Anniversary of Aquino's Death", August 23, 1984, PH02911, DNSA.

② "A Proposal for Funding Assistance on Project Information（Alternative Channel of Independent Communication）", December 20, 1985, PH03150, DNSA.

坚定支持阿基诺夫人的态度，以及组织发动"人民力量"活动的设想①。在"人民力量革命"中，美国政府通过天主教组织了解政治发展态势，并推动运动以和平方式发展。2月14日，受到美国驻菲大使馆"来源保护（Confidential Sources）"的教会人员报告，菲律宾天主教主教会议将发表声明，恐对菲政局形势影响巨大②。2月15日，梵蒂冈教皇表示"对于曾指责和声讨菲律宾总统选举舞弊的菲律宾主教们给予全力支持"。15日，菲天主教某主教（解密档案文件对其姓名进行保护——笔者注）专门向大使馆官员分析选后形势，汇报教会高层分析及动向③。

　　2月11日，里根发表声明，称欢迎菲律宾的选举结果，希望双方捐弃前嫌，组成联合政府，美方欢迎两党制的菲律宾政府，其也表示了对选举舞弊和暴力报道的不安，并称将派遣哈比卜特使（Philip C. Habib）赴菲广泛会见两派领导人、教会领袖及企业代表。阿基诺夫人公开发表声明予以回应，称"舞弊已造成马科斯政权完全丧失了合法性"，指责"里根关于菲大选的声明，对选举舞弊、恐吓和贿选、暴力视而不见，是对菲律宾人民争取民主的背叛"④。阿基诺夫人私下会晤美国众议员索拉兹（Stephen J. Solarz）助理罗斯（Stanley Roth）及驻菲大使馆官员时，其表示对里根政府空洞无力的和稀泥声明的不满。虽然自己崇尚非暴力活动，组织祈祷集会等和平抗争，也从未使用过"美国—马科斯独裁政权"这样的反美措辞，但是如美政府继续支持马科斯政权，不发表措辞更强硬的声明，自己恐无法保持对反对派内部寻求激进抗争势力的控制，反对派活动会走向暴力。⑤美国国会及国内媒体也抨击里根声明不辨是非，是将菲律宾推向暴力，推向内战的边缘。

　　（二）艰难"弃马"，美政府推动菲政权实现和平过渡

　　2月15日，受到国内外压力的里根总统再次发表声明，称虽然美方的选举监督团还没有完成工作，但令人遗憾的是，选举已明显受到主要由执政党犯下的广泛舞弊和暴力行为的破坏。情况如此恶劣，以至于选举的可信度在美菲两国都受到了质疑。在这一困难时刻，所有负责任的菲律宾人都必须力戒暴力，寻求以和平方式实现社会稳定，因为暴力只会令那些希望看到民主

①　"Meeting with Cardinal Sin", February 10, 1986, PH03185, DNSA.
②　"Statement on Civil Disobedience", February 14, 1986, PH03250, DNSA.
③　"A Bishop Discusses Further Post-Election Moves", February 15, 1986, PH03270, DNSA.
④　"Aquino Press Release on Mr. Reagan's Statement", February 17, 1986, DNSA, PH03289.
⑤　"Cory Aquino Interview with Solarz Staffer", February 11, 1986, DNSA, PH03217.

终结的人受益。双方必须共同努力进行必要的改革，以确保稳定的民主、真正专业的军队和健康的经济。① 随后，里根总统派特使哈比卜于 2 月 16 日至 23 日赴菲斡旋，哈比卜特使与马科斯、阿基诺夫人、教会等各派势力会晤，敦促反对派不要诉诸暴力手段，并肯定天主教会在呼吁和平抗争中的作用，在给国务院的首日工作报告中总结表示："教会是菲律宾政治形势的最关键因素。"② 阿基诺夫人及劳雷尔告诉哈比卜特使，如果马科斯不辞职，菲政治局面不会稳定。③ 在菲的美国国会选举监督代表团成员博伦参议员（David L. Boren）也专门向哈比卜特使介绍从公民自由选举运动、教会领导人海梅·辛主教及美国商会等代表处了解的真实情况，各方均反映马科斯政府在选举中的大规模舞弊现象无可争议，对里根总统的首次声明表示强烈失望。博伦参议员直言，马科斯的执政已时日不多（short-lived），"如果我们不立即与其切割（Disassociate），我担心我们的公信力也将受损"④。2 月 19 日，不满里根政府对菲态度的美参议院，以 85—9 的压倒性多数通过决议，谴责菲总统选举存在严重舞弊欺诈现象，并提请里根总统将决议转给马科斯。

　　哈比卜访菲斡旋期间，马科斯也于 2 月 21 日派遣 4 个代表团，分别前往美国、欧洲、梵蒂冈和日本寻求支持，其中重点是派遣劳工部长奥普莱（Blas Ople）、驻美大使罗穆亚尔德斯（Benjamin Romualdez）、马科斯顾问——前文官长梅尔乔（Alex Melchor）以及国际经济发展署（NEDA）副署长卡德纳斯（Ramon Cardenas）到美国，希望拜见里根总统及政府高层，争取美方对马科斯胜选结果的承认。但是代表团一行只见到国防部副部长阿米蒂奇，未能如愿获得美方支持。⑤

　　里根总统的第二次声明，以及哈比卜在菲斡旋，使菲军方领导人感受到马科斯政权大势已去，时任国防部长恩里莱及菲武装部队领导人拉莫斯（Fidel V. Ramos）随即宣布同马科斯政权决裂，转而拥兵支持阿基诺夫人。海梅·辛主教通过天主教"真理"电台（Radio Veritas）呼吁信众支持阿基诺夫人，也呼吁两派和平抗争，阻止流血冲突。马科斯发表电视讲话，宣布

---

　　① "Statement on the Presidential Election in the Philippines", February 15, 1986, https：//www. reaganlibrary. gov/research/speeches/21586b.

　　② "Ambassador Habib Reports on His First Day in Manila", February 16, 1986, PH03283, DNSA.

　　③ "Aquino Press Release on Meeting with Habib", February 17, 1986, DNSA, PH03288.

　　④ "Codel Boren Calls on NAMFREL, American Chamber of Commerce, and Presidential Envoy Habib", February 17, 1986. DNSA, PH03287.

　　⑤ "Your Meeting with Marcos Emissaries", February 21, 1986, DNSA, PH03337.

全国进入"紧急状态"，并调遣兵力镇压投诚阿基诺夫人的"叛军"。

里根政府最终选择"弃马"，放弃对马科斯政权的支持，并敦促马科斯在美国协助下离开。2 月 24 日，美驻菲大使博斯沃思（Stephen Bosworth）受权向马科斯发出严重警告，"如果出现对拉莫斯部队的攻击，我们将不再提供军事援助"①。美国务卿舒尔茨（George P. Shultz）与国会代表专门于 2 月 24 日举行应对菲局势的共同会议，再次明确与马科斯政权"切割"，并声明敦促马科斯放弃执政，和平交权。

内外交困的马科斯，勉强在 25 日早上举行由首席大法官阿基诺（Ramon Aquino）监督的总统就职典礼，随即在美方安排下经由美驻菲空军基地离菲飞往夏威夷。当天，阿基诺夫人在马尼拉宣誓就任菲律宾总统，菲政权实现和平过渡。

当天，美国国务卿舒尔茨代表美政府发表声明，表示里根总统对菲律宾和平过渡到新政府的由衷欣慰，以及美对阿基诺夫人总统领导的新政府的认可，对其致力于非暴力努力的赞扬，以及对马科斯和平离任的赞赏。美方表态将一如既往地协助菲律宾处理经济发展和国家安全事务。②

马科斯在菲长达 21 年（1965 年至 1986 年）的统治宣告结束，美菲关系进入一个新的历史时期。菲律宾 1986 年"人民力量革命"推翻马科斯政权，主要是菲国内各势力团结凝聚，并通过策动军方倒戈，发动民众抗争等方式实现了政权更替，但是也应该看到美在菲政权更迭中发挥的独特影响力，特别是在维护政权和平过渡方面的作用。

小　结

影响同盟稳定的因素众多，弱国政权不牢固，政局不稳定便是重要因素之一，对强国而言，稳定同盟关系是大局，到了万不得已的时候，干预弱国政局也是强国进行同盟管理的手段。到里根政府时期，马科斯政府统治下的菲律宾贪污腐败丛生，政治僵化，国民经济增长率下降至战后最低点，1984 年和 1985 年分别为 – 7.32% 和 – 7.31%，导致民生凋敝，倒马呼声高涨，

---

① "Your Meeting with Congressional Leaders", February 24, 1986, DNSA, PH03369.

② "Statement by Secretary of State Shultz Announcing United States Recognition of the Philippine Government of President Corazon C. Aquino", February 25, 1986, https：//www. reaganlibrary. gov/research/speeches/22586a.

马科斯当局已经走到了政治生涯的最后阶段。里根政府起初有意帮助马科斯政府稳定政局，帮助马科斯避免被美国国会以人权问题提起指控，外交上也从指责批评马科斯政府人权外交，到安静外交的人权政策，但随着菲律宾国内反对派势力不断增大，时局愈加不稳，里根政府开始"两面下注"，与反对派接触并暗中支持其活动。而此时，时局混乱导致马科斯政府对美菲同盟的态度表现得极为不稳，这主要是因为自身实力下降过快导致与美国实力差距越拉越大，国内政局逐渐失控导致马科斯政府难以利用民意筹码加强与美国讨价还价。

在这一过程中，和平过渡符合美国管理美菲同盟的稳定需要。虽然里根政府与反对派接触，但其尽量控制在温和的反对派和在美反对派两个美国政府可以控制的范围内，而对于极端反对势力，美国公开表示反对。与此同时，天主教在菲律宾社会和政治上拥有深刻的影响力，美国还借助长期与菲律宾天主教组织的接触与合作关系，促使菲律宾天主教协助维护菲律宾政治的长期亲美立场，并且在菲律宾民主体制建设和人权事务上发挥积极作用。而对于马科斯政府而言，此时已是强弩之末，各种决策均已是垂死挣扎，无论是斥责美国插手菲律宾内部事务，还是提前选举，都无济于事，马科斯丧失反制美同盟管理的能力，只能任由美政府根据形势发展与其切割关系，终结 21 年的在菲统治。

结　　语

一　美菲同盟的发展演变

二战结束后，全球进入美苏争霸的冷战对抗体系之中，美国奉行全球遏制政策，突出在欧洲和亚洲对苏联及社会主义国家的遏制。在这种遏制战略之下，美加强对亚洲在配合美国全球遏制战略重要性方面的认识，推出《亚洲的遏制战略》，提出"亚洲是唯一一个美国和苏联在几条前沿地带都直接或间接遭遇的地区"，做出"（苏联）企图将其影响扩大至亚洲大陆和太平洋地区"的战略判断。美从全面遏制苏联的战略目标角度，总体上提出了对苏在西线实施战略进攻，在东线执行战略防御的宏观指导思想，并明确美在亚洲的三大战略目标，即阻止苏联控制亚洲地区，在亚洲培育能协助美国抗衡苏联在亚洲扩张的非共产党势力，从亚洲获得重要战略资源。该战略也具体到在东南亚区域的落实问题，美方担心苏联拓展在东南亚地区的控制，"东南亚已经成为克里姆林宫策反攻势的目标，这是为了寻求对东南亚的控制，也为了获得东南亚的资源和交通线，并将美国排挤出去"，并进而表示出"如果东南亚也被共产主义一扫而过，我们将遭受重大的政治溃败，其影响将会波及世界其他地区，尤其是中东地区，澳大利亚也会暴露在共产主义威胁面前"的担忧，从而提出"（在该地区）建立政治稳定和抵御共产主义的基础，避免弱化我们西方盟国的殖民权力"，认为"鼓励菲律宾和其他亚洲国家在解决这个地区共同面临的问题上发挥领导作用符合美国利益"。该文件还从军事角度提出，如果要防御苏联的潜在进攻，美国最低限度应该构建在亚洲沿海岛屿上维持美国目前的军事地位的一条线，以及在战时阻止共产党占领这条线，"这条线是我们的第一道防御线，也是我们的第一道进攻线……这条防御线应包括日本、琉球群岛和菲律宾"①。

在"西线进攻，东线防御"的全球遏制战略总规划下，美采取一系列措施来打造东线亚洲地区的同盟防御体系。位于东线链条上攻防兼备的菲律宾重要环节的军事价值受到美最高决策层的空前重视，美国安会牵头研究菲军事战略地位及应用问题，并出台史上首个全面对菲战略《美国对菲政策报告》。②《美国对菲政策报告》清晰阐释了美在菲的三大利益、三项目标和四条目标实现路径等。美国明确了其在菲的利益包括：第一，鉴于美对菲独特的关系、军事义务和道德义务，美国应对缔造菲律宾国家以及菲律宾共和国的独立和稳定负责，这是美国的根本利益。在 1947 年 3 月 14 日的协定中（指 1947 年美菲《军事基地协定》——笔者注）规定的美菲互惠利益要求为维护菲律宾的安全而共同行动；第二，菲律宾获得独立，证明美国承认亚洲的民族主义是不可忽视的现实。菲律宾不能维护独立将造成美国失信于世界，严重降低美国在全球，特别是在亚洲地区的影响力。当前菲政府或者任何合宪继任者的溃败都可能立即或可能最终导致共产党攫取政权。菲律宾政府不能维持亲美导向也可能导致共产党更早攫取政权。这些都将大幅增加共产党控制东南亚大陆和印度尼西亚的风险；第三，强化在太平洋地区，特别是在菲律宾、日本和琉球群岛的态势。随着日本恢复成为太平洋地区的独立国家，美国乐于支持菲日两国建立友好的政治经济关系，并希望两国关系的健康发展有助于太平洋地区的稳定。根据美在菲的三大利益，美国寻求在菲实现三项目标，包括在菲建立和维护一个能维持并强化国民亲美倾向的有效政府，具备恢复和维护国内安全的军事能力，稳定和自给自足的经济。

冷战初期，特别是遏制战略初定之时，依据美在菲战略利益和对菲战略需求，美外交决策者作出了与菲签署《共同防御条约》，缔结同盟关系的外交决策，将美菲同盟与美同澳大利亚、新西兰、中国台湾、韩国等双边、三边同盟关系一道，共同构建起同盟体系和东亚地区遏制防御线。在随后艾森豪威尔政府的两份《美国对菲律宾政策》（NSC5413/1 与 NSC5813/1）中，美将对菲目标内容作出一定调整（三点内容调整为四点），随后尼克松时期

①　周建明、王成至：《美国国家安全战略解密文献选编（1945—1972）》，社会科学文献出版社 2010 年版，第 2 册第 748、751 页。

②　"A Report to the President by the National Security Council on the Position of the United States with respect to the Philippines", November 9, 1950, DNSA, PH00002.

的《第9号国家安全研究备忘录》（NSSM9）中的"对菲9问"及"对菲9答"，以及其1973年的《第209号美国国家安全决策备忘录》（NSDM209）直至里根时期副国务卿沃尔福威茨1985年11月在国会作证的证言，都以不同的表述表达了类似的美对菲战略目标，简而言之就是亲美政治、健康经济、美控制下的军事基地三点，最多加上第四点，即确保菲具备打击境内共产党活动的军事能力。这体现出美不同政府在对菲政策目标的延续性与一致性。

具体到本书所涉及的1965—1986年时间段内，美先后经历5位总统执政。不同总统执政进行对菲外交决策时，虽然在上述3点或4点对菲政策目标方面大同小异，但因国际和地区形势的变化而各有侧重之处：

约翰逊政府时期，美进一步深度参与越南战争，将越战从特种战争升级到局部战争，美迫切需要菲在"更多旗帜"下随美参与越战，以体现美国参战的合法性。因此，美政府对于1965年菲总统候选人态度，就建立在对马卡帕加尔与马科斯两名候选人谁能争取到国内支持（主要是国会批准）这一判断标准之上。马科斯胜选后，成功解决了前任马卡帕加尔无法在国会通过《援越法案》的难题，实现增兵援越，履行了同盟义务，也从而得到了约翰逊政府的支持，取得第一任期的执政成就，实现连选连任的历史性突破。

尼克松政府时期，受到越南战争的拖累，美国内经济实力大幅下降，法国、德国在对待苏联及越战的态度方面与美出现疏远，美苏在核能力方面旗鼓相当，美攻苏守格局演变为美苏战略均势态势，尼克松政府必须正视美国、苏联、西欧、日本及中国为中心的多级体系这一"国际新秩序"。因此，尼克松政府希望转变原有的"自由世界"与社会主义阵营的对抗以及战争边缘政策，试图缓和美苏关系，并破冰打开与中国的关系。在这一背景下，尼克松通过"关岛宣言"提出其亚洲政策，也是同盟义务方面的转变态度。国会通过赛明顿听证会（Symington Hearing）试图审视美行政部门有无扩大海外安全义务，从中暴露出美菲政府间在扩大安全义务、援越补偿方面的问题，加之尼克松宣布初步从越南撤军，以及秘密决定削减在菲军事存在，这些都加剧了菲马科斯政府"被抛弃"的恐惧，东盟国家也对于英美都将从本地区撤出表示担心。尼克松政府需要以维持驻菲军事基地存在来证明美无意撤出该地区，而同时也需要一个有力的菲领导人来维护美资利益，这些政策目标导致美对菲马科斯开民主政治倒车实施军管法的行为采取默许和纵容。

　　福特政府承继尼克松时期外交目标，并因为越战彻底结束，面临着菲泰终止《东南亚集体防务条约》和解散该组织的呼声，以及泰国提出撤走美军基地的强烈要求，地区国家普遍做出美国撤出的判断，福特政府比尼克松时期更需要驻菲军事基地及军事存在（美在东南亚的唯一军事存在）来证明其对盟国、友邦的安全承诺。美对菲外交目标虽然明确，但是可资使用的同盟管理手段却并不多。美菲《劳雷尔—兰利协定》在 1974 年 7 月的到期，为美菲特殊经贸关系划上了句号。国会已提出将人权与援助问题联系的要求，但是福特政府为维护现实利益，不得不为菲马科斯政权的人权状况进行背书与开脱，避免施压影响军事基地谈判进行。

　　作为首个将人权问题引入外交政策决策的美国总统，卡特总统任内高度重视人权事务，在包括对菲在内的对外政策中援引《对外援助法》中关于人权侵犯方面的条款，对受援国实施援助制裁。该举措为卡特政府对菲外交工具箱增加了工具。但因为美在越战后从亚洲收缩力量，苏联则不断加强在东南亚地区的军事存在与活动能力，特别是 1978 年苏联与越南签署《友好合作条约》，苏获得对金兰湾军事基地的使用权，从而威胁到美国在亚太地区的安全利益、向印度洋的军力投射能力，以及海上通道（SLOC）使用的安全性。美驻菲军事基地的重要性从尼克松、福特政府时期的象征意义，转为现实战略意义与象征意义并存。卡特政府对菲外交决策中的人权因素权重值有所降低，维持亲美的马科斯政权的稳定与维持美驻菲军事基地的存在与使用成为这一时期的主要外交目标，美菲最终完成《军事基地协定》修订谈判。

　　里根总统上台即面临一个内外交困的烂摊子，国内经济发展陷入困境，外交上面临一个持续步步进攻态势的苏联，以及伊朗、尼加拉瓜等亲美政权崩塌的现状，苏攻美守之下，美国的国际地位与形象都岌岌可危。里根政府重新制定突出"现实主义"原则的对苏政策，灵活调整实施人权外交，以扭转国际不利形势。在对菲外交决策中，里根政府仍以维持基地存在为主要目标，乐见马科斯政府的结束军管法、恢复国民议会及全国选举等民主回归举措，即使发生阿基诺遇刺事件，里根政府仍冀通过经济援菲来"撑马"维持马科斯政权，但里根政府同时也保持与反对派各势力的密切接触，严防政治反对派的极端化发展，规劝他们以合宪方式实现和平发展。直至 1986 年 2 月"人民力量革命"，眼见马科斯大势已去，里根政府才与其政权关系做出"切割"，迅速承认阿基诺夫人新政权，调整美菲同盟关系重回轨道。

二　美菲同盟的特点

美菲之间有多重关系，因此具有多种研究视角选择，包括非对称性同盟关系、前宗主国与前殖民地关系、超级大国与小国关系、发达国家与发展中国家关系等。同盟定义有广义与狭义之分，但即便是按照最严苛的衡量标准，美菲关系都无疑属于典型性同盟关系。在本书涉及时间段内，美菲同盟关系呈"M"型几番起伏，此中原因，既与强国美调整对外安全战略有关，也与弱国菲担忧"被牵连"和"被抛弃"而不断追求自主外交有关。笔者从同盟理论角度出发，分析总结美菲同盟关系具有如下特点：

（一）美菲同盟属于典型的非对称性同盟关系

根据唐世平和龙世瑞在《美军事干预主义：一个社会进化的诠释》中提出的划分指标，即当成员国家之间的 GDP 总量（Total GDP，百万 1990 年国际元）与该国的人均 GDP 的积（1990 年国际元）是另一国的两倍或以上时，同盟是非对称性的；而如果低于两倍，则同盟是对称性的。根据此种算法，本书选取了美菲同盟关系的三个关键年，即 1951 年、1965 年和 1986 年。1951 年正值美菲结盟，那年两国实力乘积比约为 718 倍，已经远远超过 2 倍的标准；到 1965 年，菲律宾前总统马科斯上台，两国实力乘积比已超过 2193 倍，两国实力对比较结盟初期更加悬殊了；到 1986 年，马科斯下台，两国实力乘积比增至 3652 倍。美菲同盟的非对称性整体处于越拉越大的状态，并始终贯穿美菲同盟的形成、发展、同盟管理整个过程。

（二）美对菲的殖民统治深刻影响美菲结盟和同盟管理

1. 宗主国与殖民地关系是美菲结盟的历史基础。1898 年美西战争之后，美从老牌殖民地国家西班牙手中继承了对菲的殖民统治，在半个世纪的"美统时期"，美对菲的政治制度、经济结构、语言文化等进行了深刻改造，对菲社会整体发展影响深远。

2. 经济援助与经贸领域的"特殊关系"是美菲结盟的经济基础。美统时期的对菲经济改造使得菲在经济上形成了对美的依赖，尤其是二战对菲造成了严重破坏情况下，美对其施以援手，增加对菲的经济援助和技术援助。美菲还签署经贸协定，从关税、汇率、外资等领域规定了两国特殊的经济关系，这些举措加深了菲在经贸领域对美的依赖程度。

3. 菲政治人物、社会精英及民众的普遍亲美是民意基础。战后初期，不仅菲政治上层持亲美立场，菲的社会精英及普通民众都因为殖民统治历史，以及美军协助击败日本统治、美援助等而普遍存有亲美的心态，菲政府的外交亲美取向具有广泛支持的民意基础。美对菲的殖民统治是促进了两国关系的历史渊源，这些均为美菲在战后结盟和两国进行同盟管理，稳定同盟关系积累了深厚的基础。

（三）美菲结盟的动因既有共同威胁，又有不同的利益诉求

美与菲结盟的主要动机是应对来自不同意识形态的威胁，维护自身安全，扩大势力范围，提升与苏联竞争霸主权力的能力。菲地处西南太平洋的海陆交通要道，扼守南中国海东部出口，具有得天独厚的战略优势，美将菲视为其太平洋安全体制的两大基石之一。而菲与美国结盟的动机除了防范共产主义蔓延外，主要诉求集中在国内：一是国内的胡克运动（HUK）和日本可能的军国主义化等带来的安全问题，菲单靠自身难以应对，希望美提供安全协助；二是国家和新政权成立不久，菲政府希望通过美支持来取信于民，打击反对者，稳定政局；三是菲政府看重美强大的经济实力，希望能够得到美的援助，帮助菲尽快完成战后重建，恢复国民经济发展；四是菲政府希望在外交上追随美，提升本国的国际地位，获得对同等国家的外交优势。基于两国的特定需要，并确认对方能够提供自身所需支持的情况下，美菲最终于1951 年签订《共同防御条约》，促成两国同盟关系的正式确立。

（四）在美菲同盟管理中，美以强国姿态居于主导地位

总体上，美对菲的战略目标是亲美政治、健康经济、美控制下的军事基地，以及确保菲具备打击境内共产党活动的军事能力。1. 作为强实力一方，美对两国合作的内容、形式及制定约束性条件均有较大话语权，有能力运用各类手段对美菲同盟进行管理，使之服务于美的战略目标。在初期，为保障美菲同盟机制化运转，美主导两国签订了《关于军事基地的协定》、美菲《军事援助的协定》、《美菲共同防御条约》三大双边军事条约，主张建成东南亚条约组织，这些共同构成了美菲军事同盟的法律保障。

2. 美拥有管理同盟的工具箱，可以灵活应用如军事援助、经贸合作、人权外交等硬软实力手段对菲进行"奖励"和"惩罚"，目的在于促其配合美政策。当菲积极响应美方要求时给予菲方大量军事和经济援助，以及经贸合

作上的甜头，在菲发出不同声音或表示反对时则会削减援助数量，威胁在冲突中不提供协定义务所承诺的各项支持，甚至对菲政府进行政治制裁和跨国渗透。在卡特政府时期，美还通过修订国内法案对对外援助形成约束，将对外援助与人权挂钩，这相当于向美援助外交提供了一个干预受援国内政的有效手段，而且屡试不爽，美运用该手段迫使菲在多个问题上低头。

3. 美是美菲同盟管理成本的主要承担者，当美管理同盟的意愿和支付管理成本能力下降时，美菲同盟关系也将面临降级的境地。尼克松时期，美在美苏争霸中处于守势，其通过缓和同中国关系对苏联形成一定牵制，大国政策的调整促使该时期美强化管理美菲同盟的意愿相对降低。加之美国经济严重滞胀和越战严重损耗美元气，导致其支付美菲同盟成本的能力降低，美菲同盟关系在该时期内相对弱化。

（五）

在美菲同盟管理中，菲在现实中的附属地位和追求理想中的平等关系中挣扎徘徊，但菲有手段促使美重视菲诉求。因为与美国实力差距过大，菲更多扮演着追随者和搭便车者的角色，外交政策长期依附于美，但菲仍能够通过加强自主外交，在国际问题上与美唱反调，要求在同盟军事决策上增大发言权等手段来增加同美博弈的筹码①。美实施"尼克松主义"时，菲对美国在亚洲的战略意志的怀疑加深，客观上促使马科斯政府加强自主外交，从与中苏建交，到退出美国主导的东南亚条约组织，强化区域性合作，降低诸如中东、海洋法及多项国际事务方面与美方协同性。马科斯政府还屡次将基地问题和《共同防御条约》的适用范围问题、美对菲军事援助问题相捆绑，通过"议题联系"成功逼迫美数次在援助数额及方式、人权议题相关援助制裁方面做出让步，维护了美对其独裁政治的容忍与支持。作为弱实力一方，马科斯领导的菲不愿也不能抛弃美，而是考虑借助同盟关系，寻求与美国对话和要价的机会，通过美国军事援助和经济援助来发展自身，巩固政权。马科斯政府采取的一系列博弈举措，实质上更多是受美弃菲而去的恐惧驱动，希望以此引起美对两国同盟关系稳定和菲利益诉求的长期重视。

（六）

基于美菲悬殊的实力差距，菲严重依赖于美，在美菲同盟关系中经常面

---

① 孙茹：《美国的同盟体系及其功效》，《现代国际关系》2011年第7期。

临被抛弃和受牵连两种困境。菲的弱实力地位决定了其对美的严重依赖，对美安全政策的变化脆弱性和敏感性较强，美任何关于亚太的安全政策的变化，均会引起菲的强烈反应。美要求菲在《东南亚集体防务条约》和《共同防御条约》等框架下履约援越，菲面临着被牵连进于自身无益的战争的风险，但若一再拒绝出兵，将使美菲同盟前途不卜，菲被抛弃的风险增大，对新生的马科斯政权和菲在亚洲的地位带来诸多不利影响。菲的安全担忧还体现在当美从越南撤军时。福特继续执行"尼克松主义"，从越南撤军，并且执行防守性政策，要求盟国自顾平安。菲对此反应极为敏感，他担心美国此举实质上是"抛弃"菲，置其于危险境地，马科斯甚至发表了异常激烈的言论："将国家的生死存亡寄托在被反复无常和随意解释的安全条约和安全保证上，如果不是完全，那也是一个致命的错误。"①

美菲的历史关系和面临的安全威胁促成了两国在战后结成同盟，美菲同盟的非对称性却又深刻影响着美菲关系发展和美对菲政策的演变。在马科斯执政的 21 年间，美根据自身战略不断调整对菲政策，菲则在自主外交和倚重美发展的路线上艰难前行。期间，两国在同盟框架下从未停止过博弈，强国和弱国在同盟管理中的特点也表现得淋漓尽致。伴随着马科斯的下台，再到此后苏联解体，美从苏比克湾撤军，美菲同盟关系的重要性降到历史低点，美菲同盟关系进入休眠状态。

三　美菲同盟的理论提升

本书通过对美菲同盟关系的研究，对同盟理论体系进行了一定补充。同盟理论历来是国际政治领域的重要理论之一，该理论发展至今，已经进入了百家争鸣，深入细节的研究阶段。在前人丰硕的研究成果基础上，本书通过对盟国安全政策分类讨论，分析了非对称性双边同盟关系中，盟国之间相互依赖程度与被牵连和被抛弃等同盟恐惧的关系，得出了以下五项结论：（一）"本国对盟国安全政策调整的敏感性和脆弱性与同盟困境如牵连和抛弃恐惧是相辅相成的关系，敏感性和脆弱性越强，被牵连和被抛弃的恐惧就越强烈"；（二）"当强国和弱国政策总体协调一致时，两国在安全领域的关系为正向依赖关系，两国对彼此安全政策变化上的敏感性和脆弱性相对较小，被

---

① "New Direction for the new Society", *Far Eastern Economic Review*, June 13, 1975, p. 9.

牵连和被抛弃的恐惧随之降低，同盟关系更加稳定"；（三）"当强国和弱国政策相悖时，两国在安全领域的相互依赖将产生负面效应，两国对彼此安全政策的变化的敏感性和脆弱性相对增大，被牵连和被抛弃的恐惧也相对增加，同盟关系面临降级或破裂"；（四）"虽然强国和弱国在不同情况下都可能面临受牵连或被抛弃的风险，由于弱国对强国政策的调整的敏感性和脆弱性相对较高，因此，当强国持进攻政策而弱国持防守政策，弱国同时面临着受牵连和被抛弃的双重恐惧"；（五）"盟国之间安全政策相悖时，将催生并加剧本国对盟国政策和同盟机制的不信任感，有可能导致同盟关系降级或破裂"。结合美菲同盟关系演变史实，笔者对上述观点进行了逐一验证，尤其在美菲这一实力相差悬殊的非对称性同盟关系中，弱国菲确实比强国美在更多情况下同时面临着"被牵连"和"被抛弃"两种困境。

附　录

美国驻菲大使及任期一览表

（1946—1986 年）

序号	大使姓名	英文名	任期起止日
1	麦克纳特	Paul V. McNutt	1946 年 7 月 4 日—1947 年 3 月 22 日
2	奥尼尔	Emmet O'Neal	1947 年 9 月 22 日—1948 年 4 月 28 日
3	考恩	Myron Melvin Cowen	1949 年 5 月 23 日—1951 年 10 月 14 日
4	斯普鲁恩斯	Raymond A. Spruance	1952 年 2 月 7 日—1955 年 4 月 1 日
5	弗格森	Homer S. Ferguson	1955 年 4 月 12 日—1956 年 3 月 23 日
6	纽弗	Albert F. Nufer	1956 年 7 月 20 日—11 月 6 日
7	波伦	Charles E. Bohlen	1957 年 6 月 4 日—1959 年 10 月 15 日
8	希克森	John D. Hickerson	1960 年 1 月 13 日—1961 年 12 月 8 日
9	斯蒂文森	William E. Stevenson	1962 年 2 月 5 日—1964 年 6 月 14 日
10	布莱尔	William McCormick Blair, Jr.	1964 年 8 月 5 日—1967 年 10 月 21 日
11	威廉姆斯	G. Mennen Williams	1968 年 6 月 17 日—1969 年 4 月 7 日
12	拜罗德	Henry A. Byroade	1969 年 8 月 29 日—1973 年 5 月 25 日
13	沙利文	William H. Sullivan	1973 年 8 月 6 日—1977 年 4 月 26 日
14	纽森	David D. Newsom	1977 年 11 月 11 日—1978 年 3 月 30 日
15	墨菲	Richard W. Murphy	1978 年 6 月 8 日—1981 年 8 月 10 日
16	阿马科斯特	Michael Armacost	1982 年 3 月 12 日—1984 年 4 月 18 日
17	博斯沃思	Stephen W. Bosworth	1984 年 5 月 4 日—1987 年 4 月 2 日

参考文献

一　数据库与政府工作报告

解密档案参考系统（Declassified Documents Reference System，简称 DDRS）数据库。

美国得克萨斯理工大学越南中心（The Vietnam Center and Archive），https：//www. vietnam. ttu. edu/。

美国外交文件集（Foreign Relations of the United State，简称 FRUS），https：//history. state. gov/historicaldocuments，1945－1980。

数字国家安全档案（Digital National Security Archive，简称 DNSA）数据库，数据来源：www. proquest. com。

Cyrus Vance, *Human Rights and Foreign Policy*, Department of State Bulletin, April 30，1977.

House of Representatives, Ninety-ninth Congress, first session on H. Con Res. 232，November 12 and 13，1985，*Recent Events in the Philippines*，*Fall* 1985：*Hearings and Markup before the Committee on Foreign Affairs and its Subcommittee on Asian and Pacific Affairs*，Washington D. C. ：U. S. Government Printing Office，1985.

U. S. Government Printing Office, *Human Rights and the World Community*：*A Call for U. S. Leadership*，March 27，1974.

U. S. Government Printing Office, *Human Rights in South Korea and the Philippines*：*Implications for U. S. Policy*，94th Congress，First Session，1975.

U. S. Senate，98th Con. ，2d Sess. ，*The Situation in the Philippines*，*Staff Report Prepared for the Committee on Foreign Relations*，Washington，D. C. ：U. S. Government Printing Office，October 1984.

U. S. Senate，99th Cong. ，1st Sess. ，*The Philippine*：*A Situation Report*，*Staff*

Report to the Senate Select Committee on Intelligence, Washington, D. C.: U. S. Government Printing Office, November 1, 1985.

U. S. Senate, Committee on Foreign Relations, *Korea and the Philippines: November 1972, A Staff Report, 93rd Congress, 1st Session*, Washington D. C.: Government printing office, February 18, 1973.

二 著作

陈明华编著:《当代菲律宾经济》,云南大学出版社 1999 年版。

陈岳、吴秀慧:《马科斯沉浮录》,香港:星辰出版社 1986 年版。

董秀丽:《美国外交的文化阐释》,知识产权出版社 2007 年版。

胡才:《当代菲律宾》,四川人民出版社 1994 年版。

怀静如:《菲律宾外交政策:1946—1984》,台湾商务印书馆 1987 年版。

蒋劲松:《美国国会史》,海南出版社 1992 年版。

蒋细定:《菲律宾经济论》,厦门大学出版社 2004 年版。

金应熙主编,刘迪辉等编著:《菲律宾史》,河南人民出版社 1990 年版。

李庆四:《美国国会与美国对华政策》,当代世界出版社 2002 年版。

李庆四:《美国国会与美国外交》,人民出版社 2007 年版。

李庆余:《美国外交:从孤立主义到全球主义》,南京大学出版社 1990 年版。

李庆余:《美国外交史:从独立战争至 2004 年》,山东画报出版社 2008 年版。

李涛、陈丙先:《菲律宾概论》,世界图书出版公司 2012 年版。

力平等主编,熊华源等撰,中共中央文献研究室编:《周恩来年谱:一九四九——一九七六》,中央文献出版社 1998 年版。

梁华:《马科斯家族》,社会科学文献出版社 1996 年版。

刘金质:《冷战史》,世界知识出版社 2003 年版。

刘文祥:《美国外交决策中的国会与总统》,中国经济出版社 2005 年版。

罗会钧:《美国对发展中国家的人权外交》,中南大学出版社 2003 年版。

马燕冰、黄莺:《菲律宾》,社会科学文献出版社 2007 年版。

逄先知等主编,中共中央文献研究室编:《毛泽东年谱:1949—1976》,中央文献出版社 2013 年版。

沈国麟:《镜头中的国会山:美国国会与大众传媒》,复旦大学出版社 2005 年版。

世界知识出版社编：《国际条约集（1945—1947）》，世界知识出版社 1959
　　年版。

世界知识出版社编：《国际条约集（1948—1949）》，世界知识出版社 1959
　　年版。

世界知识出版社编：《国际条约集（1950—1952）》，世界知识出版社 1959
　　年版。

世界知识出版社编：《国际条约集（1953—1955）》，世界知识出版社 1960
　　年版。

孙嘉莉：《科·阿基诺传》，黑龙江人民出版社 1993 年版。

孙建党：《美国与东南亚经济关系研究》，经济管理出版社 2011 年版。

孙哲：《左右未来：美国国会的制度创新和决策行为》，复旦大学出版社
　　2001 年版。

王玮、戴超武：《美国外交思想史：1775—2005 年》，人民出版社 2007 年版。

王玮：《美国对亚太政策的研究（1945—1972）》，山东人民出版社 1995
　　年版。

厦门大学南洋研究所编：《东南亚五国经济》，人民出版社 1981 年版（第 2
　　版）。

厦门大学南洋研究所编写组编：《东南亚五国经济概况》，人民出版社 1976
　　年版。

燕兰：《马科斯总统和夫人》，时事出版社 1983 年版。

杨生茂、刘绪贻：《美国通史》，人民出版社 2008 年版。

杨生茂：《美国外交政策史：1775—1989》，人民出版社 1990 年版。

张宏毅：《美国人权与人权外交》，人民出版社 1993 年版。

赵可金：《营造未来：美国国会游说的制度解读》，复旦大学出版社 2005
　　年版。

周建明、王成至：《美国国家安全战略解密文献选编（1945—1972）》，社会
　　科学文献出版社 2010 年版。

周琪：《美国人权外交政策》，上海人民出版社 2001 年版。

周琪：《意识形态与美国外交》，上海人民出版社 2006 年版。

资中筠主编：《战后美国外交史：从杜鲁门到里根》，世界知识出版社 1994
　　年版。

Alejandro M Fernandez, *The Philippines and the United States: The Forging of*

New Relations, Quezon City: Philippine Union Catalog, 1977.

Alva M. Bowen, *Philippine Bases: U. S. Redeployment Options*, Washington, D. C. : Congressional Research Service, Lirary of Congress, 1986.

Anthony James Gregor and Virgilior Aganon, *The Philippine Base: U. S. Security at Risk*, Washington D. C. : Ethics and Public Policy Center, 1987.

Anthony James Gregor, *Crisis in the Philippines: A Threat to U. S. Interests*, Washington, D. C. : Ethics and Public Policy, 1984.

Buckley Roger, *The United States in the Asia-Pacific since* 1945, Cambridge: Cambridge University Press, 2002.

Claude Albert Buss, *The United States and the Philippines: Background for Policy*, Washington, D. C. : American Enterprise Institute for Public Research, 1977.

David L. Sills, *International Encyclopedia of Social Sciences*, New York: Macmillan, 1968.

David P. Forsythe, *Human Rights and U. S. Foreign Policy*, *Congress Reconsidered*, Gainesville: University of Florida Press, 1988.

Desmond Ball, *US Bases in the Philippines: Issues and Implications*, Canberra: Strategic and Defence Studies Centre, Research School of Pacific Studies, Australian National University, 1988.

Eduardo Z. Romualdez, *A Question of Sovereignty: The Military Bases and Philippine* American *Relations*, *1944 – 1979*, Manila: Selbstverlag, 1980.

Fred Greene, *The Philippine Bases: Negotiating for the Future American and Philippine Perspectives*, New York: Council on Foreign Relations, 1988.

Gabriel Kolko, *Confronting the Third World: United States Foreign Policy*, *1945 – 1980*, New York: Pantheon Books, 1988.

Graham T. Allison, *Essence of Decision: Explaining the Cuban Missile Crisis*, Boston: Little, Brown, 1971.

Gregor A. James, *Crisis in the Philippines: A Threat to US Interests*, Washington: Ethics and Public Policy Center, 1984.

Henry William Brands, *Bound to Empire: The United States and the Philippines*, New York: Oxford University Press, 1992.

James F. Eder and Robert L. Youngblood, *Patterns of Power and Politics in the*

Philippines: *Implications for Development*, Phoenix: Arizona State University Program for Southeast Asian Studies, 1994.

James Hamilton-Paterson, *America's Boy*: *A Century of Colonialism in the Philippines*, London: Granta Books, 1998.

John Dumbrell and David M. Barrett, *The Making of U. S. Foreign Policy*: *American democracy and American foreign policy*, Manchester: Manchester University Press, 1990.

John W. McDonald Jr. and Diane B. Bendahmane, *U. S. Bases Overseas*: *Negotiations with Spain*, *Greece and the Philippines*, Boulder: Westview Press, 1990.

Karl Deutsch, *Political Community and the North Atlantic Area*, Princeton: Princeton University Press, 1957.

Michael Mandelbaum, *The Nuclear Revolution*: *International Politics Before and After Hiroshima*, New York: Cambridge University Press, 1981.

Morton H. Halperin, *Bureaucratic Politics and Foreign Policy*, Washington, D. C. : Brookings, 1974.

Patricia A. Weitman, *Dangerous Alliances*: *Proponents of Peace*, *Weapon of War*, California: Stanford University Press, 2004.

Peter Gourevitch, Takashi Inoguchi and Courtney Purrington, *United States-Japan Relations and International Institutions After the Cold War*, La Jolla: Graduate School of International Relations and Pacific Studies, San Diego: University of California, 1995.

Raymond Bonner, *Waltzing with a Dictator*: *The Marcoses and the Making of American Policy*, New York: Times Books, 1987.

Richard Milhous Nixon, *RN*: *The Memoirs of Richard Nixon*, New York: Grosset & Dunlap, 1978.

Robert Jervis and Jack Snyder, *Dominoes and Bandwagons*: *Strategic Beliefs and Great Power Competition in the Eurasian Rimland*, New York: Oxford University Press, 1991.

Robert J. McMahon, *The Limits of Empire*: *The Unites States and Southeast Asia since World War Two*, New York: Columbia University Press, 1999.

Robert L. Youngblood, *Marcos against the Church*: *Economic Development and Political Repression in the Philippines*, Ithaca: Cornell University Press, 1990.

Robert Pringle, *Indonesia and the Philippines*: *American Interests in Island Southeast Asia*, New York: Columbia University Press, 1980.

Roland G. Simbulan, *The Bases of Our Insecurity*: *A Study of US Military Bases in the Philippines*, Manila: BALAI Fellowship, 1983.

Stanley Karnow, *In Our Image*: *America's Empire in the Philippines*, New York: Random House, 1989.

Stanley Robert Larsen and James Lawton Collins, Jr., *Allied Participation in Vietnam*, Washington: Department of the Army, 1985.

Stephen Rosskamm Shalom, *The United States and the Philippines*: *A Study of Neocolonialism*, Philadelphia: Institute for the Study of Human Issues, 1981.

Stephen Walt, *The Origins of Alliances*, Ithaca: Cornell University Press, 1987.

Thomas Schelling, *Arms and Influence*, New Haven: Yale University Press, 1966.

William Appleman Williams, *The Tragedy of American Diplomacy* (50*th Anniversary Edition*), New York: W. W. Norton & Company, 2009.

William E. Berry, *U. S. Bases in the Philippines*: *The Evolution of the Special Relationship*, Boulder: Westview Press, 1989.

William H. Riker, *The Theory of Political Coalitions*, New Haven: Yale University Press, 1962.

三 译著

北京大学法律系宪法教研室编译：《东南亚国家联盟各国宪法》，商务印书馆 1979 年版。

［菲］埃萨伯罗·克里索斯托莫：《科丽·阿基诺传》，施能济等译，东方出版社 1988 年版。

［菲］卡门·纳瓦罗·佩德罗萨：《马科斯夫人秘闻》，罗学艺等译，群众出版社 1988 年版。

［美］埃尔默·普利施科：《首脑外交》，周启朋等译，世界知识出版社 1990 年版。

［美］贝·丝戴·罗慕洛：《菲律宾政坛回忆》，李延凌等译，广西人民出版社 1992 年版。

［美］比米斯·S. F.：《美国外交史》，叶笃义译，商务印书馆 1985 年版。

［美］查理·C.麦克杜格尔德：《马科斯传》，何祚康等译，求实出版社1990
　　年版。

［美］冯德麦登：《宗教与东南亚现代化》，张世红译，今日中国出版社1995
　　年版。

［美］汉斯·摩根索：《国家间政治：权力斗争与和平》，徐昕等译，北京大
　　学出版社2006年版。

［美］亨利·基辛格：《白宫岁月——基辛格回忆录》，陈瑶华等译，世界知
　　识出版社1980年版。

［美］杰里尔·A.罗塞蒂：《美国对外政策的政治学》，周启朋等译，世界知
　　识出版社1997年版。

［美］理查德·尼克松：《不再有越战》，王绍仁等译，世界知识出版社1999
　　年版。

［美］理查德·尼克松：《尼克松回忆录》，伍任译，世界知识出版社2001
　　年版。

［美］罗伯特·基欧汉、约瑟夫·奈：《权力与相互依赖》，门洪华译，北京
　　大学出版社2005年版（第3版）。

［美］罗伯特·杰维斯：《国际政治中的知觉与错误知觉》，秦亚青译，世界
　　知识出版社2003年版。

［美］塞缪尔·亨廷顿：《第三波——二十世纪末的民主化浪潮》，刘军宁
　　译，生活·读书·新知三联书店1998年版。

［美］塞缪尔·亨廷顿：《文明的冲突与世界秩序的重建》，周琪等译，新华
　　出版社2002年版。

［美］沙伊贝：《近百年美国经济史》，彭松建译，中国社会科学出版社1983
　　年版。

［美］斯坦利·L.恩格尔曼、罗伯特·E.高尔曼主编：《剑桥美国经济史：
　　第二卷，漫长的19世纪》，高德步等总译校，王珏等主译，中国人民大学
　　出版社2008年版。

［美］斯坦利·L.恩格尔曼、罗伯特·E.高尔曼主编：《剑桥美国经济史：
　　第三卷，20世纪》，高德步、王珏总译校，蔡挺等主译，中国人民大学出
　　版社2008年版。

［美］斯坦利·L.恩格尔曼、罗伯特·E.高尔曼主编：《剑桥美国经济史：
　　第一卷，殖民地时期》，高德步等总译校，巫云仙等主译，中国人民大学

出版社 2008 年版。

［美］斯特林·西格雷夫：《马科斯王朝》，王槐挺等译，国际文化出版公司 1990 年版。

［美］威廉·赫·沙利文：《出使伊朗》，邱应觉等译，世界知识出版社 1984 年版。

［美］沃尔兹：《国际政治理论》，胡少华、王红缨译，中国人民公安大学出版社 1992 年版。

［美］约翰·米尔斯海默：《大国政治的悲剧》，王义桅译，上海人民出版社 2008 年版。

［美］约翰·伊肯伯里主编：《美国无敌：均势的未来》，韩召颖译，北京大学出版社 2005 年版。

［美］约瑟夫·奈：《美国霸权的困惑：为什么美国不能独断专行》，郑志国等译，世界知识出版社 2002 年版。

［美］约瑟夫·奈：《硬权力与软权力》，门洪华译，北京大学出版社 2005 年版。

［日］吉泽清次郎主编：《战后日本同亚洲各国的关系》，上海外国语学院日语专业工农兵学员译，上海人民出版社 1975 年版。

［日］佐藤英夫：《对外政策》，王晓滨译，经济日报出版社 1990 年版。

四 论文

毕云红：《外交决策及其影响因素》，《世界经济与政治》2002 年第 1 期。

陈大冰：《菲律宾社会指标的初步分析》，《南洋问题研究》1984 年第 3 期。

陈丽贞：《论战后东盟国家对外贸易的发展与变化》，《南洋问题研究》1998 年第 2 期。

陈森海：《对马科斯独裁政权的反思》，《东南亚研究》1986 年第 3 期。

陈原：《美国军事基地网威胁着世界和平与安全》，《世界知识》1951 年第 24 期。

崔翠翠：《以援助之名，掩利己之实——浅谈战后美国对菲律宾援助政策的形成》，《中国校外教育旬刊》2014 年第 Z1 期。

村野：《菲律宾的外债》，《东南亚研究》1981 年第 2 期。

董向荣：《不对称同盟与韩国的反美主义》，《当代亚太》2009 年第 6 期。

［菲］A.李昭戈著，李希炳译：《美帝国主义对菲律宾的经济掠夺》，《南洋

资料译丛》1976 年第 2 期。

［菲］阿布里诺·艾迪南著，汪慕恒译：《菲律宾工业化的合理化战略：从工业保护政策转向工业支持政策——菲律宾 1983—1987 年》，《南洋资料译丛》1982 年第 2 期。

［菲］赫拉尔多·西卡特著，汪慕恒译：《八十年代的菲律宾经济发展战略》，《南洋资料译丛》1982 年第 3 期。

［菲］杰拉多·P.西卡特著，陈超逴编译：《菲律宾经济的症结何在》，《东南亚研究》1987 年第 3 期。

［菲］罗兰德·G.西姆布兰著，周金奎译：《菲律宾美国军事基地的作用》，《东南亚研究资料》1991 年第 2 期。

［菲］小何塞·罗梅罗著，雪辽译：《菲律宾的债务管理问题及其解决办法》，《南洋资料译丛》1984 年第 4 期。

冯雷：《菲律宾天主教会同马科斯政权的关系》，《东南亚研究》2000 年第 4 期。

冯雷：《马科斯政府时期美国政府与菲律宾基督教组织关系探讨》，《东南亚研究》2016 年第 6 期。

宫少朋：《美国在菲律宾军事基地的历史、现状与前途》，《外交评论》1990 年第 1 期。

郭永虎：《美国对中菲南沙群岛争端政策的历史考察——给予美国新近解密外交档案的解读》，《当代中国史研究》2013 年第 2 期。

郭渊：《冷战时期菲律宾南海石油开采及行为特征分析》，《浙江海洋学院学报（人文科学版)》2013 年第 1 期。

韩凝：《美国国际开发署对菲律宾援助政策的演变及其影响》，《东南亚南亚研究》2012 年第 2 期。

韩铁军：《浅析韩美同盟的非对称性》，《国际研究参考》2014 年第 4 期。

韩献栋：《同盟政治的安全困境》，《国际论坛》2006 年第 5 期。

蒋细定：《菲律宾的能源开发战略初探》，《南洋问题研究》1983 年第 2 期。

蒋细定：《菲律宾工业发展的问题与展望》，《南洋问题研究》1991 年第 2 期。

蒋细定：《战后菲律宾的工业的发展问题初析》，《南洋问题研究》1983 年第 4 期。

节大磊：《约束盟国的逻辑和困境》，《世界经济与政治》2016 年第 3 期。

李巍：《体系、国家、社会：美国对外经济政策的三种研究路径》，《国际观察》2008年第1期。

李异平：《从马科斯统治下的电信业看菲律宾与美国的依附关系》，《东南亚研究》2000年第1期。

李异平：《美国对菲律宾传媒的影响与控制》，《新闻大学》2000年第2期。

林均红：《动荡的菲律宾政局》，《国际问题资料》1984年第23期。

凌胜利：《联盟管理——概念、机制与议题》，《社会科学》2018年第10期。

刘军：《现实的抉择：美国对菲律宾政策的调整（1981—1986年）》，《美国研究》1990年第1期。

刘效梅：《浅议菲律宾对外贸易政策和制度的发展》，《印度洋经济体研究》2003年第5期。

[美] 弗兰克·H.戈莱著，周世雄译：《菲律宾面临的经济挑战》，《南洋资料译丛》1985年第1期。

[美] 格兰·梅著，潘一宁译：《美菲关系的历史研究》，《东南亚研究》1997年第6期。

[美] 格温多林·R.特克逊著，柳平译：《菲律宾工业发展中的贸易政策和工业奖励政策》，《东南亚研究》1985年第3期。

[美] 加里·霍斯著，其实译：《马科斯、其密友和菲律宾经济发展的失败》，《南洋资料译丛》1995年第Z2期。

[美] 勒鲁瓦·汉森著，细定译：《卡特的远东战略：菲律宾军事基地的新作用》，《南洋资料译丛》1977年第4期。

[美] 雷蒙·H.麦尔斯著，黄学毅译：《菲律宾经济困难的根源》，《南洋资料译丛》1985年第3期。

孟庆顺：《阿拉伯国家在菲南和平进程中的作用》，《东南亚研究》2010年第6期。

钱箭星：《从阿基诺被暗杀时间看菲律宾的政局》，《南洋问题》1983年第4期。

钱文宝：《发展中国家应采取的经济发展战略——马来西亚与菲律宾的比较分析》，《南洋问题研究》1985年第1期。

[日] 南原真著，汪慕恒译：《菲律宾工业发展战略的调整》，《南洋资料译丛》1982年第4期。

[日] 佐藤昭治著，国良译：《菲律宾的外资政策和外资情况》，《南洋资料

译丛》1977 年第 3 期。

荣小民：《谋事在人 成事在天——美菲军事基地谈判达成新协议》，《国际展望》1991 年第 15 期。

森业：《美菲军事基地之争》，《世界知识》1988 年第 14 期。

邵笑：《简析尼克松的南海政策——以西沙海战为例》，《东南亚研究》2012 年第 3 期。

邵笑：《论南海问题与 1976 年美菲军事基地谈判》，《历史教学问题》2012 年第 3 期。

沈本秋：《美国对外政策决策的分析》，《世界经济与政治》2011 年第 4 期。

沈红芳：《菲律宾的外资政策和外资活动情况》，《南洋问题研究》1978 年第 2 期。

沈红芳：《菲律宾工业化发展进程及其政策特点》，《亚太经济》2003 年第 2 期。

沈红芳：《菲律宾利用外资发展民族经济的战略和政策》，《南洋问题研究》1982 年第 3 期。

沈红芳：《战后菲律宾的工业发展和外贸政策》，《南洋问题研究》1982 年第 1 期。

沈红芳：《战后菲律宾外资、外援的消长变化、特点及其原因》，《南洋问题研究》1983 年第 2 期。

时永明：《菲律宾军事基地问题与菲美关系》，《国际问题研究》1991 年第 3 期。

［苏］B. 雅·阿尔希波夫著，东晖译：《菲律宾进口贸易的发展趋势》，《东南亚研究资料》1980 年第 2 期。

［苏］O. T. 捷列申科著，方人译：《菲律宾的货币金融近况》，《东南亚研究资料》1980 年第 2 期。

［苏］B. Я. 阿尔希波夫著，甘木译：《菲律宾的糖业生产》，《东南亚研究资料》1980 年第 4 期。

［苏］B. Я. 阿尔希波夫著，王超进译：《菲律宾的经济问题》，《东南亚研究资料》1981 年第 4 期。

［苏］Л. Д. 多尔任科娃著，东晖译：《菲律宾的对外贸易及扩大出口的措施》，《东南亚研究资料》1983 年第 3 期。

［苏］弗·阿尔希波夫著，付志华译：《菲律宾的经济与外汇金融问题》，

《国际经济评论》1985 年第 10 期。

［苏］弗·阿尔希波夫著，施纯谋译：《菲律宾经济：成就与困难》，《国际经济评论》1982 年第 9 期。

［苏］Л. Л. 泰凡著，施纯谋译：《菲律宾居民的宗教信仰》，《东南亚研究资料》1985 年第 3 期。

［苏］托罗依次基著，林克明译：《菲律宾经济中的美国垄断》，《南洋资料译丛》1957 年第 4 期。

孙建党、戴锦波：《美国政府、NGO、跨国公司在菲律宾绿色革命中的角色和作用》，《东南亚研究》2011 年第 6 期。

孙茹：《美国的同盟体系及其功效》，《现代国际关系》2011 年第 7 期。

孙西辉、金灿荣：《小国的"大国平衡外交"机理与马来西亚的中美平衡外交》，《当代亚太》2017 年第 2 期。

唐世平、龙世瑞、郎平：《美国军事干预主义：一个社会进化的诠释》，《世界经济与政治》2011 年第 9 期。

唐世平、苏若林：《相互制约：联盟管理的核心机制》，《当代亚太》2012 年第 3 期。

帖伟芝：《论菲律宾对美国的依附性》，《商丘师范学院学报》2005 年第 3 期。

汪慕恒、蒋细定：《战后菲律宾的经济发展战略》，《南洋问题研究》1984 年第 2 期。

汪巍：《菲律宾的债务负担与经济发展》，《东南亚研究》1991 年第 1 期。

王静：《冷战时期菲律宾南海政策的演变及解析》，《近现代国际关系史研究》2013 年第 2 期。

先达人：《阿基诺事件的两个调查报告》，《世界知识》1984 年第 23 期。

肖彬：《菲律宾的工业化进展和对外贸易结构的变化》，《南洋资料译丛》1979 年第 4 期。

徐建玲、陈期婷：《菲律宾土地改革和粮食安全研究》，《东南亚研究》2014 年第 6 期。

许滨：《变动中的外交——美国对菲律宾政策（1983—1986 年）》，《南京大学学报：哲学·人文科学·社会科学》1993 年第 1 期。

杨安民：《从美菲关系看菲律宾经济》，《世界知识》1957 年第 10 期。

杨卫民、祁可前：《马科斯独裁下的菲律宾土地改革（1972—1986）》，《史学月刊》2001 年第 5 期。

杨学渊：《菲律宾经济发展二十年》，《现代国际关系》1984 年第 1 期。

应尚华：《菲律宾的消费市场》，《东南亚研究资料》1981 年第 2 期。

尤洪波：《论美国对菲律宾的经济援助》，《亚太经济》2011 年第 6 期。

于铁军：《国际政治中的同盟理论：进展与争论》，《欧洲研究》1999 年第 5 期。

俞亚克：《战后菲美关系概论》，《东南亚》1987 年第 4 期。

曾莫休：《美菲军事基地谈判背景与前瞻》，《国际展望》1988 年第 13 期。

张传江：《〈美菲共同防御条约〉适用范围研析》，《西安政治学院学报》2015 年第 6 期。

张景全、刘丽莉：《成本与困境：同盟理论的新探索》，《东北亚论坛》2016 年第 2 期。

张乃坚：《菲律宾的能源》，《东南亚研究》1987 年第 Z1 期。

张卫良：《试析战后菲律宾外交政策的嬗变》，《杭州师范大学学报（社会科学版）》1998 年第 5 期。

张行、袁丁：《菲美特殊关系与马卡帕加尔民族主义外交》，《东南亚研究》2014 年第 4 期。

张学昆、欧炫汐：《同盟政治中的“牵连”风险及规避》，《国际论坛》2018 年第 1 期。

赵文骝：《美菲军事基地的存废与东南亚的力量平衡》，《南洋问题研究》1990 年第 2 期。

郑国富：《菲律宾对外贸易发展研究（1971—2013）》，《吉林工商学院学报》2014 年第 6 期。

郑蔚康：《菲律宾对东盟政策中的美国因素》，《东南亚研究》2009 年第 5 期。

周道：《美菲军事基地谈判》，《世界知识》1956 年第 24 期。

周建仁：《同盟解体的研究：回顾与分析》，《国际论坛》2012 年第 7 期。

周建仁：《战略分歧、自助能力与同盟解体》，《世界经济与政治》2013 年第 1 期。

周琪：《官僚政治模式与美国外交决策研究方法》，《世界经济与政治》2011 年第 6 期。

周琪：《冷战时期美国对外援助的目标和方法》，《美国问题研究》2009 年第

2 期。

朱安琪、林均红：《从马科斯下台看美国对菲律宾政策的变化》，《东南亚研究资料》1986 年第 4 期。

朱振明：《贝·阿基诺被害与菲律宾"二月革命"》，《东南亚》1989 年第 2 期。

卓建明：《对里根"民主外交"的思考》，《世界历史》1996 年第 2 期。

卓建明：《里根政府对菲律宾阿基诺事件的反应》，《湛江师范学院学报》1995 年第 3 期。

Agustin Kintanar, Jr. , "The Philippine Economy: An Analysis of the Economic Crisis", *Southeast Asian Affairs*, Issue, 1985.

Ajin Choi, "The Power of Democratic Cooperation", *International Security*, Vol. 28, No. 1, 2003.

Alejandro M. Fernandez, "The Philippines and the United States Today", *Southeast Asian Affairs*, Issue, 1976.

Amos Yoder, "Options for a New Policy in East Asia", *Asian Survey*, Vol. 16, No. 5, 1976.

Astri Suhrke, "US-Philippines: the End of a Special Relationship", *The World Today*, Vol. 31, No. 2, 1975.

Aurora L. Almeda Martin, "Philippine Land Reform Cycles: Perpetuating U. S. Colonial Policy", *Philippine Studies*, Vol. 47, No. 2, 1999.

Benigno S. Aquino Jr. , "What's Wrong with the Philippines?" *Foreign Affairs*, Vol. 46, No. 4, 1968.

Bernardo M. Villegas, "The Philippines in 1985: Rolling with the Political Punches", *Asian Survey*, Vol. 26, No. 2, 1986.

Brett Ashley Leeds, "Alliance Reliability in Times of War: Explaining State Decisions to Violate Treaties", *International Organization*, Vol. 57, No. 4, 2003.

Brett Ashley Leeds and Burcu Savun, "Terminating Alliances: Why Do States Abrogate Agreements?" *The Journal of Politics*, Vol. 69, No. 4, 2007.

Brett Ashley Leeds, "Do Alliances Deter Aggression?: The Influence of Military Alliances on the Initiation of Militarized Interstate Disputes", *American Journal of Political Science*, Vol. 47, No. 3, 2003.

Brett Ashley Leeds, "Domestic Political Institutions, Credible Commitments, and

International Cooperation", *American Journal of Political Science*, Vol. 43, No. 4, 1999.

Brian Lai and Dan Reiter, "Democracy, Political Similarity, and International Alliances: 1816 – 1992", *Journal of Conflict Resolution*, Vol. 44, No. 2, 2000.

Carl H. Landé, "Philippine Prospects after Martial Law", *Foreign Affairs*, Vol. 59, No. 5, 1981.

Carl H. Landé, "The Philippines and the United States", *Philippine Studies*, Vol. 49, No. 4, 2001.

Chalmers Johnson and Khatharya Um, "The United States and Asia in 1986: Demands for Democracy", *Asian Survey*, Vol. 27, No. 1, 1987.

Charles W. Lindsey, "Economic Crisis in the Philippines", *Asian Survey*, Vol. 24, No. 12, 1984.

Clark D. Neher, "The Philippines 1979: Cracks in the Fortress", *Asian Survey*, Vol. 20, No. 2, 1980.

Clark D. Neher, "The Philippines in 1980: The Gathering Storm", *Asian Survey*, Vol. 21, No. 2, 1981.

Colin H. Kahl, "Constructing a Separate Peace: Constructivism, Collective Liberal Identity, and Democratic Peace", *Security Studies*, Vol. 8, No. 2 – 3, 1998.

David Baldwin, "The Power of Positive Sanctions", *World Politics*, Vol. 24, No. 1, 1971.

David Wurfel, "The Philippine Elections: Support for Democracy", *Asian Survey*, Vol. 2, No. 3, 1962.

David Wurfel, "The Philippines: Intensified Dialogue", *Asian Survey*, Vol. 7, No. 1, 1967.

Donald Crone, "Emerging Trends in the Control of Foreign Investments in ASEAN", *Asian* Survey, Vol. 21, No. 4, 1981.

Emmanuel Pelaez, "The Military Bases in the Philippines: Past and the Future", *Foreign Relations* Journal, Vol. 1, No. 1.

Estrella D. Solidum, "Philippine Perceptions of Crucial Issues Affecting Southeast Asia", *Asian Survey*, Vol. 22, No. 6, 1982.

Frank H. Golay, "Economic Challenges Facing the Philippines", *Journal of Southeast Asian* Studies, Vol. 14, No. 2, 1983.

Gabriel Kolko, "The Philippines: Another Vietnam?" *Critical Asian Studies*, Vol. l5, No. 1, 1973.

Gary Hawes, "The state, Transnational Corporations and Agricultural Development in the Philippine", *Philippine Sociological Review*, Vol. 32, No. 1/4, 1984.

Gary Hawes, "United States Support for the Marcos Administration and the Pressures that Made for Change", *Contemporary Southeast Asia*, Vol. 8, No. 1, 1986.

George McTurnan Kahin, "The US-Philippine Security Relationship: Dependent on the Bases?" South *East Asia Research*, Vol. 1, No. 2, 1993.

Glenn H. Snyder, "Alliance Theory: A Neorealist First Cut", *Journal of International* Affairs, Vol. 44, No. 1, 1990.

Graham T. Allison and Morton H. Halperin, "Bureaucratic Politics: A Paradigm and Some Policy Implications", *World Politics*, Vol. 24, 1972.

Gregory P. Corning, "The Philippine Bases and U. S. Pacific Strategy", *Pacific Affairs*, Vol. 63, No. 1, 1990.

G. Sidney Silliman, "The Philippines in 1983: Authoritarianism Beleaguered", *Asian Survey*, Vol. 24, No. 2, 1984.

Hal Hill, "The Philippine Economy in 1985: The Decline Continues", *Southeast Asian Affairs*, issue, 1986.

Hal Hill, "The Philippine Economy Under Aquino: New Hopes, Old Problems", *Asian survey*, Vol. 28, No. 3, 1988.

Herbert S. Malin, "The Philippines in 1984: Grappling with Crisis", *Asian Survey*, Vol. 25, No. 2, 1985.

James D. Morrow, "Alliance, Credibility, and Peacetime Costs", *The Journal of Conflict Resolution*, Vol. 38, No. 2, 1994.

James D. Morrow, "Alliances and Asymmetry: An Alternative to the Capability Aggregation Model for Alliances", *American Journal of Political Science*, Vol. 35, No. 4, 1991.

Jeffrey G. Williamson, "Dimensions of Postwar Philippine Economic Progress",

The Quarterly *Journal of Economics*, Vol. 83, No. 1, 1969.

Jens Ringsmose, "Paying for Protection: Denmark's Military Expenditure during the Cold War", *Cooperation and Conflict*, Vol. 44, No. 1, 2009.

Jonathan Stromseth, "Unequal Allies: Negotiations over U. S. Bases in the Philippines", Journal *of International Affairs*, Vol. 43, No. 1, 1989.

Jose F. S. Bengzon, Jr., "National Treatment of Americans in the Philippines: Parity Rights, Retail Trade and Investment", *The International Lawyer*, Vol. 3, No. 2, 1969.

Joseph P. McCallus, "Anxiety as a Tactic of Political Persuasion in a Filipino-American Community Newspaper", *Philippine Quarterly of Culture and Society*, Vol. 16, No. 3/4, 1988.

Joseph P. McCallus, "The Celebration of the Devil: Degradation Rhetoric in the Propaganda of the Anti-Marcos Movement in America", *Philippine Quarterly of Culture and Society*, Vol. 17, No. 1, 1989.

Jose Victor Villarino Chan-Gonzaga, "UNCLOS and the Philippine Territorial Seas: Problems, Perspectives and Options", *Ateneo Law Journal*, Vol. 42, No. 1, 1997.

Justus M. Van Der Kroef, "Philippine Political Prisoners and the United States", *World Affairs*, Vol. 140, No. 4, 1978.

Kirsten Rafferty, "An Institutionalist Reinterpretation of Cold War Alliance Systems Insights for Alliance Theory", *Canadian Journal of Political Science*, Vol. 36, No. 2, 2003.

Kit G. Machado, "The Philippines 1978: Authoritarian Consolidation Continues", *Asian Survey*, Vol. 19, No. 2, 1979.

Laura Jeanne Henze, "U. S.-Philippine Economic Relations and Trade Negotiations", *Asian Survey*, Vol. 16, No. 4, 1976.

L. Eve Armentrout Ma, "Treaty or Travesty?: Legal Issues Surrounding the U. S.-Philippines MilitaryBase Agreement of 1947 – 1992", *The Journal of American-East Asian Relations*, Vol. 10, No. 1/2, 2001.

Margaret G. Hermann, "Explaining Foreign Policy Behavior Using the Personal Characteristics of Political Leaders", *International Studies Quarterly*, Vol. 24, No. 1, 1980.

Mark Haas, "Ideology and Alliances: British and French External Balancing Decisions in the 1930s", *Security Studies*, Vol. 12, No. 4, 2003.

Martin Meadows, "Recent Developments in Philippine-American Relations: a Case Study in Emergent Nationalism", *Asian Survey*, Vol. 5, No. 6, 1965.

M. D. Litonjua, "The State in Development Theory: The Philippines Under Marcos", *Philippine* Studies, Vol. 49, No. 3, 2001.

Oscar R. Bucog, "Philippine Economic Policy in the 1980s and 1990s: An Appraisal", *Philippine* Quarterly *of Culture and Society*, Vol. 32, No. 3/4, 2004.

Patricia A. Weitsman, "Alliance Cohesion and Coalition Warfare: The Central Powers and Triple Entente", *Security Studies*, Vol. 12, No. 3, 2003.

Paul A. Papayoanou, "Intra-Alliance Bargaining and US Bosnia Policy", *The Journal of Conflict* Resolution, Vol. 41, No. 1, 1997.

Peter Bacho, "U. S. -Philippine Relations in Transition: The Issue of the Bases", *Asian Survey*, Vol. 28, No. 6, 1988.

Peter Bacho, "U. S. Policy Options toward the Philippines", *Asian Survey*, Vol. 27, No. 4, 1987.

Peter R. Kann, "The Philippines without Democracy", *Foreign Affairs*, Vol. 52, No. 3, 1974.

Raùl S. Manglapus, "The Philippines: Will the US Learn from Success", *Harvard International Review*, Vol. 7, No. 5, 1985.

Rene E. Ofreneo, "The Philippines: Debt Crisis and the Politics of Succession", *Philippine* Sociological *Review*, Vol. 32, No. 1/4, 1984.

Richard J. Kessler, "Marcos and the Americans", *Foreign Policy*, Vol. 63, 1986.

Robert A. Manning, "The Philippines in Crisis", *Foreign Affairs*, Vol. 63, No. 2, 1984.

Robert C. Horn, "Southeast Asian Perceptions of U. S. Foreign Policy", *Asian Survey*, Vol. 25, No. 6, 1985.

Robert L. Youngblood, "Church Opposition to Martial Law in the Philippines", *Asian Survey*, Vol. 18, No. 5, 1978.

Robert L. Youngblood, "Government-Media Relations in the Philippines", *Asian*

Survey, Vol. 21, No. 7, 1981.

Robert L. Youngblood, "Philippine-American Relations under the 'New Socie-ty'", *Pacific Affairs*, Vol. 50, No. 1, 1977.

Robert L. Youngblood, "The Corazon Aquino 'Miracle' and the Philippine Chur-ches", *Asian Survey*, Vol. 27, No. 12, 1987.

Robert L. Youngblood, "The Philippines in 1981: From 'New Society' to 'New Republic'", *Asian Survey*, Vol. 22, No. 2, 1982.

Robert L. Youngblood, "The Philippines in 1982: Marcos gets tough with domes-tic critics", *Asian Survey*, Vol. 23, No. 2, 1983.

Robert L. Youngblood, "The Philippines in 1985: A Continuing Crisis of Confi-dence", *Southeast Asian Affairs*, Issue, 1986.

Robert L. Youngblood, "The Protestant Church in the Philippines' New Society", *Critical Asian Studies*, Vol. 12, No. 3, 1978.

Russell H. Fifield, "Philippine Foreign Policy", *Far Eastern Survey*, Vol. 20, No. 4, 1951.

Sheldon W. Simon, "Davids and Goliaths: Small Power-Great Power Security Re-lations in Southeast Asia", *Asian Survey*, Vol. 23, No. 3, 1983.

Songying Fang, Jesse C. Johnson and Brett Ashley Leeds, "To concede or to Re-sist?: The Restraining Effect of Military Alliances", *International Organiza-tion*, Vol. 68, No. 4, 2014.

Stephen David, "Explaining Third World Alignment", *World Politics*, Vol. 43, 1991.

Stephen M. Walt, "Why Alliances Endure or Collapse", *Survival*, Vol. 39, No. 1, 1997.

Thomas C. Nowak, "The Philippines before Martial Law: A Study in Politics and Administration", *The American Political Science Review*, Vol. 71, No. 2, 1977.

Vicente B. Valdepeñas, Jr., "Japan in Postwar Philippine Economy", *Philippine Studies*, Vol. 18, No. 4, 1970.

Vicente B. Valdepeñas, Jr., "Philippine Inflation, 1967 – 1974", *Philippine Studies*, Vol. 23, No. 3, 1975.

Vicente B. Valdepeñas, Jr., "The Economic Challenge in the Philippines",

Philippine Studies, Vol. 16, No. 2, 1968.

Victor D. Cha, "Powerplay Origins of the U. S. Alliance System in Asia", *International Security*, Vol. 34, No. 3, 2010.

Walden Bello, "Edging toward the Quagmire: The United States and the Philippine Crisis", *World Policy Journal*, Vol. 3, No. 1, 1985.

Walden Bello, "U. S. -Philippine Relations in the Aquino Era", *World Policy Journal*, Vol. 5, No. 4, 1988.

William Crowther, "Philippine Authoritarianism and the International Economy", *Comparative Politics*, Vol. 18, No. 3, 1986.

William E. Berry, "The Effects of the U. S. Military Bases on the Philippine Economy", *Contemporary Southeast Asia*, Vol. 11, No. 4, 1990.

William H. Overholt, "The Rise and Fall of Ferdinand Marcos", *Asian Survey*, Vol. 26, No. 11, 1986.

William H. Sullivan, "Relocating Bases in the Philippines", *The Washington Quarterly*, Vol. 7, No. 2, 1984.

William J. Burns, "The Reagan Administration and the Philippines", *The World Today*, Vol. 38, No. 3, 1982.

William R. Feeney, "The United States and the Philippines: The Bases Dilemma", *Asian Affairs*, Vol. 10, No. 4, 1984.

五 学位论文

陈雪:《尼克松政府对菲律宾的政策》,硕士学位论文,东北师范大学,2010年。

费昭珣:《同盟理论视角下的美国与东南亚国家军事关系》,博士学位论文,暨南大学,2009年。

刘清涛:《二战后菲美安全关系透视》,硕士学位论文,暨南大学,2003年。

时羽卓:《马科斯时期菲美关系的演变(1965—1986年)》,硕士学位论文,吉林大学,2007年。

孙敏:《美国对菲律宾军事安全政策研究(1969—1976)》,硕士学位论文,暨南大学,2013年。

谭笑:《"遏制"战略再审视:从卡特到布什——冷战时期美国国家安全战略研究(1977.1—1991.12)》,博士学位论文,中共中央党校,2011年。

万艳玲:《论马科斯时期菲美军事基地问题》，硕士学位论文，湖南师范大学，2004 年。

肖美红:《非对称同盟中的美国对菲外交研究——威胁因素的视角》，硕士学位论文，厦门大学，2014 年。

谢华:《冷战时期美国对第三世界国家经济外交研究（1947—1969）》，博士学位论文，陕西师范大学，2008 年。

杨超:《菲律宾反美军基地的社会运动研究：缘起、过程与绩效》，硕士学位论文，暨南大学，2008 年。

殷婷茹:《阿基诺案件与美国对菲外交政策（1972—1980）》，硕士学位论文，华东师范大学，2015 年。

尹彬彬:《美菲经济关系对菲律宾经济发展的影响探析（1946—1980）》，硕士学位论文，湘潭大学，2014 年。

尤洪波:《美国国内安全援助项目研究》，博士学位论文，中山大学，2010 年。

周素勤:《美国对菲政策中的意识形态因素》，博士学位论文，中共中央党校，2006 年。

周毅:《遏制战略下的美国对外援助：1947—1974》，硕士学位论文，上海社会科学院亚太所，2009 年。

Joven G. *Maranan*, *Countdown to Martial Law*: *The U. S-Philippine Relationship*, 1969 - 1972, Master thesis, University of Massachusetts Boston, 2016.

Ku Charng-Yeong, *The Political Economy of the Philippine Sugar Industry*, Ph. D. dissertation, The Ohio State University, 1989.

Mark Sanchez, *Resistance from Afar*: *Opposition to the Marcos Regime from the U-nited States*, 1981 - *1983*, Master thesis, California State University, 2012.

Robin Broad, *Behind Philippine Policy Making*: *The Role of the World Bank and International Monetary Fund*, Ph. D. dissertation, Princeton University, 1983.

Sara Steinmetz, *U. S. Policy toward Human Rights and Democratic Development A-broad*: *Perspectives on Realpolitik.* (*Volumes I and II*), Ph. D. dissertation, New York University, 1991.

Temario Campos Rivera, *Class*, *the State and Foreign Capital*: *The Politics of Philippine Industrialization*, 1950 - 1986, Ph. D. dissertation, The University of Wisconsin-Madison, 1991.

William Emerson Berry, *American Military Bases in the Philippines*, *Base Negotiations*, *and Philippine-American Relations*: *Past*, *Present*, *and Future*, Ph. D. dissertation, Cornell University, 1981.

六　报纸

《马科斯夫人说菲今后外交政策偏重于加强同包括中国的第三世界的关系》，《参考消息》1975 年 3 月 30 日第 3 版。

《马科斯就印支人民胜利谈菲对外政策》，《参考消息》1975 年 5 月 25 日第 1 版。

"New Direction for the new Society", *Far Eastern Economic Review*, June 13, 197, p. 9.

"RP-Red Trade Surplus: ＄12. 3 M", *Philippine Daily Express*, September 21, 1974.

七　网站

（一）　美国总统图书馆

肯尼迪总统图书馆 www. jfklibrary. org

杜鲁门总统图书馆 www. trumanlibrary. org

约翰逊总统图书馆 www. lbjlibrary. org

尼克松总统图书馆 www. nixonlibrary. gov

福特总统图书馆 www. fordlibrarymuseum. gov

卡特总统图书馆 www. jimmycarterlibrary. gov

里根总统图书馆 www. reaganlibrary. gov

白宫网站 https: //www. whitehouse. gov/nsc/

美国科学家联合会（FAS）网站：http: //fas. org

（二）　菲律宾相关网站

总统府网站 malacanang. gov. ph

菲律宾政府公报网站 www. officialgazette. gov. ph

Philippine government website, "the 1899 constitution", http: //www. gov. ph/constitutions/the－1899－malolos－constitution/

Philippine government website, "the 1973 constitution", http: //www. gov. ph/constitutions/1973－constitution－of－the－republic－of－the－philippines－2/

菲律宾 1935 年宪法 "1935 Constitution of the Republic of the Philippines"，https：//lawphil. net/consti/cons1935. html

" ThePhilippine Independence Act（tydings - mcduffie act）1934 "，https：//love

man. sdsu. edu/docs/1934PhilippineIndep. pdf

（三）其他

东盟网站：asean. org

联合国网站：www. un. org

联 合 国 条 约 集，https：//treaties. un. org/doc/publication/unts/volume% 207/v7. pdf

联合国贸易和发展 50 年简史，https：//unctad. org/en/PublicationsLibrary/osg d1_ ch. pdf

A. James Gregor，"The key role of U. S. bases in the Philippines"，January 10，1984，https：//www. heritage. org/report/the - key - role - us - bases - the - philippines.

CBCP，"Joint Pastoral Letter of the Philippine Hierarchy on Social Action and Rural Development"，January 8，1967，http：//www. cbcpwebsite. com/1960s/19_ 2. html.

David Weissbrodt，"Human Rights Legislation and U. S. Foreign Policy"，1977，http：//scholarship. law. umn. edu/faculty_ articles/340.

"Ferdinand E. Marcos，First State of the Nation Address"，January 24，1966，https：//www. officialgazette. gov. ph/1966/01/24/ferdinand - e - marcos - first - state - of - the - nation - address - january - 24 - 1966/.

Jeane J. Kirkpatrick，"Dictatorships and Double Standards"，November 1979，https：//www. commentarymagazine. com/articles/dictatorships - double - standards/.

Lyndon B. Johnson，"The President's News Conference"，April 23，1964，https：//www. presidency. ucsb. edu/documents/the - presidents - news - con- ference - 1046.

"Memorandum # 341，The Direction，Coordination and Supervision of Interdepart- mental Activities Overseas，3/2/1966"，1966 - 03 - 02，https：//www. dis- coverlbj. org/item/nsf - nsam341.

"Report to the Congress, Results of The Third Law of The Sea Conference 1974 to 1976", June 3, 1977, https://www. gao. gov/assets/120/118883. pdf.

"Report of the Special Committee to Investigate Israeli Practices Affecting the Human Rights of the Population of the Occupied Territories: resolution /adopted by the General Assembly", November 29, 1974, https://digitallibrary. un. org/record /652367? ln = zh_ CN.

"Republic Act No. 4664 – an act authorizing the increase of Philippine economic and technical assistance to south Vietnam", June 18, 1966, http://laws. chan robles. com/republicacts/47_ republicacts. php? id = 4668.

Richard Fisher, "Jr. A Strategy for keeping the U. S. bases in the Philippines", May 20, 1988, https://www. heritage. org/asia/report/strategy – keeping – the – us – bases – the – philippines.

"Southeast Asia Collective Defense Treaty", September 8, 1954, http://avalon. law. yale. edu/20th_ century/usmu003. asp.

Stephen R. Shalom, "Securing the U. S. : Philippine military bases agreement 1947", https://www. wpunj. edu/dotAsset/209673. pdf.

SYLVANA FOA, "Bush backs Marcos' rule", June 30, 1981, https://www. upi. com/Archives/1981/06/30/Bush – backs – Marcos – rule/2602362 721600/.